上海市高校人文社会科学
重点研究基地基金资助

体育赛事运作管理手册

刘清早　著

人民体育出版社

2007年7月，在瑞士洛桑，国际奥委会总干事乌尔·拉科特先生与国际奥委会执行主任吉尔伯特·费利先生共同将象征国际奥委会奥林匹克博物馆的钥匙交给作者。

现　任

☆ 上海体育学院教授

☆ 中国体育科学学会体育产业分会副秘书长

☆ 上海体育学院体育赛事研究中心副主任

☆ 第十二届全国运动会组委会首席技术专家

☆ 第十二届全国运动会沈阳赛区组委会总督导

☆ 中共汶川县委、县人民政府灾后科学重建经济社会事业发展顾问

☆ 南阳市、莱芜市人民政府经济社会事业发展首席专家

☆ 国家体育总局《全国体育大会筹备工作指南》课题组组长

☆ 全国普通高校教材《体育赛事市场开发》主编

☆ 全国多个大学客座教授．兼职教授

☆ 上海市模范教师

☆ 上海市教学名师

☆ 被学生海选为“我心目中的好老师”

☆ 自1979年首创我国第一个体育赛事冠名权项目以来，曾运作了各类体育赛事100多项。自1975年第三届全国运动会以来，已连续参与了十届全国运动会，近年曾任第十一届全运会组委会（唯一）技术专家、第六届全国城市运动会组委会顾问、第六届全国农民运动会组委会总策划、第四届全国体育大会组委会技术总督导，在参与运作的各类体育赛事中分别获得省市委、省市人民政府、组委会颁发的“特别嘉奖”“特殊贡献奖”“特别贡献奖”“突出贡献奖”“先进个人”等荣誉称号和奖励。自2005年担任上海体育学院教授以来，已连续五年获全院综合考核优秀。主讲课程《体育赛事市场开发》为上海市精品课程、《体育赛事运作实务》为上海体育学院精品课程。

☆ 2009年获得国际奥委会主席罗格、时任国际奥委会名誉主席萨马兰奇亲笔签发并代表国际奥委会颁发的“为传播奥林匹克文化和精神作出突出贡献”官方荣誉证书。

☆ 自2006年以来，已由人民体育出版社正式出版个人专著、教材《体育赛事运作管理》《体育赛事运作案例精选》《体育赛事运作管理手册》《体育赛事运作管理流程》，向全国公开发行。

前　言

本人2006、2007年先后编著了《体育赛事运作管理》《体育赛事运作管理案例精选集》，这两本拙著出版后，受到不少体育赛事运作专业人士及体育院校师生的欢迎与支持，也得到许多领导、老师、专家、同侪们的热情关注与指正，这激励着我不断思考着新的思路、新的方法，希望能用更直接、更明了、更易于理解与接受的方式，把自己多年的体育赛事运作知识和经验与大家共同分享，使赛事运作不再是难事、苦事。既然体育赛事运作不是纸上谈兵，不是理论研究，归根到底是要落实到实践中去的，我经过再三思考，决心要由浅入深，从实际操作出发，编写一本可供正在从事体育赛事运作或者志在从事赛事运作的读者使用的参考书，这是一本不需要花费大量时间与精力通读研究的理论书籍，也是一本可以随用随查、方便实用的实践手册。

《体育赛事运作管理手册》以体育赛事筹备组织工作的时间为脉络，按照体育赛事运作的不同阶段进行编排。论及赛事每个阶段时，都包括了该阶段的主要工作目标、重要工作内容、开展工作程序、需要注意的事项等，并附上了我亲自参与的许多大型赛事的第一手资料或文件，务求真正做到“从实践中来，到实践中去”。

《体育赛事运作管理手册》包括以下5个组成部分：

第一章是体育赛事选择。选择是体育赛事运作工作的起点。选择合适的体育赛事，是赛事筹备组织者，包括国家、组织、单位、个人，根据政治需求、经济需求综合考虑作出的判断与决策。对赛事的选择到决定是否申办，是从调研、判断到递交《申办报告》或者《办赛申请》的阶段。在这一章里，着重介绍不同组织机构在选择体育赛事时需要考虑的因素。

第二章是体育赛事申办。体育赛事申办是通过对体育赛事的选择，并由决策者决定向赛事的审批者争取举办权，获得承办资格的阶段性工作，至申办结果公布时为止。这一章着重介绍体育赛事的申办步骤、主要任务，以及国际国内重大体育赛事的申办途径及程序。

第三章是体育赛事筹备。赛事筹备阶段是指从取得赛事举办权后开始准备赛事至赛事正式举办这一工作阶段，是体育赛事运作全过程中时间最长也是最主要、最重要的工作阶段。这一章中分别从体育赛事总体计划、成立运作管理机构、竞赛组织、宣传报道、市场开发、后勤保障等共八个方面介绍赛事筹备工作中的主要工作目标、工作内容。

第四章是体育赛事的举办。赛事举办阶段是指从体育赛事正式开始举行直至全部比赛结束为止的阶段，这一阶段虽然时间短，却是整个赛事运作是否成功的检验与实证阶段，赛事选择、申办、筹备的最终目的都是为了赛事的成功举办。这一章中着重介绍竞赛的组织实施及开、闭幕式等重大赛事活动的工作内容。

第五章是体育赛事收尾。赛事收尾阶段是指按申办报告和总体工作方案完成全部竞赛组织工作后，对赛事进行评估总结，并完成赛事全部剩余工作的阶段，直至交出总结报告和财务报告为止。这一章中主要介绍收尾阶段的几项主要工作，包括致谢与表彰、财物处置、财务报告及评估总结等。

本书的一大特点是对体育赛事运作阶段的介绍与相关参考文件紧密相连，互为支撑。对赛事五个阶段工作目标与任务的介绍为参考文件提供索引，参考文件为五个阶段工作目标与任务的实现和完成提供丰富充实、具有实效性的内容。本书既为读者提供了进一步理解赛事运作管理的工具，同时也为读者提供了组织实施赛事的具体指导。

在我国体育赛事的运作中，各类工作方案是工作的规则与指导性文件。赛事组织者在整个赛事运作过程中，都要撰写许多工作方案，这是一项费时、费力又必不可少的工作。作者在运作十余次大型综合性运动会过程中，亲自起草或参与起草并收集整理了大量的各类工作方案。为了方便读者，为赛事组织者提供服务，本人对这些方案进行了精选，将体育赛事运作的五个阶段中，尤其是筹备阶段中必不可少的一些方案提炼出来，供大家参考，旨在帮助读者节约体育赛事运作成本，少走弯路，当然也使本书特色更加鲜明。需要说明的是，本书中涉及第十六届广州亚运会及第29届奥运会“青岛奥运行动规划”的方案是作者引用组委会的，第九届全国运动会、第六届全国城市运动会有些文件也是引用组委会的，部分文件则是作者亲自起草的，而第五届、第六届全国农民运动会的文件大部分是作者起草的。为了对相关参考文件及方案的起草机构表示感谢，作者在本书的正文后面专门作了鸣谢。在此，向本书所涉及的赛事组织机构全体工作人员表示感谢！但由于对体育赛事运作的理解不尽相同，对本书中的一些观点也一定会有异议，也由于作者工作任务十分繁重，差错在所难免。在此，请各位专家、领导、同行多多指正，也同时表示感谢！“实践是检验真理的唯一标准”，本书所阐述的内容及参考文件，已经过多个运动会检验，相信会对读者有所帮助，同时我也还在不断完善中。

在编撰这本个人专著时，我同时在思考这样一个问题：能不能为赛事组织者提供一份详细的筹备组织“工作清单”，告诉赛事组织者在什么时间？由哪个部门？做什么工作？达到什么标准呢？我征询了两个大型运动会的举办地政府领导，他们都认为十分重要与必要，作者正以第六届全国农民运动会为试点，进行不断的总结、完善，力争尽早与广大读者见面，以此再次回报赛事组织者对我的信任，回报读者对我的支持。同时，向我的家人表示衷心的感谢！向我的研究生导师、向上海体育学院、向我现在的指导老师表示衷心的感谢！在此，向所有的读者、同行和赛事组织者表示衷心的感谢！

体育赛事运作既是科学也是艺术，体育赛事运作实践是一个富有挑战性的创新过程。让我们共同努力，通过吸收、学习、探讨这一领域已有的知识和经验，为我国年轻的体育赛事运作管理理论体系的构建，为体育赛事运作实践作出更多的贡献，共同创造更为辉煌的中国体育产业！

刘清早

二〇〇八年十月于上海体育学院

目　录

第一章 体育赛事选择

第一节 体育赛事选择简述

当前体育赛事种类繁多、形式多样、内容丰富。从赛事规格上可分为国际性体育赛事、洲际体育赛事、地区体育赛事、国家级体育赛事、国内一般体育赛事等；从赛事规模上可分为综合性大型体育赛事、单项大型体育赛事、一般体育赛事和小型体育赛事等；从赛事区域上可分为世界性体育赛事、地区性体育赛事等；从赛事项目设置上可分为综合性体育赛事和单项体育赛事；从赛事性质上可分为商业体育赛事或非营利性体育赛事等；从运动员身份上可分为职业选手体育赛事和业余选手体育赛事；从运动员年龄上可分为儿童体育赛事、青少年体育赛事、成年人体育赛事及老年人体育赛事。选择体育赛事是赛事组织者运作体育赛事的起点。如何在众多的体育赛事中作出正确选择，使体育赛事成为有效载体，实现各种不同的目标呢？这是赛事组织工作能否成功的首要条件。

组织机构选择体育赛事的动机各有不同，通常与其自身性质、需求密切相关，尤其是当前体育赛事早已远远地超越出体育自身的范畴，与经济、政治、文化、社会等各方面紧密联系，使组织机构在选择赛事的动机方面呈现多元化、复杂化、个性化的特点。选择体育赛事的动机、需求不同，组织机构需要衡量与评估的因素也不同。

一、政府机构对体育赛事的选择

政府机构（包括体育行政主管部门）对体育赛事的选择，通常是将体育赛事视为公共产品或者准公共产品，对其社会效益与经济效益综合考虑后再作决策。由于体育赛事不仅能够促进举办地体育、文化事业的发展，而且能促进经济产业结构调整，促进现代服务业、传输通讯、媒体电视、商贸旅游、交通运输等第三产业的发展，并且能提供就业机会、促进市政建设、展示地区形象和改善投资环境。体育赛事，尤其是大型综合性体育赛事绝不仅仅是一场体育比赛，而是一项对举办地经济社会各方面都将产生重大影响、带来显著效益的特殊的社会事件。借助体育赛事提高举办城市的关注度、知名度与美誉度，扩大“招商引资”，促进经济发展等等是政府机构成为体育赛事选择、申办及运作管理中非常活跃的角色之一的根本原因。

政府机构在选择体育赛事的过程中至少应考虑以下几个方面：

（一）考虑地区的体育传统因素

不同的体育项目在各地区受欢迎程度是不同的，也影响到该地区相应体育项目的竞技水平高低和市场环境好坏。在某个国家、地区、城市为人推崇和备受瞩目的体育赛事，在另一个国家、地区、城市举办可能会乏人问津，受到冷落。因此，政府机构在选择体育赛事时，首先需要考虑当地的体育传统因素。比如，广州市选择申办 2009 年苏迪曼杯，其中重要的原因是由于广州有较高的羽毛球竞技水平，群众基础广泛，羽毛球赛事市场环境良好。2002 年广州举办的汤尤杯，观看电视直播的有 1.1 亿人次，现场观众达 5.5 万多人次。并且广州曾先后举办了 2000

年世界青年羽毛球锦标赛、2002年汤尤杯世界男女团体羽毛球锦标赛、国际羽联大奖赛、2003—2007年中国羽毛球大奖赛等高水平的国际大赛和2000年全国羽毛球锦标赛等国内颇具影响力的羽毛球赛事。这些都表明广州具有良好的羽毛球体育传统，有利于羽毛球赛事的申办和运作。

（二）考虑地区的地理及人文因素

除体育传统因素外，政府在进行体育赛事选择时，还应根据赛事本身的特点，结合当地地理、文化、传统等因素加以考虑，这对能否办好一项赛事，能否带来相应的社会与经济效益具有很大的影响。在风光美丽、地势平坦的沿海旅游城市厦门举办马拉松比赛肯定比在建筑物林立、空气混浊的工业城市合适；举办龙舟比赛，岳阳市自然能在地理和文化传统上更胜一筹；近年来在四川省境内举行的各种形式的山地户外挑战赛，也是借助地理上的优势。又如2004年在江西省宜春市举行的第五届全国农民运动会，当地政府选择申办该项运动会的主要原因之一就在于宜春当地的地理及人文因素。宜春既是赣西北地区主要的重要农业城市，又具有丰富的旅游资源，素有“山明水秀，土沃泉甘，其气如春，四时咸宜”的美称，生态环境优美，气候舒适宜人，境内有明月山、三爪仑、天柱峰、阁皂山4座国家森林公园、2个省级风景名胜区和3个省级自然保护区。全国农民运动会在宜春举办，与其地理、人文环境相契合，有利于推广其丰富的旅游资源，塑造生态城市形象。

（三）考虑地区的经济实力

考虑地区的经济实力既包括政府机构的财政状况，也包括当地的整体经济发展水平、人们的消费能力等。体育赛事崇尚平等，不分贵贱，但和其他产品与服务一样，面对着不同的消费群体。像高尔夫、赛车这样的体育赛事面对的通常是高消费群体，门票昂贵；而足球、篮球、排球等比赛所面对的社会群体覆盖面则相对广泛，门票价格也能为普通大众所承受。比如，全国运动会是国内最大规模、最高规格的综合性运动会，不是每一个城市都有经济实力承办的，国家甚至曾经规定只能由北京、上海、广东三地轮流举办。随着我国经济、社会的全面发展，国务院才于2000年底批示，同意取消全国运动会由北京、上海、广东三地轮流举办的限制，允许有条件的省、自治区、直辖市申请举办全国运动会。又如，青海省作为一个内陆省份，财力较为薄弱，当地政府选择了运作成本相对较低的自行车赛，作为地方品牌赛事进行精心打造，为青海与国际的沟通架起了一道桥梁。在选择体育赛事时，要特别注意防止出现“一届政府办赛，三届政府还债”的现象，防止由于造“形象工程”“政绩工程”而导致的财政负债。

二、非政府机构对体育赛事的选择

非政府机构主要包括企业、事业单位及社会团体。非政府机构根据其组织目标可划分为非营利性机构和营利性机构。

非营利性机构如社会团体，选择赛事时其动机与政府机构有类似之处，即以社会效益为首要目标；但考虑的范围和程度有所不同，涉及的社会领域更为具体，比如残疾人协会对赛事的选择主要考虑的是推动残疾人事业的发展，而环境保护协会对赛事的选择则重点思考如何宣传环境保护意识，促进环保事业发展。尽管非营利性机构不以营利为目的，但其生存与发展也需要保证财务稳健、持续运营。因此，非营利机构在选择赛事时也必须兼顾经济效益，至少需要保持赛事运作的收支平衡。

营利性机构主要是指企业，根据资本组织方式不同可分为独资企业、合伙企业、公司。企业经营的最终目标是获得利润，这决定了企业在选择赛事时首要目标是经济效益，即期望通过赛事的运作获得利润。现代社会法制建设的逐渐完善，市场经济的公平竞争，以及公众对企业社会公民意识的强调，也约束和限制着企业“唯利是图”的行为，使其必须遵守一定的法规、制度及规则，因此，企业在选择赛事时不可忽视社会效益。

政府机构在选择体育赛事时所考虑的体育传统、地理人文、基础设施、经济发展水平及大众消费能力等因素，同样也是非政府机构在选择体育赛事时需要考虑的因素。除此之外，非政府机构在选择体育赛事的过程中，还需着重考虑以下三个因素：

（一）政府对该项体育赛事的态度

体育赛事，尤其是大型体育赛事，已被公认为“社会事件”，其运作管理必然涉及各项政府职能，如城市交通、社会安全、市政建设等。政府机构选择某项赛事时，意味着它对该项赛事持有正面积极的态度，尽管在赛事运作管理中，协调政府内部上下级以及平级部门关系也是相当复杂的工作，但一般不至于产生对赛事具有“颠覆性”的决策或行为。而非政府机构在选择赛事时，必须考虑政府对该项体育赛事的态度。如果政府对赛事持肯定与支持的态度，那么赛事运作将事半功倍；如果政府对赛事不认可，或者态度不明朗，则意味着赛事运作可能会有相当大的风险。因此，非政府机构在选择赛事时需要了解政府对赛事的态度，并尽可能地寻求政府对赛事的支持。

（二）该项体育赛事运作的现金需求

政府机构与非政府机构在选择赛事时都需要评估赛事运作所需要的资金，衡量自身的财务状况能否支撑赛事的运作，以及评估、预测赛事的成本—效益。但对于非政府机构而言，需要比政府机构更多地关注赛事运作所需要的现金流。这里的现金流不仅指现金的总量，还包括现金的分布。某项赛事从运作的整体而言，极有可能获得良好的经济效益，但在赛事运作前期需要投入巨额启动资金，而赛事收入大部分在赛事运作后期才能产生，这意味着赛事前期几乎只有现金流出，而没有现金流入。这对于政府机构而言不一定是难题，对于非政府机构，尤其是营利性机构来说却可能是生死攸关的问题。如果一个公司选择某项赛事，获得了赛事的承办权，却在赛事运作过程中遭遇资金瓶颈，又无法及时融资，那么不仅仅是赛事不能顺利运作下去，公司也可能陷入财务困境，引发生存危机。

（三）体育赛事运作的人才与经验

无论是政府机构还是非政府机构运作赛事，都需要合适的人才与相关的经验。由于政府机构在调配人力资源上具有相当大的优势，因此这个因素在政府机构选择赛事的过程中并非突出问题，而非政府机构则很难在较短时间内借调或者招募到合格的赛事运作人才。如果一个企业在已经获得赛事承办权后才开始寻找赛事运作管理人选，将处于十分被动的局面，轻则导致人力成本增加、延误赛事运作，重则导致用人失准、赛事运作失败。因此，对于非政府机构而言，必须在赛事选择的过程中就对自身是否具备赛事运作人才与经验进行权衡，及早寻找解决人才短缺与经验不足问题的有效途径。

总之，在选择体育赛事过程中，只有从组织机构的实际情况出发，综合全面考虑各方面因素，有效评估申办及举办体育赛事的利弊，才能作出明智的选择，才能使赛事真正为组织目标的实现而服务。

第二节　体育赛事选择参考文件

关于在东莞松山湖举行马拉松比赛可行性的调查报告

为了观摩学习我国最大的马拉松品牌赛事之一的“2004夏新厦门国际马拉松赛”（简称厦门马拉松赛）的筹备组织情况，为了进一步论证在我们东莞松山湖举行马拉松赛的可行性，考察组一行到厦门实地观摩了“2004夏新厦门国际马拉松赛和全国马拉松锦标赛暨奥运会选拔赛”。

一、基本情况

此次比赛是厦门举办的第二届马拉松比赛，参加比赛的有来自亚洲、非洲、欧洲、美洲、大洋洲35个国家和地区的外籍选手1259名，比赛共分男女两个组别、四个赛段，进行了5公里、10公里、半程和全程马拉松比赛，加上当地和周边的市民、学生共有1.5万余人参加了不同赛段的比赛。厦门马拉松比赛的定位是以专业级锦标赛为主，因此在正式比赛中不仅有来自肯尼亚等国的世界优秀选手，也有来自港、澳、台地区的选手，其中台湾地区的选手组成了150人的代表团，引人瞩目。参加比赛年龄最大的89岁，最小的13岁。这次比赛的赛道设在厦门市风景如画的环岛路，中央电视台等全国15家电视台对比赛进行了现场直播，还出动了直升飞机进行航拍。当晚的中央电视台新闻联播节目对赛事进行了报道，CCTV-5及福建电视台、厦门电视台进行了滚动新闻报道，当地的报纸发了专刊。

此次比赛组委会得到了以厦门当地的著名企业夏新电子有限公司为主的一批企业的大力支持。因此，此次比赛冠名为“夏新厦门”国际马拉松赛。据大会组委会称，本次比赛由厦门日报为主联合一些广告公司负责推广，共筹集资金约1500万人民币，向大会组委会上缴1000万元，本次比赛共直接支出了500万~700万元，盈利100万~200万元。

此次比赛，厦门市人民政府高度重视，有关单位大力协助。厦门市举办这样的比赛，旨在通过比赛让“世界关注厦门、让厦门走向世界”，尤其是把此次比赛作为台湾海峡两岸交流的重要载体，实现了台湾代表团全体从金门直航厦门。福建省委常委、厦门市市委书记和市长亲自担任了大会组委会的主要领导并参加了多项重要活动。厦门市的公安、交警、消防、武警、城市管理执行局等单位对赛事的顺利举办也都提供了大力支持，比赛没有发生一起意外事件。比赛期间还举办了相关配套活动，如中国（厦门）体育用品博览会、巾帼健身跑、城市体验挑战赛、高校马拉松挑战赛、健康儿童快乐跑、美食文化节、主要赞助商展示活动、风筝表演等系列活动。形成一个“马拉松节日”的氛围。

纵观此次比赛，完全达到了厦门市委市政府的战略意图，使3月27日的厦门成为全国关注的焦点，实现了“精彩、圆满、隆重、热烈、安全”的目标，可谓是一次成功的大型活动。国家体育总局领导对这次比赛给予了高度的评价，称此项赛事不仅是我国大型国际性比赛的典范，而且已成为世界的一个品牌赛事。

东莞松山湖同样拥有得天独厚的地理优势和自然环境，并有其他地区少有的生态化科技园优势，举办国际性的马拉松赛事将使国内外对东莞“工业加工区”的旧观念大为改变，城市形象也大为改观，使体育三下乡、推动全民健身运动的政策得以落实，使东莞成为体育休闲、旅游的新亮点，是体育搭台科技唱戏、经济唱戏的一个重要的载体和体现。我们相信，只要领导重视、齐心合力、精心策划、规范严谨操作，一定能办得精彩、隆重、热烈、圆满、成功。

二、关于在松山湖举办国际马拉松赛可行性调查的有关情况

（一）关于比赛的主办、承办、协办单位

建议采用方案一或方案二

方 案 一

批准机构：国家体育总局

主办单位：中国田径协会

中国科学技术协会（因涉及举办“世界青年科学论文报告会”）

广东省体育局

东莞市人民政府

承办单位：东莞松山湖科技产业园区管理委员会

东莞市体育局

协办单位：全国大中学生体育协会　中央电视台节目中心

广东电视台　××公司　××旅行社　××赞助企业

方 案 二

批准机构：国家体育总局

主办单位：中国田径协会　　中国科学技术协会

　　　　　东莞松山湖科技产业园区管理委员会

承办单位：东莞市体育局　　××专业化公司

协办单位：全国大中学生体育协会　　中央电视台节目中心

　　　　　广东电视台　××公司　××旅行社　××赞助企业

（二）关于比赛的定位

赛事定位为"国际青年马拉松赛"。这样定位是为了区别于北京、厦门国际马拉松赛以及国际上其他同类赛事，而且当今国际上没有专门针对18~45岁这个年龄层次的"青年"举办的马拉松赛。举办"国际青年马拉松赛"可以吸引国际社会发展的中坚力量——青年参与；符合松山湖科技园区的发展方向；吸引国内外青年对科技园区的关注，使青年了解松山湖、认识松山湖。这样既可以吸引项目、资金、科技成果，又同时培养了对我们科技园区潜在的投资者、参与者。

（三）关于比赛的举办时间

建议比赛时间安排在2004年8月初（科技园建园纪念日）或圣诞节期间，此前、此后都不可行。因为3月底有厦门国际马拉松赛，10月有北京马拉松赛。而今年8月13—25日举行雅典奥运会，国家体育总局和田径协会将全部精力都投入到奥运会，赛事的批准单位及其他主办单位难以投入支持力量，社会关注度也不高。

在8月与圣诞节举行比赛的有关情况对比分析

	方案一	方案二
时间	2004年8月6日	2004年12月25日（圣诞节期间）
有利条件	1. 世界各国大学、企业大部分放假，有利于学生、教师、职员参赛；2. 与科技园成立日紧密结合，可以把此大赛作为主要活动；3. 举办时间正好是中国举办马拉松赛的"空当"期	1. 从现在开始有足够的时间推广和筹备；2. 可作为各国青年圣诞节的活动；3. 促进节日旅游，可吸引国际上更多青年参加；4. 借助旅行社较容易推广；5. 广东当时的气温可以更有利于比赛

（续表）

	方案一	方案二
时间	2004年8月6日	2004年12月25日（圣诞节期间）
不利条件	1. 天气较热，比赛只能放在早上；2. 筹备时间很紧，必须迅速紧张地开展运作；3. 招商、推广时间较短，相关筹备工作压力较大	1. 圣诞节假期只有5~7天，要精心筹备，不能错过和调整赛期；2. 要有较大的吸引力和丰富的节日旅游活动，才可使各国青年来东莞过节；3. 不能与科技园建园纪念活动紧密结合
建议	力争在8月举办，4月组织前期的筹备报批、磋商工作，如不行就放在圣诞节举行	

（四）关于邀请比赛参赛人员的渠道

建议通过三个渠道来邀请。一是通过教育部大中学生体协向国内各省、市、区教育厅的大中专体协发文，鼓励使全国各大专院校教师和学生参与；向国外相关大学生体协发出邀请函，邀请世界众多名校的青年学生、教师参加比赛。二是通过国旅、中旅等旅行社宣传推广此项赛事，吸引众多国外青年通过旅游途径，以比赛作为旅游的主要内容。三是通过中国田径协会向世界各国田径协会发出邀请，组织参赛。如果再配合一些由松山湖管委会、东莞市政府组织的推广活动，效果更好。

（五）关于比赛的筹备

如果在8月举办比赛，从现在开始就应启动筹备工作，迅速组成精干高效的筹备机构，办理立项报批、活动的推广、参赛选手的邀请、竞赛组织、经费筹措、宣传造势等各项工作。

（六）关于如何吸引各国青年运动员来参加比赛

建议提供以下优惠条件：1. 免报名费；2. 跑完全程者免食宿费；3. 报名参赛者提供深圳、珠海免费游；4. 设置成绩个人奖、集体奖励；5. 组织“国际青年科学论文报告会”设优秀论文奖；6. 组织青年联欢活动。同时通过中旅和国旅的中国旅游推广（提供一次飞往中国的优惠机票，不仅可以参赛，还可以免费游珠海、深圳，赛后还可以去北京等地），对各国优秀青年选手有很大的吸引力。

（七）关于比赛的竞赛和裁判组织工作

建议由中国田径协会派出骨干裁判长和专家进行指导，由广东省体育局和东莞市体育局组成比赛的竞赛和裁判工作班子，以中小学体育老师为主，这样完全可以完成相关工作，并能节省大量费用。

（八）关于比赛的宣传报道

建议借鉴厦门国际马拉松赛的经验，通过中央电视台直播，并由广东电视台、东莞电视台联合国内其他数家省市强势电视台进行联合直播和报道，并使用直升机进行航拍。利用中央和省级平面（报纸）、广播媒体进行多方位赛前宣传和推广。以中旅、国旅等国际性旅行社对外宣传推广辅助进行。

宣传工作应以比赛和科学论文报告会作为载体，以宣传东莞，重点突出宣传松山湖科技园，形成"让世界关注东莞，让松山湖走向世界"的氛围，使松山湖成为全国乃至世界的焦点。聚集全球的"人气"，使参赛的各国青年认识、了解、关心松山湖。

（九）关于比赛的总体经费运作

由专业的赛事和活动策划推广单位为主联合1~2家有经验的著名广告公司进行全面策划和招商推广，一方面造势，另一方面着力开发，经营比赛的无形资源。如总冠名、单项冠名、广告权、纪念品等，使社会各界，尤其是企业界也能通过赛事这一载体达到推广的目的，从而筹集相当一大部分甚至全部赛事经费。

（十）关于在比赛的同期举办"科学论文报告会"的问题

在比赛同期由中国科技协会主办"松山湖国际青年科学论文报告会"，可提高赛事"含金量"。中国科协并不需要承担任何风险，也不要投入经费。此项创举，将成为松山湖科技园区乃至全国的一项品牌活动，可以延续举办。更重要的是，通过举办这种形式和特殊定位的科学论文报告会，将使松山湖科技园与世界科技更紧密结合，更加突出松山湖科技定位，同时使之成为一个令人关注的新闻事件，必将吸引世界的目光。

（十一）关于在比赛同期举办相关配套活动的问题

举办松山湖国际青年马拉松赛的同期，还可举行大学生拉拉队挑战赛、赞助企业形象产品展示会、环湖自行车赛"世界青年联欢晚会"等活动，使松山湖成为世界关注的创业、科研、生活、休闲、旅游的理想之地。

同期还可以考虑举行"松山湖科技园××项目落成"，"××项目奠基活动"，及"松山湖科技园招商活动"等活动。产生科技、招商、体育、文化主体轰动效应。

（十二）文件报批问题

建议由松山湖管委会拟文，东莞市体育局，报东莞市人民政府批准，报广东省体育局同意，向中国田径协会报批。

三、几点建议

（一）今年要举办此项比赛，在 8 月是比较适宜的时间，圣诞节是备选时间。无论是今年什么时间举办，要办就要办好，办出特色，但由于时间特别紧迫，因此应尽早作出决策，并尽快成立相应的筹备机构。选择筹备机构的工作人员要以精干和能够全身心的投入为首要考虑条件。

（二）尽快与全国大中学生体协协商主办或协办事宜，与中国国际旅行社、广东中旅、国旅等单位协商推广事宜，与中国科协协商举办论文报告会事宜，与广东省体育局协商竞赛组织、文件报批事宜。

（三）聘请并落实相关筹备工作的专家和顾问人员。

（四）与中央和省的主流媒体进行前期沟通，落实参与筹备工作与宣传报道的有关工作，商量直播的时段。

（五）落实部分前期筹备专项经费 10 万~15 万元。

特此报告。

考察组

2004 年 3 月

第二章　体育赛事申办

第一节　体育赛事申办简述

从组织机构角度而言，一旦对体育赛事作出了选择，就意味着与作出同样选择的机构成为竞争对手。争夺赛事举办权，尤其是知名品牌的赛事举办权，更成为国家、地区、城市、机构争夺的稀缺资源。从体育赛事所有者的角度而言，为了实现该项体育赛事可持续性发展的目标，也需要积极拓展赛事生存与发展的空间，在更多的城市、地区、国家举办赛事，推广赛事品牌，吸引更多的赛事观众，获得更多的赛事收入等等。以上两方面原因使得体育赛事申办正日益成为确定体育赛事举办地点或体育赛事承办机构的常用方式。

一、体育赛事申办的步骤

尽管国际国内各项体育赛事在申办程序和申办方法上各有不同[①]，有的较为简单，有的十分繁复，但一般而言，至少需要经过以下几个步骤（图 1）。

①关于国际及国内重大体育赛事的申办可参见《体育赛事运作管理》（刘清早. 体育赛事运作管理. 北京：人民体育出版社，2006：83-89）

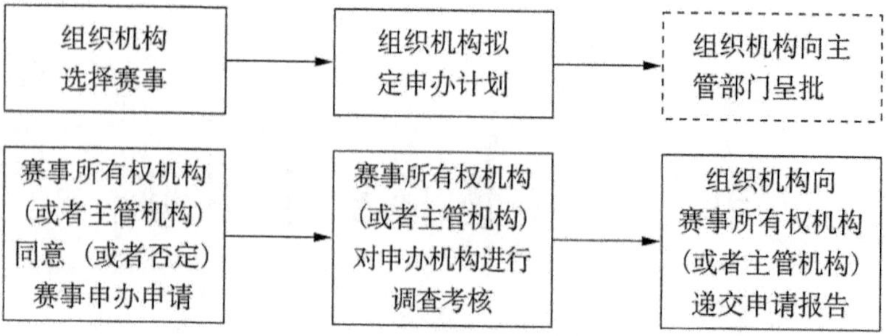

组织机构一旦决定申办某项体育赛事，应立即组建申办工作组，调配专人负责申办工作，着手制定申办计划，必要时须向上级主管部门呈报申办事项。通常组织机构应向体育赛事所有权机构（或者体育赛事主办机构，下同）提交申请文件，当体育赛事所有权机构认为组织机构符合申办条件，同意接受其申请后，组织机构被接纳为赛事申办单位，其候选资格被正式确认。

申办单位应在体育赛事所有权机构规定的时间内，按照内容、格式要求向主办单位递交申办报告。体育赛事所有权机构视具体情况对申办单位进行实地考察，了解情况并形成考察报告，然后召开申办工作会议，听取申办报告、考察报告，对申办单位进行评估，通过投票、会议方式最后确定承办单位。确定体育赛事承办单位后，体育赛事所有权机构将与体育赛事承办单位签订正式的体育赛事承办协议书。

在整个体育赛事选择与申办的过程中，体育赛事申办报告是一份相当重要的文件，它既是申办单位组织赛事的主体方案，也是体育赛事所有权机构评估申办单位的申办工作并对其承办能力进行分析的主要依据之一。申办报告必须如实反映申办单位的现状，客观地陈述其申办赛事的动机、承办赛事的计划。一旦申办单位申办成功，其申办报告视同于申办单位向体育赛事所有权机构及公众作出的承诺，体育赛事承办单位需在申办报告的基础上，制定详尽的体育赛事总体计划，保障赛事有计划、有步骤地推进与实施。

二、国际重大体育赛事的申办

国际重大体育赛事通常是指多个国家、地区代表团参与的大型综合性运动会和单项体育赛事。如奥运会、世界大学生运动会以及由国际（包括洲际）单项运动联合会组织的单项赛事。这类由国际体育组织主办的运动会，均已形成体系并建立了较为规范的申办程序。通常都是由主办地或国家、当地政府或体育组织按规定向主管组织或国际体育组织提出申办报告，然后由该组织进行考察和评估，最后由体育组织成员代表投票决定。

（一）奥运会的申办

《奥林匹克宪章》规定，只有国际奥委会拥有奥运会主办城市确定权。为保证奥运会筹备工作时间充足，欲举办奥运会的城市须在奥运会举办前8年向国际奥委会提出书面申请；由国际奥委会和有关的国际单项体育联合会对其进行考核并投票确定举办城市。最后确定举办城市是在奥运会举办前7年召开的国际奥委会全会上，由全体委员秘密投票决定。在投票中，某个申办城市获得半数以上选票即被确定为主办城市；在几个城市争办的情况下，采取多轮投票的方法，每一轮投票淘汰票数最少的城市（如果两个城市票数同样少，则增加一次专门为这两个城市的投票，从中淘汰一个）。

（二）亚运会的申办

亚运会主办城市确定权归属于亚洲奥林匹克理事会（简称亚奥理事会）。亚奥理事会是亚洲地区被授权组织和管理奥运会、洲际赛事和国际体育赛事的唯一机构，它还负责全亚洲奥林匹克运动的发展以及奥林匹克精神的发扬光大，并负责解决亚洲国家、地区之间以及亚洲国家、地区与其他大洲国家、地区之间发生的体育纠纷，即等于是亚洲的“国际奥委会”。

申办亚运会一般在亚运会举办前的6~7年，其主要程序如下：

1. 亚奥理事会向各会员国家和地区，发出亚运会的申办通知。

2. 有申办意向的城市向亚奥理事会提交申办意向书，同时交纳一定数额的报名手续费。

3. 接到亚奥理事会同意申办的文件后，申办城市开始编写申办报告书，准备迎接亚奥理事会考察团的考察。

4. 各申办城市向亚奥理事会提交申办亚运会的报告书。

5. 亚奥理事会派出考察评估团赴各申办城市，进行实地考察和民意测试。

6. 经过亚奥理事会评估，通过审查的申办城市参加竞选陈述会，最后由亚奥理事会代表大会投票决定亚运会承办城市。

三、国内重大体育赛事的申办

国内重大体育赛事主要分为两类：第一类是按奥运会项目设置并以竞技体育为主要目标与任务的全运会、城运会、省运会、大学生运动会、中学生运动会、全国锦标赛、全国冠军赛、全国联赛，包括与之相对应的省级比赛；第二类主要是以非奥运项目设置的群众体育、娱乐体育和特定人群参加的赛事，如残疾人运动会、农民运动会、少数民族运动会、全国体育大会以及摩托艇、蹼泳、滑水、登山、龙舟、拔河比赛等。

（一）奥运项目的赛事申办

由国家体育行政主管部门主办的，按奥运会项目设置的大型综合性运动会，主要是按照以下程序申办：省级政府向国家体育总局提出申办请示，国家体育总局竞技体育司分析申报材料，并牵头组织其他职能单位对申办地进行考察和评估，提出评估报告，由国家体育总局局长办公会研究提出明确意见，报国务院批准。目前，国家体育总局已拟定了全国运动会申办办法，将对全国运动会申办程序实施规范管理。

由国家体育行政主管部门主办的，按奥运会设项的重大单项体育赛事，通常通过举办全国竞赛工作会议和竞赛招标会进行招标。省级体育行政主管部门批准的组织或机构可参与投标，也可通过省级体育行政主管部门直接向国家体育总局的项目管理中心提出申请，该项目赛事的管理中心商请国家体育总局竞体司等职能部门同意后，报国家体育总局批准。现在这一类体育运动，开始逐步社会化、市场化，已有非体育组织或者非公有制法人单位申请承办体育赛事了。但现行体制仍然规定主要由省级体育主管部门审查后，国家体育总局才予以批准或认可。

（二）非奥运会项目的赛事申办

大型综合性运动会。相关法人机构如有申办全国性运动会意向，由该机构向主办地政府体育主管部门申请，再向该项目运动会的主办机构——行业体育组织提出申办报告，如申办残疾人运动会向残疾人体育协会、申办农民运动会向中国农民体协、申办大中学生运动会向全国大中学生体育协会提出申请。这些体育协会通常都是其相应部委所属的体育组织，所以一般都是按照谁主办、谁审批、谁负责的原则和渠道进行审批与管理。多个部委共同主办的，由为主负责的部委牵头，商请其他部委的体育组织同意。由于行业的归口管理，我国这一类赛事，无论哪个部委所属体协主办，都会商得国家体育总局同意，大型综合性运动会则必须报国务院批准。如果是省、市级运动会，则由省、市级行业体育组织批准，也可由同级政府体育行政主管部门批准。

单项体育赛事，由申办者向国家体育总局或下属职能司、项目管理中心直接申请审批或经总局同意后由职能司、项目管理中心发出批准文件，也可以由各相关行业体协审批。

可见，现阶段国内体育赛事申办一般是按谁主管、谁审批就由谁管理，谁申办就由谁承办并具体实施。凡是涉及全国大型综合性运动会必须经过国务院审批；凡是涉及跨国家组织的赛事（友谊赛、访问赛、对抗赛等除外）通常是先由国家体育总局批准再提交该项目的国际组织审批；涉及港、澳、台的体育赛事须先报政府主管部门港、澳、台办公室，对方同意再报体育行政部门审批。

第二节　体育赛事申办参考文件

全国综合性运动会申办办法（试行）

（1994年9月8日　国家体委发布）

第一条　中华人民共和国运动会（下称全运会）和中华人民共和国城市运动会（下称城运会）是由国家体委主办，有关省、自治区、直辖市承办的全国最高层次的综合性运动会。举办全运会和城运会对于提高我国体育运动技术水平，推动群众体育运动的发展，促进社会主义物质文明和精神文明建设具有重要的作用。

第二条　制定和实施全国综合性运动会申办办法是为适应国际国内体育竞赛的发展需要，是全面贯彻体育发展战略的重要举措。全国综合性运动会申办办法是确定综合性运动会申办程序、明确主办者与承办者的主要责任、基本权利和义务的准则。

第三条　申请和举办全运会与城运会要根据本地实际，量力而行，应本着实事求是、勤俭效能的原则，体现改革精神，广开思路，面向市场，依靠社会，减少国家的投入，创造性地开展工作。

第四条　全运会和城运会的竞赛周期均为四年，城运会一般在全运会前两年举行。具体会期的选定要结合承办者的实际，本着有利于出成绩、出人才的原则进行安排。

（一）全运会的会期包括开、闭幕式不少于十天，不超出十五天，并不晚于十月上旬（北方）或十一月上旬（南方）结束。

（二）城运会的会期包括开、闭幕式不少于八天，不超出十二天，并不晚于十月上旬（北方）或十一月上旬（南方）结束。

第五条　各省、自治区、直辖市都具有申请承办全运会和城运会的权利和义务。各省、自治区省会城市、计划单列市和特区城市经所在省、自治区政府同意，可独立承办城运会。全运会和城运会的参加单位也可申请协助承办全运会和城运会的部分项目。

第六条　申办单位应具备的基本条件

（一）当地党政部门支持举办运动会。

（二）当地政府可靠的财政保证。

（三）安定的社会环境和良好的社会秩序。

（四）为参加者及有关人员、新闻记者等提供良好的食宿、交通等接待条件和工作条件的保障。

（五）符合国际或国内技术标准的竞赛场地设施和器材。

（六）举办形式可采用分散与集中相结合，一般应有80%以上的项目集中在一个省（自治区、直辖市）内举办，中心城市不易举办的项目可以分散到邻近的城市举行，个别项目不具备条件的可以放在外省（自治区、直辖市）。原则上要求有50%以上的项目和开、闭幕式须集中在一个中心城市。

（七）具备较高的竞赛组织管理水平。

（八）具有符合竞赛需要的电子计算机、邮电通讯、电视转播等技术条件保障。

第七条　获得承办权者可享有运动会标志专利权、广告宣传权、竞赛规程规定的权利及在举办运动会期间获得经济效益的权利。

第八条　申办工作的程序和要求

申办工作的程序包括申请、考察、民主协商和确定公布承办单位四个阶段。各阶段工作的内容和要求如下。

（一）申请

1. 国家体委根据本办法向各地寄发询问信，介绍运动会的基本情况，了解申办意向，申办者根据申办工作的总体要求向国家体委提交书面申请和申办报告。

2. 申办全运会的单位向国家体委提交的书面申请须由省（自治区、直辖市）体育行政部门提请省（自治区、直辖市）政府同意并签署意见；申办城运会的城市向国家体委提交的书面申请须由本级政府提请省（自治区、直辖市）体委和政府同意并签署意见。

3. 申办单位须于全运会或城运会举办前七年的十二月三十一日前向国家体委提出书面申请，并于前六年的七月一日前向国家体委提交申办报告。

4. 申办报告应包括以下内容。

(1) 申办单位概况。主要内容为：申办省、自治区、直辖市的特征；经济；社会治安；申办中心城市；气象条件；环境；安全保卫；医疗卫生系统。

(2) 竞赛基本条件。主要内容为：现有设施，修缮、改建或扩建设施情况；各项目安排设想，场地设施，器材设备，办公、会议及其他用房；场地安保，通道，席位；住宿，交通，医疗，兴奋剂检查。

(3) 接待条件。主要内容为：对参加大会各代表团、裁判员、工作人员、记者、国内外来宾的接待工作方案，包括能提供或免费提供的食宿、交通等条件。

(4) 电子计算机、邮电通讯、电视转播的保障。主要内容为：数据处理系统的技术设施（数据处理中心及分中心）、计算机信息系统；城市电讯现状及发展计划；新闻媒介、新闻中心位置、提供用房、技术服务设施。

(5) 筹资计划、经费来源、经费保障。

(6) 举办和参加体育竞赛的经验及组织管理水平。

（二）考察

考察工作是在申办单位提交申办报告后，由国务院有关部门、国家体委有关部门及有关单位代表组成考察委员会，根据申办单位应具备的基本条件，对申办单位进行实地考察，在充分考察、审核的基础上，提交考察报告。

（三）民主协商

在一定范围内（举行申办协商会议）由申办单位介绍申办情况或宣读申

办报告，由考察委员会介绍考察情况或公布考察报告，实行公开、公平竞争。经过民主协商提出初步意见和方案。

（四）确定公布

确定承办单位实行民主集中制。在充分民主协商基础上，由国家体委综合研究，初步确定承办单位。上报国务院批准后，公布承办单位。一般在运动会举办前五年公布承办单位。

第九条　国家体委对各单位申办报告的内容在正式公布前予以保密。

第十条　其他全国综合性体育竞赛可参照本办法执行。

第十一条　本办法由国家体委负责解释。

关于申办国际体育活动报批程序的规定

体外字〔2002〕111号

一、举办国际体育活动的目的是，更好地推动我国体育事业的发展，拓展我国与各国（地区）和国际体育组织的关系，对外宣传我国改革开放的成果，扩大我国对外影响，为我国总体外交服务。

二、申办国际体育活动应把握以下具体原则。

（一）申办城市的场馆设施已具规模，在接待、交通、通讯和安全等方面也初步具备条件；

（二）申办项目的选择要“以我为主”，在我国有较为广泛的群众基础和一定的水平，有利于推动该项目在我国的发展和提高；

（三）申办国际体育活动应统筹规划，避免在时间、地点等方面与其他重大活动发生冲突；

（四）可望得到有关国际体育组织及其多数会员的支持；

（五）参照国际惯例，符合相关国际体育组织的规定；

（六）量力而行，勤俭节约；

（七）以申办国际体育活动为契机，展示我国改革开放取得的伟大成就，体现我国人民奋发向上和“团结、友谊、进步”的精神风貌。

三、申办国际体育活动，必须按程序报批，未经批准，不得申办。

（一）下列活动的申办须报国务院批准：

1. 国际或亚洲、地区性综合性运动会；

2. 政治敏感性强或邀请外国正部长以上官员、前国家元首、前政府首脑参加的国际体育活动。

（二）申办邀请外国前国家副元首、前政府副首脑以及其他重要高层人士参加的国际体育活动须征得外交部同意，报国家体育总局批准，必要时报国务院批准。

（三）下列活动的申办须报国家体育总局批准、报外交部备案：

1.邀请外国副部级或相当级别人员参加的国际体育活动；

2.规模在500人以上的世界锦标赛、世界杯赛。

（四）申办其他国际体育活动须报国家体育总局批准。

四、申办国际体育活动的具体要求

（一）须经国务院批准的活动，经国家体育总局审核并与外交部会签后，报国务院审批。一般应在有关国际体育组织要求的申办截止日期前1个月上报。报文中除请示文件外，还应有申办地政府的申办报告、国家体育总局的审核意见，以及外交部签署的意见，并附国际体育组织有关规定。

（二）须向外交部备案的活动，经由国家体育总局审批后，报外交部备案。上报的文件中除正常的请示文件外，还应提供活动承办地政府的申办报告或同意函。

（三）须经体育总局批准的活动，运动项目主管单位须在有关国际体育组织要求的申办截止日期前3个月向国家体育总局报批。请示中须注明：申办国际体育活动名称、举办日期、地点、规模、经费预算、经费来源等内容，并附活动承办地体育主管部门或承办单位的同意函。

五、经批准举办的一般性国际体育活动，运动项目主管单位须在该活动举办日期前1个月，向国家体育总局提交活动准备方案和接待安排计划。

六、经批准举办的大型或综合性国际体育活动，运动项目主管单位须在该活动举办日期前6个月，向国家体育总局提交筹备工作详细计划，计划应包括下列内容：

（一）组委会组成情况；

（二）经费预算和落实情况；

（三）竞赛组织计划；

（四）接待工作计划；

（五）开、闭幕式等重大活动筹备计划。

七、经国务院批准举办的国际体育活动，在活动结束后，由国家体育总局向中央外事工作领导小组及国务院报总结报告，并抄送外交部。

八、经国家体育总局批准举办的国际体育活动，运动项目主管单位须在活动举办后1个月内向国家体育总局提交总结报告。

九、本规定自发布之日起生效。原国家体委《关于申办国际体育活动的暂行规定》自行废止。其他涉及申办国际体育活动的规定或通知，凡与本规定相抵触的，以本规定为准。

武汉市申办第六届全国城市运动会报告书

武汉市申办第六届全国城市运动会组织委员会

2002年4月

一、前言

中华人民共和国第六届城市运动会（以下简称六城会）将于2007年举行。武汉作为一座具有3000多年历史、地处华中地区的特大中心城市，真诚地期盼承办2007年六城会。通过六城会进一步弘扬中华体育精神，动员全市人民，以东道主的光荣感、自豪感和责任感，向全国人民展示武汉市悠久、灿烂的历史文化，新世纪社会经济的蓬勃发展，展示武汉人民与时俱进、锐意进取的精神风貌。为2008年中国北京奥运会的成功举办出一份力，为促进我国体育事业的发展，加强城市间的交流与合作，作出积极的贡献。

武汉具有稳定的社会环境和良好的社会秩序，社会经济发展迅速，1999年我们非常荣幸地申办了五城会，三年来，武汉人民仍然抱着为我国体育事业发展作贡献的强烈愿望，坚持不懈地努力做着申办2007年六运会的工作。

呈上这份申办六城会的报告是表明武汉市对全国城市运动会的重视和企盼，表明我们申办六城会的热情和决心，汇报我们为承办六城会已有和将有的条件与计划。如果这个殊荣和重任降临给武汉，我们将竭尽全力确保六城会圆满成功！

二、市政府申办请示、省政府转报函

（一）《省人民政府转报武汉市人民政府关于申办第六届全国城市运动会请示的函》鄂政函〔2002〕36号

国家体育总局：

省人民政府同意《武汉市人民政府关于申办第六届全国城市运动会的请示》［武政文〔2002〕29号］，现予转报，请予支持。

武汉市如获准举办第六届全国城市运动会，省人民政府将大力支持武汉市把本届运动会办成规模宏大、富有成效的体育盛会。

特此函报，请予审批。

湖北省人民政府

二○○二年四月十日

主题词：体育　城市　运动会　函

湖北省人民政府办公厅　2002年4月11日印发

（二）《武汉市人民政府关于申办第六届全国城市运动会的请示》武政文〔2002〕29号

省人民政府：

第六届全国城市运动会将于2007年举行。为推动我市乃至全国城市体育事业的发展，加强城市间的交流与合作，增进友谊，促进我市经济社会发展和精神文明建设，经认真研究，我市特申办第六届全国城市运动会。

我市是华中地区和长江中下游的经济、科技、教育和文化中心，素有“九省通衢”之称。经过50多年的社会主义现代化建设，尤其是改革开放以来的20多年，我市已发展成为我国华中地区一座多功能综合型大城市，经济实力不断增强，完全具备了承办全国城市运动会的基本条件。在经济建设和社会发展的同时，我市群众体育和竞技体育也得到了蓬勃的发展。目前，全民健身活动每年累计参加人数达数百万，在国际国内均产生了很大的影响。我市每年举办的万人迎春长跑、长江竞渡、广播体操、太极拳（剑）、自行车赛等群众性竞赛活动和每两年一届的全市社区体育运动会，内容丰富，参与面广，已形成传统，深受群众喜爱。这为我市承办大型运动会奠定了较好的群众基础，也为我市培养出大批优秀体育人才起到了重要作用。自全国城市运动会举办以来，我市已先后4次组团参加并都取得了较好的成绩。

第六届全国城市运动会是2008年奥运会在北京举办前夕我国最大的一个体育热点，承办此届运动会是武汉830万人民的心愿。1998年，在省人民政府的支持下，我市申办第五届全国城市运动会的工作曾得到国家体育总局的充分肯定，《国家体育总局关于武汉申请承办第五届全国城市运动会的复函》［体竞字〔1999〕09号］中明确承诺：如武汉市人民政府决定申办

2007年第六届全国城市运动会，国家体育总局将予以优先考虑。为了申办第六届全国城市运动会，几年来，我市在组织、人力、物力、财力等方面进行了积极的准备。我们衷心期盼申办工作能够得到省委、省人民政府和全省人民的关心和支持。如果此次申办成功，我市将在省人民政府的领导下，按照国家体育总局的要求，进一步完善体育设施，积极策划，精心组织，努力把第六届全国城市办成规模宏大、富有成效的体育盛会，办成促进我国体育事业发展的盛会。

以上意见如无不妥，即请转国家体育总局审批。

特此请示。

武汉市人民政府

二〇〇二年四月二日

三、武汉概况

武汉是湖北省省会，是中国经济地理的中心，是中国中部区域重要的战略支撑点，拥有831万人口，土地面积8494平方公里。

具有独特区位优势的武汉承东启西，接南转北，通达江海，水陆空交通发达。以武汉为圆心，以1000公里为半径画一个圆，北京、上海、广州、成都、西安等中国绝大部分城市都覆盖其中。拥有丰富的资源是武汉的显著特点，土地资源、矿产资源，特别是水资源十分丰富，世界第三大河流长江及其最大的支流汉江在市中心交汇，水域面积占土地面积的25%，在世界大城市中极为罕见。

武汉是中国传统制造工业基地和近代工业的起源地之一，具有较强的产业优势。是中国最大的汽车工业基地和钢铁工业基础之一。经过改革开放20多年来的建设与发展，武汉已形成中国最大的光电子信息产业基地。“武汉·中国光谷”异军突起，已成为我国高科技产业的聚集地之一。

有中国中部地区科教中心之称的武汉拥有35所高等院校，3个国家级开发区和4个科技开发园，350多个科研机构，1470家高新技术企业，40多万专业技术人员，科教综合实力居全国第三位。

改革开放以来，武汉已成为中国内地投资环境最好、经济发展最快的城市之一。联合国2001年的一项统计报告显示，在中国最具发展前途的25个城市中，武汉居第六位。

历史文化名城武汉，距今已有3500年的历史，人文旅游资源十分丰富，是风景优美的山水园林城市。

这是一个充满了活力和激情的城市，文化体育事业迅速发展，全民健身运动家喻户晓，群体活动高潮迭起，尤其是社区体育发展逐步形成特色。这是一个为国家培养和输送了一大批优秀运动员的城市，先后有17人，共82次获得世界冠军，为国家赢得了荣誉，为我国体育事业的发展作出了积极的贡献。

面向21世纪，武汉已经启动了以人为中心的社会系统工程，以企业为主体的经济系统工程和绿色化的生态系统工程，着力构建在中国中部战略区域内的金融、商贸、物流、信息、科教、旅游等功能中心。孙中山先生曾把武汉的未来描绘为“空达五洲、水连四海、陆接欧亚、畅通全球”。今天，这幅壮丽的宏伟蓝图正在成为现实。

武汉籍选手连续五届参加奥运会获得金牌10枚

奥运会地点	运动员	项目
第23届 洛杉矶	周继红	女子10米跳台
第24届 汉城	陈　静	女子乒乓球单打
第25届 巴塞罗那	伏明霞	女子10米跳台
	乔　红	女子乒乓球双打
第26届 亚特兰大	伏明霞	女子10米跳台 女子3米跳板
	乔　红	女子乒乓球双打
第27届 悉尼	伏明霞	女子3米跳板
	肖海亮	男子3米双人跳板
	高　崚	羽毛球混合双打

武汉市为国家培养和输送了一大批优秀运动员，截至2000年，武汉籍运动员共获得82次世界冠军，竞技体育硕果累累。

周继红　伏明霞　童　辉　肖海亮　乔　红　陈　静

黄俊群　韩爱萍　田秉义　高　崚　刘黎敏　黄力平

尚福梅　胡小凤　韩晶娜　张秀云　周云健

随着武汉市社会经济的发展，文化体育事业迅速发展，在城市“两个文明”建设中发挥了重要作用，群众体育蓬勃开展，参加体育健身的人数日益增加，每年举办的元旦万人迎春健身长跑、万人广播操、万人太极拳（剑）、横渡、抢渡长江活动已形成传统并在全国大城市中最早创办了市级社区体育运动会。群众体育活动形式多样，内容丰富，为竞技体育的发展奠定了基础。武汉投巨资建成武汉市体育中心（含可容纳6万人的体育场、8000人的体育馆、4000人的游泳跳水馆），筹建F1赛车场，新建东方马场。展望未来，我们充满信心，武汉市体育事业的改革与发展将伴随着时代的步伐，续写新世纪光辉灿烂的新篇章。

四、条件保障

（一）气象

武汉市位于中国腹地的中心，江汉平原的东部，属北亚热带（湿润）季风气候，冬冷夏热，春秋温湿适宜。根据武汉1992—2001年近10年的气象资料分析，9、10两月平均降水量仅为123毫米，平均气温18.3~24.4°C，是一年中气候最理想的季节。

目前，气象部门各类气象观测资料、预报服务产品等气象信息实行联网交换。2007年之前将建成以全自动气象观测站、多普勒天气雷达、卫星遥感、遥测及现有高空、地面观测站为基础的大气探测网，短时预报能做到定点、定时、定量。城市环境气象服务水平达到国内一流。

2007年六城会比赛期间武汉市气象部门承诺提供以下大会服务：

1. 提前一个月提供整个比赛期间的长期天气预测，提供中期（4~10天）、短期（1~3天）、短时（6~12小时）的准确天气预报。

2. 在主要比赛场地各建一个自动气象观测站，随时提供气温、湿度、气压、风向风速等实时资料。

3. 主要赛场开通远程气象服务终端，随时调用气象信息和服务产品。

4. 开幕式当日如出现局部异常天气，将组织飞机实施人工影响天气作业，以确保开幕式按时举行。

（二）交通

在我国地理位置中，武汉素有“九省通衢”的美称。万里长江和316、318、沪蓉高速国道横贯武汉东西，京广、京九铁路和106、107、京珠国道纵穿武汉南北，“银燕”从天河机场飞往全国、驶向世界，已形成了集铁路、公路、水运、航空、邮政一体全面发展的综合交通体系。

铁路：直达26个省、自治区、直辖市，通达全国70多个大中城市，“十五”期末，将直通31个省、自治区、直辖市。动工兴建天兴洲长江公铁两用桥、扩建武昌火车站、新建武汉至重庆沿江铁路等重点工程。

水路："十五"期末，长江全线客运班轮更新为快速、舒适的普快兼旅游客船。实施汉江武汉段55公里航道综合整治，进一步提高航运能力。

公路：2006年之前建成京珠、沪蓉国道主干线武汉绕城公路，新建轻轨、地铁、过江隧道和进出城高速连通道，形成外环、中环、内环环环相扣、路路相通、放射成网的高速进出口通道。

航空：武汉是中国重要航空指挥中心，是我国重要的航空港之一，已开通国际国内航线近60条，"十五"期间武汉天河机场始发航班将通达全国各省、自治区和大中城市，将完成兴建天河机场第二候机楼工程，年吞吐量将达到433万人次。

2007年六城会期间武汉市的铁路、水路、公路、航空四大交通体系完全能满足大会对交通条件的需要。届时将为全国各地运动员、教练员、官员和游客提供及时方便、舒适快捷的服务。

（三）卫生

武汉市拥有丰富的卫生资源，现有二级以上医院64所，每千人拥有医生3.11人，病床4.3张，在全国大中城市名列前茅；运动创伤治疗和康复领域，在国内处于领先水平，部分达到国际领先水平。

武汉急救中心与有关部门共建："110"联动服务；水上救援中心；交通事故处理中心急救联动；直升机空中急救；与52家二级甲等以上医院建立了EMSS体系，初步形成了水陆空的立体急救网络。协和医院是亚洲医疗急救中心。全市64家二级以上医院急救车辆绿色通道畅通，实行24小时服务，有能力完成各项急救任务。

拥有完善的卫生监督执法体系，各级卫生防疫部门定期对全市所有水厂进行水质监测。对各宾馆、酒店的食品生产、采购、加工、储存等进行全面监督。

2007年六城会比赛期间卫生服务承诺

1. 设立大会医疗急救服务中心，并下设10~15个分站，实行全天24小时为大会服务。提供装载了先进医疗急救设备和器械的各类急救车辆30~50辆，车上备有GPS全球定位系统，装备专线电话与各分站及医疗机构保持联系，确保大会各种医疗、急救需求。

2. 绿色通道更加完善，保证对伤病者5分钟内进行处置，20分钟内各项抢救措施全部到位。

3. 全面落实执法责任制，成立六城会食品卫生、饮用水卫生、客户卫生及卫生防保工作领导组织机构，派出卫生监督员进驻宾馆、饭店、酒店，同时派出卫生执法队进行卫生监督，保证大会期间不发生任何医疗、食品卫生事故。

4. 在每一个赛场派出医务人员、救护车辆，保证不因工作失误、技术失误导致医疗事故。在运动员下榻的宾馆、酒店设置医务室，提供药品、器械等。

（四）通信

武汉电信作为全国八大长途交换中心之一，是全国重要的通信枢纽和指挥调度中心。武汉电信目前综合实力在全国主要省会城市电信企业中排名第三。

武汉电信已经建成一个技术先进、体系完整、覆盖全市的通信网。国家“八纵八横”的一级干线光缆有5条经过武汉，高质量的通信网络通达全国所有城乡。已建成覆盖全市大容量、高效率的宽带多媒体通信网，“武汉热线”在全球著名中文网站中排名第24位。华中地区的第一个宽带应用网站——“宽频世界”，标志着武汉宽带多媒体通信发展迈上崭新的台阶。武汉是华中地区通信枢纽和信息中心。

2007年六城会比赛期间通信服务承诺

2007年武汉电信将为六城会提供高效、便捷的语音、数据、图像及多媒体通信平台，同时保证有充足的网络资源可供调度，全力确保网络运行安全可靠。确保六城会期间组委会、运动员、教练员、裁判员、记者等对市话、长途等语音业务的需求，提供便捷、快速的图文传真业务和网络实况转播、点播、远程访问等实时业务，为六城会提供快捷、可靠、全方位的通信服务，保证圆满完成各项通信保障服务。

（五）接待

武汉市现有能接待500人以上的各类宾馆、酒店246家，共有客房总数3万多间，可同时接纳8万余人住宿。此外还有正在建设中的星级宾馆、酒店20余家。

武汉市在旅游接待方面拥有较好的人员素质和接待条件。旅游涉外饭店的中高层管理人员85%以上拥有国家级及省市颁发的资格证书或培训证书，一批优秀的管理人员还拥有国际认可的证书及国际饭店管理经验。香格里拉大饭店、东方大酒店等一批高级饭店都拥有至少4种语言的同声传译设备、面积最高达1600平方米的超大型多功能厅。全市宾馆、酒店共有会议室500多个，并可提供5000余个车位。

2007年六城会比赛期间接待服务承诺

到2007年接待能力预计可以达到20万人次/日，各类饭店种类齐全，完全具备六城会的接待条件，六城会期间将向大会确保提供以下服务：

1. 所有被确定为大会指定的接待宾馆、酒店提供优质优价服务，根据不同民族的饮食要求提供特色可口的餐饮服务。

2. 各接待宾馆、酒店重点保障参会人员食宿、会议、资讯、泊车。

3. 对各代表团有组织的观光旅游活动，各宾馆、酒店均可提供车辆及导游服务。

4. 所有被大会确定为大会指定接待的宾馆、酒店，从2003年开始对员工进行再培训，进一步提高标准化的管理水平和服务质量。

（六）安全保卫

武汉市公安局现有警力1.8万余名，拥有强大的安全保卫力量及丰富的安保经验，是维护武汉市社会秩序和治安稳定的主力军，并形成了空中直升机、陆上机动车、水上巡逻艇三位一体的主体安全体系，多次圆满完成党和国家领导人、外国元首视察访问武汉的安保任务和所有国际国内重大体育赛事、大型经贸、文化活动的安保、治安、秩序维护任务。

六城会的安全保卫工作，将在组委会的统一领导下成立安全保卫领导小组。由公安局、国家安全局、武警及相关部门组成，按照国家体育总局对六城会期间的安全保卫工作的要求，围绕“保安全、保畅通、保稳定”的总目标，制定周密细致的安全保卫工作总体方案，确保六城会顺利进行。

2007年六城会比赛期间安全保卫承诺

1. 确保比赛场馆、住地不发生坍塌和拥挤致人伤亡事故。

2. 确保不发生恶性火灾及交通事故。

3. 确保比赛场馆及住地周边不发生违法游行、静坐等事件。

4. 确保不发生涉枪、爆炸等有影响的刑事案件，确保来汉官员、贵宾、运动员、裁判员、教练员、各类工作人员和财产安全。

5. 确保交通畅通、不因交通堵塞而影响各项比赛。

6. 六城会期间，全力配合组委会做好相关工作。

五、竞赛组织

（一）比赛日期

根据武汉市气象局对1992—2001年近10年的气象资料统计分析，六城会建议在2007年10月中旬举行。这段时间正值金秋季节，秋高气爽，风和日丽，气候宜人，日平均气温18°C~22°C，相对湿度在68%~78%，平均风速1~2级，有利于体育比赛和运动员发挥竞技水平，也是旅游观光的黄金季节。

（二）竞赛场馆

根据五城会项目设置，六城会若按28个项目安排，除自行车、帆板和皮划艇激流回旋三项经商定先期在其他城市举行外，其他25个项目均安排在武汉市进行。市区内交通十分便利，所有比赛场馆附近均有符合六城会接待要求的宾馆、酒店、医院、商场、超市、公交车站等。

城运会集中在一个城市进行，有利于组织、指挥、调度、控制，有利于节省时间，减少资金的投入，减轻各代表团在人力、物力等方面的压力。

六城会的开幕式拟安排在2002年8月竣工的武汉体育中心体育场（可容纳6万人）举行，闭幕式拟安排在武汉体育中心体育馆（可容纳8000人）举行，或在市中心的蛇山黄鹤楼广场举行（此广场将作为2003年举行世界杯女足比赛抽签仪式主会场）。

（三）竞赛组织经验和管理水平

多年来，湖北省、武汉市承办了大量全国性和国际性的大型体育比赛。

综合性大赛：第四届全国大学生运动会、第六届全国中学生运动会、第二届全国农民运动会。

数十项重大国际性比赛：世界排球联赛、国际男女篮球邀请赛、国际女排邀请赛、亚洲举重锦标赛、亚洲汽车拉力锦标赛。

近百项全国性大型比赛：全国体操锦标赛，全国跳水冠军暨奥运会选拔赛，全国乒乓球锦标赛，全国足球甲A、甲B联赛，首届拳王俱乐部精英赛，全国赛艇、皮划艇锦标赛，全国击剑锦标赛，“爱立信”杯全国乒乓球擂台赛，四城会体操、足球、跳水预赛。

武汉市还将承办2002年远东四国女足锦标赛、2003年国际足联女足世界杯赛。

（四）六城会比赛项目场馆安排一览表（略）

（五）竞赛场馆条件

现有场馆：51个场馆可供比赛和训练之用。

A.体育系统17个（略）

B.教育系统26个（略）

C.其他系统8个（略）

近期场馆规划16个（略）

（六）六城会比赛项目场馆位置分布图（略）

（七）六城会比赛项目场馆图片（略）

六、经费筹措

由于我市现有和已列入“十五”规划建设的体育场馆设施条件较好，需要专门为六城会新建、改建的体育场馆不多。能满足六城会比赛的场馆设施已达75%，新建及改建的体育场馆仅占25%，符合国务院提出的“实事求是、量力而行、勤俭效能”的原则。

（一）指导思想

坚持社会效益和经济效益的有机统一，遵循市场经济规律，走体育改革发展之路，积极策划市场运作，充分挖掘市场潜力，拓展体育本体产业发展空间，多渠道筹集资金，减轻政府财政压力，不增加市民负担，确保经费落实到位。

（二）基本思路

最大限度地发挥体育本体产业和竞赛市场的潜力和优势，以政府投入为基础，以优惠的政策为保障，以市场筹资为重要补充，多渠道筹集资金。

（三）渠道与方式

■ 开发市场潜力。

■ 发行六城会体育彩票收益。

■ 广告、门票、出售电视转播权收益。

■ 竞赛项目承接实行招标、竞赛赛事冠名权收益。

■ 大会指定用品的生产权和专卖权收益。

■ 发行纪念邮票、纪念品收益。

■ 政府资金投入。

■ 武汉市政府下拨专项经费。

■ 湖北省政府下拨专项经费。

■ 国家体育总局下拨专项经费。

■ 政府以优惠的政策投入。

■ 对体育产业投资实行三优（优惠批租、优惠政策、优良服务）。

■ 建立健全体育商业网络体系，增加体育税收。

■ 由承接赛事的场馆所属单位负责场馆的建设、维修、改造。

■ 免交承接赛事场馆的建设、维修、改造的相关规划手续费用。

（四）社会筹资

建造一座六城会纪念碑，出售纪念碑签名权，限签两万人。

设立六城会专项收费管理基金。

举办义演、义赛筹资。

赞助：合作伙伴、专用产品、标志特许使用品。

（五）其他筹资形式

七、学术交流

（一）意义

在六城会期间，拟在国家体育总局的主持下组织承办首届中国城市体育发展国际学术会议，邀请国内外体育专家学者齐聚武汉，探讨与交流21世纪中国城市体育发展问题，这对于发挥和提升城市功能，促进城市体育的发展，具有十分重要的理论和现实意义。

（二）内容

学术会议将主要围绕现代城市体育的发展和现实中的问题进行探索、研究和交流，内容主要包括青少年优秀体育后备人才的选拔与培养；体育产业化与市场培育；都市体育的社会心理学研究；城市经济、文体活动与生活质量；社区体育与全民健身的跨文化研究五个方面。

（三）规模

预计会议代表200人左右。拟在会议召开前一年征集论文。征集范围包括：国际有关体育专家学者；与我国结为友好城市的体育机构及专家学者；港、澳、台地区体育机构及专家学者；国内体育科研机构、体育院校（系）和部分著名专家学者；参赛城市体育机构及体育工作者等。

（四）形式

大会拟采用口头报告、墙报、专题讨论的形式进行交流。为保证会议质量和效果，准备邀请4~6名著名专家学者作大会主题报告。其余论文入选人员分别安排分组报告或墙报交流。

大会正式用语为英语，报送大会的论文一律使用英语。

八、庄严承诺

若武汉市荣幸地获得2007年第六届全国城市运动会承办权，我们庄严承诺：

（一）在国家体育总局的领导和指导下，在湖北省、武汉市人民政府的领导下，确保六城会圆满成功。

（二）根据六城会比赛要求，确保少部分新建体育场馆的建设和所有比赛场馆的维修建设，在2007年4月底之前竣工使用。

（三）确保提供大会需要的竞赛安排、安全保卫、交通、环境、气象、接待、新闻宣传、卫生、通讯、信息等全方位的服务。

（四）运动会期间确保组织领导、筹备工作经费筹资与投入落实到位。

（五）确保六城会精彩、热烈、圆满、成功。

亚洲冬季运动会申办方案[①]（摘要）

一、 申办的主要工作

（一） 准备申办报告

（二） 成立亚冬会申办委员会

（三） 向亚奥理事会成员国发送申办报告

（四） 同亚奥理事会沟通

（五） 同亚奥理事会的广告代理公司沟通

二、 具体的工作要求

（一） 申办报告的撰写要求

1. 亚奥理事会关于亚冬会的基本规定

（1） 项目要求

亚冬会上的运动项目应至少包含以下各项中的五项：

- 滑雪射击
- 滑冰

① 由中体华奥咨询有限公司提供

- 大雪橇
- 花样滑冰
- 冰球
- 滑雪
- 短雪橇
- 冰上溜石

(2) 时间要求

亚冬会的持续时间应不少于5日且不多于8日，包括开幕和闭幕日。

(3) 技术规则要求

- 亚冬会的官方项目必须包括滑冰、花样滑冰、滑雪以及冰球。
- 某一项目中的某项比赛至少要有两人参加。
- 如果某项赛事的参赛人数不足，执行委员会应有权决定参加比赛的合理人数。

(4) 其他要求

亚冬会的主办城市在运动会举办期间还要举办一次执行委员会会议。

2. 亚奥理事会要求的各项内容

(1) 项目设置

除了所规定的项目之外，你方还将申请增加哪些运动项目？

(2) 日程安排

运动会的举办时间需不少于5天且不多于8天，其中包括开幕及闭幕日。你方所提交的日期是怎样安排的？

(3) 城市情况

所选定城市的规模大小、人口数量、气候情况（温度和降水）以及海拔高度情况如何？为何将该城市选作为亚冬会的举办地？

(4) 组织机构

在你方所选定的城市里是否具备一家经验丰富的组织机构？该机构的情况如何？

(5) 亚冬会驻地安排

亚冬会驻地的模式及选址情况如何？

(6) 比赛场馆安排

你方所提交的城市目前所具备的体育场、比赛场、训练场等的规模如何？所有的场地都应该较为集中，并且与将要建成的亚冬会驻地相临近。应提供一份表明所有场馆位置的城市规划图。

如果现有的体育场馆不充足，是否会兴建其他场馆？如果是的话，将在何时何地兴建？

(7) 亚冬会官方报告研究

你方是否研究了往届亚冬会的官方报告，是否会同样竭尽全力地来举办此次运动会？

(8) 法律环境

在你方所选定的城市或你们的国家里是否存在着某些法律、惯例或规则会限制、约束、干扰或以其他任何形式影响到此次运动会的举办或是任一成员国的国家队、官员或代表团的自由参加？

(9) 资金计划

运动会的资金将如何保障？所需资金是多少？由谁来提供？

(10) 食宿安排

为参观者所提供的食宿标准如何？其费用是多少？

(11) 组织经验

过去在选定城市里举办过哪些重要的世界性活动？

(12) 承诺

如果将此次运动会的主办权授予你方，你方能保证将按照理事会的基本原则、协议、规则和章程正确行使这一权利吗？

（二）发送申办报告的要求

1. 发送渠道

争取获得中国奥委会外联司的大力协助。

2. 发送对象

向亚冬会参赛国的国家奥委会发送。

向亚奥理事会执委发送。

3. 后续工作

申办委员会应该选择各种机会，做好对亚洲冬季运动会参赛国家的工作，要使得长春市获得这些参赛国家的支持。

（三）同亚奥理事会沟通的要求

1. 邀请专家团考察长春

由申办委员会向亚奥理事会表示，欢迎亚奥理事会派出有关专家来长春考察，并提出宝贵意见。

2. 代表团参加科威特会议

做好派申办代表团参加×年×月×日在科威特举行的亚奥理事会会议的准备，条件成熟即可出发。

3. 同广告代理公司沟通

亚奥理事会的广告代理公司是××广告公司，应设法与他们沟通。

三、当前的工作重点

（一）解决申办报告撰写中的难点

1. 比赛场馆安排

2. 资金收支计划

3. 官方报告研究

4. 报告后期包装

（二）实施完善的公关方案

1. 亚奥理事会

2. 亚冬会参赛国

3. 亚奥理事会广告代理公司

迎接亚奥理事会考察评估团来穗考察评估工作方案

（2004 年 4 月 1 日）

迎接亚奥理事会考察评估团来穗考察评估，是广州申办 2010 年亚运会的重要环节。考察评估团的评估结果直接关系到广州申亚的成功与否。为充分展现我市举办 2010 年亚运会的信心、决心、能力及优良条件和雄厚基础，让亚奥理事会考察评估团留下美好而深刻的印象，增强其对我市举办 2010 年亚运会的信任，我市的各项迎评工作要在广州 2010 年亚运会申办委员会（简称亚申委）的统一领导下，坚持高标准、严要求，精心策划，严密组织，有条不紊地实施。为此，特制定迎接亚奥理事会考察评估团来穗考察评估的工作方案，以明确迎评工作任务和分工，制定各项迎评工作的具体操作方案。

一、工作要求

（一）本方案已明确的责任部门于 4 月 5 日前制定好本部门负责的具体工作操作方案，并报送亚申委申办城市工作委员会（简称工作委员会）办公室，经工作委员会领导同意后组织实施。

（二）所有迎接考察评估工作应在4月10日前准备就绪。

（三）工作委员会于4月10—13日对迎评工作进行全面检查验收。

（四）工作委员会办公室负责对本方案实施的全程跟踪督办，及时向委员会报告各项工作进展情况。

（五）因本方案中有不确定因素，要求各个操作方案具有一定的弹性和应变措施。

二、考察评估团在穗期间主要活动安排

■ 4月14日：抵穗；晚上以亚申委名义宴请，宴会后珠江夜游。

■ 4月15日：上午听取申办陈述；下午参观考察；晚上省领导接见和宴请。

■ 4月16日：上午参观考察；下午继续参观考察或总结会和记者接待会；晚上市领导接见和宴请。

■ 4月17日：离穗

考察评估团在穗期间的活动安排，以考察评估团正式确认后的为准。

三、迎接考察评估工作的主要任务

■ 礼遇与接待

■ 向考察评估团作陈述

■ 申办展示

■ 迎接考察评估团实地考察

■ 交通控制

■ 安全保卫

■ 卫生医疗保障

■ 宣传活动与公众参与

■ 城市环境卫生整治

四、礼遇与接待

责任部门：接待组、市外办、宣传组、市公安局、办公厅口岸管理处、花园酒店

要求分别作好考察评估团同机抵穗和分批抵穗的接待方案。

（一）考察评估团入境联检礼遇

■ 确认考察评估团成员名单、抵穗日期和航班

■ 申请联检礼遇

■ 准备贵宾室

■ 知会机场口岸

（二）迎宾

1. 安排迎宾领导和知名运动员

■ 省、市有关领导

■ 省、市体育局主要领导

■ 知名运动员

2. 机坪上的礼遇

■ 设立机坪迎宾线

■ 铺设红地毯

■ 设立新闻记者拍摄线

■ 迎宾过程及程序安排，包括献花，宾主双方合影

3. 布置贵宾室：包括悬挂亚奥理事会会旗、中国奥委会会旗和广州申亚标识旗，安排在贵宾室迎候的领导

4. 考察评估团成员行李的提取

5. 迎宾车辆的安排

入境联检礼遇和迎宾的分工：接待组总负责，市外办负责申请入境礼遇，办公厅口岸管理处协助安排入境礼遇，宣传组负责邀请、组织记者和设立新闻记者拍摄线，并安排宾主双方合影。

（三）下榻宾馆

考察评估团的下榻宾馆：花园酒店

（四）机场到下榻宾馆的路线

机场路—机场立交—解放北路—大北立交—小北立交高架—环市中路—花园酒店

沿途的交通控制（市公安局负责）；警车（不鸣警笛）开路，并通过外围控制保持沿线交通自然、顺畅。

（五）下榻宾馆礼遇接待

■ 气氛布置：如在酒店正门处悬挂欢迎横幅（中英文）及亚奥理事会会旗、中国奥委会会旗、广州申亚标识旗

■ 迎接仪式

■ 房间的安排和服务标准

■ 预留专梯

■ 午餐安排

分工：接待组总负责，花园酒店落实迎宾仪式、入住服务，宣传组负责指导落实气氛布置。

（六）入住宾馆后的安排

如有部分成员上午到达，下午可安排参观文化景点（南越王博物馆、广州博物馆）或参观展示厅。

分工：接待组负责总体安排，宣传组负责参观点的准备工作。

（七）亚申委与考察评估团的工作联络

■ 确定亚申委的联络官

■ 向考察评估团提供日程安排建议和考察点建议

■ 与考察评估团协商和确认其在穗的活动安排和考察点

分工：办公室负责

（八）亚申委领导接见和欢迎宴会

■ 时间：4 月 14 日晚上

18:30–19:00　亚申委领导接见

19:00–20:00　亚申委领导宴请

■ 地点：宴请安排在花园酒店三楼桃园馆，接见地点另定

■ 形式：中式围餐

■ 参加人员：亚奥理事会考察评估团官员；国家体育总局及有关部门（单位）领导；省、市有关领导；省、市体育局领导。

分工：接待组负责总体安排，宣传组负责宴会文艺节目的安排。

（九）珠江夜游

■ 时间：4 月 14 日晚上 20:00，安排在宴会后进行

■ 车行路线

前往路线：花园酒店—环市路—内环路—六二三路—镇安路—白天鹅宾馆码头

返回路线：中大码头—滨江路—海印桥—内环路 A 线、恒福路口—环市路—花园酒店

■ 游船路线：白天鹅宾馆向东至中大码头

■ 游船：信息时报号

■ 陪同领导：亚申委领导

■ 新闻采访

分工：接待组负责总体安排，宣传组负责落实新闻采访及游船上的文艺节目。

五、向亚奥理事会考察评估团作申办陈述

（一）陈述工作的准备

责任部门：陈述组、市府研究室、市外办、宣传组、广州电视台

1. 陈述稿的撰写与配套多媒体的制作

申办陈述分城市特点、体育陈述、入境与交通保障、安全保障、接待保障、卫生保障、财务与市场开发、媒体与通信保障8个专题准备。每个陈述专题组成一个专题小组和若干专家支撑小组。各个专题小组3月22日前完成陈述稿（脚本形式）的撰写，经市府研究室统一审核修改后，于4月1日交市外办组织专家翻译成英文，4月5日完成。与陈述配套的多媒体制作在3月30日前全部完成。申办陈述的备答问题和答案于3月30日完成。

分工：陈述组总负责，市府研究室、市外办配合。

2. 陈述人的挑选与培训

由市外办同各专题小组挑选各专题的主陈述人员和后备陈述人以及支撑小组成员，4月5日前完成；从4月6日起组织培训和演练。

分工：陈述组总负责。

3. 陈述电视片的制作

该片是一部以纪实为主、与陈述相配套的电视短片，时间为8～10分钟。由广州电视台负责，3月25日前完成脚本撰写，4月8日前完成制作，并提交工作委员会审定。

分工：陈述组负责，宣传组配合。

4. 申办陈述的彩排

从4月9日开始，申办陈述要在现场进行三次彩排。彩排之前，分专题进行小组演练和综合演练。

（二）陈述时间与地点

陈述时间：4月15日上午9:00—11:00

陈述地点：花园酒店国际会议中心

（三）参加人员

■ 亚奥理事会考察评估团官员（9~10人）

■ 国家、省、市及有关部门领导

■ 陈述人和各陈述主题的支撑小组成员约100人

■ 新闻媒体记者人数待定

分工：接待组负责落实陈述会场的地点及与会的国家、省、市有关部门领导，陈述组负责落实陈述人和各陈述主题的支撑小组成员，宣传组负责落实新闻记者。

（四）会场布置

责任部门：接待组、陈述组、宣传组、花园酒店

■ 会场布置以典雅大方、明亮简洁为主体风格

■ 背景设计：以广州申办2010年亚运会的标识为背景主题，背景两侧分别悬挂我国国旗和亚奥理事会会旗

■ 搭建会场讲坛

■ 席位摆设

■ 会场设备：包括高级音响及同声传译设备系统，大型屏幕，投影仪，电脑，150个席位上同声传译耳机，主持人、陈述人以及考察评估团官员麦克风

■ 会场服务：包括茶点、礼仪小姐、技术支持人员、摄像人员

分工：接待组总负责，宣传组负责提出会场布置主体风格要求，陈述组、花园酒店配合。

（五）陈述程序

责任部门：陈述组

（拟邀请国家体育总局有关领导担任申办陈述主持人）

9:00	主持人宣传陈述开始
9:00–9:05	市长致欢迎辞
9:05–9:15	播放广州申亚陈述片
9:15–9:23	关于城市特点的陈述
9:23–9:38	关于体育的陈述
9:38–9:50	关于入境与交通保障的陈述
9:50–9:58	关于安全保障的陈述

9:58–10:08　　关于接待保障的陈述

10:08–10:16　　关于卫生保障的陈述

10:16–10:32　　关于财务与市场开发的陈述

10:32–10:55　　现场提问与回答

10:55–11:00　　主持人结束语

陈述过程约100分钟。

（六）陈述和答辩形式

八个专题论述后，陈述人到讲坛上就座，回答评估考察团的提问。如果陈述人转请支撑小组成员作答，作答人员要走到讲坛上回答问题。

六、申办展示

责任部门：场馆组、宣传组。

（一）展示时间：

陈述当天上午11:00–12:00，以及考察评估团在穗期间。

（二）展示地点

花园酒店国际会议中心。

（三）展示内容：

规划建设的亚运村、广东奥林匹克体育中心体育馆、游泳馆、从化体育馆、广州自行车赛场等模型。

亚运村及主场区动画片。

亚运会场馆、广州交通建设图表。

反映广州都市风貌、历史文化、体育文化和旅游风情的图片。

分工：场馆部总负责，宣传组负责提供第四部分内容的图片。

七、迎接亚奥理事会考察评估团实地考察

（一）考察点的准备及负责部门

1. 体育设施

责任部门：场馆部

A级点：广州体育馆、广东奥林匹克体育中心体育场、亚运村选址（在奥体中心体育场眺望简介）

B级点：天河体育中心体育馆，华南理工大学体育馆

C级点：列入申亚报告书的体育场馆

2. 交通设施

责任部门：场馆组、市公安局

A级点：新白云国际机场（场馆部负责）、广州地铁（场馆组负责）、广州市公安局指挥中心（市公安局负责）

B级点：广州火车东站（场馆部负责）

3. 接待酒店

责任部门：市旅游局

A级点：花园酒店、白天鹅酒店

B级点：长隆酒店

C级点：列入申亚报告书的24个酒店

4. 社区

责任部门：宣传组

A级点：南国奥园（考察社区体育设施、学校、幼儿园及民众支持）、白云山（考察群众体育活动、城市环境及民众支持）

B级点：人民公园广场

5. 环境保护

责任部门：场馆组

A级点：猎德污水处理厂

B级点：待定（由场馆组提出）

6. 媒体与信息处理

责任部门：宣传组

A级点：广东电视台制作中心

B级点：广东移动通信有限责任公司广州分公司呼叫中心

7. 医疗卫生

责任部门：市卫生局

A级点：中山大学附属第一医院

B级点：广东省疾病预防控制中心

C级点：亚运会指定的一线医院（广东省人民医院、广州医学院第一附属医院、广州市第一人民医院、广州中医药大学附属第一医院）

8. 安全保卫

责任部门：市公安局

A级点：广州市公安局指挥中心

B级点：消防设施（待定，由市公安局提供）

9. 交易会（国际会展中心）

责任部门:场馆组

10. 人文景观

责任部门：宣传组

陈家祠、上下九步行街、南越王博物馆、广州博物馆

（二）考察点的分级与工作要求

1. 考察点的分级与要求

■ A级点是指亚申委向考察评估团优先推荐的考察点；要求有迎接考察方案，有培训，有预演，环境要整治。

■ B级点是指供考察评估团选择的考察点，要求与A级点相同。

■ C级点是指后备点，要求有主要领导在场，有英语讲解员，有点内参观路线，环境整洁，一旦考察团提出考察要求，即可迎接考察。

2. A、B级考察点的准备与工作分工

■ 各考察点的考察内容及考察点内的参观路线，由各责任部门与各考察点制定。

■ 各考察点的讲解人和现场答辩人，由各责任部门和考察点提出，由陈述组认定和培训。

■ 各考察点内的环境和状态准备，由各考察点的责任部门拟出方案并组织实施。

■ 考察点和沿途环境的整治，由场馆组制定方案并负责实施。

■ 考察点氛围的准备，由宣传组提出具体方案并组织实施。

（三）拟向考察评估团推荐的考察点和路线

4月15—16日考察

方案一（略）

方案二（略）

接待组应当按照A、B级考察点设计多种路线方案，一旦考察评估团重新选择考察点，要根据考察评估团的选点要求，设计考察路线，并迅速落实相关准备工作。

八、考察评估总结会

责任部门：接待组

拟安排在4月16日下午，参加人员待定，地点由接待组选定。

九、记者招待会

责任部门：宣传组

拟安排在4月16日下午总结会之后，参加人员和地点由宣传组选定。

十、省领导接见、宴请考察评估团

责任部门：省体育局

■ 时间：拟安排4月15日晚上

18:00–19:00　省领导接见

19:00–20:30　省领导宴请

■ 地点：白天鹅宾馆

具体方案由省体育局拟定

十一、市领导接见、宴请考察评估团

责任部门：接待组

■ 时间：拟安排4月16日晚上

18:00–19:00　市领导接见

19:00–20:30　市领导宴请

■ 地点：鸣泉居

具体方案由接待组拟定

如考察评估团4月16日离穗，拟将省、市领导接见、宴请活动合并。

十二、交通控制

责任部门：市公安局

亚奥理事会考察评估团的一切乘车活动，均由警车（不鸣警笛）开路，并通过外围控制保持沿线交通自然、顺畅。具体方案由公安局制定。

十三、卫生医疗保障

责任部门：市卫生局

亚奥理事会考察评估团在穗期间的卫生医疗保障方案由市卫生局制定。

十四、安全保卫

责任部门：市公安局

亚奥理事会考察评估团在穗期间的安全保卫方案由市公安局制定。

十五、宣传活动与公众参与

责任部门：宣传组

迎接亚奥理事会考察评估团来穗考察前及期间的全市性宣传活动方案由宣传组负责制定。

十六、城市环境卫生

责任部门：市爱卫办、市环卫局

全市迎接亚奥理事会考察评估团来穗考察前及期间的爱国卫生行动方案由市爱卫办会同环卫局制定。

十七、欢送考察评估团

责任部门：接待组、市外办、市公安局、办公厅口岸管理处、花园酒店

(一) 离境联检礼遇

■ 申请联检礼遇

■ 预订贵宾室

■ 知会机场口岸

(二) 送行

1. 酒店礼宾

■ 离开客房

■ 预留专梯

■ 送行仪式

2. 下榻酒店到机场的路线

环市中路—区庄立交—环市中路—小北立交高架路—大北立交—解放北路—机场立交—机场路—机场贵宾室

交通控制保持迎宾时状态

3. 安排到机场送行领导

■ 省、市领导和主要陪同人员

■ 贵宾室的布置

■ 登机路线与礼遇

上述工作分工与“入境联检礼遇、迎宾”的工作分工相同。

第三章 体育赛事筹备

第一节 体育赛事筹备简述

从广义上来说，体育赛事运作管理包括赛事的选择与申办，但通常人们所指体育赛事运作管理，是指从组织机构获得赛事承办权开始，到赛事结束的过程，可分为筹备阶段、举行阶段和收尾阶段。

体育赛事筹备是指组织机构在取得赛事承办权后，到赛事正式举行前的期间所进行的一切准备工作。体育赛事筹备阶段的时间跨度、工作内容因赛事规格高低、规模大小的不同而不同。小型的单项赛事筹备阶段一般不超过1年，大型综合性运动会的筹备阶段通常达3~7年。

筹备阶段按照筹备工作重点及工作内容可分为基础性筹备阶段、综合性筹备阶段、测试赛阶段。

基础性筹备阶段的主要任务是成立体育赛事运作管理机构，配备人力资源，明确工作职责；制定赛事总体计划，选择比赛场馆或者进行场馆建设，启动赛事宣传及市场开发工作，为进入综合性筹备阶段做好准备。其中，体育赛事总体计划在赛事筹备工作中起着提纲挈领的作用，影响和指导着赛事的整体组织运作。

综合性筹备阶段的主要任务是按照体育赛事总体计划进行全面部署，协调各项工作，使不同系统和领域之间在以竞赛为主线的前提下实现对接和磨合。综合性筹备阶段是赛事筹备的主体阶段，工作量最大，工作内容涉及方方面面，直接关系到赛事能否顺利举行。主要包括竞赛组织、新闻宣传、广播电视、文化活动、票务工作、观众服务、信息技术、办公行政、场馆建设、安全保卫、通讯交通、制证工作、气象保障、电力保障、后勤接待、医疗卫生、人力资源、财务审计、市场开发、兴奋剂检查等几十个方面的筹备工作。

测试赛阶段包括试运转和测试赛两部分工作内容，此阶段的主要任务是通过在比赛场馆和训练场馆进行试运转和测试赛，全面检验和调试组委会各个部门的各项工作，模拟赛时运行工作，提前发现问题，为赛时运行工作打下基础。

基础性筹备阶段、综合性筹备阶段和测试赛阶段之间没有严格的时间界线，每个阶段的时间长短及阶段之间的过渡视赛事具体进展情况而定。

第二节　体育赛事总体计划

体育赛事总体计划在赛事筹备工作中起着提纲挈领的作用，影响和指导着赛事的整体组织运作。这是因为体育赛事总体计划不仅明确了体育赛事运作管理的目标，并且指出了实现该目标的具体方法和途径。制定体育赛事总体计划是体育赛事整体筹备工作的基础性工作，是制定赛事各项工作方案、推进各方面筹备工作的重要依据。

一、体育赛事总体计划主要内容

体育赛事总体计划主要内容包括赛事的名称及组织机构的表

述，赛事的背景与“亮点”的规划与描述，主题与指导思想的表述，赛事内容、规模与安排的表述，赛事资源与取得资源方法的表述，整个体育赛事中的大型活动、主题活动、相关活动组织与实施的表述和其他表述。

二、体育赛事总体计划制定流程

体育赛事总体计划制定的工作流程如图 2 所示。

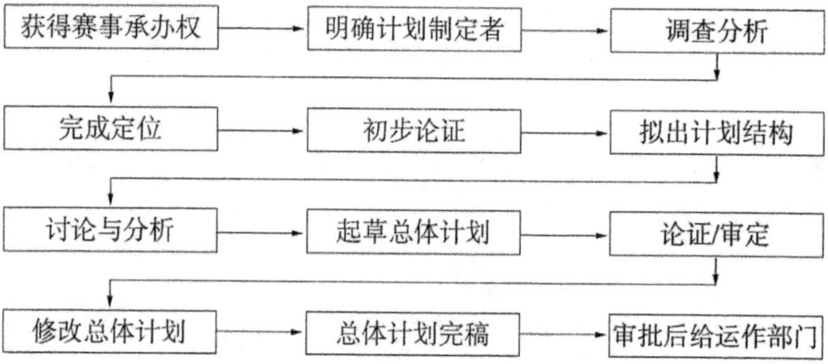

图 2　体育赛事总体计划制定工作流程

制定赛事总体计划是一项专业技术工作，应由大型体育赛事运作管理专家与专业技术人员共同完成。首先应由调查分析人员、营销人员、平面设计、方案设计、活动策划、体育专家等人员组成总体计划工作小组，部分工作可委托给专业公司完成，借鉴别人先进经验与教训是节省人力资源及其他资源的有效方法。同时要注意吸收赛事的利益相关人的参与，如场馆出租者、供应商、赞助商、工作人员、志愿者领导以及政府官员等。除了人员配备，根据总体计划需要配置电脑、打印机等办公设备。

在负责制定总体计划的人员落实到位后，首先要进行的是对赛事的调查与分析，主要包括政府意志与行为调查分析、赛事亮点分析，举办地社会、经济、文化、教育、生活状况、交通、气候等因素的调查与分析，赛事主题分析，企业理念与赛事主题整合调查分析，各项竞赛组织及主题活动组织的可行性分析，赛事所期望出席领导活动内容与日程排期及相关因素分析，赛事人力资源调查分析，赛事的财务状况分析，其他相关调查分析等。

在调查研究和综合分析的基础上对赛事进行定位。定位主要是围绕党和政府的方针、政策、决策的研究与活动结合定位，对提升赛事规格的定位，对赛事关注度、影响度的定位，对达到赛事经济效益和社会效益的定位，对赛事筹备组织工作中的各个环节的定位，对赛事中的各项重大活动主题的定位，对赛事的组织机构与人员的组成定位等。

对赛事进行定位后需要进行初步论证，主要包括总体计划工作小组内部论证，所涉及的相关部门领导讨论与论证，高一级领导论证，筹委会办公会讨论与论证等。初步论证后即可拟定总体计划的整体结构，即总体计划提纲。进一步的讨论分析后，制定出详尽的赛事总体计划，并交由专家论证及赛事运作管理机构领导、赛事主办单位领导审核，根据他们的意见和建议进行修订，最后形成总体计划定稿，报领导审批后，正式提交给赛事运作部门。

综上所述，体育赛事有不同的类别与特点，政府机构或者非政府机构可以根据自身的实际情况与需求对赛事进行选择，决定是否申办某项赛事。在获得承办权后，在筹办体育赛事前，首先应制定出赛事总体计划，在总体计划的基础上成立或者调整组织机构，拟定具体工作方案并实施。按照“选择—申办—总体计划—组成（或调整）组织机构—制定工作实施方案—成立部门机构—制定分项工作方案—具体实施执行”这样一个工作流程逐步展开工作，对高效率、高效益运作管理体育赛事是十分重要的。

三、体育赛事总体计划制定注意事项

第一，赛事总体计划拟定的目标要明确。目标是总体计划各部分内容的基准和统领。没有目标或者目标含糊其辞的总体计划将无的放矢、流于形式，甚至是一盘散沙、自相矛盾。目标明确则有助于总体计划逻辑清晰，内容紧凑。以获得2008年奥运会帆船比赛承办权的青岛市人民政府制定的《青岛奥运行动规划》（见本节参考文件）为例，在规划的第一部分就明确表述2008年奥运会帆船比赛要实现"三大目标"，即要充分发挥奥运赛事对经济社会发展的拉动作用，力争实现赛事组织最出色、奥运效应发挥最充分、城乡居民参与最广泛的目标。因此，赛事组织者应在前期明确赛事定位的基础，以申办赛事的目的为出发点，明确本次赛事要实现的目标。

第二，赛事总体计划涉及的内容要全面。这是指与赛事运作管理相关的各部分工作内容在赛事总体计划中都应该有所涉及和体现，不可缺漏。赛事的运作管理是个系统工程，需要各方面的协同合作。总体计划对任何一方面相关工作的遗漏或者忽略，都将造成实施阶段的成本增加、运作困难，甚至出现重大失误。

第三，赛事总体计划安排的进度要合理。赛事总体计划最关键的环节就是如何制定出科学、合理、高效的工作进度。如果说没有明确目标的总体计划是无的放矢，那么没有合理进度的总体计划则是泛泛而言，一纸空文。在安排工作进度时，要善于运用项目管理技术，列出需要完成的任务清单，确定要完成的任务顺序，分配好时间，指定时间和日期，明确相关责任部门与责任人。值得推荐的一种方法是逆向计划，即规定任务完成的最后期限，找出完成每一任务所要求的步骤和所需要的时间，从最后期限减去这些时间，以明确应该何时开始这项工作。此外，在进度安排中应预留一定时间来应付不可预料的拖延。

第四，赛事总体计划要明确责任单位或责任人。无论多么完美的计划都需要人去实施执行，因此，赛事的总体计划必须落实到具体的责任单位或责任人，才可能实现。在总体计划中（或者以总体计划附件的方式）应列出总体计划各部分工作的责任单位或者责任人，并标出具体的联系方式（电话、传真、移动电话、电子邮件、通讯、地址等）。这既是总体计划严谨的体现，也有利于计划实施阶段的沟通与协调。

四、体育赛事总体计划制定参考文件

青岛奥运行动规划

2001年7月13日，北京赢得了2008年第29届奥运会的承办权，作为伙伴城市，青岛将承办第29届奥运会帆船比赛。承办奥运会帆船比赛，对加速青岛的发展是一个难得的重大历史机遇。全力做好迎办奥运的各项工作，对于青岛国民经济更快更好的发展，对于城市地位的快速提升，对于加快实现建设社会主义现代化国际城市的目标，必将产生极大的推动作用。为统筹指导2008年奥运会帆船比赛的各项筹备工作，根据《北京奥运行动规划》和青岛实际情况，制定本行动规划。

一、总体构想及战略步骤

承办2008年奥运会帆船比赛，要以邓小平理论、“三个代表”重要思想和党的十六大精神为指导，认真贯彻中央关于办好奥运会的指示精神和北京奥组委的各项要求，突出“两新主题”，体现“三大理念”，塑造“一大特色”，实现“三大目标”，把奥帆赛办成有史以来最出色的帆船比赛，藉以促进青岛改革开放和现代化建设事业的跨越式发展。

突出“两新主题”，就是要全面突出“新青岛、新奥运”的主题，使百年青岛和百年奥运在新世纪交汇后都能焕发出新的生机和活力。与时俱进、开拓创新青岛，将以对奥林匹克运动的独到理解和饱满奔放的热情欢迎世界各地的体育健儿和各界朋友，并因承办奥帆赛使青岛发生全新的变化，加快全面建设小康社会的步伐，城市建设、经济发展、社会文明进步和人民生活质量改善要跃上一个新的台阶。在中国青岛举办的奥帆赛，将以全新的面貌和特有的魅力，让帆船运动得到更广泛的传播与普及。

体现"三大理念"，就是要充分体现"绿色奥运、科技奥运、人文奥运"的理念，把环境作为奥帆赛规划和建设的首要条件，严格生态标准和保障制度，广泛采用环保技术和手段，不断提高环境质量，建设生态城市；要紧密结合国内国外科技最新进展，发挥青岛的海洋科技优势，集成全国科技创新成果，举办一届高科技含量的体育盛会，同时，积极引导国内外先进技术，推进高新技术成果在各个产业和人民生活中广泛应用；要坚持"以人为本"，以运动员为中心，提供优质服务，努力建设使奥帆赛参与者满意的自然环境和人文环境，普及奥林匹克精神，弘扬中华民族优秀文化，展示青岛城市的文明形象和市民的文明风采。

塑造"一大特色"，就是要充分展示青岛"海上奥运"的特色。利用青岛"山、海、城"浑然一体、人与自然和谐共处的城市特点，做足海上运动的文章，建设亚洲一流、国际先进的海上运动基地，普及帆船和帆板运动，使青岛在"田径之乡""足球之城"基础上进一步形成"帆船之都"，成为中国乃至世界知名的海上运动教育、科研、训练、休闲中心。

实现"三大目标"，就是要充分发挥奥运赛事对经济社会发展的拉动作用，力争实现赛事组织最出色、奥运效应发挥最充分、城乡居民参与最广泛的目标。具体为：（1）赛事组织最出色。把握青岛的城市特点和发展趋势，发挥全市人民的积极性和创造性，借鉴其他奥帆赛承办城市成功经验，做好奥运场馆和配套设施的规划、建设、管理和比赛组织工作，让奥林匹克精神得到最广泛的弘扬和传播，将本届奥帆赛办成奥运历史上最为出色的一届。（2）奥运效应发挥最充分。按照"以奥运促发展、以发展促奥运"和"提高、提速、提前"的要求，充分发挥奥运赛事的拉动作用，使奥运经济成为支撑青岛经济持续高速增长的强大动力源，促进青岛在经济发展、城市建设、社会进步和人民生活等方面实现跨越式变化。（3）市民参与最广泛。组织开展各种群众性文体活动，普及奥林匹克帆船比赛知识，弘扬"更快、更高、更强"的奥林匹克精神，增强广大市民的奥运意识，提高广大市民支持奥运、参与奥运的积极性，举全市之力共同办好奥帆赛。

奥帆赛筹备工作分为四个战略步骤：

前期准备（2001年7月—2003年12月）：组建2008年奥帆赛组织领导机构；制定《青岛奥运行动规划》；基本完成奥帆赛基地规划设计和施工前期准备工作；基本完成北海船厂搬迁；广泛进行奥运宣传；部分城市基础设施开始建设。

全面建设（2004年1月—2006年6月）：基本完成奥帆赛基地及直接配套设施工程建设；全面加快城市基础设施建设，完善城市功能；奥帆赛各项准备工作基本就绪。

完善运行（2006年7月—2008年7月）：各项建设工作全面完成，奥帆赛基地和直接配套设施达到奥帆赛要求；对所有建设项目和各项准备工作进行检查、调整、测试和试运行，确保正常使用；组织工作、安全保卫工作以及各项服务工作就绪；承办奥运帆船测试赛。

运作实施（2008年8—12月）：举行第29届奥运会帆船比赛；举行残奥运帆船比赛；进行总结收尾工作。

（以下部分只列出提纲，具体内容略）

二、奥帆赛基地及配套设施建设

（一）开发建设原则

（二）奥帆赛基地及必备项目建设

（三）配套项目和设施建设

三、城市基础设施建设

（一）城市交通

（二）信息通信设施

（三）生态环境

（四）城市亮化

四、社会环境建设

（一）宣传推介

（二）旅游环境

（三）安全环境

（四）卫生环境

（五）文化环境

（六）体育环境

（七）法制环境

五、战略保障措施

（一）加快经济发展，提升城市核心竞争力，以发展助奥运

（二）提高规划建设管理水平，构筑特色鲜明的现代化国际大城市框架

（三）强化经营城市理念，建立奥帆赛资金支撑体系

（四）提升市民素质，为举办奥运创造一个良好的城市文明环境

（五）加强组织领导和民主监督，确保奥帆赛筹备工作有序进行

第三节　体育赛事运作管理机构

体育赛事总体计划需要有明确的主体去执行和实施，这个主体就是体育赛事运作管理机构，即体育赛事的实际执行与实施机构。

不同类别与性质的体育赛事，其运作管理机构也不尽相同。当体育赛事的主办单位决定由自己承担赛事运作时，赛事的运作管理机构就是主办单位自身。比如，高尔夫球会举办由自己会员参加的高尔夫球比赛，球会的经营公司既是主办单位，也是运作管理机构。当体育赛事的主办单位将某项赛事的组织运作交由其他单位完成时，赛事的承办单位就成为赛事的实际运作管理机构。比如，体育行政部门通常会采取招投标形式决定某项赛事的承办权，取得承办权的单位就成为赛事的实际运作管理机构。在大型赛事，尤其是综合性运动会中，通常由主办单位和承办单位共同组成体育赛事运作管理机构，该机构在筹备初期一般称为筹备委员会，通常在进入体育赛事倒计时一周年时，改称为组织委员会，或者在组委会领导下，由赛事承办地政府组建执行委员会，负责具体筹备工作的管理，直至体育赛事全部组织工作结束。单项赛事则始终以组织委员会为管理机构。奥运会、洲际运动会也始终是以组织委员会作为管理机构。

一、确定赛事运作管理机构的组织结构

无论是何种形式或性质的赛事运作管理机构，都必然会具备一定的组织结构。选择合适的组织结构对于体育赛事运作管理的成败起着至关重要的作用。常见的赛事组织结构类型有单一型组织结构与职能型组织结构。

单一型组织结构的特点是所有的决策权都掌握在赛事最高管理者手中。这种组织结构灵活度大，容易适应情况的变化，便于决策，而且权责明确，通常由赛事最高管理者对赛事所有工作直接负责。单项或者小型体育赛事的运作管理相对于大型综合性体育赛事而言，规模较小、参赛运动员数量较少，可采用单一型组织结构（图 3）。

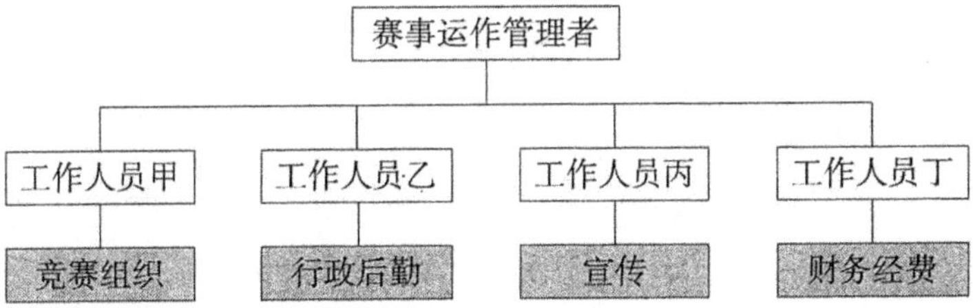

图 3　单一型组织结构图

职能型的组织结构是将组织按职能分成各个部分，这种方式强调工作人员的专业化。这种结构的优点是：个人或团体可被安排到具体的工作领域，从而避免了任何责任的重复，同时工作人员的专业化促进了工作效率的提升。此外，采用这种结构在赛事需要时可以很容易地增添其他职能。职能型组织结构的潜在局限是：协调困难，主要是由于职能型组织结构按职能、功能划分部

门，容易导致部门之间缺乏沟通与理解。可以采用以下方法来防止出现这些问题：采用多种技能战略，要求员工在不同的职能领域中流动；所有职能部门的领导定期召开协调会议，保持沟通以使各部门了解赛事当前各方面重大事项进展情况。

大型综合性体育赛事常采用职能型的组织结构，如第九届全国运动会、第十届全国运动会、第六届全国农运会（图 4、图 5、图 6）。第九届全国运动会、第十届全国运动会组织结构中职能部门的设置涵盖了一般体育赛事运作管理的全部工作，可以作为其他体育赛事运作管理机构设置的参考与借鉴。

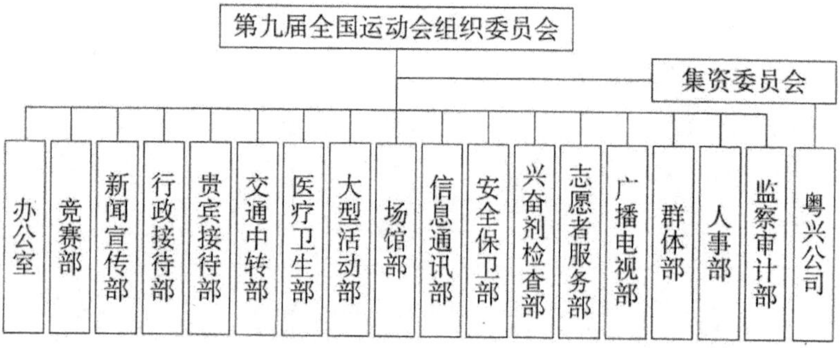

图 4　第九届全国运动会组织委员会组织结构图

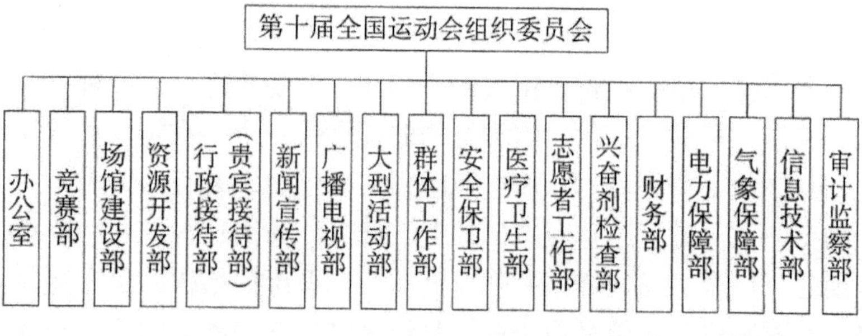

图 5　第十届全国运动会组织委员会组织结构图

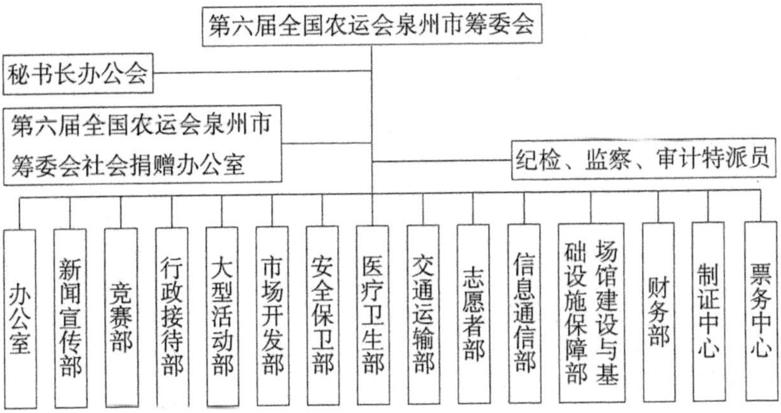

图 6　第六届全国农运会筹委会组织机构图

在选择赛事组织机构类型时，始终要因时、因地、因赛事实际情况而进行分析、选择，灵活采用不同的组织机构类型，以最有效地发挥赛事运作管理机构的组织效能。

二、为赛事运作管理机构配置人力资源

当我们为体育赛事运作管理机构选择了适当的组织结构，设置了职能部门，下一步，就需要为实现赛事既定目标、履行各部门职责而组建、培训、调配、使用、激励工作人员。这些工作统称为体育赛事人力资源管理。与企业经营运作的长期性、持续性相比，体育赛事运作是一个起点与终点更为明确的、临时性的项目过程。正是体育赛事运作这种鲜明的项目性特征决定了体育赛事运作的人力资源管理必然是一个不断变化的动态过程。在这个过程当中，体育赛事运作管理机构的人员数量及结构都会发生巨大变化，大型体育赛事的运作管理机构甚至可能由赛事申办阶段的廖廖数人组成的简单团队发展成为容纳数千人的复杂的组织机构。

在赛事人力资源管理工作中，我们通常需要制定以下计划或方案：

（一）机构编制计划

包括体育赛事的组织机构设置、人员编制、职务描述和任职资格等。

（二）人员配置计划

包括赛事运作管理机构中每个部门及职务的职数配备、职务变动、职务协调等。

（三）人员供给计划

包括人员供给的方式（借调、外部招聘、内部招聘、招募志愿者等）、人员内部流动政策、人员外部流动政策、人员获取途径及实施计划等。

（四）薪酬福利计划

包括制定薪资制度的指导原则（最低工资、反性别歧视等）、薪资制度与方案（工资体系、工资结构、工资形式等）、福利制度（意外伤害保险、失业保险、养老保险、医疗保险等）、员工激励政策与具体方案等。

（五）教育培训计划

教育培训计划包括不同职务的教育培训需求、培训内容、培训形式、培训考核等。

（六）经费预算计划

包括人力资源招聘、培训、调配、使用、激励等各项人力资源管理工作的费用预算。

（相关计划或方案见本节参考文件）

三、成立赛事运作管理机构参考文件

第六届全国农运会泉州市筹委会机构、编制的管理原则和办法

第六届全国农运会泉州市筹委会（以下简称市筹委会）工作机构分为两类。

一是市筹委会各职能部（室），二是各项目赛区竞赛委员会（机构设置另定）。现就各职能部（室）的机构设置、人员编制以及领导干部的职数配备，提出以下管理原则和办法。

一、机构设置原则

市筹委会机构应根据第六届全国农运会工作任务的实际需要，按照职能分解的原则，科学、合理设置，避免职能交叉、任务相近的机构重叠，做到职能明确、层次简化、精干效能，便于协调管理，同时考虑今后市筹委会的工作机构的设置。

二、人员编制的管理原则和办法

（一）市筹委会各部（室）的人员编制，根据任务和机构确定，贯彻精简效能、节约的原则，实事求是，不设虚职，岗位到人，职责分明。参照第四届全国农运会、第五届全国农运会拟核编制的情况，结合第六届全国农运会参赛项目增加、所承担的工作量增大的实际情况，拟设总编制数控制在×名以内，部（室）编制数控制在×名以内（含部领导）。

（二）各部工作人员要实行计划和动态管理，根据阶段工作需要分期分批配备。2007年底市筹委会工作人员控制在×人以内，2008年底前控制在×名左右，2008年上半年前逐步配齐。

（三）严格按照岗位条件，确保进人质量，对专职与兼职人员实行分类管理，合理控制各类人员的比例结构，按工作需要，有计划地配备各类人员。

（四）核定各部门编制数，按职责范围实行“三定”（定职能、定岗位、定人员）的原则，实行编制总额控制，统一管理。

三、部（室）领导职数的配备

（一）各部（室）领导干部的配备，应本着实事求是、工作需要的原则，有利于全面工作的组织领导和任务的贯彻落实。对专、兼职人员要有适当的比例，保证多数领导干部能在岗位工作。

（二）部级干部的职数按以下标准掌握。根据工作负荷量和社会工作的覆盖面，将市筹委会各部（室）分为两类：一类部（室）为办公室、行政部、竞赛部、大型活动部、新闻宣传部、安全保卫部、场馆建设部、广播电视部，配备部领导职数一正三至十副；其余为二类部，配备领导职数一正二至六副。如兼职领导职数较多，可适当放宽。

（三）内设机构统一称处，一类部（室）可内设1~6个处，二类部可设1~3个处。内设机构领导职数按以下标准掌握：定编3~5名工作人员的，配备一正一副；定编6~10名工作人员的，配备一正二副；定编11名以上工作人员的，可配备一正三副。个别部（室）因特殊情况超核编数的需报市筹委领导批准。

四、机构编制的审批和领导干部的任免权限

（一）各部（室）的机构设置、部级及其以上干部的任免，征得国家体育总局同意后，由省政府审批。

（二）各部（室）的人员编制、部（室）内设机构的设置、副部级干部的任免，由各部（室）提出意见，报人事部汇总审核后，由市筹委会审批。

（三）内设机构处级干部的任免，由各部提出意见，报人事部审批。各处人员编制及人员配备，按核定编制数，由各部先提出名单（如部、室未能配备的，则由人事部安排）报人事部审核，由市筹委会审批。

（四）各部内设处的工作职责由各处根据本处的工作职责范围制定，报人事部备案。

（五）凡涉及第六届全国农运会机构编制、人员配置等问题，要按规定办理，认真履行报批手续，未按规定办理报批手续而自行设置的机构编制、人员配置均为无效。

五、市筹委会项目竞赛委员会的机构编制管理根据以上原则由竞赛部提出方案，人事部协助初审，报市筹委会审批。各项目赛区竞赛委员会的机构由各承担市提出方案，报秘书长会议研究审批，并报人事部备案。

六、市筹委会成立后需增加的部（室）及其设置由市筹委会另文通知。

第六届全国农运会泉州市筹委会公文管理规定

为了加强第六届全国农运会泉州市筹委会（以下简称市筹委会）公文管理，按照公文管理有关规定，结合市筹委会工作特点，特制定本规定，由市筹委会办公室负责组织实施。

一、收文处理

（一）接收。收文范围：来自市委、市政府、主办单位及福建省有关单位的公文，通过相关网络接受的电子公文，外单位邮寄或直接送达的公文。

（二）分类。按照急办件、密级件、传阅件等进行分类。

（三）登记。按照接收文日期、来文单位、文件标题、密级程度、份数等进行登记。

（四）拟办。将附有《第六届全国农运会泉州市筹委会发文用纸》的文件送办公室，由办公室主任提出拟办意见。

（五）批示。按照拟办意见，呈市筹委会领导批示。

（六）转办。按照领导批示意见，将复印件转交有关部门办理，原件留存备查。对领导圈阅的公文，可按照拟办意见进行处理。

（七）传阅。对传阅公文，按照拟办意见的顺序和范围进行传阅。

（八）督查。对市筹委会领导批示件，应按照公文要求对办理情况进行督查落实。

（九）催办。按照公文办理时限要求适时进行催办。

（十）反馈。责任部门对收到的急办公文必须在要求的时限内办理，经分管秘书长同意后，将办理结果反馈给发文单位。

（十一）注结。对市筹委会领导批示的文件，都均应注明办理结果。

（十二）归档。收到的公文应按照档案管理要求进行整理、归档和保管。

（十三）清退。按照有关规定及时清退各级密级文件。

二、发文处理

（一）拟稿

1. 符合国家法律、法规，符合党和政府的方针、政策及有关规定。

2. 情况真实，观点明确，条理清楚，层次分明，文字精炼，书写工整，标点准确，篇幅力求简短。

3. 人名、地名、时间、数字、引文要准确，时间应写具体的年、月、日。

4. 引用公文应注明发文时间、机关、标题和文号。

5. 用词准确、规范。

（二）签发

1. 文稿前附《第六届全国农运会泉州市筹委会发文用纸》，并认真填写拟稿人、文件标题、主题词、文号、份数、核稿人等。

2. 审核。对公文种类、格式等进行审核。

3. 签发。由秘书长或执行副秘书长负责签发。

（三）印发

1. 由办公室文印室统一印发。

2. 由办公室或有关部门（中心）负责分发。

本规定自2007年5月20日起实施。

第六届全国农运会泉州市筹委会秘书长办公会议制度

为了做好第六届全国农运会的筹备组织工作、加强领导、提高工作效率、实施科学管理，经泉州市委、市政府主要领导同意，在第六届全国农运会泉州市筹备工作委员会内建立“第六届全国农运会泉州市筹委会秘书长办公会议制度”。

第六届全国农运会泉州市筹备委员会是在福建省委、省政府，泉州市委、市政府领导下，在主办单位、承办单位的指导下，通过秘书长办公会议制度，负责第六届全国农运会举办地泉州市的筹备与组织工作的管理机构；按照工作计划与分工，统筹管理并具体实施第六届全国农运会的筹备组织工作；统筹管理、调配与协调泉州市在举办第六届全国农运会过程中的人、财、物及相关资源；负责市场开发工作的组织与实施。

为了规范第六届全国农运会泉州市筹委会秘书长办公会议（以下简称“秘书长办公会”）的管理，制定本制度。

一、定位

秘书长办公会是在市委、市政府领导下，作为泉州市筹委会全体成员会议闭幕期间负责第六届全国农运会筹备组织工作的决策与管理机构。负责统筹管理并具体实施第六届全国农运会的筹备组织工作，统筹管理、调配与协调泉州市在筹办第六届全国农运会筹备工作过程中人、财、物及相关资源。涉及省委、省政府及省直机关；涉及主办单位及国家部委的相关事项；涉及泉州市全市的重大活动与党政主要领导参加的活动需按程序报市委、市政府主要领导审批。

秘书长办公会负责履行对泉州市举办第六届全国农运会筹备组织工作相关的决策、发文和管理职责。

二、议事程序

1. 由市筹委会办公室事先拟定会议议程，报市筹委会执行副秘书长审核，并经市筹委会秘书长同意，由办公室正式下发会议通知。秘书长出差期间，或有其他工作安排时，可由执行副秘书长批准召开。会议由秘书长主持，或委托执行副秘书长主持。

2. 由办公室负责记录，并整理相关会议文件。会议议定事项以市筹委会正式文件或会议纪要下发。

3. 秘书长办公会可以召开全体秘书长会议，也可以根据工作需要，召集部分分管秘书长参加。

4. 在紧急和突发事件的情况下，在现场的副秘书长可以市筹委会秘书长办公会职责临时召集相关会议，并应尽快向秘书长或执行副秘书长报告。

三、参加人员

1. 市筹委会秘书长、执行副秘书长、副秘书长；

2. 涉及第六届全国农运会筹备工作的泉州市相关部门、单位领导（列席）；

3. 如有必要，可要求市筹委会其他人员列席。

四、办文程序

1. 经秘书长办公会议定的事项，以市筹委会正式文件或会议纪要按【泉农运筹委】编号下发，可按市政府发文渠道下发至有关单位，泉州市各单位应视同市政府发文办理相关事宜。

2. 上级机关、主办单位来文，由秘书长或执行副秘书长直接转发。

3. 如有必要，可由执行副秘书长报请秘书长同意，就有关事项直接审批发文。

五、其他

1. 秘书长办公会采用不定期形式召开。

2. 一般情况下，市筹委会办公室应提前将会议议程通知与会人员。

3. 需要由秘书长办公会审批的文件，应按照“谁举事谁起草”的原则，由举事部门起草，并事先征求所涉及部门的意见，经本部门领导的同意后，以市筹委会内部请示报办公室审核。当所涉及部门的意见不统一时，由负责该项工作的部门如实汇报，如有必要，可要求相关部门在秘书长办公会上作出解释。

4. 凡涉及省及主办单位、国家各部委的相关工作，应事先主动征求意见，才能形成请示，按程序上会。

本会议制度由市筹委会秘书长或执行副秘书长负责解释。本制度自2007年3月1日起正式实行。

第六届全国农运会泉州市筹委会督办工作制度

为使第六届全国农运会泉州市筹委会（以下简称市筹委会）的督办工作进一步科学化、规范化，高效、及时、准确地落实领导的各项决策，全面推动各项筹备工作，特制定本制度。

一、督办工作范围

（一）市委、市政府领导关于第六届全国农运会筹备组织工作批示件的督办；

（二）主办单位、承办单位交给市筹委会承办的督办工作；

（三）市筹委会重要会议决定事项的督办；

（四）市筹委会领导指示、批示事项的督办；

（五）市筹委会重点工作、任务的督办。

二、督办工作职责与分工

（一）办公室指定专人负责督办工作。各部（室、中心）联络员负责本部门的工作督察，各部（室、中心）一把手承担督察责任。

（二）建立本部门范围内的督办工作机制，形成“部门联络员—办公室—秘书长办公会”的工作链。

三、督办工作方法

（一）关于上级领导批示件和上级交办事项的督办工作程序

1. 立项通知。接到上级领导批示件和上级指示后，要及时登记立项，提出拟办意见，报领导签批。根据领导批示意见，向承办部门发出《督办工作事项通知单》，提出督办要求，规定办理时限。

2. 检查催办。在办理过程中，办公室要经常检查办理进度，并及时催办。承办部门要在规定的时限内完成办理任务，并将结果形成文字资料报办公室。到期不能完成的，也要将实际情况反馈给办公室，并说明理由和完成时限。

3. 上报结果。办公室将办理情况汇总后，要及时报领导审阅，同意后，向批办单位和上级督办部门报送。

4. 立卷归档。督办件（批示件）办结后，要在督办登记簿上进行办结登记并立卷归档。

（二）重要会议决定事项的督办工作

1. 准备工作。通过参加会议，明确了解督办事项的任务，准确把握督办重点和领导要求。

2. 立项通知。对需督办的事项及时立项拟办，以文字（口头）形式向承办部门发出通知，提出任务要求、办理时限等。

3. 检查催办。督办通知发出后，适时采取电话询问、催办等形式，检查了解落实情况，并督促其向领导报告。

4. 反馈报告。办公室对承办部门的办理情况及时登记，汇总向领导反馈报告。

5. 立卷归档。每件督办事项办结后，都要在登记簿上注结，并将有关材料归档。

（三）关于市筹委会重点工作目标、任务的督办

1. 根据市筹委会工作重点，对各部门的重点目标实施立项督办。

2. 每月底前，汇总检查各部门当月重点工作完成情况，向领导汇报，并针对目标完成情况提出建议。

3. 经常对市筹委会各部门重点工作目标的完成情况进行监督检查，发现问题，及时向领导提出整改意见，确保整体重点工作任务的完成。

四、工作应遵循的原则

（一）正确领会

正确领会领导的批示、会议精神，突出重点。

（二）务实落实

对上级督办件、领导批示件、会议决策事项等要认真办理，做到件件有落实、事事有回音。

（三）反馈迅速

对于重要督办事项，在每个工作阶段都要及时向领导反馈情况，使领导能根据工作进度准确作出决策。

（四）安全保密

对文件、材料的管理要严格执行公文管理规定和保密制度，做到不误传、不丢失、不泄密。

附：《督办工作事项通知单》

附件：

督办工作事项通知单

泉筹委督字〔　　〕第　　号

承办部门	
督　办 事　项	你部门________________工作： 已作为督查/督办工作，请责成有关人员按要求办理
办　理 要　求	请于　　年　　月　　日之前，以书面（电话、当面）汇报 形式向市筹委会办公室报告结果
办　理 结　果	承办人：　　　　　　　承办部门负责人：
办公室 意　见	
领　导 批　示	
备　注	

我已于　　年　　月　　日收到此通知单。签收人：

第九届全运会组委会各部门职责监督责任制规定

为贯彻落实李长春书记提出的“四个一流”及百米冲刺的要求和卢瑞华省长提出的“三高”标准，促使组委会各部门更好地履行工作职责，保证九运会办得精彩、圆满并具特色，特制定本规定。

一、根据组委会的要求，人事部定期对组委会各部门履行工作职责的情况进行监督检查。主要内容包括：

1. 岗位工作计划完成的情况；

2. 人员到位的情况；

3. 工作质量和效益情况；

4. 每月考勤考核情况；

5. 遵守大会规章制度的情况。

二、各部门要建立健全工作目标管理责任制，将本部的工作职责和任务分解、细化到岗位，责任到人。每项工作的安排要明确做什么、怎么做、何时完成、有何要求，以便监督检查。

三、各部门负责人要坚持效益原则，对各项工作要把握轻重缓急，统筹安排，精心设计、精心组织、精心指挥，做到有条不紊、规范运作。

四、各岗位工作人员要增强岗位责任意识，高标准、严要求，认真履行本职岗位职责，按时按质按量完成各项工作任务。如因特殊情况不能按时完成的，需说明原因。

五、各部门既要积极完成岗位职责，又要加强团结协助，调动各方面的积极性。涉及多部门的工作，主办部门要及时沟通、协调，抓好落实，协办部门要主动配合，积极协作。

六、要严格执行组委会的各项规章制度，遵纪守法，勤政廉政，无私奉献，积极工作。

七、要坚持每月考勤制度，认真对工作人员的出勤情况和工作态度进行考核。考核情况与工作补贴挂钩。

八、对失职、渎职者，实行责任追究制度。对未履行工作岗位职责致使工作延误、无法完成工作任务或直接影响九运会工作的组织实施，造成不良后果的，视情节轻重，按照《关于九运会工作人员失职责任追究的规定》（九运筹监审〔2001〕14号）查处。

九、各部门要加强对监督检查工作的领导，明确一名领导分管此项工作，并指定专人负责对本部门各项工作的督促检查，抓好落实。监督检查的情况要及时向人事部反馈。

第五届全国农运会宜春市筹委会工作人员奖励规定

第一条　为认真总结第五届全国农民运动会筹备（组织）工作成绩，表彰农运会筹办和举办期间取得优异成绩、表现突出的人员，从而激励先进，鞭策后进，树立正气，倡导新风，营造干事业和出人才的大环境，使农运精神发扬光大，特制定本规定。

第二条　本规定奖励以业绩和贡献为主要评比内容，奖励对象适用于第五届全国农民运动会宜春市筹委会工作人员（以下文抽调为准），以及为农运会作出过贡献，取得了明显成绩的有关人员。

第三条　本奖励规定采取群众评议与领导集体审定相结合的方法进行，坚持客观公正和实事求是、精神奖励和物质奖励相结合，以精神奖励为主的原则。

第四条　有下列表现之一的筹委会工作人员，应当予以奖励。

1. 在筹委会工作期间，忠于职守，积极工作，在组织领导或指挥协调工作中能力突出，业绩明显，影响较大的各级筹委会领导；在对外联络、市场运作、筹集资金、舆论宣传、大型活动、内务管理、后勤服务等方面取得优异成绩，作出突出贡献的各岗位工作人员；

2. 在办公室工作期间，各类综合性材料按时按质完成，各类综合性会议会务准备充分，上传下达及时、重点突出，与筹委会内设机构沟通融洽；文件资料整理归档及机关评优评先考核工作及时；大会有关礼品、纪念品和办公用品采购及时，不谋私利，分发公正；机关车辆和驾驶员管理到位，确保领导和工作用车；公文运转快速，文印差错少，印章管理及本室其他工作取得突出成绩的人员；

3. 在综合协调部工作期间，及时对筹备工作的流程进行督促检查，对不规范、不合要求的流程适时调整；专项工作的督办有力，积极开展对外联络，协调各部（室）突出问题、突出工作矛盾，做好筹委会开展的大型活动的协调以及筹备工作中专项性、阶段性、突发性的工作协调；开、闭幕式演出票务方案制订及入场券分发及时合理；在本部其他工作中取得突出成绩的人员；

4. 在接待部工作期间，及时准确地收集、汇总来宾信息，切实做好计划编制内来宾的接机接站、食宿、返程票务等相关接待安排，及时做好与筹委会其他有关部（室）相关活动安排的组织衔接工作；确保食宿、卫生、旅游、交通等方面安全以及医疗防疫救护等工作的及时准确到位；严格农运会指定接待单位的硬件设施要求并进行适时监督、检查和指导，规范其服务行为；对抽调的接待人员和指定接待单位的有关人员进行了严格有效的培训；在本部其他工作中取得突出成绩的人员；

5. 在技术部工作期间，及时组织制定和评审电子信息系统工程招投标工作总体方案，工程招投标工作公开、公正，严格财务纪律、指导和协调准确到位；各比赛场馆的电子设备，成绩处理系统及大型显示牌的设立和使用达到规范标准；电子信息系统运行组织和实施等方面工作中取得突出成绩的人员；

6. 在新闻宣传部工作期间，高质量地编写《第五届全国农民运动会宣传工作方案》，及时组织设计、制作、印发宣传资料（画册、图片）、《记者证》《记者指南》等相关资料以及会徽、吉祥物等标志性物品；积极组织并协调中央、各省、市、自治区及海外有关新闻媒体，有关网站做好农运会宣传报道；做好参会记者的邀请、报名、食宿、交通、采编、发稿、旅游等接待安排和制证、发证工作；积极创办农运会会刊，以及在编辑、印刷、发送等相关工作中取得突出成绩的人员；

7. 在市场化运作筹资工作组工作期间，负责组织好宜春市筹委会的社会赞助（捐赠）工作；做好赞助（捐赠）的机关、企事业单位、团体和个人的联系、协调以及筹资代理机构聘请、联络和筹资过程中协议、合同的商谈和签订工作；做好与筹资有关的广告审核、管理、发布等工作；负责好农运会所有可用项目资源的整合、分配和使用，并制订出切合实际的回报方案；做好赞助（捐赠）企业的回报和客户服务工作，以及在领导交办及相关工作中取得突出成绩的人员；

8. 在财务部工作期间，及时制定了切合实际的有关财务制度和管理办法；准确编制了筹委会预决算和财务执行情况的报告和农运会总决算报表；认真做好了筹委会各种款项的入库和货币资金的结算管理，及时提供有关收支情况报表；做好了税收、财政票据和财产、物资的实物账管理，严格履行各项财务规章制度，工作认真、仔细、办事公道，原则性强，对自己严格要求，在本部其他工作中取得突出成绩的人员；

9. 在大型活动部工作期间，认真设计和编创新颖独特的开、闭幕式大型文体表演方案，对场内表演、背景表演、仪式表演、造型台表演及开、闭幕式，日常排练的指导、对彩排及正式演出的组织管理、指导及时，达到了“品牌看表演”的效果；高质量地制作开、闭幕式各类演出用品；积极抓好开、闭幕式各种创作和排练的组织，与中央、省、市电视台协商开、闭幕式演出现场直播或转播取得满意效果；在本部其他工作中取得突出成绩的人员；

10. 在竞赛部工作期间，合理选定各比赛场馆（地），编印清晰、直观的场馆（地）示意图；认真进行各比赛项目的报告、审核、汇总统计，及时购置和制作各比赛项目所需器材，奖杯、奖牌制作新颖独特；设计编印《总秩序册》《单项秩序册》《总成绩册》等相关资料，及时制定竞赛总日程安排、单项竞委会组建方案，颁奖组织方案、竞赛奖励办法、裁判员选调培训方案和运动员、教练员、裁判员守则；及时督查、落实各竞委会赛事准备工作，加强与上级部门及省市区联络员的联系，及在本部其他工作中取得突出成绩的人员；

11. 在场馆建设部工作期间，合理制定农运会场馆（地）新建、改造计划并及时组织实施；对游泳馆、宜春学院田径场、体育馆、宜春职业技术学院体育馆、宜春水上运动基地、公路局体育馆、宜春体育中心等场馆的建设、改造、维修进行严格的检查，并及时指导督促和施工管理；按相关规定标准要求，组织对新建和改造维修项目的验收；在本部其他工作中取得突出成绩的人员；

12. 在志愿者部工作期间，积极主动地开展志愿招募和招募后的培训工作；合理调配、编排志愿者并进行有效管理；按大会需求及时派遣志愿人员至各需求部室；完成志愿者工作任务中取得突出成绩的人员；

13. 在审计监察部工作期间及时对经济活动进行审计监督；参与业务部（室）招投（议）标及有关大宗设施、设备的采购、考察，并对其程序、过程进行监督；对部室的有关经济合同（协议）书签订的合规、合法性提出法规依据和意见，严把资金使用关，认真搞好维修工程签证及决算审计；对在经济活动过程中有反映的情况和问题，及时按照一定程序实事求是进行妥善处理；努力完成筹委会领导临时交办的工作任务，工作中一丝不苟，秉公执法、严于律己，取得突出成绩的人员；

14. 在交通部工作期间，结合实际制定交通接待输运计划，积极做好收费公路“绿色通道”联系和车辆征集、抽调、调度管理工作；认真做好抽调车辆安全检测及驾驶员的培训、管理、考核工作；在本部其他工作中取得突出成绩的人员。

15. 在通讯、供电供水保障部工作期间，合理制定用电、用水和通讯扩容规划，确保了农运会期间供电、供水和通讯的畅通，并做到严管理、严排查，将自身隐患并敦促宾招单位将隐患消灭在萌芽状态；努力克服资金紧、协调难等方面的困难，在实现职责范围内“零故障（通讯）、零停电、零停水”工作目标及本部其他工作中取得突出成绩的人员；

16. 在医疗卫生部工作期间，严格按要求在市区设立一个医疗急救中心，在开、闭幕式现场和各比赛场地、各定点宾馆及其他重大活动场地设立医疗救护点；切实做好各定点宾馆、城区各餐饮单位卫生监督和非典、流感等疾病防疫工作；在本部其他工作中取得突出成绩的人员；

17. 在群先部工作期间，及时制定切合实际、科学、可行的《群先会筹备与组织工作方案》，得到市领导的肯定；群先代表报到、开会、参观及其他活动安排周到、合理、妥当；会务准备工作充分，顺利完成代表合影工作；组织好代表在农业科技示范园、明月山及320国道沿线各县、市、区的观摩旅游活动，观摩点的选择体现宜春特色；展示的效果受到代表的肯定；积极组织和协调筹委会其他部室参与群先大会的筹备和组织工作，做好群先代表的接待、医卫、安保、交通、宣传、旅游等工作；在本部其他工作中取得突出成绩的人员；

18. 在安保部工作期间，及时组建安保工作领导班子，调集整体素质高、精干的警力队伍，建立包括设施、通讯、交通、技术等在内的保障机制；制定切实可行的维稳、安保工作方案和防范未然的应急预案；从严管理比赛场地、宾馆住地及全市安全消防保障工作；在大会统一指挥下，全体干警严格做到服从命令、严守纪律、分级负责、各司其职，实现“十个不发生”的工作目标，确定农运会期间安全保卫工作万无一失；在本部其他工作中取得突出成绩的人员；

19. 在旅游部工作期间，积极开展旅游宣传推介，旅游商品展销和旅游服务接待工作；做到宣传推介及时、面广，商品展销体现宜春主要特色，销售及时能满足宾客需求，旅游线路制定合理，服务热线，耐心周到，贵宾满意；在本部门其他工作中取得突出成绩的人员；

20. 为农运会筹办和举办积极开展工作，取得较好成绩或作出较大贡献的非宜春市筹委会工作人员。

第五条　本规定奖励分为嘉奖，记三等功，记二等功；授予先进工作者荣誉称号。

对工作中表现突出，取得成绩的个人，应当给予嘉奖；

对工作中作出较大贡献，取得显著成绩的个人应当给予记三等功；

对工作中作出重大贡献，取得优异成绩的个人，应当给予记二等功；

对成绩卓著、有特殊贡献的个人，应当授予先进工作者荣誉称号。

第六条　本规定奖励按以下权限批准。

获嘉奖，记三等功，由第五届全国农运会、宜春市人民政府批准；

记二等功，授予先进工作者荣誉称号，由宜春市人民政府批准。

筹委会副秘书长以上领导人员获奖，由宜春市人民政府批准。

第七条　本规定奖励程序按下列步骤进行。

1. 筹委会内设部（室）按照本规定奖励条件，结合具体工作任务制定量化评分标准，进行民主评议，等额提出候选人名单，附先进事迹材料，向筹委会推荐；

2. 筹委会在收集意见之后，集中进行审核，获记三等功以上奖励的人员报市政府备案；

3. 经审核和备案同意后，张榜公示七天，并公布举报电话，听取意见和反映。

4. 公布后无异议的，按本规定第六条规定权限进行批准；

5. 非宜春市筹委会工作的人员获奖，由宜春市筹委会提出，审核和批准权限同前。

第八条　对获奖的人员，由宜春市筹委会在总结上表彰，由审批机关颁发奖励证书，并在《宜春日报》刊登获奖名单。

第九条　对记三等功以上的获奖人员同时颁发奖金，奖金（税后）标准如下。

记三等功，颁发奖金 1000 元

记二等功，颁发奖金 2000 元

先进工作者，颁发奖金 3000 元

第十条　奖励名额按以下比例控制。

获先进工作者荣誉称号的控制在定编工作人员总数的 10%以下，记二等功的控制在定编工作人员 20%以下，记三等功的控制在定编工作人员 30%以下。上述三种等级的获奖人员中，正、副秘书长，各部（室）正、副部长（主任）两个层次各占 30%，其他工作人员占 40%。获嘉奖的人员不定比例，按条件掌握。

第十一条 凡有违纪违规人员，不得作为奖励对象。

第十二条 经举报并查实不符合获奖条件的人员，由原批准单位撤消其奖励，在相应媒体上公布，并收回证书和奖金。

第十三条 本规定由第五届全国农民运动会宜春市筹委会负责解释。

第五届全国农运会宜春市筹委会工作人员过失追究办法

第一条 为严肃第五届全国农民运动会宜春市筹委会工作纪律，追究在农运会筹办和举办期间违纪违规、渎职失职、贻误工作、造成不良后果的责任人，促进全体工作人员增强责任心，使农运精神发扬光大，确保农运会圆满成功，特制定本办法。

第二条 本办法适用于第五届全国农民运动会宜春市筹委会全体工作人员。

第三条 本办法根据其错误性质、情节轻重、损失大小，区别情况作出追究处理，并坚持客观、公正、以事实为依据和以教育为主、行政处分和经济处罚为辅的原则实施，重在教育和警示全体工作人员。

第四条 有下列情况之一的过失人员，应当予以责任追究。

1. 不遵守筹委会工作纪律，无故离岗、脱岗，玩忽职守、贻误工作的；

2. 不服从组织安排，不能履行工作职责的；

3. 思想、行动不能和市委、市政府及市筹委会保持一致，散布有损农运会正常召开，有损宜春形象的言论或参加不正当集会和活动的；

4 因主观原因发生工作失误，出现重大错误，造成不良影响的；

5. 在大型演出或通讯、供电、供水等重要工作或关键环节，因组织协调、督促检查和管理不力等原因，造成技术故障或出现明显错误，影响表演、比赛、接待等正常进行的；

6. 未严格执行第五届全国农运会宜春市筹委会的财务制度和管理办法，未经批准，出现超预算开支或因责任心不强出现差错，不坚持原则，造成资金和有价证券流失或未经批准同意扩大开支的；

7. 医疗卫生防治或监管不及时，造成严重医疗卫生事件的；

8. 安全保卫工作防范不严，措施不力，发生重大事件，严重影响社会治安或造成不良影响的；

9. 在体育场馆新建、改造过程中，因计划未落实、检查和监督管理不严，造成贻误进度、验收质量不合格或发生建筑事故的；

10. 按要求抽调的车辆不到位，严重影响工作，或管理不严，在农运会期间出现重、特大交通事故的；

11. 因决策失误或违背经济规律，造成资产、资金流失或给筹资、招商等方面造成经济损失的；

12. 利用职权为自己和他人谋取私利或涉及有经济问题的；

13. 其他违纪、违规，造成重大失误的。

第五条　本办法追究分为行政处分、经济处罚、行政处分和经济处罚合并执行三类。其中，行政处分为警告、记过、撤职、开除，经济处罚为责任人员根据情节分别罚款1000元、2000元、3000元、5000元；

行政处分与经济处罚合并为警告处分并罚款1000元，记过处分并罚款2000元，撤职处分并罚款3000元，开除处分并罚款5000元。

对工作中出现失误造成损失的，给予警告处分；造成经济损失的给予罚款1000元处分；既造成经济损失又带来不良后果的给予警告处分并处罚款1000元；

对工作中出现较大失误造成较大损失，给予记过处分；造成较大经济损失的给予罚款2000元处分；既造成较大经济损失又带来较大的不良后果的，给予记过处分并处罚款2000元；

对工作中出现重大失误，造成重大损失的给予撤职处分；造成重大经济损失的，给予罚款3000元处分；既造成重大经济损失又带来重大不良后果的，给予撤职处分并处罚款3000元；

对工作中出现特大失误造成特大损失的，给予开除处分；造成特大经济损失的，给予罚款5000元处分；既造成特大经济损失又造成极坏影响的，给予开除处分并处罚款5000元。

第六条　本过失追究处分按以下权限批准：

受警告、记过、撤职并处罚款1000元、2000元、3000元，警告并处罚款1000元，记过并处罚款2000元，撤职并处罚款3000元处分的，由第五届全国农运会宜春市筹委会批准。

受开除、罚款5000元，开除并处罚款5000元处分的由宜春市人民政府批准。

筹委会副秘书长以上领导人受处分的，由宜春市人民政府批准。

1. 筹委会内设部（室）按照本过失追究条件进行评议，将拟追究人员名单上报筹委会；

2. 筹委会在收集意见后，集中进行审核，并将拟追究并给予处分的人员名单报市政府备案；

3. 经审核和备案同意后，进行审批。

第七条　对过失追究并受处分的人员，在宜春市筹委会相关会议和筹委会《工作简报》通报。

第八条　经查实不应追究而追究了过失并受到处分的人员，秉着实事求是的原则予以纠正并撤消处分。

第九条　凡有过失并被追究的人员，均不能列入评先奖励对象。

第十条　本过失追究办法由第五届全国农民运动会宜春市筹委会负责解释。

大型综合性运动会党务、党风廉政主要工作任务

1. 发展新党员工作。

2. 各部室组建党支部委员会。

3. 汇总各部门党员情况，编制组委会党员花名册。

4. 结合“七一”，组织党组织主题活动。

5. 经组委会批准，召开党风廉政建设工作会议。

6. 对廉政建设工作会议的贯彻落实情况进行检查。

7. 按计划组织组委会全体工作人员学习党纪政纪，组织开展廉洁勤政教育活动。

8. 举办“组委会干部管理、考核培训班”，全面开展党的工作。

9. 举行“组委会党员大会”。

10. 举行组委会党务、人事工作会议，全面布置组委会党务、组织人事工作。

11. 组织对各部、室党务工作，组织人事工作检查。

12. 按工作计划组织对组委会全体工作人员开展警示教育。

13. 指导各部室党支部加强党风廉政教育方案。

14. 组织党员开展我为运动会作贡献的主题活动。

15. 召开廉洁自律民主生活会。

16. 召开组委会党风廉政工作会议。

17. 加强对组委会工作人员党风、党纪教育和重点部门、重要岗位的党

员监督工作。

18. 组建专门工作小组，到各部、室及各赛区检查组委会党员的工作状态。

19. 组织组委会全体党员专题组织生活，“争做组委会优秀共产党员”。

20. 及时发现组委会工作人员中的先进党员的典型事迹，刊登简报或提出即时表彰。

大型综合性运动会监察、审计主要工作任务

1. 将起草的《监察工作规定》《工作人员廉洁自律守则》《财务收支审计工作方案》报组委会审批。

2. 进行对组委会财务部、市场开发部财务收支审计。

3. 完成涉及监察审计工作的制度修改、补充、完善，汇编成册，以正式文件下发。

4. 按照组委会领导安排和部署，草拟、报批并下发运动会主要大型活动、重要事项和重大采购、招标项目等专项审计工作方案。

5. 组织人员到各赛区组委会检查监察审计工作。

6. 财务收支审计报告及时报组委会有关领导审批。

7. 对组委会拨付举办赛区的专项资金进行跟踪检查。

8. 按照组委会领导安排和部署，对主要大型活动、重要事项、重大采购、招标目标等适时开展审计，并形成审计报告。

9. 随时根据领导安排，对主要大型活动、重要事项、重大采购、招标目标等适时开展审计，并形成审计报告。

10. 配合有关部门依照《招投标法》《政府采购法》等法规对工程招投标、大宗物资、劳务、采购开展执法监察。

11. 受理个人或单位对组委会工作人员违纪问题的投诉、查处。

12. 开展对工作人员履行岗位职责情况效能督察。

13. 按工作计划组织对组委会全体工作人员开展警示教育。

14. 与各赛区城市就审计监察业务工作实现工作对接。

15. 制定倒计时100天活动的相关工作方案的审计、监察工作实施方案，并报批。

16. 执行对测试赛的审计监察。

17. 组织实施对组委会拨付各举办城市的专项资金使用情况进行审计。

18. 检查各部门工作人员召开廉洁自律民主生活会及党风廉政建设情况。

19. 对涉及全运会嘉宾服务的窗口进行重点检查。

20. 结合审计结果对有关单位和个人进行教育。

21. 建立受理个人或单位对组委会工作人员违纪问题的投诉快速处理机制，及时进行处理与反馈。

大型综合性运动会人事管理主要工作任务

1. 汇总审核各部室考勤情况。

2. 做好组委会工作人员人事和考核归档工作。

3. 拟定下发组委会工作人员表彰奖励办法。

4. 下发组委会培训工作指导意见，对在岗工作人员进行综合知识和业务知识培训。

5. 在各部、室申报需求计划的基础上，起草各部门最终抽调、聘用、借用人员的计划。

6. 做好工作人员的招聘工作，组织新到岗人员进行综合知识培训。

7. 拟定组委会工作人员年度考核办法。

8. 汇总各部门工作人员和党员情况，编制组委会工作人员和党员花名册。

9. 举行“运动会组委会干部管理、考核培训班”，部署组委会工作人员年度考核工作。

10. 组织并指导做好组委会各部室工作人员的年度考核评先工作。

11. 组织工作人员进行综合知识和专业知识培训工作。

12. 将抽调人员考核结果通知人员派出单位，将组委会工作人员考核结果归档。

13. 召开组委会党务、人事工作会议，部署组委会党务、组织人事工作。

14. 组织工作人员学习竞赛总规程，学习组委会相关规章制度。

15. 组织对各部室机构编制管理、党务和人事管理工作进行检查。

16. 对检查工作进行总结，督促人事管理等政策落实到位。

17. 组织组委会工作人员进行“赛事阶段”的综合培训。

18. 研究部署“赛事举办期间”人事保障工作。

19. 做好各赛区负责人与组委会各部、室负责人关于运动会举办期间的工作对接和协调，指导做好各赛区组委会有关表彰奖励工作。

20. 做好与人事部门对口单位的接待工作。

21. 组织专门工作小组，到各部室了解组委会工作人员工作和到岗情况。

第四节　体育赛事竞赛筹备工作

体育赛事竞赛筹备是在体育赛事运作过程中为组织比赛而进行的前期筹备工作，它是体育赛事筹备阶段的基础与核心。这首先是因为体育赛事竞赛管理是赛事其他系统和项目存在与运作的基础，竞赛是赛事运作的出发点与立足点，没有竞赛，就没有赛事的存在；其次，体育赛事竞赛管理也是赛事其他管理工作提供支持与服务的对象，赛事运作中的新闻宣传、天气服务、住宿接待、安全保卫、信息技术等各项工作，都是围绕竞赛管理开展工作，为竞赛安全、有序地进行提供保障服务；再者，体育赛事竞赛管理也是赛事运作是否成功的基准，能否为运动员提供公平竞技的平台，能否向观众提供精彩的现场比赛，是衡量赛事运作成功与否的最根本标准。因此，在体育赛事的筹备和运行过程中，赛事运作管理机构的所有部门及工作人员都应充分重视体育赛事竞赛筹备工作的基础和核心地位。

一、体育赛事竞赛筹备工作目标

体育赛事竞赛筹备工作的最根本目标是建立公开、公平、公正的竞争机制，为运动员提供展示与竞争运动技术水平的平台，促进体育竞技水平的发展。竞赛筹备工作至少要保证以下目标的实现：以公开、公平、公正的原则，制定竞赛规程、规则，确保竞赛的严肃性和公正性，从根本上保障运动员的权益；提供安全、完备、性能良好的竞赛环境，包括符合规程、规则要求的场馆、器材、设备及其他条件，为竞赛的顺利进行和运动员安全提供保障，同时为创造更好的竞技成绩提供良好的物质环境；进行科学合理的竞赛编排，为赛事各利益主体提供良好的竞赛服务，既保证竞赛质量，又要提高竞赛的观赏性；建立严谨、周密、及时的竞赛成绩统计、公布体系，确保竞赛成绩统计的准确性和成绩公布的时效性。

二、体育赛事竞赛筹备工作内容

（一）制定竞赛规程、竞赛秩序册和竞赛规则

1. 竞赛规程

竞赛规程是体育赛事竞赛管理的纲领性文件，是竞赛管理工作的最高权威和指导，是竞赛组织者与参与者都必须遵循的法规。综合性运动会的竞赛规程包括竞赛规程总则（即总规程）和单项竞赛规程；单项赛事则只需制定单项竞赛规程。竞赛规程一般由主办单位制定，并下发各参赛单位及承办单位征求意见，修订后由主办单位公布及下发。

竞赛规程包括但不限于以下内容：（1）赛事全称和简称；（2）竞赛日期和地点；（3）竞赛项目；（4）参加单位；（5）运动员的参赛资格；（6）参加办法；（7）竞赛办法；（8）兴奋剂检查、血液检查和性别检查；（9）录取名次与奖励办法；（10）公布代表团名次；（11）报名和报到；（12）技术官员和仲裁委员会；（13）未尽事宜和规程解释权。

2. 竞赛秩序册

竞赛编排工作是保证竞赛秩序、实施竞赛计划的重要环节之一，而竞赛秩序册正是竞赛编排工作的文字体现。综合性运动会

在各单项竞赛秩序册的编制基础上汇编总秩序册，单项赛事则只需编制单项竞赛秩序册。竞赛秩序册一般由竞赛承办单位的竞赛部门负责编制，由主办单位进行审定。

竞赛秩序册的主要内容一般包括但不限于以下内容：（1）比赛名称；（2）比赛日期和地点；（3）主办单位；（4）承办单位；（5）竞赛组织结构图；（6）竞赛规程和补充规定；（7）组委会、各部、室人员名单；（8）各场馆、项目竞赛委员会（简称竞委会）和仲裁委员会主任和裁判长名单；（9）参赛单位名单；（10）竞赛总日程表；（11）单项竞赛日程表；（12）竞赛相关活动日程表；（13）竞赛分组；（14）竞赛场馆分布示意图；（15）世界、亚洲及全国纪录表等内容。

3. 竞赛规则

竞赛规则是对竞赛的技术规范以及承认竞赛成绩的有关场地、器材条件的规定，是运动员竞赛行为的规范和裁判执法的依据。竞赛规则与竞赛规程共同协调制约竞赛的全过程。

（二）建立竞赛管理组织机构

建立竞赛管理组织机构是竞赛筹备工作的关键环节。竞赛管理组织机构没有固定的模式，与竞赛的规模、规格、复杂程度、历史传统及主办单位的要求有关，也与承办单位所拥有的人力、物力及财力资源情况有关。但无论采取何种形式的竞赛管理组织机构，都要以精简、统一、高效为原则，机构设置要合理，职能划分要明确，人员安排要专业，信息沟通要顺畅。

大型综合性体育赛事通常设立赛事组委会竞赛部及各场馆和竞委会。竞赛部是组委会中竞赛工作的统筹机构，主要任务是负责制定、管理和实施竞赛工作的规划、计划、方案，指导、管理竞委会和场馆的竞赛组织工作。各场馆和项目竞委会则是具体负责各场馆、某单项比赛筹备及竞赛组织的部门。竞赛部及竞委会可以根据竞赛需要完成的各项任务，依职能设置内部部门和处室。竞赛部及竞委会工作人员配置要以竞赛工作计划和工作进度为依据，同时竞赛管理工作是专业性很强的工作，要求工作人员经验丰富、业务熟练、能力全面。

一般说来，竞赛部下设秘书联络处、竞赛处、场地器材处及颁奖礼仪处（具体的处室设置因实际情况而有所不同），并由竞赛部对各场馆及单项竞委会的工作进行直接指导和管理。各处的主要职责为：

①秘书联络处。负责文件拟写、校审、分发；资料分发、保管归档；财产保管和印章管理；负责上下和内外联络、会务、来信来访、接待、处理和协调工作；负责竞委会经费预算、审核、报批；负责竞赛部经费决算；负责工作用品购置、分发；票证领发；负责编制工作方案、计划、工作流程图；编制分发工作简报。

②竞赛处。负责接受、汇总、统计参赛人数和录取人数及奖励数；拟制各种竞赛表格；负责设计、编制、校审总日程安排表、赛场安排示意图、总秩序册、竞赛指南、总成绩册、各单项秩序册和成绩册；负责与各项目竞委会联络，指导检查各单项竞委会竞赛工作组织实施情况；负责编制裁判员选调、培训方案；负责收集、汇总、审核各大项竞赛成绩，编制成绩公报；负责公布各代表团奖牌、总分。

③场地器材处。根据竞赛规程要求，提出比赛和训练场地要求，提出比赛和训练器材的数量、型号、规格、品种，并编制器材设备的购置方案及管理细则；负责竞赛器材的招投标、购置、验收入库与分发和回收；负责裁判员服装的招投标、购置、验收入库和分发；负责督促、检查、验收比赛场地和灯光、音响；赛后会各场馆和竞委会对器材、设备进行清点，根据赛后物产清理办法提出处理意见。

④颁奖礼仪处。负责制订颁奖工作实施方案和颁奖仪式程序；负责统计奖品种类及各类奖品数量、准备颁奖辅助用品；提出奖杯、奖章、证书等各类奖品的设计方案，进行制作及验收；负责制订各项目颁奖时间表，颁奖嘉宾邀请方案；负责颁奖礼仪小姐的选用、培训和分派等。

单项赛事的竞赛管理组织机构设置相对来说较为简单，一般采取单一型组织结构形式，即在体育赛事运作管理机构内部设置竞赛组织部门，部门内部不再另设处室。工作人员直接由部门主管管理，受其领导，向其负责。

（三）规划场馆、设备、器材

场馆、设备与器材是实现竞赛管理必备的物质条件。场馆包括竞赛场地、训练场地和备用场地。各类场馆必须符合竞赛规则所规定的标准。场馆的功能性设备主要包括指挥高度系统、比赛显示及控制系统、计时计划及比赛成绩处理系统、仲裁录像系统、网络与通信系统、计算机信息系统、现场录像采集及回放系统、消防报警系统、温控系统、安保监控系统等。对器材进行准备要求制定器材规格、数量、品牌和型号方案以及备用器材计划，制定器材使用、保管、分配以及赛事处理方案。

（四）运动员报名、注册

运动员报名、注册是竞赛的基础性工作。注册是赛事对运动员取得参赛权的认定和标志。报名工作的前期，根据竞赛规程和报名工作的相关规定，制定报名表。注册即资格审查，是对参加赛事各类人员资格的认定，是制证的依据。

（五）选派技术代表和技术官员

技术代表是主办单位派驻竞委会负责竞赛业务的最高指导，

全权处理竞赛工作中的各种问题，领导仲裁委员会。技术官员包括仲裁委员、裁判员和辅助裁判员，是竞赛活动中的执法队伍与监督队伍，其工作是赛事顺利进行的重要保证。

三、体育赛事竞赛筹备工作参考文件

第五届全国农民运动会筹委会竞赛部工作方案

一、工作任务

1. 负责本届农运会竞赛方面的各项工作并组织实施。

2. 负责制定竞赛部工作方案。

3. 负责确定本届农运会竞赛项目设置。

4. 负责确定符合竞赛规程及规则的比赛训练场馆。

5. 负责购置符合竞赛规程及规则的比赛器材设备。

6. 负责编制竞赛部和各单项竞委会经费预算。

7. 负责制定《第五届全国农运会竞委会组建方案》。成立各单项竞赛委员会，拟定各竞委会工作职责，培训竞委会主要负责人员。

8. 负责制定农运会竞赛总日程表，做好接受第一次和第二次各项目报名审核汇总工作。

9. 负责组织召开各代表团联络员会议。

10. 负责编印第五届全国农运会总秩序册、总成绩册、单项秩序册、单项成绩册和成绩公报。

11. 负责公布各代表团奖牌、总分成绩。

12. 负责按主办单位的要求选调各项目裁判员，并对裁判员进行培训。

13. 负责奖杯、奖旗、奖牌、奖状的设计购置和组织颁奖，并对颁奖礼仪小姐进行培训。

14. 负责编印《竞赛指南》。

15. 负责赛前部分项目的试运转并组织好先期举行的游泳和风筝比赛。

16. 协助电子技术部做好竞赛网络所需的软件设计和培训微机人员工作。

17. 协助安全保卫部和电子技术部做好代表团、运动队、裁判员参赛证件制作工作。

18. 协助后勤接待部、交通部做好运动队、裁判员及工作人员接待服务工作。

19. 协助办公室、财务审计部和新闻宣传部做好纪念品分发、各单项竞委会经费审核和赛事报道工作。

20. 完成领导交办的其他工作。

二、内设机构和工作职责

（一）内设机构和工作人员（共设4个工作机构，24名工作人员）

1. 秘书处：9人（处长1人、工作人员4人、小车司机4人）

2. 竞赛处：6人（处长1人、工作人员5人）

3. 场地器材奖品处：5人（处长1人、工作人员4人）

4. 联络处：4人（处长1人、工作人员3人）

（二）工作职责

1. 秘书处

(1) 负责绘制竞赛部工作方案和流程图。

(2) 负责草拟竞赛部各类文件、报告、简报、会议纪要、总结，并送审、打印、校对、分发。

(3) 负责竞赛部各类文件资料的传递（阅）、归类、整理和立卷归档。

(4) 负责竞赛部各种会议会务工作。

(5) 负责竞赛部印章的管理和使用。

(6) 负责与筹委会（组委会）各部、室和中国农民体协联络有关方面的工作。

(7) 负责竞赛部的来信来访和接待工作。

(8) 负责编制竞赛部和各单项竞委会经费预算。

(9) 负责竞赛部经费、财产管理和购置所需工作人员。

(10) 协助办公室、后勤接待部、新闻宣传部、安全保卫部、交通部、电子技术部做好运动队、裁判员参赛证件制作和接待等相关工作。

(11) 负责完成领导交办的其他工作。

2. 竞赛处

(1) 根据第五届全国农运会竞赛总规程和单项规程及中国农民体协有关竞赛文件的规定，编制并实施竞赛工作计划，并对各竞委会的编排记录工作进行指导和协调。

(2) 负责编排总日程表，编制各项目比赛场馆分布平面图，编印《竞赛指南》。

(3) 制定印发统一报名册，完成二次报名的统计、注册登记，将各代表团和各项目运动员、裁判员、工作人员名单和人数报大会有关部门及单项竞委会。

(4) 根据有关规定，协助中国农民体协审查运动员参赛资格，为编排做好准备工作。

(5) 负责设计编审分发总秩序册、单项秩序册、总成绩册、单项成绩册。

(6) 负责成绩的汇总统计，审核公告并编印分发成绩公报。

(7) 制定抽签办法，审核确定各单行的抽签、编排方案。

(8) 收集各项体育道德风尚奖名单，编入总成绩册。

(9) 负责提出选调各项目裁判员的方案及名单（中国农民体协、国家体育总局选调的裁判员和技术代表除外）。拟定培训计划、组织学习培训。对各竞委会裁判员学习和培训进行检查指导。

(10) 负责统计各项目裁判服的数量、规格并进行设计购置。

(11) 负责完成领导交办的其他工作，赛后写出工作总结。

3. 场地器材奖品处

(1) 根据第五届全国农运会总规程和单项规程要求，提出比赛和训练场地规格要求，负责编制赛场安排示意图。

(2) 按规程规定提出各项目比赛、训练所需器材的品种、数量、规格、型号；负责编制竞赛器材购置方案和管理细则；组织招投标和订购，做好验收、入库、分发、回收工作。

(3) 会同有关业务部门对各项目比赛场地设备进行检查验收。

(4) 负责编制颁奖工作方案和发奖仪式的程序。

(5) 负责统计奖品种类及各类奖品的数量和奖品设计、招投标、购制、验收、入库、分发工作。

(6) 负责制订各项目颁奖人员计划和发奖时间表。

(7) 负责选聘颁奖礼仪小姐，制定礼仪小姐培训和分派计划。

(8) 负责颁奖礼仪小姐服装的设计和购制。

(9) 负责制定闭幕式发奖方案。

(10) 完成领导交办的其他工作，赛后写出工作总结。

4. 联络处

(1) 负责组建各单项竞赛委员会工作，编制单项竞委会组建方案和工作指南。

(2) 负责拟定各竞委会工作职责，培训竞委会在宜春的主要负责人。

(3) 负责与各单项竞委会的联络与协调工作。

(4) 负责检查各单项竞委会竞赛工作的组织和实施情况。

(5) 负责将竞赛部的工作指示及时传达到各单项竞委会。

(6) 负责向竞赛部领导及时汇报各单项竞委会工作进展情况及存在的问题。

(7) 负责将各单项竞委会的工作要求和部领导的意见转达给竞赛部内设工作机构有关人员。

(8) 负责完成领导交办的其他工作，赛后写出工作总结。

三、工作计划

准备阶段：2001 年 12 月中旬—2004 年 8 月下旬

实施阶段：2004 年 9 月上旬—2004 年 10 月下旬

结束阶段：2004 年 10 月下旬—2004 年 11 月上旬

(一) 准备阶段（2001 年 12 月中旬—2004 年 8 月下旬）

2001 年 12 月：

(1) 组建筹委会竞赛部，确定筹委会竞赛部（宜春）班子领导。

(2) 中旬，拟定竞赛部工作方案（草案），并报筹委会领导审批。

(3) 下旬，根据筹委会领导审批意见将修正后的竞赛部工作方案（修正案）分别上报江西省农民体协和中国农民体协审批。

2002 年 1—6 月：

(1) 根据宜春实际情况和省农民体协的意见，向中国农民体协上报本届农运会竞赛项目设置的建议。

(2) 参加第五届全国农运会竞赛项目设置研讨会和竞赛工作有关会议。

(3) 与中国农民体协联系，尽早最后确定本届农运会竞赛项目。

(4) 根据省农民体协和中国农民体协的审批意见制定正式的竞赛部工作方案。

(5) 绘制竞赛部工作流程图。

(6) 编制裁判员选调和培训方案。商请中国农民体协和省体育局从 2002 年开始分期分批组织骨干裁判员进行培训。

2002 年 7—12 月：

(1) 编制竞赛器材设备购置方案。

(2) 参加全国体育器材博览会，考察农运会竞赛所需器材设备。

(3) 考察所需竞赛器材设备的有关生产厂家。

(4) 制定竞赛部财物购进、验收、入库、领出、收回管理办法。

(5) 编制竞赛场馆安排方案。

(6) 编制竞赛经费预算。

2003 年 1—3 月：

(1) 向中国农民体协上报拟购竞赛器材设备的数量、品种、规格、型号与生产厂家。

(2) 向中国农民体协上报农运会奖杯、奖牌、奖状设计图样。

(3) 抽调竞赛部主要工作人员 3 名。

(4) 编制参赛代表队、各类人员、比赛项目、录取名次、各类奖品统计表。

2003 年 4—6 月：

(1) 根据第五届全国农运会竞赛总规程和各单项竞赛规程及补充通知，对竞赛场馆安排方案进行适当调整。

(2) 做好全国农运会小项演试赛的各项准备工作，并组织该项比赛。

(3) 组织考察大型竞赛器材生产厂家。

2003 年 7—9 月：

(1) 组织举办风筝、毽球花毽、龙舟、舞龙舞狮、中国式摔跤裁判员培训班。

(2) 向电子技术部提交竞赛网络所需的软件设计建议。

(3) 与电子技术部共同确定各赛场电子信息光纤入场位置。

2003 年 10—12 月：

(1) 接受第一次报名和设有预赛项目的第二次报名。对报名单进行审核、汇总、统计，并及时上报筹委会领导和告知有关部室。

(2) 赴外观摩学习对口项目全国比赛。

(3) 了解预赛项目的第一次报名参赛队与人数情况。

(4) 做好全国农民体育邀请赛各项准备工作，并组织该项比赛。

2004 年 1—3 月：

(1) 做好中国农民体协年会所需竞赛材料的准备工作。参加年会。

(2) 组织先期举行比赛（预赛）的项目进行竞赛抽签。

(3) 组织对竞赛器材、裁判服装和奖品的招投标和订购工作。

(4) 编制竞赛部管理网络图。

(5) 根据裁判员选调方案，编制本省本市抽调裁判计划，下发裁判员服装规格征求意见函。

(6) 编制单项竞委会组建方案和工作指南，召开单项竞委会负责人会议。

(7) 竞赛器材中小件器材验收、入库。

2004 年 4—6 月：

(1) 赴设有预赛项目的赛区了解竞赛情况，收集竞赛资料。

(2) 进一步落实各项比赛场馆，检查是否符合规定，提出改进意见。

(3) 编制各单项竞委会经费预算。

(4) 裁判员服装、奖品和竞赛器材中大型器材验收、入库。

2004 年 7—8 月下旬：

(1) 接受集中举行的竞赛项目的第二次报名，对报名单进行审核、汇总、统计，并及时将有关情况上报中国农民体协。

(2) 进行运动员资格审查。

(3) 修订总竞赛日程安排。

(4) 向接待部、交通部、安保部、志愿者部提交运动队、裁判员、工作人员食宿、医务、交通、保卫和志愿者等安排建议。

(5) 向安全保卫部和电子技术部移交各代表团、运动队和裁判员办理大会证件制证所需的照片和名单。

(6) 对先期举行的竞赛项目组织人员进行抽签编排。

(7) 编制总秩序册、竞赛指南和各单项比赛秩序册，做好校审、分发工作。

(8) 印制各项比赛所需的竞赛表格。

(9) 采购各单项竞委会和各项比赛裁判长、裁判员工作用品。

(10) 组织召开各代表团联络员第一次会议（8 月）。

(11) 最后一次检查场地、器材、灯光、音响、微机等设备的到位和运转状况。

（二）实施阶段（2004 年 9 月上旬—10 月下旬）

1. 9 月上旬和中旬组织游泳和风筝（丰城）2 个项目的比赛。

2. 组织召开第二次各代表团联络员会议。

3. 指导各单项竞委会抓好裁判员、运动队报到和返程的接送站、食宿安排、交通车、医务、保卫、志愿者调配、裁判员学习与实习、运动员赛前训练、组织颁奖、成绩上传和公布、裁判员旅差费报销、发放酬金等工作。

4. 指导各单项竞委会组织好裁判员会议、竞委会会议、裁判长教练员联席会议。

5. 10月中旬组织集中举行的12个项目的比赛，处理竞赛方面违纪事件和有关问题。

6. 统计汇总成绩，编制印发成绩公报。

7. 公布各代表团总分和奖牌成绩。

8. 组织闭幕式颁奖。

（三）结束阶段（2004年10月下旬—11月上旬）

1. 编制总成绩册。

2. 拟写并上报竞赛部工作总结。

3. 分类归档、寄发和上报竞赛资料。

4. 对竞赛器材设备和非消耗性物品进行清理、造册、上交。

第五届全国农运会筹委会竞赛部

二〇〇一年十二月十日

第五届全国农运会单项竞赛委员会组建方案

为了使第五届全国农运会14个大项比赛能够科学有序地进行，确保第五届全国农运会圆满成功，特制定本方案。

一、竞委会的职能

各单项竞委会是在农运会组委会的统一领导下，在竞赛部和有关职能部门的指导下，按项目特点全权负责本项目竞赛组织及对外宣传、行政管理、后勤服务、安全保卫的大会组织机构。

二、各单项竞委会内设机构及工作职责

1. 办公室：主要负责本项目宣传和各种会议准备、证件分发、准备奖品和组织颁奖、体育道德风尚奖评选以及会标和协调等工作。

2. 竞赛处：主要负责本项目的竞赛组织、场地器材、灯光音响准备、裁判学习、实习、赛前训练、赛场饮水、分发秩序册等竞赛资料、公布成绩、编印和上报成绩册等工作。

3. 后勤接待处：主要负责本项目与会人员的接送站和报到、食宿安排、清洁卫生的监督、车辆调度、返程票务、医疗服务、审核和报销开支经费等工作。

4. 安全保卫处：主要负责本项目驻地及赛场的安全保卫、驻地至赛场的交通疏导、车辆管理和警车开道等工作。

三、竞委会组成人员

竞委会设主任、副主任、委员。

竞委会主任：由市筹委会指定的本项目竞委会负责单位（详见附表一）的主要负责人担任。

竞委会副主任：由主办单位、市筹委会和本项目竞委会负责单位指派的领导担任。

竞委会委员：由本项目竞委会负责单位有关部门领导和内设工作机构主要负责人及仲裁主任、裁判长、各队领队担任。

分别由丰城市人民政府、袁州区人民政府承办的风筝、自行车载重比赛的两个项目的竞委会，可以分别增设名誉主任、常务主任、执行主任职位。

四、有关事项

1. 竞委会内设的四个工作机构中，除竞赛处负责人（详见附表2）由竞赛部指定外，其他人员配备均由本项目竞委会负责单位按规定配备和从本单位解决（详见附表3）。

2. 各项目竞委会和内设机构人员名单必须于2004年2月底前报市筹委会批准，竞赛部备案（竞赛部电话和传真：×××××××）。

3. 各项目竞委会和内设机构总人数按25~35人配备。田径、龙舟、舞龙舞狮各35人；篮球、武术、毽球花毽、游泳、民兵军事三项、自行车载重、风筝各30人；乒乓球、中国式摔跤、象棋、钓鱼各25人。人数如有超编，超编人员的有关开支和待遇全部由本项目竞委会负责单位自行解决。

附表1：第五届全国农运会各项目竞委会负责单位（略）

附表2：第五届全国农运会各项目竞委会业务领导指定名单（略）

附表3：第五届全国农运会各项目竞委会及内设机构人数配备表（略）

附表4：第五届全国农运会总日程安排表（略）

附表5：第五届全国农运会赛场示意图（略）

附表6：第五届全国农运会各项目代表队驻地至赛场交通路（略）

第五届全国农运会宜春市筹委会

二〇〇四年一月八日

第五届全国农民运动会竞赛器材设备购置方案

竞赛器材设备（含裁判服装和奖品）是竞赛的必备条件，根据竞赛的需要按质按量如期采购和制作，关系到第五届全国农运会14个大项、155个小项比赛能否顺利进行。为了规范行为，使第五届全国农运会竞赛器材设备购置工作有序进行，确保第五届全国农运会圆满成功，特制定本方案。

一、购置原则

第五届全国农运会竞赛器材设备购置工作遵循“三按照、三确保”原则执行。

1. 按需要购置，确保各类竞赛器材设备的规格要求和质量、数量方面全部符合竞赛规则和竞赛规程的规定和要求；厉行节约、杜绝浪费与闲置。

2. 按计划购置，确保各类所需竞赛器材设备按期到位（详见三、购置计划）。

3. 按规定购置，确保购置过程中的程序和手续全部按筹委会和财务部的有关规定执行，做到不违规、不违纪、不突破筹委会下达的经费预算。

二、实施办法

第五届全国农运会竞赛器材设备购置实施办法采用预先有计划，报批实施，招投标为主，招议结合，周密组织，精心安排，公开、公正、力求公平的办法进行。

对需要购置的竞赛器材设备必须预先造出计划、预先告知财务部安排经费，报筹委会领导审批同意后再组织实施。计划预案必须注明：竞赛项目、物品名称、数量、规格、单价、总额、具体实施办法。

（一）具体实施办法

第五届全国农运会所需竞赛器材设备原则上全部通过向社会公开招标投标后再进行购置。

1. 凡属第五届全国农运会主办单位指定或推荐的竞赛器材设备，均按主办单位的意见执行。其中如属同一产品多家生产，则通过对厂家的考察了解、比较后择优确定。

2. 凡属非第五届全国农运会主办单位指定或推荐的竞赛器材设备，按购买和自己制作分别处理。

需购买的物品：大物品和同一品种货款总额超过2万元（含2万元）的物品均必须通过向社会公开招标投标和对厂家的实地考察，然后再组织购买；同一品种货款总额在2万元以下的物品，可以通过项目裁判长认定或经多家比较商议后择优确定。购买的物品中，凡属要签订购货合同书，全部签订购货合同后再按合同执行。

需自己制作的物品：全部在宜春市区范围内向社会公开招投标后再组织制作。自己制作的物品，共分铁制品、木制品和布制品三种类型物品分开进行招投标。同一种类的物品，考虑某项器材因数量少无人投标，尽量让同一单位（人）制作。

3. 购置竞赛器材设备过程中必须遵循购置原则办事。

4. 购置的物品除特殊项目需预付定金和付款提货外，其他均待货到验收合格后再付款。

（二）向社会公开招标投标

凡需向社会公开招标投标的竞赛器材设备，均按以下程序和办法进行：

A. 招标程序和办法

1. 竞赛部提前将招标物品名称、报名时间、接受报名部门、地点、联系人及联系电话预先在《宜春日报》和筹委会《工作简报》及农运会网站上公开刊登《招标启事》。

2. 投标人报名前必须先由竞赛部审查资格，符合条件要求者，再按筹委会制发的《招投标报名费收取和管理办法》文件中规定的金额到财务部缴纳报名费，然后凭缴款收据到竞赛部报名，取得报名资格。

3. 在投标日期前10天至20天，竞赛部将招标标书交已取得报名资格的投标人，由投标人按招标标书要求作好投标准备。投标标书内容应包括：招标物品名称、数量、规格要求（需要附图样的另须附上简易设计图样）、接受投标文书或样品的截止日期等事项。投标文书内容应包括：投标单位、单位法人与工商、税务证明材料、产品说明、单位情况介绍和业绩、投标物品最低单价、其他优惠办法和条件要求等事项。参加自己制作物品的投标者，只需文字报出最低单价和投标人即可。

4. 投标人必须在规定的截止日期前将投标文书交竞赛部，由竞赛部接受人员当面贴封、保管。

5. 自动撤销报名，或是自动退出投标者，或超过截止日期才收到投标文书的投标者，一律按自动不参加投标处理，已缴纳的报名费一律不予退还。

6. 在投标日期前5天，竞赛部将投标日期、时间、地点函告或电话告知投标单位（人）。

B. 投标程序和办法

1. 按招标标书中确定的日期、时间、地点举行公开招投标。

2. 参加招投标的人员应包括：筹委会领导和各部室负责人组成的评议小组全体成员，竞赛部各处长，已取得报名资格的投标者。凡与会人员全部签到。

3. 在规定的时间到达后，准时召开招投标会议。会议由竞赛部主持召开。

4. 会议程序按照：竞赛部介绍招投标情况和有关事项——投标人抽签投标顺序（抽签后退场）——投标人按抽签顺序依次到场（投标文书当众拆封）投标，并说明有关情况和答疑——评议小组和竞赛部与会人员根据投标最低价，或投票表决，或根据投标情况进行当场评议，最后确定中标人——当众宣布中标单位（人）。

C. 招投标会议纪要

招投标结束之后，即须拟写出《招投标会议纪要》。纪要内容应包括：招投标项目、物品名称、数量、会议日期、时间、地点、与会人员、最后中标者、中标单价、中标经费总额、付款和结算方式等事项。

D. 招投标资料归档

招投标的所有资料必须及时收集、整理、归档和专人保管。归档资料应包括：购置计划预案、《招标启事》报纸原件或复印件、招标书、投标文书原件、招投标会议纪要等文字材料。

三、购置总体计划

第五届全国农运会竞赛所需购置的器材设备总共有220多种，其中需购买的有150多种，需自己制作的有70多种。器材设备购置虽是一项劳心又劳力的繁杂工作，但该项工作不得影响和冲击农运会14个大项的组织竞赛这一主要工作。为此，购置总体计划按照早做准备、提前操作的安排来运作。具体安排如下：

1. 2003年12月底前，各项器材设备基本全部到位。

2. 2004年3月底前（中国农民体协年会后），因报名才能最后确定数量的部分器材陆续到位。

3. 2004年6月底前，少量不便保管（龙舟等）和需补充的部分器材先后到位。

四、购置后相关事项

第五届全国农运会竞赛器材设备是国家财产，购置进来后及比赛期间的使用，均必须做到妥善保管、尽心爱护、账目清晰、按章办事；农运会结束后对所有器材设备做好妥善处理，不留尾巴。

1. 各项竞赛器材购置到位后，由竞赛部专人按《竞赛器材设备管理细则》（附后）进行管理，在账目、物品、数量上做到购置与入库、发出与收回、竞赛部与财务部三相符。

2. 第五届全国农运会结束之后，所有竞赛器材设备（消耗品、裁判服和奖品外）由竞赛部造册后向组委会指定的部门移交，并办理财产移交手续。移交手续必须有交接部门盖章和交接人及证明人签字的移交清单。移交清单一式六份分别由组委会财务部、竞赛部、接受单位、移交人、接收人、证明人分别保存。部分物品如需作价处理，按组委会决定执行。对竞赛器材设备竞赛部和其他任何单位及个人均无权自行处理。

第五届全国农民运动会裁判员培训方案

第五届全国农运会确定于2004年10月18日在江西省宜春市开幕。农运会共设14个大项目，其中2004年9月先期分别在樟树举行风筝和在宜春举行游泳2项比赛，2004年10月集中在宜春举行田径、篮球、乒乓球、中国式摔跤、象棋、自行车载重、武术、民兵军事三项、龙舟、舞龙舞狮、毽球花毽、钓鱼共12项比赛。14个大项目预计需要裁判员860人，其中外地裁判员（含国家指派）217人，为节省经费和培养宜春裁判员队伍，拟从宜春市选调裁判员634人。由于外地裁判员是懂业务的专项裁判员，而本市部分项目的裁判员对比赛规则和裁判法因未接触过而不熟悉。根据农运会竞赛工作计划，拟对风筝、龙舟、舞龙舞狮、毽球花毽、中国式摔跤和田径、游泳7个项目于2003年8月、9月和2004年4月先后分别举行裁判员培训班(376人)。其余7个项目的裁判培训将于赛前规定日期报到后再进行。为使培训班有序进行，并达到培训后能为农运会竞赛所用的预期效果，确保农运会圆满成功，特制定裁判员培训方案如下。

一、组织领导

成立“第五届全国农运会骨干裁判培训领导小组”。

组长：　　　xxx　市筹委会专职副主任

执行组长：　xxx　市筹委会竞赛部部长

常务副组长：xxx　市筹委会竞赛部常务副部长

副组长：　　xxx　市教育局副局长

　　　　　　xxx　宜春学院体育学院副院长

成员：　　　xxx　市教育局基教科科长

　　　　　　xxx　袁州区体委主任

　　　　　　xxx　袁州区文教局局长

　　　　　　xxx　樟树市体委主任

　　　　　　xxx　樟树市教委主任

　　　　　　xxx　市筹委会竞赛部部长助理

二、培训班时间与地点

2003 年 8 月：风筝

2003 年 9 月：舞龙舞狮、毽球花毽、中国式摔跤、龙舟。

2004 年 4 月：田径、游泳。

风筝项目裁判员培训班安排在樟树，其他 6 个项目培训班均在宜春举行。具体日期（每项 3 天）将根据国家体育总局社体中心、重竞技管理中心和中国农民体协业务部派出的专家教师的时间另定。

三、参加培训裁判员

1. 风筝 35 人（樟树市体委和中、小学体育教师中选调）；

2. 龙舟 50 人（裁判员选调计划中 50 人）；

3. 舞龙舞狮 30 人（裁判员选调计划中 30 人）；

4. 毽球花毽 24 人（裁判员选调计划中袁州区 24 人）；

5. 中国式摔跤 5 人（裁判员选调计划中 35 人）；

6. 田径 101 人（裁判员选调计划中袁州区内 101 人）；

7. 游泳 101 人（裁判员选调计划中袁州区内 101 人）。

以上人员名单详见《第五届全国农运会裁判员选调方案》中的选调计划。

选调参加培训班的裁判员必须是思想作风正派、组织纪律性强、工作认真并身体健康的同志。选调计划名单内的个别人员如不符要求，可由负责落实单位作出调换。宜春学院的学生必须从 2005 年及以后毕业的学生中挑选。田径裁判员（袁州区内的）全部兼游泳裁判。

四、授课教师和内容

1. 授课教师：全部由国家体育总局社体中心、重竞技管理中心和中国农民体协业务部指派的专家担任；

2. 授课内容：最新竞赛规则、裁判法、临场操作、组织竞赛与编排。

五、报名与报到

1. 各项目参加培训的裁判员必须在2003年暑假前予以落实。参加培训的裁判员中是宜春学院的师生，由宜春学院负责落实；是中专学校的老师，由市教育局负责落实；是袁州区中小学的老师，由袁州区文教局负责落实；樟树市的由樟树市体委负责与教委会商落实，并将落实名单于2003年9月3日前报市筹委会竞赛部；

2. 各项目参加培训的裁判员，分别由负责落实单位通知裁判员所在单位，报到日期与地点另行通知。

六、经费与其他

1. 培训班的经费按《第五届全国农运会裁判员培训经费预算》由市筹委会竞赛部严格控制执行；

2. 授课专家的食宿、旅差等一切费用由市筹委会承担；

3. 参加培训的裁判员一律不在培训班食宿，所需交通费等，将由筹委会给予适当补贴；

4. 参加培训、遵守培训班组织纪律，并经考试合格的裁判员将全部安排担任第五届全国农运会相关项目的裁判工作；

5. 各有关单位必须秉着对第五届全国农运会高度负责的态度，调整好参加培训班的同志在学习期间的工作与课务，将办好培训班当成一项政治任务来完成。

大型综合性运动会竞赛主要工作任务

1. 审定各单项竞委会组成方案，建立各单项竞委会。

2. 确定比赛器材购置目录，组织购置运动会竞赛器材。

3. 组织对比赛训练场馆第一次检查。

4. 拟定裁判员选派方案。

5. 拟定颁奖礼仪人员的培训方案，并报批。

6. 开始与主办单位协调，最后落实全部的竞赛项目、地点、时间、规模与正式的《竞赛总规程》，并下发。

7. 组织检查赛场地建设及维修完成情况。

8. 拟定运动会先期决赛的项目筹备工作方案并报批。

9. 编制单项竞赛日程安排。

10. 组织对全部竞赛器材到位情况进行专项检查。

11. 根据主办单位下发的《竞赛总规程》编制各运动项目的单项竞赛日程表。

12. 最终确定比赛场馆、器材及竞赛时间安排。

13. 开始编制《竞赛工作手册》，开始编制竞赛总日程表。

14. 完成第一次报名工作（接受远程注册报名）

15. 督促各比赛场地的确定，落实器材方案；指导拟制各单项竞委会经费预算。

16. 编印单项竞赛秩序册、竞赛总秩序册、竞赛指南并上报主办单位。

17. 编印竞赛手册和《颁奖工作方案》。

18. 组织部分项目预赛。

19. 落实奖杯、奖牌、奖状和非标准竞赛器材，并上报主办单位。

20. 主持召开竞委会正副主任会议，研究确定各竞委会组成人员和仲裁人员名单，确定各项目裁判长、副裁判长和部分骨干裁判员。

21. 拟定各单项竞赛组织工作方案及预案，报批。

22. 拟定举办测试赛的工作方案，结合比赛演练。

23. 召开运动会竞赛工作专题工作会议。

24. 及时拟制每周倒计时工作进度表。

25. 完成裁判员、技术官员、礼仪人员服装数量统计与设计方案。

26. 确定颁奖曲。

27. 下发《单项竞委会组建方案和工作职责》。

28. 检查各比赛场馆设施运行，裁判设施、裁判与技术官员用房及设备以及供水供电保障情况。

29. 组织竞赛抽签工作试运行。

30. 组织颁奖礼仪人员选拔工作。

31. 召开各单项编排裁判长会议。

32. 按比赛竞赛工作要求，组织比赛训练场馆第二次检查。

33. 接受运动队（第二次报名，）对所报名单进行审核、汇总、统计，并将有关情况上报主办单位。

34. 统计各代表团进入决赛阶段的比赛项目人员及最终参赛人数。

35. 最后确定裁判员、技术官员抽调方案；完成《运动会秩序册》审定。

36. 召开代表团联络员会议，介绍竞赛筹备组织工作，完成第一次正式报名。

37. 落实各单项仲裁委员、技术代表、兴奋剂检测人员名单；全面落实相关设备及各项目辅助裁判员调用计划。

38. 最后一次检查先期决赛场馆准备工作，与场馆管理机构完成工作对接。

39. 组织颁奖工作人员、礼仪人员培训。

40. 召开竞赛联络员会议。

41. 召开各单项编排裁判长会议和决定抽签编排方案同步进行。

42. 完成所有项目竞赛技术官员、裁判员培训。

43. 组织对竞赛志愿者进行统一培训。

44. 组织对所有比赛场馆、器材进行全面检查。

45. 竞赛部及各单项竞委会筹备工作全部就绪。

46. 组织对所有比赛场地、器材再次进行检查。

47. 举办运动会先期决赛项目的比赛；在做好工作的同时，结合比赛演练。

48. 组织对各单项竞委会准备工作进行专项抽查。

49. 再次检查所有比赛场地和器材，有计划地组织裁判综合实习。

50. 主持召开裁判员、运动员会议及裁判长、教练员联席会议。

51. 安排好报到的各代表团赛前训练工作。

52. 完成颁奖礼仪小姐、竞赛志愿者现场演练。

53. 完成竞赛成绩管理系统现场测试。

54. 完成与交通运输部、志愿者部、信息技术部、场馆建设部、医疗卫生部、行政接待部等部门赛前工作协调。

第五节　体育赛事宣传筹备工作

体育赛事宣传筹备工作是指体育赛事运作管理机构通过宣传报道来为赛事集聚人气，增强赛事影响力，树立赛事品牌形象，在发挥赛事社会效益的同时，为赛事创造更好的经济效益。

一、体育赛事宣传筹备工作目标

体育赛事宣传筹备工作的主要目标是组织、管理、运用媒体，发挥媒体的作用，从而提升社会对赛事的关注度与参与度。主要目标包括：使举办赛事的气氛逐渐升温；建立完整的赛事品牌形象体系，做好与之相关的配套工作（如专有权、著作权保护，市场开发，形象宣传等）；利用重要时间节点和重大事件提升赛事的影响力；加强赛事运作管理机构与外界的沟通，对媒体进行正面引导，创造良好的舆论范围。

二、体育赛事宣传筹备工作内容

体育赛事运作管理中，宣传筹备工作一般包括以下内容：

1. 制定赛事宣传报道总体工作计划和阶段性工作实施方案。赛事基础性筹备阶段初期，拟定筹备阶段宣传报道工作总体计划→赛事基础性筹备阶段中期，按照总体计划拟定宣传报道工作方案→赛事综合性筹备阶段，调整宣传报道工作方案，着重细化媒体记者接待方案及赛事新闻中心设置方案→赛事测试赛阶段，拟定赛事运行阶段宣传报道工作方案（含应急预案）。

2. 根据筹备各阶段的工作重心逐步建立健全宣传报道部门组织结构，配备工作人员。

3. 设计、推广统一的赛事品牌形象系统。赛事基础性筹备阶段初期，拟定赛事品牌形象管理办法→赛事基础性筹备阶段中期，开展会徽、吉祥物、主题口号、会歌、宣传画等赛事品牌形象标志物的征集、评审、注册等工作→赛事综合性筹备阶段，着重将赛事品牌形象宣传与市场开发工作结合起来→赛事测试赛阶段，注重赛事品牌形象标志的著作权、专有权维护。

4. 召开各阶段宣传工作会议，协调赛事运作管理机构各部门开展宣传工作。

5. 召开各阶段新闻发布会，组织各类媒体分阶段进行专题性集中报道。

6. 制定赛事相关的重大时间节点（如倒计时一周年）的宣传工作方案并组织实施。

7. 定期收集、整理并向媒体提供赛事宣传报道素材。编印、发行与宣传报道工作相关的赛事出版物。

8. 为参与赛事的各类媒体提供设施、设备等技术保障与服务。

9. 监测媒体对赛事的报道情况，尤其警惕失实或者负面报道；做好宣传报道资料的存档备份工作。

10. 对赛事比赛场馆及相关场所进行宣传环境布置。

11. 建设和管理赛事新闻中心，完善比赛场馆媒体宣传报道服务设施。

12. 组织赛事相关的表彰、奖评活动。

13. 赛事结束后进行宣传报道工作总结。

三、体育赛事宣传筹备工作参考文件

第九届全国运动会宣传报道工作方案

2001年11月11日，第九届全国运动会将在我省举行。为落实8月15日省委常委会议的要求，经研究，特提出加大力度宣传报道方案，以进一步营造“当好东道主，举省迎九运”的浓厚社会氛围。

一、指导思想

第九届全国运动会是跨入新世纪后我国举办的第一个全国综合性运动会，是在江泽民同志发表“七一”重要讲话后、党的十六大召开前这一重要时期举办的全运会，是在北京“申奥”成功后检验我省举办全国性重大活动能力、展示我省两个文明建设成就的体育盛会。全省新闻媒体要按照省委、省政府的要求，从“讲政治”的高度，进一步加大宣传报道的力度，积极营造“当好东道主，举省迎九运”的浓厚社会氛围；宣传报道要高举邓小平理论伟大旗帜，以“三个代表”重要思想为指导，坚持团结鼓劲稳定和以正面宣传为主的方针，把握正确的舆论导向，为推动各项承办工作达到“四个一流”的标准，动员全省人民以满腔热情迎接九运、服务九运、办好九运，展示广东新风貌和综合实力，塑造广东新形象，增创广东新优势，提供强有力的舆论支持。

二、主要宣传内容和安排

各新闻单位除了密切配合九运会组委会各项承办工作的进展进行充分的宣传报道及继续办好已有的专版、专题外，要在9月上中旬、10月1日前后、11月上旬分别掀起三次高潮。

此外，从9月1日开始，省电台、省电视台、南方电视台要在全天的主要节目播发九运会标语口号不少于10次，其中晚上黄金时段不少于5次；从10月11日开始，全天播发不少于15次，晚上黄金时段不少于8次。9月15日开始，省电视台南方电视台对于九运会的会徽、吉祥物等图像每晚要进行至少5次以上的公益宣传，同时在九运专栏的图案上、标语口号的背景上广泛出现（这方面各报社也要给予密切配合）。九运会会歌确定后，省电台、省电视台、南方电视台要认真策划，制作播放带和MTV反复播放。

各新闻单位要根据本方案的报道内容与时间要求，结合各自的特色和优势，拟定实施方案，在头版重要位置或主要新闻节目中连续推出，使“当好东道主，举省迎九运”的意识深入人心。

（一）9月8日至9月14日，以“科技九运，绿色九运，文明九运”为主题并以此为专栏标题，以深度报道的形式，对全省各赛区所承办的各项九运筹备工作所取得的显著成效进行综合性的系列报道。这一阶段各单位要组织7个方面的综合性报道，内容如下：

1. 以广州广东奥林匹克体育中心、广州新体育馆等体育设施为标志的我省各地122个体育场馆建设及周边环境的整治情况；

2.全省15个赛区城市搞好城市环境综合治理，营造卫生整洁、安全文明、舒适优美的城市环境，城市面貌发生日新月异变化的情况；

3. 我省体育健儿积极备战“九运”、严格训练的情况及为国、为省争光、顽强拼搏的精神风貌；

4. 以优良秩序服务“九运”为目标，各赛区城市提高城市管理水平的情况；

5. 我省各赛区城市各部门各行业、尤其是党政机关、基层行政执法部门、窗口服务行业加强职业道德建设、抓好职业道德教育、规范化服务和创“三优”、建文明行业的活动；

6. 各赛区城市广泛开展群众性精神文明创建活动，广大群众积极支持和参与城市环境综合治理，树立浓厚的东道主意识和主人翁精神，迎接“九运会”的到来的情况；

7. 以“九运”火炬在全省各地传递为切入口，反映我省在“九运”的推动下，群众性体育活动包括全民健身活动等蓬勃开展的情况。

（二）9月23日至10月5日，以“盛世中华，锦绣南粤，精彩九运”为主题并以此为专栏标题，把国庆宣传和九运宣传紧密结合，着眼于树立广东新形象，以“广东为什么能举办九运会”为重点，组织系列报道，集中宣传我省两个文明建设成就、举办九运会的重要意义及对我省社会进步的重要作用。这一阶段请各单位着重做好以下几方面的宣传：

1. 以22日晚“盛世中华·为九运喝彩暨广东奥林匹克中心落成晚会”报道为开篇，拉开“盛世中华，锦绣南粤，精彩九运”系列报道的序幕；

2. 新形势下广东挟改革开放以来所形成的雄厚实力，发挥自身优势，进一步增强竞争力，保持经济持续快速发展，为举办九运奠定了良好基础；

3. 我省面对国际国内市场的激烈竞争，坚定地实施“三大战略”，采取有力措施，优化投资环境，社会经济发展水平居于全国前列，广东以更加开放的姿态迎接九运；

4. 我省重视基础建设，交通、通讯、能源等方面建设取得巨大成就，为九运的举办提供了良好的基础条件；

5. 广东加快产业结构调整步伐，大力发展高科技产业，取得丰硕成果，广东的科技环境为九运注入了一股高科技的活力；

6. 我省重视环境保护工作，近几年来环保工作取得了显著成效，为九运的举办营造了一个卫生整洁、舒适优美的城市环境；

7. 我省稳步推进社会保障工作，注意解决社会进步中存在的各种问题，社会稳定和谐，为九运的举办提供了稳定的社会环境；

8. 我省加大综合治理力度，重典治乱，使全省社会治安状况明显改善，为九运的举办提供了良好的社会治安环境；

9. 广东重视人才教育培养，把“人才是第一资源”的思想贯穿到经济工作和社会进步的方方面面，形成新的人才吸引潮，对我省的经济、社会发展产生了积极的作用，九运的举办将进一步展示我省的魅力，吸引更多人才的到来；

10. 我省以“优美环境、优良秩序、优化管理”为目标，全面推进城市建设工作，一个城市群矗立于南粤大地上，九运的举办以众多的城市为依托；

11. 我省重视社会主义精神文明建设，全面推进以社会公德、职业道德、家庭美德为主要内容的思想道德教育和以创建文明城市为龙头的群众性精神文明创建活动，取得丰硕成果，这对于动员广大群众当好九运会东道主，确保九运会圆满成功，将发挥重要作用（此项安排在9月下旬全省精神文明建设表彰大会召开的同一日推出）；

12. 我省体育运动水平在全国居于前列，在许多重大比赛中取得良好成绩，群众体育运动基础深厚，九运的举办将进一步推动新世纪我省体育运动事业的发展；

13. 10月1日，南方日报发表评论员文章，主要内容为庆祝中华人民共和国成立52周年，宣传“九运会在广东举办，是中央对广东的高度信任，是我省人民的光荣，是全国人民的重托”，宣传在我省举办九运会的重要社会经济政治意义及对我省经济、社会进步的重要作用。

（三）10月11日至11月10日，以“千帆竞发、冲刺九运”为主题并以此为专栏标题，大张旗鼓地报道各体育代表团和“九运会”各项筹备工作就绪等情况，为“九运”的到来继续大造声势。主要内容如下：

1.“九运会”三十天倒计时活动仪式；

2. 全国47个省市区及行业代表团实力、特点等的系列报道；

3. 我省参赛运动员代表人物及我省代表团备战各大比赛项目的系列报道；

4. 九运会组委会积极运筹协调、各比赛场馆准备就绪和主赛场高科技含量的新闻中心及信息网络系统启用的系列报道；

5. 各赛区城市积极落实“迎九运”的措施及成效、火炬传递汇集仪式（包括网络电子火炬传递活动）及各代表团和海内外嘉宾陆续抵达的系列报道；

6. 开幕式团体操参与人员悉心策划、认真排练等筹备情况的报道。

三、需要注意的问题

1. 高度重视，周密安排。九运会宣传报道工作是我省新闻战线所肩负的一项光荣而重要的政治任务。各新闻单位要高度重视，策划制定周密的方案，安排好采编力量和版面，认真做好九运会的宣传报道工作。

2. 牢牢把握正确的舆论导向。九运会宣传报道以“三个代表”重要思想为指导，坚持团结鼓劲稳定和以正面宣传为主的方针，坚持正确的舆论导向。对九运会筹备过程中出现的一些问题尤其是可能影响我省形象的问题，不要擅自报道，不要干扰九运会工作大局。

3. 严格把关，严肃纪律。各单位要进一步树立政治意识、大局意识、责任意识，落实岗位责任制，严格把关，严肃纪律，杜绝各种差错，尤其要防止出现重大错误。报道内容要准确、真实，涉及兄弟省市的报道要慎重。重要稿件要送审，拿不准的问题要请示，重要舆情要及时报告。

4. 请省直主要新闻单位和广州日报、深圳特区报于9月7日前将实施方案报我部。各市主要新闻单位参照本方案的要求制定实施方案，报各市委宣传部。

中共广东省委宣传部

二〇〇一年八月二十五日

第九届全国运动会广播电视部工作方案

中华人民共和国第九届运动会于2001年11月11日至25日在广东举行。做好九运会的电视转播工作，向筹委会指挥部、新闻宣传部新闻中心和国内外的电视机构提供公用信号，是办好九运会的一项带有全局性的重要工作，也是我省各级广电部门的一项重要的政治任务。为把九运会电视转播工作做好，特拟定广播电视部工作方案。

一、指导思想

在国家体育总局、省委、省政府和筹委会的领导下，广电部的工作要发挥电视广播、电台广播覆盖范围大、时效性强、直观形象等特点，广泛宣传中华民族在以江泽民同志为核心的党中央的领导下，昂首阔步跨进新世纪的精神面貌，宣传我国改革开放以来两个文明建设取得的丰硕成果，宣传我国体育健儿为国争光、顽强拼搏的精神风貌以及全民健身活动蓬勃开展、人民体质日渐增强的景象，宣传我省各条战线发扬“人人当好东道主，举省一致办九运”的精神，做好各项筹备工作，热情迎接九运嘉宾的主人翁精神，以九运会为契机，更好地促进我省“两个文明”建设。

二、工作要点

1. 在国家体育总局指导和省委、省政府的领导下，严格执行宣传纪律，把握正确的舆论导向，服务大局，弘扬爱国主义、集体主义精神，唱响主旋律，大力宣传我省再次承办全运会，是广东在新世纪面临的新机遇和新挑战，将进一步推进我省的“两个文明”的建设，营造“人人当好东道主，举省一致迎九运”的热烈氛围，大力宣传我们要以“高标准、高质量、高要求”，“一流的设施、一流的环境、一流的组织、一流的成绩”办好九运会，向全国人民交上一份满意的答卷。

2. 大力宣传“九运会在广东举办，是中央对广东的高度信任，是我省人民的光荣，是全国人民的重托”，大力宣传省委、省政府和各级领导各部门以及人民群众社会各界对九运会的重视和关心、支持，宣传各行业迎接九运，多作贡献，增强我省人民的自豪感、责任感和当好东道主的自觉性。

3. 配合筹委会新闻宣传部的宣传工作计划和各部门有关文件，搞好九运会的电视新闻、专题报道工作，重点做好九运会的集资宣传、筹委会各部门的筹备工作、各赛区的筹备工作、各场馆的建设情况、我代表团的备战情况等方面的宣传工作，同时做好公益宣传工作，做到有计划、有重点地在一般时间和黄金时间里，开辟版面，宣传我省各地“迎九运”开展的全民健身活动，宣传九运会的会徽、吉祥物、宣传画、会歌、会旗等专有标志，使九运会人人皆知，家喻户晓。

4. 争取中央电视台和各地电视台对九运会宣传工作的大力支持，搞好九运会倒计时一周年等一系列宣传活动，使九运会的信息在全国及境外广泛传播，扩大九运会的影响。

5. 由省广电局组建、以广东电视台为核心台的九运会电视转播公用信号制作系统（主播台），按照国家广播电影电视部制定的电视技术标准，向九运会组委会指挥部、新闻宣传部新闻中心、九运会内部网站和购买了九运会电视转播权的电视机构提供九运会决赛阶段（含开、闭幕式）以及九运会各项重要活动、重大题材的电视公用信号。

6. 热情宣传报道我省和全国各地的运动员在备战九运中刻苦训练、科学训练勇攀高峰的事迹和在比赛中顽强拼搏、勇创佳绩，胜不骄、败不馁的精神风貌，以及尊重裁判、尊重对手、尊重观众的良好赛风，宣传和反映体育在社会主义精神文明建设中发挥的重要作用。对各参赛单位的金牌和总分不进行过多预测，对比赛中出现的争执、突发事件和重大的、有争议事件要审慎处理，未经九运会组委会最高部门作出最后裁定，不自行作出结论性的报道和评论。

三、工作计划

1. 详细制定九运会电视转播工作方案，精心组织、认真落实、坚持正确导向，宣传报道做到有利于推动体育事业的发展，有利于激励体育健儿勇攀体育高峰，为国家争光，有利于推动《奥运争光计划纲要》和实施《全民健身计划纲要》，有利于推动两个文明的建设，有利于促进社会的进步和发展。

2. 根据国家体育总局、省委、省政府要对九运会电视报道权进行开发指示的精神，由广电部办公室拟定九运会电视报道权开发规则（草案）报筹委会、省政府和国家体育总局审批。

3. 召开九运会广电部成立大会，九运会各赛区广电局局长、电视台台长参加。

4. 由省广电局、广东电视台拟定九运会电视转播公用信号制作系统（主播台）计划。以广东电视台为核心台，集中调度全省、市电视台的设备和人力，参与九运会公用电视信号的制作和传输工作，并调（借）用国内有关省、市电视台的设备、人员，组成九运会转播主播台。派设备支援九运会电视转播工作的电视台以收支两条线进行有关费用的结算。省广电局、广东电视台负责制定详细的计划和方案。

5. 由省广电局、广东电视台制定九运会电视转播计划，制定九运会电视转播经费预算计划。各部门（办公室、宣传处、转播技术处、传送处、后勤保障处）分别在近期内制定出详细可行的工作方案，如人员、设备的调配，转播车的转场安排等。

6. 广电部在省广电大厦设立九运会电视转播中心，为购买了电视转播权的电视机构提供公用电视信号，并有偿提供节目制作场地和相关的制作、传输服务。

7. 广电部后勤保障处负责安排接待参与主播台工作的有关人员（安排在广视宾馆及省广电大厦附近宾馆）。

8. 做好市场调查，协助粤兴公司进行开发工作。粤兴公司根据九运会电视转播权开发规则，制定电视报道权、广播电台报道权（含大陆、香港特别行政区、澳门特别行政区、中国台北和境外）的有偿转让计划，并负责具体的操作实施。

第五届全国农运会新闻宣传工作安排

遵照中宣部、农业部、国家体育总局农办发〔2004〕3号文件精神和《第五届全国农运会宣传工作总体方案》《第五届全国农运会新闻宣传工作方案》《第五届全国农运会社会宣传工作方案》的要求，现对第五届全国农运会开幕期间以及开幕前后的宣传工作具体安排如下。

一、农运会开幕前的宣传安排

1. 9月上旬，邀请新华社、中国新闻社、人民日报、经济日报、光明日报、中央人民广播电台、中央电视台、农民日报、中国体育报、人民公安报等媒体知名记者集中采访报道农运会筹备工作就绪情况。由宜春市委宣传部、宜春市筹委会新闻宣传部负责落实。

2. 9月16日，农业部、国家体育总局、中国农民体协在南昌举办第五届全国农运会第二次新闻发布会。由省委宣传部、宜春市筹委会新闻宣传部负责落实。

3. 9月中下旬，邀请广东、山东、上海、江苏等省市主要媒体结合对农运会赞助企业的回报，对农运会筹备工作就绪情况进行连续采访报道。由农运会市场化筹资领导小组、宜春市筹委会宣传部负责落实。

4. 9月下旬至10月上旬在中央电视台5套或7套、4套、2套等频道组织一定规模的专题报道。宣传农运会准备工作情况、江西省和宜春市的社会经济发展情况以及社会各界特别是企业积极参与的情况。由农运会市场化筹资领导小组、宜春市筹委会新闻宣传部负责落实。

5. 9月中下旬，邀请中央电视台体育中心新闻部记者采访农运会筹备工作就绪情况，并在中央电视台体育新闻有关栏目进行连续播出。由宜春市筹委会新闻宣传部负责落实。

6. 继续组织好中国体育报及江西日报等省属主要媒体，宜春日报、宜春电视台等市属媒体开办的农运会专栏；在农民日报开辟专栏或专版和“倒计时”，全面报道农运会筹备情况和各地备战农运会的情况。由宜春市筹委会新闻宣传部和江西日报等省属媒体和宜春市市属媒体负责落实。

7. 从9月18日开始，在江西日报、江西电视台、江西人民广播电台等省属媒体开辟农运会“倒计时”，并刊播农运会的宣传标语和口号。同时，宜春市属各媒体继续做好有关“倒计时”宣传工作。由宜春市筹委会新闻宣传部和省市属媒体负责落实。

8. 从9月开始，在中央电视台、人民日报、经济日报等中央媒体和江西日报、江西电视台及部分省市主要媒体，结合对农运会赞助企业的回报，开辟专版或专题，进行形象宣传和广告宣传。由农运会市场化筹资领导小组和宜春市新闻宣传部负责落实。

9. 在江西与邻省高速公路入境处、昌北机场、南昌火车站、八一广场和宜春市辖区内各主要地段、重要场所、交通要道新建各类农运会公益性广告牌；在沪瑞高速宜春入口、宜春体育中心新建农运会会徽、吉祥物等永久性雕塑；在宜春体育中心、宜春市宜万、沪瑞公路入口新建大型彩色显示屏，滚动播放农运会的宣传片及标语口号；做好农运会各比赛场馆、重要宾招单位和宜春城区重要地段的宣传环境布置工作。由宜春市筹委会市场化筹资领导小组、综合协调部、新闻宣传部负责落实。

10. 编辑发行农运会宣传画册2万册，大型多媒体电子光盘5000个；编辑出版农运会会刊和农运会特刊（会刊9月18日出第1期，10月18日出第2期，各发行2万份），全面介绍农运会筹备情况，江西、宜春的自然风光和经济社会发展情况，各省市区参加农运会及开展农民健身活动的情况。宜春市筹委会新闻宣传部负责落实。

11. 继续组织好农运会官方网站（21CN网站）、农运会信息网站、新华网“中国宜春”政务网农运专题等网站的宣传报道，进一步提高网站质量，增加信息量。由宜春市筹委会新闻宣传部负责落实。

12. 确保农运会所有新闻设施9月10日前全面准备就绪，并做好开幕前中央电视台10月13日和10月15日两次带机来宜春参与开幕式彩排的准备工作和配合工作；落实所有媒体对农运会闭幕式及重要赛事直（转）播的各项准备工作，并进行所有新闻设施和设备的全面试运行。由宜春市筹委会新闻宣传部负责落实。

13. 做好丰城风筝比赛的报道工作，并通过江西电视台的直播，为农运会其他重大活动和重要赛事的直（转）播积累经验。由宜春市筹委会新闻宣传部、丰城市委宣传部负责落实。

14. 在9月20日以前，做好参与农运会报道的全国各地所有650名记者的正式邀请工作，并在开幕前10天内完成所有记者的制证工作。由宜春市筹委会新闻宣传部负责。

15. 组织好10月17日下午在农运会新闻中心召开的农运会新闻发布会。由组委会新闻中心负责。

二、农运会期间的宣传安排

1. 组织好10月18日中央电视台等媒体直播农运会开幕式，做好各项协调和配合工作。直播时间约2小时，由中央电视台文艺中心组织直播，江西电视台、宜春电视台参与。另外，配合中央电视台体育中心（5套）10月19日录播开幕式实况（具体情况见附件《农运会开幕式直播计划及工作准备情况》）。由农运会组委会新闻中心和大型活动部负责落实。

2. 组织好中央电视台、江西电视台直播舞龙舞狮和篮球决赛等比赛项目。舞龙舞狮为10月20日下午，篮球决赛为10月21日晚上。组委会新闻中心和竞赛部负责落实。

3. 组织好江西电视台、中央电视台10月24日晚对闭幕式直（录）播。中央电视台5套录播时间为25日晚。由组委会新闻中心和大型活动部负责落实。

4. 组织好中央电视台、江西电视台录播龙舟比赛，中央电视台5套录播时间为10月21日下午，江西电视台录播时间为10月19日。由组委会新闻中心和竞赛部负责落实。

5. 组织农运会官方网站（21CN）、信息网站、中国宜春政务网和新华网、央视国际、中广网、中国江西、大江网、今视网以及各省市区政府网站、国内其他知名网站进行农运会重大活动和赛事视频直播，并及时在网上发布运动会比赛成绩，做好相关报道。由组委会新闻中心和技术部负责落实。

6. 成立农运会新闻报道组，为各媒体提供各种新闻素材，并组织各报刊媒体做好农运会的有关报道。由组委会新闻中心负责。

7. 从10月18日始，在比赛期间，每2天编发一期农运会会刊，发行到全国各省市区，报道农运会特别是各省市区的比赛情况；同时，加大农运会《工作简报》对农运会的宣传报道力度。由组委会新闻中心负责落实。

8. 及时组织召开农运会新闻发布会。由组委会新闻中心负责落实。

9. 在宜春组织第五届全国农运会“三农”书画展。由组委会新闻中心负责落实。

10. 做好记者生活接待，包括食宿、交通、参观、旅游等方面的接待工作。由组委会新闻中心负责落实。

三、农运会闭幕后的工作安排

1. 对农运会新闻宣传工作进行总结。

2. 组织省内主要媒体记者对农运会成功举办进行系列报道，采写出一批有见地、有分量、有影响的报道。

3. 评比“第五届农运会新闻宣传奖”，对成绩突出的新闻单位和先进个人进行奖励。

4. 整理归档新闻宣传工作有关资料。

5. 参与编印《第五届全国农运会纪念画册》等书刊。

上述工作均由农运会组委会新闻宣传部负责落实。

四、新闻设施的落实及农运会开幕期间记者接待的准备工作安排

1. 进一步全面做好广电新闻中心所有设施的试运行工作，确保设备正常运行。由筹委会新闻宣传部、市广电局负责。

2. 试运行新闻中心，记者住地、各比赛场馆记者工作室已安装的新闻设施。由筹委会新闻宣传部、技术部负责落实。

3. 所有新闻设施包括电脑、传真等，必须于9月15日前全面到位，并试运行一个月。由筹委会新闻宣传部负责落实。

4. 在9月20日前，做好650名赴会记者正式邀请报名工作；9月底做好记者证的制证工作。由筹委会新闻宣传部负责落实。

5. 8月底完成记者用车计划安排，9月底完成所有新闻媒体用车的制证工作。由筹委会新闻宣传部、交通部、安保部负责落实。

6. 9月底完成《记者指南》的编制。由筹委会新闻宣传部负责落实。

第六届全国城运会执行委员会新闻工作制度

为了加强第六届全国城市运动会（下称六城会）新闻宣传工作的规范管理，特拟定工作制度如下。

一、新闻联络员制度

（一）六城会执委会各部室均应设立1名新闻发言人，由各部室分管宣传的领导担任，负责本部室重要新闻的对外发布工作。同时各部室确定1位中层干部担任新闻联络员，负责新闻发布的日常组织联络工作。

（二）联系员工作职责

1. 负责各部室新闻发布会的方案、领导同志讲话、新闻通稿等会议材料的报批工作；

2. 积极配合新闻宣传部完成好新闻采访接待工作；

3. 积极向新闻宣传部提供宣传本部门工作的新闻稿件；

4. 领导交办的其他工作。

二、新闻工作联席会制度

（一）六城会新闻工作联席会由执委会新闻宣传部组织实施，原则上每2周举行一次，如遇特殊情况可临时安排。

（二）参加人员：各部室主要负责人、新闻发言人、新闻联络员。

（三）各部室汇报工作进展情况和下一步工作安排。

三、新闻审查制度

（一）新闻发布要履行严格的报批程序，经批准后方可发布。

（二）六城会执委会进行新闻发布，由涉事的部门牵头拟定发布内容，形成新闻发布稿，报新闻宣传部审核，再报执委会副秘书长以上领导批准。

（三）执委会各部室以六城会执委会名义进行新闻发布，由涉事部门拟定发布内容，形成新闻发布稿，报新闻宣传部审核，再报执委会副秘书长以下领导批准。

（四）六城会各类新闻发布会涉及执委会领导同志讲话的，讲话稿由涉事部门草拟，成稿后经新闻宣传部审核并报执委会领导同志审定。

（五）各部室日常性新闻发布，新闻通稿由各部室提供，新闻宣传部进行审核，重要稿件报请执委会副秘书长以上领导审定。

四、新闻发布会制度

（一）六城会各类新闻发布会，均由新闻宣传部归口管理。

（二）各部室要制定年度新闻发布会计划（包括每次新闻发布会的时间、主题、规模、出席领导等），报新闻宣传部。新闻宣传部将根据各部室计划和筹备工作总体安排，综合制定六城会执委会新闻发布会年度总体计划。各部室要按照总体计划的进度要求严格执行。

（三）各部室召开新闻发布会，应提前一周向六城会执委会以书面请示的形式（附会议方案）报批。经新闻宣传部预审后，报执委会副秘书长以上领导批准。各部室未经批准，不应自行组织发布会。

（四）执委会召开的大型及重要的新闻发布会由新闻宣传部负责，办公室及有关部门予以配合。

（五）各类新闻发布会的主持人一般由新闻宣传部有关负责人担任，重要新闻发布会的主持人由领导指派。

（六）各部室向记者提供的会议材料，由各部室自行准备。

（七）新闻发布会结束后，如有招待活动或赠送纪念品等，与记者有关的，由新闻宣传部扎口管理。

（八）新闻宣传部将根据全局工作需要和各部室要求，做好协调和服务工作，确保新闻发布会顺利进行。

大型综合性运动会新闻宣传主要工作任务

1. 评选揭晓运动会主题口号并举行仪式正式发布。

2. 拟定运动会宣传画册出版方案，报批后完成印制。

3. 拟定社会环境宣传工作方案。

4. 向全国征求运动会会歌。

5. 拟定邀请中央媒体、省属主流媒体宣传报道运动会倒计时一周年活动方案，做好协调。

6. 开始对运动会举办城市的高速路口、机场、车站及主要道路大幅公益广告牌进行施工。

7. 在前期调研及召开专家座谈会的基础上，开始全面实施运动会“亮点、特色”推广计划，编制完成运动会整体形象宣传资料，正式对外发布。

8. 拟定运动会媒体公益宣传广告方案，并与媒体进行沟通，形成各类公益广告推出时间、内容和方式的方案。

9. 按计划组织实施运动会倒计时一周年系列活动。

10. 电视品牌栏目大型宣传活动启动。

11. 启用高速公路口、机场、车站、市区主要路口大幅运动会宣传广告牌。

12. 启动新闻中心筹建工作。

13. 组织媒体对运动会进行新闻采风活动。

14. 启动广泛征集、做好评审宣传画的工作。

15. 有计划地策划组织以运动会为主题的有特色的宣传活动，进一步营造气氛。

16. 召开全国体育邮展、美展、摄影展作品征文新闻发布会，开始组织征集体育邮展、美展、摄影展等作品。

17. 评选揭晓运动会会歌并举行仪式正式发布。

18. 举行宣传画揭晓仪式。

19. 商请党委宣传部下发运动会新闻宣传工作意见至各市、县、区。

20. 组织场馆设施建设专题宣传报道。

21. 与群体部、广电部协调拟定火炬传递活动新闻宣传方案。

22. 推出运动会各类媒体公益广告。

23. 拟制运动会《新闻记者手册》，报批后印制。

24. 拟制运动会记者报名与接待工作方案。

25. 启动运动会电视宣传专题片拍摄。

26. 积极捕捉运动会筹备工作中“亮点、特色”，组织对筹备工作的新闻宣传报道。

27. 检查新闻中心工程进度情况，拟定新闻中心管理机构，落实管理人员。

28. 拟请中宣部发文至各省、市委宣传部，做好运动会宣传工作。

29. 开始培训各赛区新闻宣传工作人员。

30. 对运动会测试赛进行综合报道。

31. 检查新闻中心建设工作，明确落实新闻中心的管理机构。

32. 全面启动运动会先期决赛项目的宣传报道工作，与各部、室结合进行全面的磨合，确保先期决赛的项目筹备组织工作圆满完成。

33. 拟定召开“运动会新闻宣传工作会议”方案报批。

34. 组织新闻记者第一次报名。

35. 培训运动会新闻中心工作人员。

36. 新闻采风活动，组织中央、省主流媒体全方位报道运动会倒计时100天系列活动。

37. 官方网站全面改版，实现与信息部、竞赛部竞赛信息查询、成绩发布工作对接。

38. 对各代表团联络员会议进行全面的报道。

39. 跟踪做好大型活动部关于开幕式文艺表演联排报道。

40. 做好新闻记者第二次报名工作。根据此次报名信息，与行政接待部、场馆部、广电部、交通运输部、安保部、医卫部、志愿者部、证件票务等部门协调，落实新闻记者接待工作。

41. 主新闻中心建成，并开始试运行。配合广电部拟定电视信号网络传输直播及现场广播直播方案。

42. 做好运动会测试赛的报道工作。

43. 适时报道运动会组委会层面的运动会筹备组织工作情况。

44. 做好记者报到的相关工作。

45. 组织检查各主要交通路口、机场车站、码头设立的运动会公益广告牌的维护、更新工作。

46. 落实对运动会先期决赛报道的新闻媒体接待工作。

47. 全面启动运动会先期决赛报道的新闻媒体服务工作。

48. 积极做好市场开发部赞助、捐赠的宣传报道工作。

49. 布置检查社会环境宣传工作。

50. 运动会新闻中心正式启动试运行，以运动会先期决赛项目为重点，在全力做好宣传工作的同时，进行全面演练。

51. 按组委会批准的方案，分阶段在媒体投放运动会城市形象宣传广告。

52. 做好开幕式大型文艺表演彩排、预演的宣传报道工作。

53. 检查所有公益广告运作情况。

54. 各赛区主要地区、道路灯柱广告开始使用。

55. 召开新闻媒体主编、总监座谈会，检查新闻中心运行情况。

56. 运动会会刊正式发刊。

57. 做好开幕式、闭幕式新闻宣传报道记者区的准备工作。

58. 落实新闻宣传部负责的媒体及记者礼品。

大型综合性运动会广播电视主要工作任务

1. 拟定倒计时一周年广播电视宣传工作方案，报批后实施。

2. 完成广播电视中心（IBC）主体及附属建筑，进行内外装修。

3. 检查广播电视中心的工程进度。

4. 拟定广播电视中心技术系统方案，报批后实施。

5. 完成广播电视中心设备安装调试。

6. 广播电视中心设备试运行。

7. 培训广播电视中心工程技术人员。

8. 制定圣火采集、火炬传递、汇聚火炬仪式等电视直播方案，报批后实施。

9. 拟定运动会测试赛和开、闭幕式电视广播报道工作方案，报批后实施。

10. 拟定开、闭幕式文艺表演联排电视报道工作方案，报批后实施。

11. 制定运动会火炬传递电视转播报道方案，报批后实施。

12. 拟定倒计时100天活动的电视报道工作的方案，报批后实施。

13. 组织报道运动会测试赛。

14. 报道开、闭幕式文艺表演联排工作。

15. 广播电视中心技术系统试运行。

16. 做好运动会火炬传递圣火火种采集仪式的电视广播报道工作。

17. 完成广播电视中心广播电视转播技术准备工作。

18. 做好火炬传递——点火起跑仪式的新闻电视报道工作。

19. 检查广播电视中心设备。

20. 开始播出运动会专题宣传片及公益广告。

21. 召开电视台总监会议，协调广播电视中心分配使用，落实记者证、行政接待、交通运输、转播技术等工作。

22. 做好广播电视中心人员到位。

23. 报道开、闭幕式文艺表演联排工作。

24. 跟踪报道运动会先期决赛项目的比赛。

25. 按照电视台总监协调会部署，全面落实各项技术条件。

26. 与安保部沟通，落实电视车到达后的安保问题。

27. 确定广播电视转播最终方案。

28. 部署广播电视报道的各类突发事件预案工作。

29. 全面落实运动会广播、电视转播报道的各项技术。

30. 与交通运输部、行政接待部、志愿者部充分沟通，全面落实广播电视记者及工作人员接待工作。

31. 做好有关电视台电视转播车的接待及安置工作。

32. 做好火炬汇聚仪式的电视报道工作。

33. 全面检查广播中心的设备及运行情况，检查人员到岗、值班情况。

34. 全力做好广播、电视记者及工作人员的接待工作。

35. 全力做好广播、电视转播车及设备的到位并做好现场服务。

36. 现场检查广播电视中心及开、闭幕式现场技术保障的最后准备工作。

37. 做好出席开、闭幕式的各方嘉宾的广播电视报道工作。

38. 全力做好领导接见群先会代表的转播工作。

39. 全力做好开、闭幕式广播、电视直播报道工作。

40. 做好组委会全体会议暨代表团团长会议、组委会新闻发布会的电视报道工作。

41. 做好现场直播或转播各单项比赛的工作，做好广播电视中心现场各项技术服务工作。

42. 做好领导分别到各承办赛区视察，检查比赛运行情况的电视报道工作。

43. 全力做好群先会正式举行的电视报道工作。

44. 做好广播、电视记者返程票务工作。

45. 拟定闭幕式后，电视、广播记者及工作人员返程送机、送站工作方案。

46. 做好组委会新闻发布会的电视、广播报道工作。

47. 协助广播、电视台撤运闭幕式设备。

48. 上报广播电视部工作总结。

第六节　体育赛事市场开发工作

体育赛事市场开发是赛事筹备阶段的重要工作，是体育赛事运作管理机构立足于赛事所拥有的各种资源，通过以平等交换为原则的市场行为，尽一切可能增加赛事效益的过程。市场开发是众多赛事举办经费的主要来源之一。市场开发的成效直接影响到赛事能否顺利运作，在赛事筹备和举办过程中发挥着重要的资金保障作用。同时，由于市场开发是对赛事的形象品牌体系进行市场推广的活动，其运作过程及结果也会对赛事的品牌和形象产生至关重要的影响。

一、体育赛事市场开发工作目标

体育赛事市场开发的直接目的是为举办赛事提供办赛经费、设备和服务等产品。总体目标是更好地树立、发展、维护赛事品牌形象，同时为赞助商提供营销平台，实际共赢局面。具体目标：为赛事筹集资金；为赛事提供符合竞赛要求的竞赛器材和信息系统设备的生产商；为赛事提供物资、技术和服务；树立、维护、发展赛事品牌形象，保护与使用赛事的形象品牌体系（包括赛事名称、标识、会徽、会歌、主题口号、宣传口号、吉祥物、宣传画等）；为赛事赞助商提供合同规定的回报权益。

二、体育赛事市场开发工作内容

（一）机构设置

体育赛事市场开发的组织机构及人员设置随赛事规模、性质、历史传统等因素的不同而不同。体育赛事运作管理机构如果是公司性质，一般会在公司内部设立市场开发部门；如果是由政府行政部门组建的组委会，则可能会另设直接受组委会领导的市场开发公司。无论是市场开发部门，还是市场开发公司，在内部的架构上一般都是根据职能及业务进行划分。

以第九届全国运动会的市场开发公司——第九届全国运动会粤兴公司的组织结构为例（图 7），公司内设 8 部 1 室。其中办

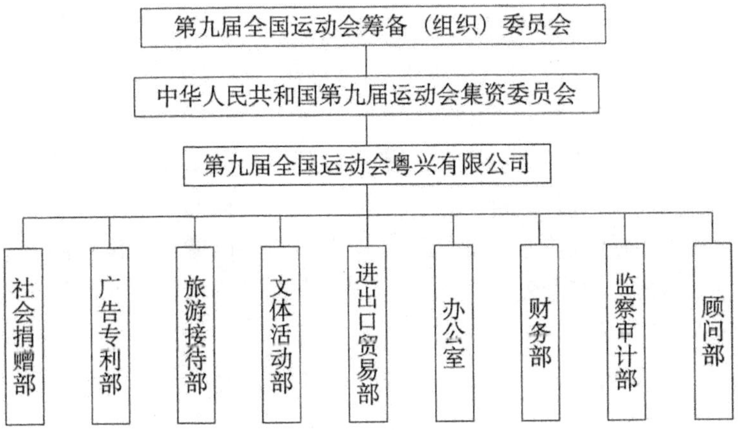

图 7　第九届全国运动会市场开发公司组织结构

公室、财务部、监察审计部、顾问部是按照职能设立的部室，这些部门主要是为业务部门提供服务，或者监督业务部门的工作；而社会捐赠部、广告专利部、旅游接待部、文体活动部、进出口贸易部（即器材采购部）是按照市场开发业务的不同性质设立的部门，在各自业务范围内开展市场开发工作，同时又存在着互相协同合作的关系。该公司直接承担市场开发职能，并接受组委会直接领导。

（二）资源统筹

体育赛事市场开发工作的第一步是“摸清家底”，即对赛事所具有的市场资源进行全面、详细的调查、统计、归纳、整理和分类。这些资源可以是有形的，也可以是无形的。资源统筹的过程并非是一个简单易行的过程，这是因为：

首先，资源统筹工作量非常大。比如，仅是对场馆广告资源的统计，就需要进行实地测量、现场拍摄、制作平面示意图、设计图样等许多工作。

其次，资源统筹对细节要求高。统筹工作的细致与否对市场开发推广与执行过程将产生很大影响，比如，广告牌尺寸几厘米的误差都可能导致执行过程中无法安装，延误工期，损失金钱，甚至影响赞助商权益的落实。

再者，资源统筹是一个需要多部门协调的工作。资源统筹主要由负责市场开发的部门承担，但必须与其他部门沟通协调。比如，场馆内外的广告设置需要与安全保卫部门就广告设置的安全性进行沟通，符合安保标准；而有关电视转播权资源的统计则必须与负责广播电视工作的部门进行沟通。

最后值得特别强调的一点是，资源统筹是一个富有创意的过程。尽管体育赛事市场资源的类别大致相同，但在具体的形式和内容上却有很大的不同。不断地挖掘新的市场资源，或者对原有的资源进行形式上的创新，将有助于增加体育赛事市场资源的数量、质量及价值。

（三）目标确定

市场开发的目标，简言之，就是期望实现多少体育赛事市场开发收入（现金、物资、服务）。这个目标的制定，在日常运作中有两种方式，或者对两种方式进行综合运用。

其一，根据赛事的资金实际需求来确定赛事所需达到的市场开发目标，这是国内许多大型综合性赛事常使用的方式。大型综合性赛事常有举办地政府及体育行政管理部门一定的资金拨款，赛事运作管理机构会对赛事运作整体所需资金进行估算，减去财政拨款后的资金缺口即是市场开发的目标金额。

其二，是对赛事的市场资源的总体价值进行估算，以此为基础确定赛事的市场开发目标，这是各种类型赛事，尤其是商业赛事常使用的方式。价值估算所参考的因素，一是以往各届赛事的市场开发情况，二是同类型赛事的市场开发情况，另外要综合考虑赛事举办地地域特征、社会经济增长率、赛事发展状况等综合因素。

在拟定市场开发目标中，还会涉及市场开发总收入中现金、物资、服务的比例构成。现金对于体育赛事运作机构而言是最理想的市场开发收入形式，易于管理，使用上更加灵活，不会涉及计价、折旧、变现、仓库保管、保质期等各种繁琐的问题。但从市场开发的角度而言，现金不一定是最佳形式。比如赞助商可能想通过赞助产品或者提供服务，使产品的性能或者服务的质量得到展示。因此，有时获取同等价值的产品、服务比获得现金的市场开发难度相对要低。如果这些产品、服务是赛事实际运作所需要的，如电脑、服装、比赛器材、网络设备、印刷服务、汽车服务、餐饮服务等，那么它们未尝不是现金收入的一种良好替代形式。

（四）规则确立

体育赛事的市场开发中有个关键词即“等价交换”，这意味着赛事的市场开发应该遵循“公开、公平、公正”的原则，因此在进行了资源统筹及拟定了市场开发的目标之后，体育赛事运作机构应尽快制定出赛事市场开发的总体规则及相关规定，并上报赛事主办单位或主管单位，确定规则的权威性、统一性、稳定性。只有如此，赛事的市场开发工作才能做到有章可循、有法可依，才能避免人云亦云、朝令夕改的现象。

体育赛事市场开发的规则和规定一般包括《体育赛事市场开发总体计划》《体育赛事广告管理规定》《体育赛事专有权管理规定》《体育赛事特殊标志管理规定》《体育赛事捐赠管理规定》《体育赛事电视转播权管理规定》《体育赛事市场开发代理管理规定》等。

（五）方案制定

制定方案包括制定市场开发总体计划及各项开发工作的具体方案。市场开发总体计划一般包括确定市场开发的目标对象范围；制定销售预期目标；制定销售策略与销售方式；各项开发项目的工作要求；市场开发的费用预算等。各项开发工作的具体方案主要有体育赞助销售方案、特许经营权销售方案、门票销售方案、电视转播权销售方案等。

在制订这些方案过程中，价格因素是关键因素之一。无论是商业赞助、特许经营、门票，还是电视转播权，都涉及价格；无论是体育赛事运作管理机构，还是市场开发的对象，都关注价格。价格定得太高，可能无人问津；价格定得太低，则会影响赛事收入。价格的制定不仅是一门科学，更是一门艺术。我们在这里提供几种定价方法供参考。

1. 成本加成法

以项目的成本为定价基础，加上一定比例的利润，得出的总额即为项目的价格。但这种方法在体育赛事市场开发上应该谨慎使用，因为体育赛事不同于有形商品，其市场开发主要是依赖于赛事的无形资产，即赛事的品牌、影响力、受关注程度等，如果只以直接成本衡量，制定出的价格可能远远低于项目的实际价值。比如，比赛现场的广告牌直接制作费用并不算太高，但不同赛事的广告牌的价值却会相差甚远，如果用成本为基础去定价，则无法得出合理的价格。此外，对于成本的概念也会有不同理解，体育赛事运作机构倾向于以项目整体的实际支出为成本，市场开发的对象倾向于以与得到的回报权益直接相关的支出为成本，这也使得成本加成法得出的价格会引起很大争议。

2. 相对价值法

依据体育赛事市场资源在参照市场上同类资源的价格高低作出定价标准。如秩序册广告插页可比照报纸、杂志的广告收费。赛场广告可比照电视广告收费以往相同或相近赛事的赞助价格。在采用相对价值法时，要注意可比性。比如，秩序册广告插页在与杂志相比时，要注意杂志的发行量、读者数量、对象与秩序册的数量、发放对象的异同。

3. 拍卖定价法

拍卖定价法是指通过拍卖的方式由市场开发的对象对赛事资源进行定价。比如，第九届全国运动会就在第一届广东国际体育博览会上举行了赛事资源拍卖会，开创了历届全国运动会市场资源定价新方式。拍卖定价法是一种充分体现“公开”的定价方式，但是此种方式的风险很大，因为价格是“一锤定音”，没有协商的余地，尽管赛事运作管理机构可以通过制定“起拍价”来防止过低价格成交，但是如果“流拍”，则会对赛事的市场开发工作造成负面影响，不利于下一步工作的开展。因此，在使用拍卖定价法时应着重考虑市场开发工作的进行阶段及资源的种类，并要充分做好拍卖前的资源推广和宣传工作，必要时应与有参与拍卖意向的企业、机构进行洽谈。

4. 套餐定价法

所谓的套餐定价法就是将赛事的市场资源进行组合后，就该资源组合进行定价，而不是针对某一单独市场资源进行定价。例如，第九届全国运动会推出主赞助商（赞助额 1000 万元），特约赞助商（赞助额 500 万元），特约服务商（赞助额 300 万元~500 万元）等不同等级的赞助商，不同等级的赞助商价格不同，其享受的回报权益条款也不同。套餐定价法并不是一种独立的定价方法，它实际上是以成本定价法、相对价值法等定价法为基础的定价方法，因为只有在初步明确赛事基本资源的价格后，才有可能对不同的资源组合定出合理的“套餐价格”。

（六）方案实施

实施方案即在遵守赛事市场开发的总体规则、规定的前提下，依照市场开发实施方案，有计划、有步骤地展开市场开发实施工作。这是赛事整个市场开发工作中时间跨度最长、资金耗费最多、人力投入最大的阶段，因此其效率与效果直接影响市场开发所能获得的赛事收入。

方案实施是否成功有两个重要的、缺一不可的衡量标志。

其一是赛事市场开发收入的多少，这是市场开发工作好坏的硬指标。譬如，有的赛事尽管声势浩大，相当风光，但市场开发的账面上却出现赤字，或者即使有盈余，和营销投入的费用相比却是不值一提，就不能称之为开发成功。

其二是向赛事支付了费用的开发对象是否满意，通常包括赞助商、购票观众、购买了电视转播权的媒体机构等，他们是赛事市场开发收入的来源，也就是赛事的重要客户，如果他们不满意，则意味着赛事给予他们的价值未能补偿他们支付的价格，甚至可能引发法律纠纷。相对市场开发收入的多少而言，后者产生的影响和作用将是更为长远和深层次的。

三、体育赛事市场开发工作参考文件

第九届全国运动会集资工作的有关规定

为了做好中华人民共和国第九届运动会（以下简称九运会）的集资工作，规范管理，保证九运会集资工作的顺利进行，制定本规定。

一、九运会集资工作必须遵守国家法律法规和筹委会的有关规定，本着“政府领导、依法集资、规范管理”的原则进行。

二、九运会的集资机构是九运会集资委员会，该委员会的执行机构是第九届全国运动会粤兴有限公司（以下简称粤兴公司）。

三、各赛区可以成立具有独立法人资格的机构，作为本赛区集资工作的执行机构。不成立专门集资机构的，可委托当地的广告公司开展集资工作。

粤兴公司要统筹、协调、指导好各赛区的集资业务工作，把政策、利益向各赛区倾斜，以充分调动各赛区开展集资工作的积极性。

四、各赛区集资机构归各赛区筹（组）委会、集资委员会管理，业务上接受粤兴公司的统筹管理和指导，依法经营，建立财务等严格的管理制度，各赛区集资机构须于每月10日前分别向粤兴公司和本赛区筹（组）委会、集资委员会提供项目收入报表和广告等资源开发使用情况报告。

各赛区集资机构应切实保障九运会主赞助商、特约赞助商及服务商、专用产品客户的合法权益，不能出现与之冲突的广告。参照九运会集资委制定的有关回报条款，结合本地实际制订相应的回报条件，认真做好客户的回报工作。

五、集资资源划分、收入分配与管理办法

（一）关于各赛区场馆广告业务

1. 场馆内各类广告资源的50%归各赛区集资机构所有，50%归粤兴公司所有。广告的区域、规格按50%的比例平等划分。场馆内原有广告如与九运会专有权有冲突，须在九运会前拆除；无冲突的各赛区可予保留，但需抵扣本赛区的广告数量。

2. 场馆外广告及收入全部归各赛区。

3. 粤兴公司委托各赛区的广告专有权代理业务，由粤兴公司按总收入的15%交给各赛区作为代理费。属各赛区的广告，由赛区出资制作。粤兴公司设置在各赛区场馆内的广告，由粤兴公司支付制作费用，各赛区协助现场的安装与管理，享有各赛区制作的广告同等的权益。

4. 粤兴公司可以与各赛区就有关场馆的广告资源协商调配。

（二）关于捐赠业务

各赛区组织的九运会捐赠收入全部归本赛区，粤兴公司组织的九运会捐赠收入全部归粤兴公司。

（三）关于文体活动业务

各赛区组织的与九运会有关的文化体育活动的收入全部归本赛区，但在组织该项活动前须向九运会集资委员会和政府主管文化体育市场管理的职能部门报批。

（四）关于旅游、贸易业务

各赛区组织的与九运会有关的旅游和贸易业务收入全部归本赛区所有。

（五）关于专有权的业务

九运会专有权包括主赞助商、特约赞助商及服务商、专用产品，特殊标志使用等业务，全部归粤兴公司统筹，收入归粤兴公司。各赛区向粤兴公司申请获准后，可代理部分专有权业务，业务完成后按总收入的15%的比例，由粤兴公司向各赛区支付代理费。

九运会的选用产品经粤兴公司确认后，按资源由谁开发收入归谁的原则办理。

（六）关于比赛冠名冠杯业务

九运会比赛冠名冠杯业务归粤兴公司统筹，属赛区代理的，从收入中支付给各赛区15%。支付代理费后的收入，再支付给承担项目赛区15%作为补贴，其余收入归粤兴公司。

（七）关于各赛区委托粤兴公司代理的业务

各赛区也可将本赛区的部分集资业务在商得粤兴公司同意后，委托给粤兴公司代理，如代理完成，按该项业务的总收入8:2的比例，即八成归各赛区，两成归粤兴公司的办法分配。

（八）关于门票业务

各赛区的各类门票由粤兴公司统一免费印刷。开幕式、闭幕式门票全部归筹委会统筹管理，收入归粤兴公司；其余比赛门票销售所得全部归各赛区；门票广告由粤兴公司统筹，收入归粤兴公司。各赛区必须及时准确提供本赛区场馆座位布局图、座位数、比赛名称，并就门票印刷作出详细说明。

（九）关于其他业务

按照“谁开发，谁投资，谁受益，谁管理”的原则办理。凡涉及专有权问题，必须报粤兴公司审批。

六、粤兴公司通过《业务信息》的方式将已经完成或正在进行专有权洽谈的项目及时向各赛区通报，各赛区在进行业务洽谈之前及时与粤兴公司有关部门联系，以避免专有权业务的冲突。粤兴公司有义务就赛区组织的大型招商活动和集资业务活动提供咨询服务，为各赛区提供集资业务的培训服务。

七、为了加强协调和运作，在2000年9月至2001年5月每两个月召开一次集资业务协调会，2001年5月至10月每月召开一次。

八、粤兴公司作为九运会集资委员会的执行机构，在积极开展集资业务工作的同时，要统筹协调好各赛区的集资工作，各赛区集资机构也应从大局出发，服从粤兴公司的统筹管理，要加强联系，互通信息，密切配合，团结协助，共同做好九运会集资工作。

九、本规定由第九届全运会集资委员会负责解释。

粤兴公司与各赛区机构均应遵照执行，本规定未尽事项由九运会集资委作出补充规定。

第六届全国城市运动会资源开发管理办法

第一章 总则

第一条 为了充分调动社会力量参与和支持中华人民共和国第六届城市运动会（以下简称第六届城运会），规范第六届城运会资源开发管理工作，使第六届城运会资源发挥最大的经济效益和社会效益，保证第六届城运会的顺利举办，根据有关法律、法规和国务院体育行政部门的规定，制定本办法。

第二条 本办法所称第六届城运会资源，包括专有权类资源和捐赠类资源。

第三条 第六届城运会的资源开发管理，适用本办法。

第四条　第六届城运会的资源开发管理工作应当遵循“政府支持、市场运作、筹管有度”的原则。

第五条　第六届城运会执行委员会（以下简称执委会）所属资源开发部负责组织实施专有权类资源的开发管理工作。

执委会授权所属社会捐赠办公室（以下简称捐赠办）负责组织实施捐赠类资源的开发管理工作。

执委会授权武汉城运体育发展有限公司（以下简称城运公司）统一经营第六届城运会资源。

执委会其他所属机构和承担第六届城运会办赛任务的单位可以参与经营第六届城运会资源，但必须服从执委会的统一安排，并纳入城运公司的经营规划和核算。

第六条　资源开发部应当编制第六届城运会资源开发计划和指南，明确可予开发的资源项目和参与开发的单位条件、程序等，经执委会批准后向社会公布。

第七条　第六届城运会资源开发所获收入，应当全部用于第六届城运会筹办工作。任何单位或者个人不得截留或者挪用。

资源开发部和捐赠办应当加强对第六届城运会资源开发所获收入的管理，建立健全管理制度，接受执委会和监察、财政、税务、审计等部门的监督。

第八条　执委会及其各下设机构、各组成单位、各单项比赛委员会、各比赛场馆和城运公司工作人员，应当认真执行本办法，切实履行职责，不得在第六届城运会资源开发管理工作中谋取不正当利益。

第九条　鼓励公司、法人和其他组织参与第六届城运会资源开发；作出突出贡献的，由执委会予以表彰、奖励。具体表彰、奖励办法另行制定并向社会公布。

第二章　专有权类资源

第十条　第六届城运会专有权类资源包括：

（一）授予相关单位“合作伙伴”“赞助商”“供应商”称号；

（二）授予相关单位产品（含邮品、礼品、纪念品等）专供权或者为其冠名；

（三）授予银行、保险机构、宾馆（饭店）、商场等单位专有经营权；

（四）授予相关单位对第六届城运会名称、会徽、会标、吉祥物等特殊标志专用权；

（五）授予相关单位第六届城运会资料集锦权；

（六）授予相关单位第六届城运会赛事电视转播权；

（七）为第六届城运会各类正式比赛项目和宣传第六届城运会而举办的火炬接力、各种商业性体育比赛、文艺演出、博览会等活动冠名；

（八）第六届城运会开幕式、闭幕式和比赛门票广告；

（九）特许在第六届城运会开幕式、闭幕式和与第六届城运会相关的大型活动会场以及第六届城运会比赛场馆内设置广告；

（十）特许在机场、车站、广场、主要道口和大会住地等区域设置宣传第六届城运会的临时性户外广告（含飞艇、热气球、动力伞等升空形式的广告）；

（十一）特许在第六届城运会宣传画册、票证、秩序册、成绩册、竞赛指南、记者手册、导游手册、纪念册等印刷品上印制广告；

（十二）特许在第六届城运会会刊、第六届城运会网站和第六届城运会新闻发布会等媒体上发布广告；

（十三）其他专有权类资源。

第十一条　前条第（九）、（十）项所列机场、车站、广场、主要道口和大型活动会场的具体广告位，由执委会提出意见后，报市户外广告行政管理部门依法审批后向社会公布。

第十二条　单位申请使用专有权类资源进行经营或者代理经营业务的，应当统一向资源开发部提出，并提供能证明具备独立法人资格和经纪经营资质等必要条件的资料，由资源开发部委托城运公司审查。城运公司经审查，同意申请事项的，应当与其订立合同，明确双方的权利、义务、违约责任等，并发给申请人有关授权经营证书。

单位经营业务代理权可以通过城运公司指定或者组织招标等方式取得。

第十三条　取得授权经营证书的单位不得将授权经营证书转让他人使用。

第十四条　单位代理经营业务，应当遵守下列规定：

（一）书面提出具体运作方案，连同与委托人订立的合同文本送城运公司备案；

（二）不得超越委托代理权限；

（三）不得转让委托代理权；

（四）不得以本单位的名义与赞助方签订合同或者收取赞助款物；

（五）接受资源开发部及其委托的城运公司对业务代理情况的监督和检查；

（六）法律、法规所作其他有关规定。

第十五条　资源开发部及其委托的城运公司应当会同有关部门和行业协会切实维护享有独家广告发布权的单位的合法权益，防止在本办法第十条第（九）、（十）项所列比赛场馆和区域出现任何形式的与该单位有直接利益冲突的广告。

第十六条　资源开发部及其委托的城运公司应当会同有关部门和行业协会切实维护取得第六届城运会产品专供权的单位的合法权益，防止冒用专用产品进入第六届城运会。

第十七条　使用第六届城运会特殊标志的单位，应当遵守有关法律、法规的规定和合同的约定，维护特殊标志的合法性和严肃性，保证所使用的特殊标志符合法定设计标准，不得擅自改动，不得作为商标注册。

第十八条　第六届城运会开幕式、闭幕式和各竞赛场馆的门票价格，由城运公司提出，报执委会批准后在价格行政主管部门备案。

门票的具体专营办法，由城运公司按程序制定报批并向社会公布。

第三章　捐赠类资源

第十九条　第六届城运会捐赠类资源，是指社会捐款、捐物和举办义演、义卖、义赛、义展、义销、义诊等活动（以下统称义举活动）为第六届城运会募集的资金。

第二十条　接受社会捐赠，应当充分尊重捐赠人的意愿。

第二十一条　捐赠办是唯一代表执委会接受社会捐赠的机构。

接受社会捐赠的物资，捐赠办及其委托单位应当与捐赠人订立合同，并按合同的约定安排使用。

受捐赠办委托接受的社会捐赠应当全部上缴捐赠办。

第二十二条　社会捐赠的款、物，有关部门应当根据《中华人民共和国公益事业捐赠法》和国家税务部门的有关规定，给予减免税收的优惠。

海外社会团体和个人捐赠的款、物，由捐赠办统一向海关等有关部门办理申报手续。

第二十三条　公民、法人或者其他组织举办义举活动，事前应当提出活动组织方案，报捐赠办批准同意，捐赠办可协调有关政府及其相关部门和单位予以配合。

第四章　责任追究

第二十四条　第六届城运会资源开发相关单位工作人员违反本办法规定，在资源开发经营工作中谋取不正当利益的，或接受的社会捐赠不按与捐赠人的约定安排使用的，由所在单位或者其上级主管部门依法给予其行政处分；给他人造成经济损失的，依法承担民事责任；构成犯罪的，依法追究刑事责任。

第二十五条　第六届城运会资源开发相关单位违反本办法规定，截留或者挪用第六届城运会资源开发所获收入的，由上级主管部门或者监察部门责令退还截留或者挪用的资金，并依法追究主要责任人和直接责任人的行政责任；构成犯罪的，依法追究刑事责任。

第二十六条　违反本办法规定，未经城运公司同意，擅自使用第六届城运会资源进行经营或者代理经营业务，给他人造成经济损失的，由城运公司责令其停止违法行为；拒不停止的，提请有关部门依法处理；构成犯罪的，依法追究刑事责任。

第二十七条　取得授权经营证书的单位违反本办法规定，将授权经营证书转让他人使用，或者不按规定开展代理经营业务的，由城运公司责令其停止违法行为；拒不停止的，宣布已发给的经营证书无效；给他人造成经济损失的，提请有关部门依法处理；构成犯罪的，依法追究刑事责任。

第五章　附则

第二十八条　授权经营证书由城运公司统一印制。

第二十九条　本办法由执委会负责解释。

第三十条　本办法自发布之日起施行。

第九届全国运动会社会捐赠管理规定

第一条　为加强对中华人民共和国第九届运动会（以下简称九运会）社会捐赠工作的管理，保证九运会集资工作顺利进行，根据国家有关法律、法规的有关规定制定本规定。

第二条　九运会热忱欢迎和接受各级政府部门、海内外社会各界、国内外企事业单位、社会团体和个人的捐赠。

第三条　九运会筹备委员会（以下简称九运会筹委会）是九运会社会捐赠管理的主管机关。

第四条　九运会集资委下设的社会捐赠管理办公室是唯一受理九运会捐赠的机构。

捐赠业务的具体实施与管理由九运会筹委会授权的操作机构第九届全国运动会粤兴有限公司（以下简称九运会粤兴公司）负责。

第五条　社会捐赠可以以货币形式、实物形式和劳务形式，具体包括捐款、捐物等。

第六条　以九运会名义进行的义演、义卖、义赛、义展（销）、义诊和其他的义务劳动（活动）等，必须经社会捐赠管理办公室批准。

第七条　捐赠单位或个人凭九运会粤兴公司出具的发票，可免征有关税金。

企业对九运会的捐赠支出，在年度应纳所得额3%以内的部分，凭“第九届全国运动会粤兴有限公司”出具的发票，准予税前扣除。

个人将其所得捐赠给九运会，凭“第九届全国运动会粤兴有限公司”出具的发票，经主管地方税务机关核准，对捐赠额未超过纳税义务人申报的应纳税所得额30%的部分，可以从其应纳税所得额中扣除。

对单位和个人为九运会捐赠资金而进行有偿的义演、义展和义务劳动等所取得的收入，凭“第九届全国运动会粤兴有限公司”开具的广东省地方税务局监制发票，经主管地方税务机关审核确认的，可免征营业税。

第八条　对为九运会捐赠的机关、企事业单位、团体和个人，社会捐赠管理办公室将按捐赠实际数额给予相应的荣誉和回报。

第九条　九运会社会捐赠工作接受九运会筹委会监察管理和国家审计部门的监督，并在适当的时候，向社会公布捐赠款项使用的情况。

第十条　本规定从发布之日起施行。

中华人民共和国第九届运动会筹备委员会

二○○一年二月二十六日

第九届全国运动会广告管理规定

第一条 根据《中华人民共和国广告法》和中华人民共和国第九届运动会（以下简称九运会）筹备委员会（以下简称筹委会）有关规定，为加强九运会广告管理，保证九运会集资工作顺利进行，特制定本管理规定。

第二条 九运会的广告权，属九运会筹委会所有。

第三条 九运会筹委会及其下属机构，电视、广播、报纸等传播媒介，以及委托代理单位和广告客户单位，在经办九运会广告时，必须执行本管理规定。

第四条 九运会筹委会授权第九届全国运动会粤兴有限公司（以下简称九运会粤兴公司）负责九运会所有广告业务的经营与管理，九运会粤兴公司是九运会广告业务的唯一经营管理机构，其职能是：

（一）统筹经营和管理九运会的所有广告业务；

（二）制定有关的管理规定；

（三）协调涉及九运会广告有关各方面的关系；

（四）审核批准广告代理单位；

（五）对九运会所有广告的承办方案、收费标准，合同以及广告的内容、设计、制作、设置等进行审核和监督管理。

第五条 下列广告项目，由九运会粤兴公司直接承办，也可由该公司委托赛区或专业公司承办。

（一）九运会冠名冠杯、专用产品、选用产品及九运会名称、会徽、吉祥物等专有权使用单位的广告。

（二）香烟、烈性酒、药品及医疗器械等国家政策限制产品的广告。

（三）飞艇、热气球等特殊广告。

（四）九运会开幕式、闭幕式的主会场广告。

（五）省属体育场馆场内和场外周围的广告。

（六）九运会筹委会各部门、新闻中心及官员、运动员、裁判员、记者驻地的广告。

（七）九运会筹委会及各部门在竞赛秩序册、记者手册、导游手册、场馆宣传册、海报、纪念册、门票、工作证件等印刷品及工作人员服装、工作车辆车身等用品上发布的广告。

（八）电视、广播、报刊及电脑网络上有关九运会的广告。

第六条　各单项比赛场馆内的广告，原则上50%由九运会粤兴公司直接经营，50%由各赛区与单项竞委会及比赛场馆经营。各场馆负责现场管理，在比赛三十天前拆除清理原有广告，并配合有关工作。比赛场馆外围的广告，原则上由各赛区与单项竞委会及比赛场馆经营。

第七条　凡以九运会名义举办的文艺、体育、展览、展销等活动，必须经九运会粤兴公司审核并报九运会筹委会批准后方可举办。

第八条　切实保障广告客户权益，按照合同做好广告的发布。享有独家发布权的广告及享有独家权益的项目（如具有排他性的专用产品），在发布范围内，不能同时出现与之有利害冲突的广告或任何变相形式的广告，防范一些同类产品通过外围活动产品的赠送、促销等侵权行为，一经发现，九运会筹委会将会同有关部门进行查处，并追究法律和经济的责任。

第九条　对依法应由广告审查机构审查的广告，由九运会粤兴公司申请广告审查，广告的设计应严格按照审查意见进行，并按九运会粤兴公司的要求先出小样，经审核后方可安排制作。

第十条　九运会的广告业务活动，须遵守国家法律法规及九运会有关规定，九运会筹委会、九运会集资委员会、九运会粤兴公司、工商行政管理部门、监察与审计部门有权进行管理监督。

第十一条　对未经九运会粤兴公司同意擅自发布九运会广告的单位与个人，九运会筹委会将会同有关部门进行查处，追究其法律和经济的责任。

第十二条　本管理规定的解释和修改权属九运会筹备委员会。

第十三条　本规定从发布之日起施行。

中华人民共和国第九届运动会筹备委员会

二〇〇一年二月二十六日

第九届全国运动会广告专有权代理协议（范本）

第九届全国运动会粤兴有限公司（以下简称甲方）与xxxxxx有限公司（以下简称乙方）依照国家有关法规和中华人民共和国第九届运动会（以下简称九运会）相关规定，经友好协商，达成以下协议：

一、甲方委托乙方为九运会广告专有权招商部分客户（详见附件一）的唯一代理商，并委托乙方代理其他经甲方认可的项目。甲方向乙方出具委托书，委托时限为协议书生效日起至二〇〇一年七月一日截止。本协议书有效期前一个月内，双方视情况协商续签与否。

二、乙方接受甲方的管理与监督，每发生一宗业务，须将策划方案及协议书草案送甲方，经甲方认可后方可成交，与客户的协议书由甲方签署。未经甲方认可，有关法律和经济责任概由乙方负责。

三、双方同意乙方以叁千万元（人民币，下同）作为九运会广告专有权招商代理指标。本协议书签订前，乙方向甲方交付壹佰万元保证金。乙方完成代理指标后甲方如数奉还；如在协议有效期内未完成代理指标，甲方不予退回。

四、双方同意，在二〇〇一年四月下旬双方对此前的招商代理工作进行阶段性研究，并可视情况提出应付方案，务求招商代理的最好权益并完成招商代理指标。

五、费用与结算

（一）乙方代理业务所发生的一切费用自理，包括薪金、出差费、应酬费等。

（二）乙方招商收入在叁千万元以下时，甲方向乙方支付代理费以实际到账款项的10%计。乙方完成代理指标之后，叁千万元以上部分，代理费为25%。

（三）已有委托单位经协商可交乙方操作的项目，代理费双方协商酌情调整。

（四）九运会广告专有权招商款项直接进入甲方银行账户。甲方向客户开具合法发票。

（五）甲方以每一宗业务实际到账金额按上述比例向乙方支付代理费。

乙方收款后，由乙方向甲方开具合法发票。

六、乙方在代理活动中，如出现以下情况，甲方有权暂停或终止乙方的业务代理权，并视情况追究法律与经济责任：

（一）违反中国或所在国的法律法规，以及九运会有关规定。

（二）超越代理权限，或以九运会业务代理名义进行其他经营活动。

（三）不能按协议向甲方支付有关费用。

（四）已无履行本协议书的能力。

七、本协议双方签字盖章后即生效，附件具有同等效力。未尽事宜，双方协商解决。

本协议一式两份，双方各执一份。

甲方：第九届全国运动会粤兴有限公司
代表（签章）
二〇〇一年三月　日

乙方：××××××有限公司
代表（签章）
二〇〇一年三月　日

第九届全国运动会电视报道权开发规则

中华人民共和国第九届运动会（以下简称九运会）于2001年11月11日至25日在广东举行。根据国家体育总局和广东省政府对九运会电视报道权进行开发的指示精神，特拟定九运会电视报道权开发规则。

一、总则

（一）第九届全国运动会的电视报道权属于国家体育总局。国家体育总局对电视报道权的开发负责。

（二）广东省政府受国家体育总局的委托，承办第九届全国运动会。经国家体育总局批准，九运会筹委会（九运会组委会成立后为组委会。下同）全权负责九运会电视报道权的具体开发工作，所得收入归九运会使用。

（三）九运会筹委会广播电视部负责组织协调九运会电视报道有关工作。

（四）凡需转播九运会赛事、制作使用赛事集锦以及在九运会比赛场馆等区域对九运会进行现场采访报道的电视台，都应向筹委会购买电视报道权，未购买电视报道权的电视台一律不得转播赛事和制作使用赛事集锦，也不得进入九运会所有的比赛场馆进行采访活动，专题节目也不得使用赛事画面。

二、公用电视信号的制作、传输技术标准

为保证九运会电视报道能够提供高质量的电视信号，九运会的电视报道技术标准，将按照原国家广播电影电视部制定的电视技术标准执行，公用信号采用符合我国电视技术标准的设备进行制作和传输。

三、公用信号的制作的提供

以广东电视台为核心台，使用省内并租（借）国内有关的电视台的设备、人员，组成九运会开、闭幕式和各项比赛转播的公用电视信号制作系统

(主播台),为购买了电视报道权的电视台提供公用信号。主播台必须根据组委会的要求,进行采、编、制,提供符合技术标准,不带制作台台标、呼号、配有相应解说和混合声的电视公用信号。

为了向已购买电视报道权的媒体提供公用电视信号,九运会公用电视信号制作系统(主播台)将在广州的广东广播电视中心设立九运会电视转播中心,向有关电视媒体有偿提供节目制作场地和相关的制作、传输服务。

四、九运会电视报道权的开发范围和方式

(一)九运会电视报道权的范围

九运会电视报道权是指对九运会决赛阶段的比赛(含开、闭幕式)的电视报道权利。

(二)九运会电视报道权的开发方式

九运会电视报道权包括赛事转播权(含制作、使用赛事集锦权)、现场采访报道权(含制作、使用赛事集锦权)。

九运会电视赛事转播权分为全国性版权和地方性版权。

九运会电视报道权按播出的形式还分为有线版权、无线版权和卫视版权。

全国性版权是指可以覆盖全国的卫视、无线、有线频道的电视版权。

地方性版权是指各省、自治区、直辖市覆盖各自行政区域的有线、无线频道的电视版权。

1. 赛事转播权

凡需对九运会比赛进行电视直播或录播的电视台均须购买赛事转播权,购买了赛事转播权同时享有本赛事现场采访报道权和制作、使用赛事集锦权。

全国的电视台都可以根据需要购买九运会比赛的赛事转播权的有线版权、无线版权和卫视版权。购买了版权的电视台可以使用主播台提供的公用信号,在本台相应的频道上转播赛事实况。

2. 现场采访报道权

根据国际惯例,没有购买赛事转播权的电视机构不得到比赛场地现场采访。考虑到我国的实际情况,为满足未购买赛事转播权的电视媒体到现场采访的需要,特设现场采访报道权。购买了现场报道权的电视台可派记者到赛场采访,可在本台专题节目中使用赛事画面和集锦,并可制作、使用赛事集锦。

3. 九运会电视记者的名额不作计划分配，购买了电视报道权的电视台记者可获得组委会发放的有效证件并进入比赛场馆采访。筹委会广电部根据购买电视报道权的实际情况，确定各电视台报名采访的人数。

如某项赛事场地电视采访席的容量有限，则另加当场一次性有效证件，优先安排已购买赛事转播权，或与该场比赛相关的已购买了现场采访报道权的省、市电视媒体采访，其他则按照顺序安排，额满即止，重要场次另加专场工作证。

(三) 购买九运会的电视报道权，以付款方式进行支付。

五、九运会电视报道权境外的开发，参照本规则另行制定方案。

六、广播报道权的开发参照电视报道权开发方式，派记者到现场采访的广播电台也要购买现场采访报道权。

七、参与九运会公用电视信号制作系统（主播台）单位的权利和义务

(一) 九运会电视报道公用信号的所有权属于国家体育总局，九运会期间的使用权属于九运会组委会。九运会组委会对九运会公用电视信号制作系统（主播台）的工作进行领导和协调。

(二) 九运会组委会确定以广东电视台为核心台，组建由多家电视台参与，并有网络部门参加的九运会公用电视信号制作系统（即主播台）。

(三) 九运会电视转播主播台负责把各赛区的赛事信号，传回设在广州的九运会电视转播中心主控室。

(四) 鉴于广东省政府对承担主播电视台主要任务的广东电视台已有较大的投入，广东电视台应无偿为公用电视信号制作系统服务，同时可以免费获得在本台频道上（含卫视）免费使用公用信号的权利。

(五) 对省外参与九运会公用电视信号制作系统（主播台）的单位，由筹委会广电部支付相关的费用，上述单位如有转播和报道的需要，也应购买电视报道权。

八、九运会筹委会指定粤兴公司负责广播、电视报道权的开发工作，粤兴公司为九运会筹委会出售广播、电视报道权的谈判代表。

九、本规则的解释权属第九届全国运动会筹备委员会。

中华人民共和国第九届运动会
筹备委员会
二〇〇一年六月二十日

第九届全国运动会电视报道权全国版权有偿转让协议书

协议各方

甲方：第九届全国运动会粤兴有限公司

法定地址：

邮编：

电话：

传真：

法定代表人：

乙方：中央电视台

法定地址：

邮编：

电话：

传真：

法定代表人：

鉴于：

2001年11月11日至11月25日在广东召开的中华人民共和国第九届运动会（以下简称九运会），是国内规模最大的综合性体育盛会；

九运会主办单位国家体育总局批准并授权九运会组委会对九运会电视报道权进行开发；

甲方经九运会组委会授权为九运会电视广播报道权有偿转让工作的唯一实施机构，负责九运会电视广播报道权有偿转让的组织、实施工作（附件一：《授权书》）

乙方作为中央的电视媒体，在收到甲方的征询函（附件二：《关于第九届全国运动会电视报道权的征询函》）后，按征询函要求的程序和条件申请购买九运会电视报道权全国版权并递交申请书（附件三：《第九届全运会电视报道权全国版权有偿转让申请表》）

经九运会组委会审核，乙方的申请符合有关规定，同意将九运会电视报道权全国版权有偿转让给乙方；

甲、乙双方经友好协商，为明确和落实双方的权利、义务，在自愿、平等、公平和诚实信用等协议原则的基础上，达成以下有偿转让协议条款：

一、有偿转让事项及内容

（一）九运会电视报道权是指对九运会决赛阶段比赛（含开、闭幕式）的电视报道权；

九运会电视报道权分为全国版权和地方版权，按播出形式还分为无线版权、有线版权和卫视版权；乙方购买的是全国版权和无线、有线、卫视版权。

九运会电视报道权全国版权是指覆盖全国（大陆地区，不包括香港、澳门、台湾地区以及海外地区）区域的版权（包括有线频道、无线频道、卫视频道版权即 CCTV1、2、4、5、9 套），享有赛事转播权、现场采访报道和制作、使用赛事集锦权。另外，央视国际网站可播出新闻，并可与九运会官方网站链接。如需进一步合作，可与甲方另行洽谈。

（二）乙方同意出资人民币 4500000 元（大写：人民币肆佰伍拾万元整），以现金方式购买九运会电视报道权全国版权。

二、甲方向乙方提供以下权益

（一）甲方确认乙方获得九运会电视报道权全国版权，并发出《第九届全运会电视报道权有偿转让确认书》。

（二）乙方享有第九届全国运动会覆盖全国区域的版权（包括有线频道、无线频道、卫视频道版权，即 CCTV1、2、4、5、9 套）；享有赛事转播权、现场采访报道权和制作、使用赛事集锦权。CCTV 在转播和报道赛事节目时可以自主播放广告，必须符合《九运会广告管理规定》，这些广告不得擅自使用九运会的特殊标志、名称、会徽、吉祥物等；广告内容不得与九运会专有权有冲突。

（三）甲方保证提供符合原国家广电部制定的技术标准的九运会赛事电视公用信号，这些信号均传回九运会广电中心（主播台）。乙方有权使用九运会公用电视信号制作系统提供的符合技术标准，不带制作台台标、呼号、配有相应解说和混合声的电视公用信号。

（四）乙方可派 20 台单机（每台单机随机人员 2 名）按照九运会有关规定进行报道活动。

（五）九运会组委会向乙方提供比赛的有关竞赛及其他有关资料、协助乙方进行采访报道，并负责协调乙方与各参赛运动队和单项体育协会的关系，保证乙方在本协议中规定的权利得以实现。

（六）由于乙方是中国大陆境内唯一获得全国报道权的电视台，必须在采访证件及区域上给予乙方考虑。

（七）九运会组委会应乙方的要求，将为乙方报道九运会赛事提供大力支持和协助。这些协助事项已在甲方的主管单位九支组委会给乙方的《关于〈关于中央电视台报道九运会请求协助的函〉的复函》（附件四，下称复函）中明确，双方就复函中的有关问题进行了协商，并作出约定，详见《对〈关于〈关于中央电视台报道九运会请求协助的函〉的复函〉的说明》（附件五）。

三、乙方承担以下义务

（一）乙方在本协议签订后十五日内交付人民币4050000元（大写：人民币肆佰零伍万元整）；于十一月十日前交付人民币4050000（大写：人民币肆佰零伍万元整），以支票形式或转账形式付至甲方下列账户，甲方于收到每笔款项的当天出具发票给乙方。

甲方的开户银行及账号

开户银行：

账号：

（二）乙方须遵照九运会有关规定对赛事进行报道，如因乙方报道问题而引起的法律责任，概由乙方负责。

（三）乙方在报道中使用九运会特殊标志时，必须遵守《九运会名称及会徽、吉祥物等特殊标志管理规定》，不能改变注册标志的文字、图形或者其组合，不能超越使用许可范围。

（四）乙方不得以任何形式和理由将九运会电视报道权许可第三方使用，也不得有偿转让，在制作专题、集锦和作赛事转播时不得与未取得九运会电视报道权的电视台联播。

（五）乙方在本协议签定后，将加大人力、物力和技术的投入，加强对九运会的宣传报道，从各个方面支持九运会电视报道工作。

四、双方陈述与保证

（一）甲方及九运会组委会保证乙方作为九运会电视报道权全国版权（不包括香港、澳门、台湾地区及海外地区）获得者的唯一性。

（二）甲方须于2001年9月10日起分批向乙方提交九运会赛事计划；乙方在收到甲方的计划后，在十天内向甲方提交九运会赛事卫星直播计划，并确保按此计划对九运会赛事进行报道；乙方卫星直播计划之外的赛事甲方有权许可给其他任何一个电视台进行直播，而无须征得乙方同意。

（三）乙方同意九运会组委会设定的九运会主播台广东电视台报道九运会的节目包括但不限于赛事转播、集锦、专题等可以在该台卫视频道播出，但不得跨省市联合播出。

（四）乙方同意其他购买了九运会电视报道地方版权的电视台制作的以报道本省、市代表团赛事为主题的集锦、专题可以在该台卫视频道播出。

（五）乙方发现侵权行为并掌握确实证据时，可向九运会组委会提出申诉，甲方给予解决。

（六）双方将本着协商与合作原则，共同做好九运会电视报道工作。

五、违约责任

（一）若甲方未按本协议第二条的规定履行相关义务，乙方有权要求甲方立即改正并承担由此给乙方造成的经济损失。

（二）若乙方违反本协议第三条（一）的规定，甲方首先有权要求乙方立即改正。如乙方在五天内拒不改正，甲方有权终止本协议，且乙方应承担由此给甲方造成的经济损失。

（三）若乙方未按协议第三条除（一）以外的相关义务，甲方有权要求乙方立即改正并承担由此给甲方造成的经济损失。

本协议一式六份，双方各执三份，自双方代表签字并加盖公章后生效，附件具有同等效力。

本协议未尽事宜，双方协商解决，以补充协议、备忘录等形式加以明确。经双方正式签署后的补充协议、备忘录等将构成本协议不可分割的一部分。

甲方：第九届全国运动会粤兴有限公司

代表（签章）

二〇〇一年　月　日

乙方：中央电视台

代表（签章）

二〇〇一年　月　日

附件（略）

第六届全国城市运动会会徽征集公告

经国务院批准，由国家体育总局主办，武汉市人民政府承办的中华人民共和国第六届城市运动会，将于2007年10月在武汉举行。这是新中国成立以来湖北省武汉市承办的规模最大、规格最高、影响最广的一届全国大型综合性运动会，是我国第一次以城市为主体承办的全国城市运动会，是北京奥运会的大预演、大检阅、大练兵。届时，将有直辖市、省（区）会城市、计划单列市、沿海开放城市以及香港、澳门、台湾地区等80余个城市代表团参赛。为了使赛事办得隆重、热烈、精彩、圆满，充分展现“更快、更高、更强”的奥林匹克精神和湖北武汉历史文化名城的特色。经研究，组委会决定，面向海内外公开征集第六届城市运动会会徽图案。现将有关事项公告如下：

一、设计要求

具有鲜明的象征意义和体育韵味，充分体现参赛健儿顽强拼搏、勇于竞争的中华体育精神，展现深厚的楚汉文化底蕴和鲜明的滨江滨湖地域特色。构图新颖、简洁流畅、色彩明快、时代感强、具有较强的视觉冲击力。应征作品风格和形式不限，但必须是原创。

二、评选办法

采取专家评审和群众参与相结合的方式进行，通过审评，确定15名获奖者，从获奖者中产生优秀奖、入围奖和中标奖。

三、奖项奖励

设中标奖1名，奖金50000元；入围奖4名，奖金10000元；优秀奖10名，奖金2000元，并颁发证书。获奖名单将在媒体和组委会官方网站上公布。请获奖者按照国家有关规定自行纳税。

四、投稿方式

会徽均采用A4纸张彩色打印。所有作品不接受网上投稿。作品须配有设计创意文字说明。个人和机构均可提交作品参选。请注明作者姓名、单位、职务、机构名称、通讯地址、联系电话/手机、E-mail，并提供个人身份或机构有效证件的复印件。所有投稿作品不得侵犯他人著作权，一经发现，将取消其参评资格。所有法律责任由投稿者本人承担。应征者寄送的有关资料、稿件等概不退换。作品一经选用，其著作权和使用权归中华人民共和国第六届城市运动会组委会所有，作者享有署名权。组委会有权决定作品的修改方式和使用方式。

五、截止日期

来稿请寄：武汉市汉口解放大道612号，中华人民共和国第六届城市运动会组委会新闻宣传部。邮编：430033。来稿征集于2006年6月30日（均以当地邮戳为准）截止。

详情请查询中华人民共和国第六届城市运动会组委会官方网站：www.6citygames.org.cn

联系人：×××

联系电话：×××××××××

中华人民共和国第六届城市运动会组委会

二〇〇六年二月二十八日

申请使用中华人民共和国第五届农民运动会名称、会徽、吉祥物等标志的实施细则

中华人民共和国第五届农民运动会名称、会徽、吉祥物标志已于2003年10月正式公布。为了准确地使用中华人民共和国第五届农民运动会的名称、会徽、吉祥物标志，加强其管理，维护其严肃性，并保护所有者的合法权益和消费者的利益，根据国家有关规定，特制定如下管理实施办法：

一、总则

1. 《中华人民共和国第五届农民运动会》名称中外文字（包括缩写、改写字样）及会徽、吉祥物标志其所有权属中华人民共和国第五届农民运动会组织委员会（组委会成立前为筹委会，以下同），任何单位不经组委会同意不得使用，如有违反，将报请司法部门追求其法律责任和经济责任。

2. 从2003年十月至2004年12月，凡需要使用第五届全国农运会专有标志的单位必须预先向第五届全国农运会组委会提出申请，签订合同或协议，承担义务，交纳费用，并获批准后方能使用。

3. 使用中华人民共和国第五届农民运动会名称、会徽、吉祥物标志（含分项目吉祥物标志，以下同）应保持其形象完整、准确，不得改动，也不得作为商标注册。

4. 第五届全国农运会组委会和各地工商行政管理部门、专利管理机关、物价局等有关部门，有权对中华人民共和国第五届全国农运会的名称、会

徽、吉祥物标志的使用进行审查、监督。

二、申请批准手续

1. 凡要求使用第五届全国农运会的名称、会徽、吉祥物标志，并具备生产能力和法人资格的单位均可申请使用。

2. 第五届全国农运会的名称、会徽、吉祥物标志经批准后在产品上均可使用，但一种产品只受理一个或数个优质产品的申请使用。申请单位具备实际生产能力，可同时申请在多种产品上的使用权。

3. 单位申请须填写使用标志申请表，一式两份，使用中华人民共和国第五届农民运动会名称、会徽、吉祥物标志及中外文字要分别填写申请表。单位来函申请也可办理。

4. 申请单位应提供所申请的产品两件以上样品，大件样品可提供彩色照片或黑白照片以及该产品资料生产简介。

5. 每申请一项产品，国内单位须交申请费 100 元人民币，外资单位（含合资）须交申请费 100 美元。

6. 组委会筹资部在对申请单位情况进行调查研究后择优录取。无论获准与否，均以书面答复，而所提供样品、资料及申请费均不退还。

7. 对批准使用中华人民共和国第五届农民运动会名称、会徽、吉祥物标志的申请单位，由组委会筹资部与其签订使用协议，发给标志使用许可证，并报当地工商行政管理部门、物价管理部门、专利管理机关备案。申请单位可按获准项目指定产品或标志产品上使用第五届全国农运会的标志进行生产和销售。

8. 申请单位获准使用中华人民共和国第五届农民运动会名称、会徽、吉祥物标志，须交纳使用费。交纳使用费办法有以下两种：

（1）按双方协议所规定的产品数额，在签订协议时一次性交清使用费。

（2）按双方签订协议比例，根据使用单位的产品销售额，由标志使用单位分期交纳使用费，但在签订协议时须预交一定数额的保证金。

9. 标志使用单位交纳使用费为现金，若经组委会同意也可提供一定比例的实物（实物按出厂价的 70%计算金额）。

10. 中华人民共和国第五届农民运动会组委会筹资部、市场开发部是具体负责申请使用第五届全国农运会名称、会徽、吉祥物标志的合法机构。

11. 未尽事宜，由组委会筹资部负责说明。

关于规范管理和使用第六届全国农运会会徽、吉祥物等特殊标志及规范管理广告的通知

第六届全国农运会泉州市筹委会各部门（室、中心）、各单项竞赛委员会、各有关单位：

为了认真贯彻落实福建省委、省政府领导关于认真做好第六届全国农运会筹备工作和市场开发工作的重要指示，也为了进一步做好第六届全国农运会会徽、吉祥物等特殊标志及规范管理使用广告的工作，现将有关问题通知如下：

一、第六届全国农运会的会徽、吉祥物和特殊标志，包括变形、象形图案和文字的所有权、使用权、广告载体及所有的广告发布权、管理权、冠名权、电视广播报道权、商品销售权等相关权益均归第六届全国农运会。为此第六届全国农运会泉州市筹委会印发了xxx号、xxx号等规范性管理文件，作出了明确规定。

二、管理该项工作的是第六届全国农运会泉州市筹委会市场开发部。筹委会各部室、各单项竞委会及有关单位有责任协助做好这项工作。

三、无论何地区的任何单位和个人以非公益性而出于商业目的而使用会徽、吉祥物及特殊标志或发布第六届全国农运会有关的广告，使用第六届全国农运会无形与有形资产资源均需提前向第六届全国农运会泉州市筹委会市场开发部提出书面申请。未经申请和批准不得使用和发布。

四、在比赛涉及的场地不得销售、展示与第六届全国农运会专用产品同类的其他品牌商品，没有指定专用产品的商品除外。

五、第六届全国农运会各分赛区在举行第六届全国农运会的单项竞赛及其组织相关活动时，也必须按第六届全国农运会泉州市筹委会统一规定执行。

各类现场的广告（包括接待、办公、新闻中心等现场）在确保第六届全国农运会泉州市筹委会签约赞助商广告实现的基础上，以维护专有权、冠名权、排他权为原则，有关单位可以利用无形资产和有形资产资源招商，接受企事业单位赞助和销售商品、纪念品。但在签约和实施前须列出报表专文报第六届全国农运会泉州市筹委会市场开发部审定批准后方可执行。经筹委会批准的这一部分收入归各相关单位所有，回报及执行的工作和法律责任也由这些赛区自行承担。（注：这一政策请市场开发部斟酌）

六、广告发布的制作成本及执行成本按“谁受益、谁承担”的原则办理。

七、第六届全国农运会泉州市筹委会市场开发部的法律事务与维权处将会同工商、城管等相关部门按第六届全国农运会泉州市筹委会有关规定进行检查。依法取缔侵权和纠正违规行为。

八、做好这项工作是确保第六届全国农运会圆满成功的一项重要工作，也是贯彻落实福建省委、省政府领导关于做好市场化筹资工作、做好赞助（捐赠）企业回报的指示重要工作。对此必须提高认识，认真执行。

九、第六届全国农运会泉州市筹委会市场开发部联系方式

电话：xxxxxx　　　　传真：xxxxxx

法律事务与维权处：xxxxxx

赞助商服务处：xxxxxx

特此通知。

附件：广告发布统计（申请）报表

第六届全国农运会泉州市筹委会

二〇〇七年五月二十日

附件：

广告发布统计（申请）报表

申请单位：　　　　　　　　申请时间：　年　月　日

编号	赞助单位	广告形式	内容	广告发布地点	数量	备注

填表人：　　　　联系电话：　　　　传真：

第六届全国农运会关于明确回报赞助商广告载体内容及要求的通知

第六届全国农运会泉州市筹委会各部门：

为了认真落实第六届全国农运会泉州市筹委会（以下简称市筹委会）领导关于做好第六届全国农运会市场开发与筹资工作的重要指示精神，进一步规范管理第六届全国农运会各类广告、进一步整合与掌握资源价值、做好赞助企业的回报工作、防止经济纠纷，使第六届全国农运会的市场开发及筹资工作做到领导满意、赞助商满意、市筹委会相关部门满意，现将有关回报给赞助商的广告载体内容及要求明确如下。

一、广告载体

（一）电视媒体

1. 福建省东南电视台；

2. 泉州市电视台；

3. 其他电视台。

实现形式：企业及企业领导人专访、公益广告、企业广告播出冠名全称，报道颁奖等。

注：具体播出数量、时间、时段由市场开发部负责具体执行，请相关部门协调。

（二）纸质媒体

1.《农民日报》；

2.《福建日报》；

3.《泉州晚报》；

4.《中国体育报》；

5. 其他应企业要求的报纸。

实现形式：鸣谢公告，企业及人物专访、专版，企业广告等。

注：具体刊登数量、时间、版面由市场开发部负责具体执行，请相关部门协调。

（三）网络媒体

1. 第六届全国农运会官方网站：金牌榜冠名、倒计时牌冠名、视频直播冠名；首页 button、通栏、固定标识广告位；列表页通栏广告位；终端页广告位；邮件群发广告。

2. 泉州政府网：金牌榜冠名、倒计时牌冠名、视频直播冠名；列表页通栏广告位；终端页广告位。

注：具体发布数量、时间、位置由市场开发部负责具体执行，与相关部门协调。

（四）印刷品广告

1.《第六届全国农运会指南》：广告位 6 版，位置为封二、封三及 4 版插页。

2.《第六届全国农运会宣传画册》：广告位 6 版，位置为封二、封三及 4 版插页。

3.《第六届全国农运会总秩序册》：每个项目秩序册广告位 6 版，位置为封二、封三及 4 版插页。

4.《第六届全国农运会单项秩序册》：广告位 4 版，位置为封二、封三、封底及 1 版插页。

5.《第六届全国农运会总成绩册》：广告位 6 版，位置为封二、封三及 4 版插页。

6.《第六届全国农运会竞赛指南》：广告位 6 版，位置为封二、封三及 4 版插页。

7.《第六届全国农运会记者手册》：广告位 7 版，位置为封二、封三、封底及 4 版插页。

8.《第六届全国农运会旅游手册》：广告位 7 版，位置为封二、封三、封底及 4 版插页。

9.《第六届全国农运会纪念册》：广告位 6 版，位置为封二、封三及 4 版插页。

10. 第六届全国农运会宣传海报：冠名广告位，位置为海报下方（15cm 高）

11. 第六届全国农运会门票广告：

（1）开幕式门票冠名广告位，位置为门票正面（尺寸：高度 15㎜/个，数量：若干）；

（2）开幕式门票企业标识广告位，位置为门票背面（10cm×10cm）；

（3）闭幕式门票冠名广告位，位置为门票正面（2cm 高）；

（4）闭幕式门票企业标识广告位，位置为门票背面（10cm×8cm）；

（5）单项比赛门票冠名广告位，位置为门票正面（2cm 高）；

(6) 单项比赛门票企业标识广告位，位置为门票背面（10cm×8cm）。

注：以上广告资源请相关部门协助，预留有关广告位，提前告知开印时间，由市场开发部提供门票上的广告设计。

12. 第六届全国农运会全部各类佩戴的身份证卡（包括记者证）、车证、 临时一次性证卡广告：

(1) 冠名广告位，位置为佩戴的身份证卡正面（2cm 高）；

(2) 企业标识广告位，位置为工作证背面条幅；

(3) 各类工作证件线带冠名广告位。

13. 第六届全国农运会证书广告。

14. 市筹委会车证广告。

15. 市筹委会大型活动请柬预留广告位。

注：以上广告资源请相关部门协助，预留有关广告位，提前告知开始制作的时间，由市场开发部提供证件上的广告设计。

（五）赛事场馆广告

1. 场内广告位：横幅广告、条幅广告、挡板广告、护栏广告、门楣广告等。

2. 场外广告位：横幅广告、条幅广告、空飘气球广告、拱门广告等。

注：以上广告具体尺寸、数量由市场开发部负责具体执行，请相关部门协调。

（六）户外广告

市筹委会在赛场、车站、广场、道路及大会驻地等区域设置的户外广告。具体尺寸、数量由市场开发部负责具体执行，请相关部门协调。

（七）其他广告

1. 运动员号码布广告位；

2. 奖杯冠名：各项比赛奖杯上铭刻该项比赛企业冠名全称；

3. 赛事器械及各种相关设备广告；

4. 在体育中心相关地点将设置回报给合作伙伴、主赞助商的“企业产品或企业形象”展示台；

5. 比赛场馆彩色显示屏、电子记分牌广告；

6. 播音员口播冠名、冠杯企业全称；

7. 其他广告载体。

注：由市场开发部提供相关设计和资料，请相关部门协助。

二、要求

1. 这些广告形式和载体已作为回报资源已与赞助商签定了合同，产生了法律效力，是一项十分严肃的工作。这项工作由市场开发部负责总协调，由吕炜民副秘书长负责，司法局副局长协助。

2. 在执行中各有关部门和人员要密切配合，相互支持。各有关部门要高度重视，确保合同的履行和赞助商利益的实现。

3.为了达到标准化的要求，所有广告载体的标准设计稿均由市筹委会的专业设计人员提供，请相关部门至少提前15天向该部门提出要求。

联系人：××　　　　　　联系电话：0595-××××××

然后由相关部门按设计要求实现。

4. 未尽事项单独协调或另外行文。

第七节　体育赛事后勤保障工作

体育赛事后勤保障工作是指为了向赛事运动员、教练员、裁判员、现场观众、媒体记者、工作人员等各类相关群体提供住宿、餐饮、交通、安保等一系列服务的工作的集合。随着经济社会的发展，社会大众对各类服务质量与专业化水平的要求越来越高，体育赛事后勤保障作为体育赛事运作管理筹备阶段中的服务集合，不仅成为评价赛事成功与否及运作管理机构专业化水平的重要标准，而且成为评价赛事举办地经济发展、服务行业发展水平的重要标志。

一、体育赛事后勤保障工作目标

体育赛事后勤保障工作的目标是：通过规划、组织、管理、运行一系列工作流程将后勤保障服务的提供者与使用者紧密联系在一起，通过协调、沟通达到后勤保障服务的供需平衡，一方面满足赛事各类相关群体的不同需求，另一方面也需控制费用，保证赛事运行的效率。

二、体育赛事后勤保障工作内容

（一）办公协调工作

办公协调工作是指在赛事组织管理过程中开展的组织、协调、监督、检查以及后勤保障等各项工作，其目标是高效统筹协调赛事各项工作，为赛事提供平衡和谐的工作环境，确保赛事总体工作的顺利开展。主要有以下几方面工作内容：

1. 制定规章、制度、规则。包括各部门工作职责、各项规章制度、总体工作方案等。

2. 管理赛事文书。赛事运作各项工作都是按照一定的程序进行的，涉及文件的草拟、周转、会签、请示、审批、归档等一系列工作，统称为文书管理工作。

3. 组织各类会议。一方面是组织工作例会，如年度、季度、月度周会等工作会议，一方面是针对专项工作，如工程建设、开闭幕式、票务工作、制证工作以及安全保卫、交通安全等召开的专题会议。具体会务工作包括草拟会议方案、落实会议地点、准备会议材料、印发会议通知、安排领导讲话、整理会议纪要等。

4. 综合协调工作。按照赛事总体工作计划，掌握各部门工作进程，严格检查监督各部门各阶段的工作情况，及时发现、解决问题，确保各部门工作按照计划推进，以及协助相关部门组织开展各项重大活动并提出指导意见。完成领导交办的专项工作。

（二）场馆建设工作

场馆建设工作主要指赛事运作机构新建或改造场馆，为举办赛事提供必要的硬件设施，包括满足竞赛要求的场馆以及相关建筑、场所和区域。主要工作包括以下几方面：

1. 场馆规划。场馆规划布局既要考虑赛事管理方面的可操作性，又要兼顾城市建设规划，最大限度地利用原有场馆资源，利用改造场馆代替新建场馆，降低场馆建设总投资费用。对于大型场馆的建设，还要充分发挥场馆对城市发展的推动作用，使体育场馆建设与地区经济、社会等各项事业协调发展。

2. 场馆设计。首先要考虑赛事运动员的使用，还要考虑观众、合作伙伴、赞助商的需求，同时，还应充分考虑赛后利用效率。

3. 场馆使用。体育赛事场馆的竣工验收与达到使用状态之间存在着巨大的差异。实践中，作者总结了“6.3.1 节点”的做法，取得了良好效果，即以赛事举办日为准，提前 6 个月竣工验收；提前 3 个月组织测试赛；提前 1 个月请赛事裁判长验收，全面达到使用状态。

（三）财务工作

财务工作是指对赛事资金进行规划和控制的工作，通过制定一系列财务管理制度，为赛事资金流通提供保障，并对各项财务行为进行实时监督、管理和规范。主要工作包括以下几方面：

1. 整体筹划。主要是在筹备阶段的初期，由赛事运作管理机构会同赛事主办单位、上级主管及其他相关部门，共同协商确定赛事的主要收入来源和主要支出项目，为制定赛事预算编制打下基础。

2. 预算编制。结合赛事实际情况制定预算编制原则。各部门成立初期，需根据编制原则编制本部门阶段预算及总预算，由财务管理部门汇总后编制赛事总体预算。预算编制应具有实效性、实用性和全面性，确保通过总预算可以全面地反映赛事各项组织工作主要经费支出项目。预算编制的有关原则及具体方法见本节参考文件《关于第六届全国农运会泉州市筹委会支出预算编审情况的说明》。

3. 收支管理。赛事运作管理机构应坚持“收支两条线”的原则，由组织机构中的财务管理部门统一对收支进行管理与核算。收入管理的重点在于对市场开发及社会各方面捐赠赛事的资金进行管理。支出管理重点在于使有限的资金发挥最大的效益，关键是制定严格的审批权限和程序，做到责任明确到人，为每个级别和职位分配不同的财务审批权限，将“一支笔”的审批制度和授权审批制度相结合，既要从源头上加强资金支出审批管理，又要保证财务管理工作的灵活性，为赛事的整体运作管理服务。在收支审核的基础上，加强会计核算和财务分析工作，及时编制财务报表并进行财务分析，为赛事运作管理机构提供决策依据。

（四）安全保卫工作

安全保卫工作是指对体育赛事的比赛场馆、重大活动现场、驻地及其他场所提供安全、交通保障和消防应急等服务，保障赛事相关人员人身安全和赛事相关设施安全等工作的集合。安全保卫工作既是体育赛事成功举办的根本保障，也是赛事成功的主要标志之一。

为使体育赛事安全保卫工作高效运行、严谨有序，赛事运作管理机构应结合赛事的实际情况，制订赛事安全保卫工作的总体计划及方案。在制订方案时首先要确定赛事安全保卫的关键环节和重要区域。一般情况下，入场安检、消防安全为赛事安全保卫的关键一环，比赛场馆、运动员驻地、重大活动如开闭幕式场地为重要活动区域，应针对这些环节和区域分别制订详尽的安全保卫方案和处置各类突发事件的应急预案。

（五）接待工作

体育赛事的接待服务是指为参加、参与赛事的各类相关人员提供住宿、餐饮、交通一系列服务的集合。体育赛事运作管理机构需要为运动员、教练员、赞助商、技术官员、政府官员、媒体记者、各界名人等提供接待服务，这些人统称为体育赛事的接待对象。接待工作的总原则是："安全、热情、公平、卫生、方便"。主要有四方面工作内容：

1. 住宿服务。主要内容包括确定需要提供住宿宾馆的对象类别；结合各类接待对象的数量、规格、抵离时间确定接待宾馆；依照接待对象对住宿时间、地点、竞赛项目的需求分配接待宾馆；编制接待宾馆的服务标准，包括《宾馆接待工作规范》《客房卫生设备达标方案》《宾馆设施使用规定》《服务人员着装、行为、语言行为规范》《消防安全工作方案》《24 小时值班经理制度》等下发到各接待宾馆；组织开展对宾馆相关人员的培训工作；对各接待宾馆进行周边环境布置等。

2. 餐饮服务。提供优质餐饮服务的首要前提是了解各类接待对象的餐饮需求，即确定各类接待对象的用餐类别、用餐时间及饮食习惯。用餐类别包括固定用餐和非固定用餐。固定用餐又分为宾馆接待用餐点和场馆固定用餐点。非固定用餐大都是因为特殊工作原因而需要接待部门向接待对象提供的餐饮服务方式，比如向竞赛裁判员、记者提供的场地用餐。此类用餐服务的关键是餐饮的及时供应及卫生标准。非固定用餐包括快餐、食品及饮品。用餐时间也需要根据不同接待对象加以区别，比如向记者提供餐饮时，需要注意记者的工作时间很长，只要新闻中心还没有关门，记者驻地就应继续提供饮食服务，而运动员用餐时间则应和竞赛安排结合起来。饮食习惯则与接待对象的种族、民族、宗教、区域、个人喜好等诸多因素相关，应事先对接待对象的饮食习惯进行征询，尤其要注意不同接待对象的饮食禁忌。在全面了解接待对象饮食需求的基础上，选择餐饮供应商。餐饮供应商的选择方式需根据赛事的实际情况而定。较小规模的赛事可采取询价、报价、洽谈、比较的方式来确定餐饮提供商；大规模的赛事则有必要采取公开招标的方式进行餐饮供应商的选择。在选择餐饮供应商时，要注意与负责医疗卫生的部门进行合作，确定餐饮卫生标准及认定餐饮供应商的卫生资质；在涉及大额的餐饮业务量时，有必要与赛事的市场开发部门合作，争取餐饮提供商对赛事的赞助。对少数民族代表和国外代表的餐饮服务要引起足够的重视，必须充分尊重他们的生活习惯。

3. 迎送服务。迎送服务要求制定详细的迎送工作方案，方案的内容一般包括迎送对象、抵离时间、站点设置、迎送团队、交通保障、迎送路线、迎接与欢送的要求等等。迎送服务成功的首要前提是信息的准确，即必须准确获取各类接待对象抵离的时间、地点、车次、班次、人数等信息，有不详情况要提前通过电话、传真等途径核实清楚，对于贵宾的迎送还要求接待人员事先了解迎送对象的年龄外貌特征。火车站、汽车站、机场设置的接站点要派驻站长，按预计的迎送工作量安排工作人员，配备接站所需的迎候牌、指示牌、鲜花等。站长及工作人员的联系方式应及早通知迎送对象，以保持沟通的畅通。

4. 交通服务。交通服务是指为接待对象提供交通便利，主要包括两方面的工作，一方面是赛事期间各类接待对象的用车需求，一类是各类接待对象的中转票务需求。交通服务的工作包括制定交通服务运作计划；组织开展赛事运作管理机构用车征集工作；借调或招募驾驶员，制定《驾驶员工作服务手册》，开展驾驶员培训工作；依据接待对象类别分配工作用车、服务用车；制定用车的相关规定及车辆运行路线；制定中转票务工作方案，协同铁路、航空部门落实各类接待对象的中转票务等。

（六）医疗卫生工作

体育赛事的医疗卫生保障工作是在赛事的运作管理过程中，以提供安全、卫生的赛事环境为目标，开展有关卫生监督、医疗救护、疾病控制、医疗保健等方面工作的集合。具体而言主要包括四方面工作内容：

1. 医疗救护。主要包括院前急救与院内救治工作的有机结合。医疗救护工作的主要地点为赛事开、闭幕式及其他相关重大活动现场、比赛和训练场馆、接待对象的驻地宾馆等。赛事举行前应事先选择并确定符合要求的医院负责院内救治工作。对于开、闭幕式及其他相关重大活动现场的医疗救护，要事前掌握活动的全面情况，包括时间、地点、人员数量、进出通道等，在活动现场适当位置设置急救医疗站，标志必须醒目易见，现场需配置医疗救护资源，保证足够数量的救护车和医务人员。在比赛和训练场馆设立医务室，根据比赛日程和比赛项目的具体情况，配备医疗救护资源。在驻地宾馆根据实际情况设置医务室或者派驻医务组，实行24小时值班制。定点医院要委派固定的联络员，要做好人员、物资、设施和设备的医疗救护准备工作。

2. 卫生督查。卫生督查工作要求保证所有赛事相关人员的饮食、住宿及赛事公共场所的安全卫生，至少需要制定《赛事食品卫生方案》《赛事饮用水卫生方案》《赛事公共场所卫生方案》，依据工作计划和方案开展卫生督查工作。协同赛事接待部门，与负责向赛事提供餐饮、住宿服务的饭店、宾馆、食品饮料供应商等签订卫生管理责任书，并对提供餐饮、住宿服务的人员进行卫生知识培训。分期分批对接待饭店、驻地宾馆及其他接待单位进行卫生监督检查和指导工作，及早发现安全卫生问题并及时予以解决。对场馆、驻地的周边环境进行整治，清除卫生死角，保障环境的安全卫生。除了对接待宾馆食品卫生进行督查外，还要注意社会层面的饮食卫生督查。食品卫生事故在体育赛事中已多次发生，要引以为戒。

3. 疾病预防控制。主要包括赛前和比赛期间的传染病预防控制工作。需要制定《赛事传染病预防控制方案》《赛事除害防病方案》《赛事期间宾馆、饭店发生食物中毒、传染病和饮水污染事故应急处理预案》等工作方案。在赛前要与举办地政府或者社区的政府部门做好辖区范围内的环境综合整治工作，加强赛事举办地的传染病疫情的常规监测工作，做好传染病诊断、预防及消毒除害用品和器械的储备工作。比赛期间要建立赛事传染病疫情专报制度，做好传染病疫情常规报告，制定紧急控制疫情暴发或蔓延的措施，一旦赛事相关人群中发现传染病疫情时，应及时采取有效的防控措施，把疫情控制在最小范围内。

4. 医疗保健。赛事需要向部分接待对象（主要是赛事的贵宾及运动员）提供医疗保健服务，旨在通过良好的医疗保健服务进行有效的公关、商务交流及外交活动。提供医疗保健服务的保健医生要求具备精湛的医术、强烈的责任感及一定的沟通水平。在定点医院设立的医疗保健点，在条件许可的情况下，应提供绿色通道服务。一方面应加强对保健工作的管理，另一方面要重视对运动员伤病的救治。尤其要对一些对抗激烈以及可能伤害运动员的项目加强监控。做好现场救治的准备工作，以减少运动员在赛事举办期发生伤害事故的损失。

（七）供电、供水保障等工作

体育赛事的供电、供水保障工作是指赛事运作管理机构组织和协调供电、供水单位，对比赛场馆、人员驻地、办公场所及赛事相关重大活动场所的供电、供水设备进行更新、改造和维护，并对供电、供水运作进行调度和调试，保障赛事期间的用电、用水安全及供电、供水的充足稳定，以保证赛事的顺利进行。供电、供水保障工作是体育赛事后勤保障体系的组成部分之一。

体育赛事供电、供水保障工作的两大目标是保证赛事的水电供应和用电用水安全。为达到这两大目标，供电、供水保障部门的主要工作内容如下。

1. 统筹、监控电力、水力工程的新建、改造和维护。无论是新建场馆、驻地，还是对原有场馆、驻地的维修改造，都会涉及电力、水力工程的建设，包括新建、改造和维护等。供电、供水保障部门应对赛事相关区域电力、水力工程建设进行指导、检查，确保符合水电供应和安全用电用水的要求，及时了解电力、水力工程建设进度，保证工程的完成时间，并预留出足够的试运行时间。

2. 制定赛事筹备与举行期间的供电方案。在赛事筹备过程中，向赛事各用电用水部门提供连续、稳定、充足的电、水供应；在赛事举行期间，保证赛事各用电用水区域的电、水供应，保证开闭幕式、各项竞赛和其他重大活动的顺利进行。

3. 指导、监督赛事各区域的用电用水安全。对各类比赛场馆、人员驻地及运作管理机构的办公地进行安全用电用水的指导、检查、监督，组织定期巡视和特别巡视，及时发现用电用水存在的安全隐患，督促相关单位尽快整改，并对整改情况核查，排除隐患，确保用电用水安全。

后勤服务中涉及的其他一些保障工作，在本书的下一节有专门的阐述。

三、体育赛事后勤保障参考文件

关于第六届全国农运会泉州市筹委会支出预算编审情况的说明

市筹委会领导：

按照筹委会财务部工作的职责和工作计划，为做好农运会泉州市筹委会支出预算的编审工作，3月28日，财务部会同办公室召开各部室（中心）预算编制会，部署预算编制工作；4月下旬筹委会15个部、室（中心）分别上报了预算；为了充分了解各部门情况，5月财务部又与相关部室进行了沟通，随后组织人员及时进行了初审和汇总工作；6月上旬，按照第三次秘书长办公会关于做好预算编审工作的精神，以及对总预算目标实施严格控制的决定，在总策划刘清早教授的全程参与指导下，财务部领导及相关人员经多次讨论研究，同时对部分项目再次进行了调研，按照定性归类、立足农运、确保必需、节俭办会、轻重缓急、效益良好的总体思路，对各部室上报的5亿多元的总预算规模，再次进行了认真研究并逐项进行调整，形成了本次筹委会支出预算草案。现就编制预算的指导思想、总体原则、相关情况报告如下。

一、预算编制指导思想

按照市委、市政府对筹委会工作的总体部署和要求，重视和珍惜来之不易的各类资金，创新预算管理，硬化预算约束。精打细算，量力而行，节约办赛，确保农运会筹办工作顺利推进的前提下，编制好筹委会支出预算，努力实现“收支平衡，略有结余”的财务管理目标。

二、预算编制原则

依据农运会工作任务编制全过程、分年度和项目细化预算；坚持实事求是，保证重点，兼顾一般；坚持量入为出、收支平衡；坚持开源节流、勤俭节约、物尽其用，提高资金使用效益；坚持部门预算部长负责制，严格划清职能部门经费支出渠道；坚持完整性和统一性等原则，筹委会的全部财务收支项目必须在预算内予以反映。

三、明确筹委会支出预算的定性和总体要求

（一）预算定性

本次编制的市筹委会支出预算是指筹备第六届农运会的各项工作必需的直接费用，以及与直接费用密不可分、且经过筹委会领导同意的部分间接费用。

凡是农运会购置的固定资产及设备，其所有权归市筹委会。各部门向筹委会借用，运动会结束以后提出处置方案，经市领导批准后采用无偿调拨、有偿调拨、冲抵相关政府部门的年度预算经费或公开拍卖等方式处理。

（二）总体要求

1. 实行总量控制。根据市筹委会第三次秘书长办公会议精神，按照量力而行、确保必需、节俭办赛、留有余地的总体要求，农运会总支出预算控制在2亿元以内，可预见的支出控制在1.6亿元以内，严禁各部门项目搭车现象。

2. 坚持收支两条线原则和按照市筹委会明确的工作职责与任务来安排预算。

3. 严格预算、分级管理。严格预算约束，坚决杜绝超预算和改变预算项目支出范围的现象。对已批准的预算调整事项，必须一事一报市筹委会秘书长办公会批准；实行三级管理制度：一是只有秘书长办公会才有预算的批准和调整权，二是筹委会财务部按批准的预算项目额度实施财务和预算管理权，三是相关部室（中心）按财务和预算管理权限及要求做好本部的预算执行工作。

4. 明确财务预算审批“一支笔”制度。根据筹委会预算分级管理要求，明确筹委会秘书长办公会负责领导、财务部及各部室（中心）的负责人对各自权限实行专人审批和负责制度。

5. 加强管理、依法依规。按照《会计法》做好会计管理工作、认真执行国有资产管理有关规定，加强国有资产管理，防止国有资产流失。认真执行秘书长办公会批准的各项管理规定和决定。

6. 明确财产管理职责。凡用筹委会资金购置的各项财产物资（包括政府相关部门经筹委会授权或同意以其法人单位代理采购的各项财产物资），在农运会整个筹备期间，其所有权归属筹委会，农运会后再根据市政府领导批示办理财产转移手续。加强物资购置管理，对筹委会所需物资，按照通过“市场开发解决—租赁解决—购置解决”的顺序办理，对确需通过购置的，要本着勤俭节约的原则办理，坚持本次使用与长远使用相结合，尽量避免资金浪费与重复购置，严格执行政府采购制度，凡具备固定资产条件的，严格按照固定资产管理规定执行。

7. 坚持财务管理原则性与有原则的灵活性相结合原则。

8. 加强财务预算的审计工作。根据筹委会财务工作的推进，由审计部门实行跟进式审计，实行季度审计以及大型活动和大宗支出专项审计制度相结合，确保赛事完成后及时做好财务决算和审计工作，力争在2008年底完成全部审计工作。

四、筹委会支出预算编审办法

支出预算由筹委会机关办公支出预算与筹委会各部室（中心）工作项目

支出预算构成。

（一） 机关办公支出预算

机关办公支出预算是指筹委会各职能部门按职责分工为保障其机构正常运转和完成其日常工作任务所必须的支出，包括人员补助经费，机关办公综合费用，交通燃油通行费，筹委会办公设备、专项差旅、接待、业务费等。

根据筹委会财务管理办法，筹委会机关办公支出预算的执行以筹委会办公室为主、相关部室为辅进行管理。即办公室对以下办公经费进行统一管理。

1. 人员补助经费。用于筹委会统一聘用的各类专业技术人员、退休返聘人员及招聘的临时工作人员的报酬。其中，招聘的临时工作人员应是在市直机关无法抽调、该项工作无人替代和筹委会工作特别需要的人员。由各部室提出经办公室审核后报执行副秘书长审批，由办公室办理聘任合同。建议此类人员总数控制在20人以内。

2. 机关办公综合费用。参照市直综合部门的费用定额执行情况，对筹委会机关集中办公的日常办公用品、水电费、会议、办公文件资料印刷及邮电通讯费等按驻会工作人员人均1万元/整个农运会期限间预算，但办公经费计算的人数依据市委组织部正式抽调和秘书长办公会审定的人员。

3. 车辆租赁及交通燃油通行费。

(1) 车辆购置租赁和管理：为减少固定资产投入，防止攀比，更考虑节约办会经费，同时考虑车辆过户手续，建议筹委会前期的筹备组用市政府预拨的筹备经费购置1部商务车（挂市农体协牌照），其产权、管理权归筹委会办公室，市筹委会不再购置新车，机关用车通过租赁解决或通过赞助解决。

(2) 交通燃油通行费：按筹委会实际购置和批准借用车辆数，每辆小轿车每年3.5万元，商务车4万元预算，超过预算另行报批。

4. 筹委会办公专项支出。

(1) 办公设备购置：包括办公桌椅、电脑、电话传真等，建议通过招标确定供应商后采取按需配置办法。如中国电信或相关专业公司愿意，则通过赞助解决或部分解决。

(2) 筹委会专项差旅费：用于各部室工作人员经筹委会领导批准的省外往返差旅费（不含大型活动部及市场开发部）及各类专业技术人员的差旅费用。

(3) 筹委会专项接待费：专项用于市筹委会秘书长及执行副秘书长同意的专项接待和中央、省领导专项的来访接待、各类专业技术人员在泉食宿生活费用等（不含大型活动部及市场开发部）。

(4) 专项业务费：专项印刷、法律咨询费及秘书长及执行副秘书长批准的技术服务协作费等。

5. 筹委会其他办公支出。用于科技馆租金及体育局提供的筹委会新办公楼装修支出，经筹委会领导同意后执行。

另：部室包干省内差旅费及接待费，参照宜春市做法，对2007年筹委会确定的先期驻会开展工作的部室，省市内日常差旅及接待实行包干办法，按4月1日转段开始全年8个月，每月按0.5万元包干控制，由各部室负责人自行管理，经费结余结转下年继续使用。

（二）项目支出预算

项目支出预算是指筹委会各职能部门开展业务活动所需的专项经费。各部室上报4.8亿元的专项预算，编制预算时因部门工作任务未经筹委会审定，其工作计划和实施方案还未完善，也还未经秘书长办公会批准，对要做什么及做到什么程度未能明确，哪些项目为必保项目（特别属2007年必须落实的事项经费）难以确定等因素，使各部门的项目支出预算编制存在粗、乱、杂的现象，很大部分的项目采取估算或概算办法；部分设备设施要求过高标准配置，有的难以界定是否应属农运会开支事项而存在部门搭车现象；部分设施设备预算项目因专业性强，财务部难以从需要和可能上予以合理审核，难以做到有保有压。对此，财务部对以下部室的项目预算编列和管理提出以下建议：

1. 关于筹委会办公室报送的2007—2008年基地集训经费，因相关文件未明确规定省、市、县三级负担比例，致使我市拨付经费没有根据。建议(1) 由主管集训部门提出省、市、县集训经费的负担比例，经秘书长办公会审批后，财务部按办公会决定安排预算。(2) 经费要与金牌挂钩、与泉州任务挂钩。负责使用该项经费的部门应从市领导对筹办运动会的总体要求上考虑，明确承担泉州籍运动员参加集训和在农运会上夺取金牌，为泉州争光的责任。

2. 关于新闻宣传部报送的2007—2008年大型户外社会宣传广告设置专项预算，建议提出完整的实施方案或分两步实施的方案经秘书长办公会审定，通过合作及市场运作也可解决部分专项预算；新闻中心建设项目经费预算因数额巨大,属基建投资，建议相关部门审核资产归属及日后使用问题，在明确上述事项后专题报经筹委会领导批示后办理。另对有关农运会宣传主题活动预算，建议宣传部作出此类项目总体方案及经费控制额度，专题向秘书长办公会议汇报审定后安排专项预算经费。

3. 关于大型活动部预算，建议采取包干方式。第二次秘书长办公会已议定开、闭幕式总预算控制在3000万元（见会议纪要），该额度应包含开、闭幕式策划与组织、方案论证、人员接待及补贴、器具服装定制、预彩排及正式开、闭幕全过程的全部预算，建议实行总量包干办法（但可不含集中办公经费、在海峡中心的合练彩排预演及正式演出场地水电费和在此期间的演职人员从驻地到场地往返运输费、安保、现场医疗救护等费用）。正式安排出售的门票演出不少于4场，大型活动部在总额控制下做好预算项目细化专报筹委会审批，建议开幕式总费用控制在2200万元以内，闭幕式控制在800万元以内。该笔专项包干经费，由大型活动部编制预算，经秘书长或执行副秘书长审批后，由该部长按预算执行。

4. 关于竞赛部提出的（1）示范赛项目预算，应在明确示范赛具体项目、如何组织等问题后，建议由竞赛部向秘书长办公会报送工作方案审定后再安排专项预算，建议对部分场馆的功能使用进行测试而举行部分项目的测试活动，拟出专题工作方案经秘书长办公会审定后安排专项预算。（2）2007年器材采购经费安排，鉴于提前购置后涉及保管、维护和损坏风险，建议在2007年采用先签订合同预付定金，2008年再提货付完余款办法，所有购置的器材要编列清单，对贵重器材按先租赁再购置，以及尽量周转使用的原则，购置的数量必须严格控制在竞赛规程规定的范围内。

5. 关于行政接待部会期接待预算的说明，（1）按照运动会惯例，筹委会赛期接待负担的人员为竞赛规程确定的人员、主办及承办单位（含全国、省筹委会）领导、市委及市政府确定邀请的嘉宾，其余人员不属赛会承担范围。按上述接待范围测算，2008年市筹委会负责接待约8000人，包含竞赛规程中正式的参赛人员、中央领导、主办方及省五套班子领导等，以及主承办单位相关人员，市委、市政府确定邀请的海外侨胞及港澳台同胞等嘉宾。（3）市委、市政府邀请的人数暂不能确定，在编制2008年细化预算有待赛会前竞赛总规程正式下达、明确正式参加赛会人员的基础上，根据当时市委、市政府决定邀请的嘉宾方案明确后再进行适当的调整（2008年接待预算控制数项目构成详见预算表）。

6. 关于安保部报送一大批装备设备预算,建议安保部向筹委会秘书长办公会写出专项报告,经批准后安排专项经费通过招标购置；对开、闭幕式及接见群先代表三大活动所需的安全保卫特需设备，建议请求省及周边市公安等相关部门支援或通过租赁方式解决。

7. 关于场馆建设与基础设施保障部基建项日预算，建议场馆建设部会同建设业主按基建程序要求，做好项目的立项、概预算审核和招投标工作，筹委会场馆建设项目预算通过后，拨款程序建议由建设业主根据工程预算和进度要求向场馆建设部提出资金申拨要求，经场馆建设部确认后专题报秘书长或执行副秘书长审批后由财务部核拨，筹委会基建拨款直接转入建设业主的基建专户。

8. 关于志愿者部上报的预算项目中有关农运会志愿者活动项目，建议志愿者部作出具体项目总体方案，专题向秘书长办公会议汇报审定后安排专项预算经费。另 2008 年志愿者服装等物资配备通过市场开发解决，市场开发不能解决的，按筹委会核定的方案安排专项预算。

9. 关于市场开发部预算管理意见，参照广东承办的第九届全运会和江苏承办的十运会成功经验，以及宜春市承办第五届全国农运会的办法,市场开发相关的支出预算全部列入农运会资源开发公司的成本费用中,实行按收入核定费用比例的控制办法。市场开发支出分为市场运作经费、回报经费及代理费用。（1）市场运作经费指用于市场开发的正常运作费用。建议对属赞助类的收入，按收入到账额的 8%控制；对捐赠类的收入按到账额 2%控制。（2）回报经费。按赞助企业分为两种情况：其一，属泉州市内企业[法人所在地在泉州辖区内以及各县（市、区）完成任务的] 其回报费用控制在到账额的 10%以内；其二，对市外企业的回报费控制在 12%以内。(3) 代理费用。按照合同及资金到账后，按 20%~30%（筹委会规定）以内控制。上述额度经秘书长或执行副秘书长审批同意后，由市场开发部部长负责管理，由审计与财务部门监督，每月报送财务报表。

10. 关于信息通讯部上报的预算项目，因无法核定未予以编列，建议 (1) 按照以开发建设竞赛成绩管理系统（计时计分）为主，发布公众信息为辅的原则作出总体方案，经秘书长办公会审定后进行招标，安排专项预算。(2) 相关设备配置建议请市场开发部介入，尽量请泉州电信、联通、移动公司予以支持解决。

11. 关于交通部专项运输预算，未编列。建议交通部按照本预算原则对农运会车辆使用及经费预算，根据接待规模规格等要求编制总体方案，报秘书长办公会审定后专项安排。

12. 关于制证及票务中心的项目，对各种证件、票务的设计、制作费用提出专项方案报批后安排预算。

13. 关于财务部餐票等印制专项预算，对大会期间的餐票印制、各宾馆的接待结算及住点人员的食宿等费用根据行政接待部提供的人数、时间、地点等编制专项工作方案报批后安排预算。

14. 关于预算内支出审批权限的建议，为提高筹委会财务运作和管理效率，更好地为筹备工作服务，对已经秘书长办公会审定通过的预算项目经费超过2万元以上的不再呈报秘书长或执行副秘书长审批，建议筹委会领导授权财务部负责审核审批，对超预算、预算外及财务部认为有必要的相关重大支出事项再呈报秘书长或执行副秘书长审批。

15. 本预算批准后，筹委会筹备期间，对各部室另行要求秘书长会议议定安排的其他专项预算，建议相关部室（中心）的项目支出事项先报送筹委会办公室汇总，由办公室报总策划刘清早教授把关后提出拟办意见，对必要的项目编列预算送财务部审核并提交秘书长办公会议审定后执行。否则不予安排。

五、本次上报的预算草案（详见附表）及收入保障情况

（一）支出总预算及2007年预算

1. 筹委会总预算情况。审核调整后2007—2008年总预算控制数××××××万元（含筹委会预备支出，主要解决筹备中以上部分项目尚未明确及预留其他增支），其中筹委会机关办公支出××××万元，农运会筹备项目专项支出×××××万元。

2. 2007年预算情况。审核调整后2007年预算控制数××××万元（含筹委会预备支出×××万元），其中筹委会机关办公支出×××万元（筹委会新办公场所装修及旧办公场所的租金计×××万元）、农运会筹备项目专项支出××××万元。建议审定后予以下达。

3. 2008年预算情况。2008年审核的各部室（中心）的预算只作为目标控制数，需进一步细化，不予以下达。

4. 分部室预算详见附表。

（二）支出总预算的收入保障（收入来源）

1. 2007—2008年农运会收入预计为××亿元。（1）省政府2007—2008年

每年按我省体育彩票销售总额的1%提取体彩公益金，预计收入××××万元。(2) 国家主办部委及省政府相关部门预计专项补助××××万元。(3) 农运会社会捐赠和市场资源开发净收入×××××亿元。(4) 农运会开、闭幕式及专项比赛的门票收入预计××××万元。影响完成收入目标的主要因素是社会捐赠和市场资源开发收入能否达到预期，因此应做好做足农运会社会捐赠和市场资源开发的运作，以保障总预算收支相抵、仍有节余目标的顺利实现。

2. 2007年预算收入。在收入总目标的确保下，2007年支出预算的收入通过 (1) 省财政预拨的体育彩票公益金（省已下拨到市财政局）转作筹委会收入；(2) 农运会社会捐赠从捐赠专户和市场资源开发净收入从农运会资源开发公司转入作筹委会收入解决。

六、关于预算下达的建议

本预算草案经市筹委会和秘书长办公会主要领导审定后，建议由财务部草拟《第六届农运会泉州市筹委会关于下达2007年度相关部室预算的通知》，呈报市领导审签下发执行。

附：第六届全国农运会支出预算汇总表（略）

第六届全国农运会2007年度办公支出预算明细表（略）

第六届全国农运会2007—2008年度项目支出预算表（略）

二〇〇七年六月十四日

第六届全国农运会泉州市筹备工作委员会财务管理办法

第一章　总则

第一条　为规范第六届全国农运会泉州市筹备工作委员会（以下简称“农运会筹委会”）的财务行为，加强财务管理，提高资金使用效益，确保农运会筹办工作的顺利进行，本着既隆重热烈又勤俭节约的原则，根据《事业单位财务规则》，参照《全国综合性体育运动财务管理办法》，结合农运会筹委会的实际情况，特制定本办法。

第二条　农运会筹委会财务管理的基本原则。实行独立核算，严格执行国家有关财经法律法规，坚持经费归口统一管理，坚持勤俭节约办会的方针，确保将农运会办得隆重热烈、圆满成功。

第三条　农运会筹委会财务管理的主要任务及要求。

（一）合理编制预算，及时编报决算。

（二）依法组织收入，合理安排各项支出。

（三）建立健全各项财务管理制度，加强经费会计核算。

（四）加强经费支出管理，努力提高资金使用效益。

（五）参与农运会筹委会各项经济活动的控制与监督。

（六）参与农运会筹委会的政府采购工作。

（七）农运会筹委会统一设置银行账户，由财务部门统一管理、统一结算。

第四条　筹委会财务管理工作在农运会筹委会领导下由财务部门统一负责，并接受财政、审计、监察等部门的指导、监督和检查。

第二章　预算管理

第五条　农运会筹委会的财务活动实行预算管理。筹委会预算由收入预算和支出预算组成。

第六条　筹委会财务部门负责制定《第六届全国农运会筹委会预算管理办法》。

第七条　按照《第六届全国农运会筹委会预算管理办法》，各部门编制本部门的预算，财务部门结合农运会筹委会工作实际，综合平衡各部门的预算后编制农运会筹委会总预算，报筹委会批准执行。人员及公用经费预算按照年度编制，专项经费预算根据农运会筹委会批准的总预算控制数分项分阶段编制。

农运会筹委会预算批准后，一般不予变更。筹委会各部门因特殊情况确需进行调整（包括项目之间的调整）或追加的，必须向财务部门提交调整或追回预算申请（申请追加经费预算的，要有相应资金来源作保证），由财务部门统一审核后，报经筹委会同意后方可调整或追加。

第三章　收入管理

第八条　收入是指农运会筹委会为开展工作及其他活动依法取得的非偿还性资金或实物。

第九条　农运会筹委会的收入。

（一）政府补助收入。即农运会筹委会直接从同级财政部门或上级财政、体育主管部门取得的各项经费。

（二）资源开发收入。即农运会筹委会开发农运会资源取得的各类收入。主要包括市场化运作取得的赞助招商收入、特许经营收入、门票销售收入、其他商业资源开发收入、电视转播权收入以及社会捐赠收入等。

（三）财产处置收入。即农运会筹委会处置各类财产取得的收入。

（四）其他收入。即农运会筹委会在上述规定范围之外的各项收入，如利息收入、租金收入等。

第十条　收入管理的要求。

（一）筹委会在国家法律法规允许的范围内，合法组织各项收入。

（二）筹委会须使用财政部门统一印制的票据，并建立健全各种专用票据管理制度。

（三）农运会资源开发收入由市场开发部门统一组织，财务部门会同研究制定有关资源开发收支管理制度。市场开发部加挂第六届全国农运会泉州市筹委会社会捐赠办公室，负责社会捐赠收入专用账户的管理，并及时全额地将社会捐赠收入转入筹委会财务专用账户管理；市场开发部组建成立第六届全国农运会资源开发公司，负责市场化运作的赞助招商、特许经营等农运会商业性资源开发活动，定期将各项资源开发的净收入（收入扣除相关成本性支出后净额）转入筹委会财务专用账户管理。

（四）实物收入由物资保管部门和财务部门共同做好账务处理和财产物资登记管理工作。财产物资处置收入的货款应及时转入农运会银行专用账户。

（五）农运会筹委会资金实行“收支两条线”管理，除第六届全国农运会资源开发公司上缴筹委会的资源开发净收入外，筹委会的各项收支全部纳入筹委会预算，由筹委会财务部门统一管理和使用，不得坐支、截留、挪用和设账外账。

第四章　支出管理

第十一条　支出是指农运会筹委会开展业务及其他活动发生的资金耗费。

第十二条　农运会筹委会的支出。

（一）体育场馆和设施的新建、维修支出。

（二）赛会支出。主要指在农运会筹备期间及比赛期间的各项支出，主要有：

1. 筹委会日常公用及人员补助支出。主要指筹委会为筹办农运会开展各类活动而发生的经常性公用及人员支出，包括办公费、差旅费、交通费、食宿费、专家咨询论证评审费、有关人员的劳务费等。

2. 大型活动支出。主要指农运会开、闭幕式等大型体育活动表演、展览支出。

3. 新闻宣传支出。主要指因办赛需要而开展的各种宣传活动、新闻发布、报道等支出。

4. 竞赛费用。主要指农运会有关项目决赛业务费及有关专用竞赛器材购置费等，包括领队、运动员、教练员和其他有关人员的伙食支出。

6. 行政接待费用。主要指农运会竞赛期间的食宿接待、交通安保、医疗服务等支出。

（三）其他支出。指为筹办农运会而又不在上述支出范围的其他各项支出。

第十三条　支出管理的要求。

（一）筹委会在国家法律法规的范围内，依法合理安排各项支出。

（二）筹委会财务部门负责建立健全各项财务支出管理制度，参照现行有关财务制度制定费用开支标准。

（三）筹委会的各项支出必须坚持在批准的预算范围内实行“专人负责”审批制度。筹委会各部门要指定一位领导负责本部门各项支出的审批工作。

（四）筹委会各部门预算内日常公用经费的支出由各部门报财务部门审核后，由指定负责人按照筹委会经费开支标准经审批后列支；专项支出按照《第六届全国农运会筹委会资金使用管理办法》中资金使用审批权限审批。

（五）场馆建设、维修改造支出的有关规定另行制定。

（六）筹委会办公用品及设备购置支出，由办公室归口管理，统一编制预算，提出购置计划和申请。专项专用设备由各管理部门编制预算，提出购置计划和申请。以上各项购置计划和申请，统一经财务部门审核后，按照《第六届全国农运会筹委会器材、设备物资管理办法》进行购置。

（七）筹委会工作人员的工资、补贴，按照有关规定和标准，由办公室造册，送财务部门审核后发放。

第五章　财产物资管理

第十四条　财产物资是指农运会筹委会占有和使用的能以货币计量的各类经济资源。

第十五条　财产物资管理的要求。

（一）农运会器材、设备等购置要按规定进行政府采购，政府采购工作由办公室和财务部门会同相关部门共同负责。

（二）各部门要指定专人负责农运会各类财产物资的登记保管工作。农运会结束时，应及时做好财产物资的清理、回收、处置等工作。

（三）建立健全财产物资管理制度，财务部门根据有关规定制定农运会财产物资、器材设备的管理办法。

第六章　财务报告、分析和决算

第十六条　农运会筹委会执行事业单位会计准则和事业单位会计制度。

第十七条　财务部门应按照财政部门和筹委会的规定和要求，定期编制财务报告，做到内容完整、数据真实、计算准确、说明清晰，并定期向筹委会、财政部门以及其他有关报表使用者提供财务分析报告。

第十八条　农运会筹委会财务报告包括资产负债表、收支情况表、有关附表及财务情况说明书。

第十九条　财务情况说明书，主要说明筹委会收入及其支出情况，特别是资源开发收入及进度、收支差额、财产物资变动情况、对本期或未来一段时期财务状况发生重大影响的事项，以及需要说明的其他事项。

第二十条　筹委会财务分析的内容包括预算执行、财产物资的使用管理、支出状况和财务管理情况等。

第二十一条　农运会结束后，财务部门要做好财务清算工作，及时、完整、准确地编报财务决算。财务决算经审计部门审计并报经筹委会批准后，报市政府。

第二十二条　农运会财务资料应建立会计档案，并按规定装订成册，妥善保管。

第七章　财务监督

第二十三条　农运会筹委会的各项财务收支活动、财产物资管理等工作按规定接受财政和审计等部门的监督检查。

第二十四条　筹委会应建立内部审计制度和岗位责任制，建立健全内部控制监督机制。

第二十五条 筹委会工作人员违反财务管理规定的，依照有关规定给予批评教育、组织处理或纪律处分，情节严重涉及违法犯罪的，移交司法机关依法追究法律责任。

第八章　附则

第二十六条　本办法由筹委会财务部门负责解释。

第二十七条　本办法自发布之日起施行。

第六届全国农运会泉州市筹委会经费开支标准及管理办法

为保证第六届全国农运会筹备工作的顺利进行，根据《第六届全国农运会筹委会财务管理办法》，结合第六届全国农运会筹委会（以下简称筹委会）工作的实际情况，本着合理、节俭的原则，特制定第六届全国农运会筹委会经费开支标准及管理办法。

一、差旅费开支标准

筹委会各部门要充分利用现代快捷的通讯手段，获取资料和信息，节约差旅费用支出。各部门工作人员因公出差，必须经部门负责人批准，严格控制出差人数和时间。

筹委会工作人员出差标准原则上参照《泉州市机关事业单位工作人员差旅费开支规定》［泉财事〔1996〕461号］执行，根据筹委会的实际情况作如下规定：

1. 工作人员出差住宿费标准，厅级领导（及相当职务人员）原则上按实报销，处级（含处级）以下人员按照泉财事〔1996〕461号规定执行，特殊情况经财务部门审核后报部门领导批准报销。

2. 筹委会工作人员出差应乘坐火车和长途汽车，由于路途较远且工作任务急，必须乘坐飞机的，需经部门领导批准。

二、接待费开支标准

接待费开支标准参照《泉州市业务招待经费管理规定》（泉财事〔1998〕438号）执行。

1. 因工作需要，必须安排外来人员就餐的，可安排工作餐，标准为25

元/人、餐。

2. 接待来宾一般应安排正常用膳，标准为每人每天：省部级 80 元，司局级 70 元，县处级 60 元，科级及以下人员 50 元。

3. 参加接待的陪餐人员应严格控制，一般不超过 2 人。

4. 各部门在接待就餐前，应填写由办公室统一印制的接待用餐单，并经部门领导批准。

5. 筹委会工作餐或宴请一般应安排在指定用餐点（用餐点由办公室确定报财务部门备案）。

6. 接待费列入各部门正常经费范围，由各部门在年初安排的预算范围内包干使用。筹委会领导的宴请经费由办公室负责管理。

三、加班费、夜餐费标准

经筹委会批准确需加班的，原则上安排补休，因工作需要不能安排补休的，可按加班补贴的标准发放加班费。经筹委会批准必须在节假日安排的专项活动，活动期间可发给加班费。节假日加班费发放的人数应根据工作需要从紧掌握，补贴发放须经部门负责人审核。

1. 加班费标准：周六、周日每人每天 50 元；国家法定节日每人每天 100 元。

2. 夜餐费标准：经批准正常工作日晚上加班的，可适当发放夜餐费，夜餐费标准为每人每晚 10 元。

节假日发放加班费后，工作人员不再安排补休。工作性会议不列入加班范围。

四、咨询、论证、评审费标准

1. 筹委会的专项活动、工作方案需聘请专家进行系统论证、咨询和评审的，可付给咨询、论证、评审费。

2. 聘请参与咨询、论证和评审的专家，应是在相关领域具有较深专业理论素养、一定研究策划能力和丰富工作经验的人员。

3. 咨询、论证、评审费用标准：每人每次 300 元。

五、临时出国人员费用开支标准

筹委会批准的因公出国人员的出国费用，执行泉州市财政局《临时出国人员费用开支标准和管理办法》［泉财外〔2001〕325 号］。

六、会议费开支标准

筹委会批准召开的各类会议，执行泉州市财政局《关于修订会议费开支标准的通知》（泉财事〔1995〕314号）。

七、本办法由第六届全国农运会筹委会财务部门负责解释，自发布之日起施行。

第六届全国农运会会期经费管理办法

为搞好第六届全国农运会会期经费管理工作，规范会期经费的使用和开支，确保本届农运会各项工作顺利进行，根据1996年国家体委、财政部联合颁发的《全国综合性体育运动会财务管理办法》等有关规定，参照上届农运会（以下简称“大会”）会期经费管理办法，结合实际情况，特制定本办法。

一、会期经费的管理原则

（一）大会会期经费在本届农运会组（筹）委会统一领导下，除经组（筹）委会明确由各承办县（市、区）政府实行竞赛组织和接待经费按核定预算包干外，原则上由泉州市筹委会财务部统一支付，统一核算，统一管理。

（二）大会仍实行“收支两条线”管理，各部门收入必须全额缴入泉州市筹委会财务部（下同）。

（三）大会会期根据总日程安排，按全国农运会组委会规定的各代表团、各竞委会的报到日期至离会日期。

（四）会期经费负担的人员范围：中央、省部级领导和贵宾，各代表团的运动员、教练员、领队及工作人员，各竞委会裁判员、仲裁官员及工作人员，群先代表，组（筹）委会领导及工作人员，市筹委会特邀嘉宾。

（五）严格控制会期经费支出，除本办法明确的经费开支范围外，会期各种应由大会承担的费用，仍按本届农运会筹委会财务管理办法执行。各部室（中心）和竞委会不得自行决定宴请和赠送礼品等费用开支。

二、会期经费的开支标准

（一）接待费用

1. 接待费用的管理

(1) 每个接待点由财务部指派一名结算联络员，负责各接待点的住宿费和餐费的确认和结算。

(2) 各接待点按规定的应接待的实际人数和接待的实际天数做好接待经费结算工作。

(3) 提前到会、延期离会及超编人员的食宿费用大会不予负担，由驻地宾馆按食宿标准直接与相关单位和人员结算。结算时间为当日 12:00 整。

(4) 每个接待点接待费用的结算，财务部的结算联络员应会行政接待部共同确认。

2. 住宿费

(1) 各接待点的住宿费标准事先由接待部提出报财务部确定。

(2) 各接待点除竞委会所设值班住宿外，其他接待点根据工作需要，按下列情况开设工作用房：

医务室一间、卫生监督室一间、组委会驻点值班工作室四间、保卫室一间，共七个标准间。中央首长保卫用房由接待部酌情考虑。除此之外，不得随意增设工作用房。

(3) 各接待点结算联络员应于第二天中午 12:00 前将上一天的住宿实际开房情况及时报财务部和接待部。

3. 餐费

(1) 餐费标准

①大会餐费标准根据大会安排入住酒店标准统一核定。

②严格控制工作人员大会用餐，大会负责每个接待站每天不超过 15 个人（包括志愿者）的餐费。

③菜谱由接待部自行确定。

④除大会规定的酒水外一律自理。

(2) 用餐方式

①运动员、裁判员和竞委会工作人员接待，实行自助餐，凭餐券就餐（回民餐除外，下同）。接待部和每个竞委会各指定专人负责接待点食宿。

②新闻记者由新闻宣传部、接待部共同负责，实行自助餐，凭餐券就餐。

③各代表团团部人员及群先会代表由接待部和办公室共同负责，实行自助餐，凭餐券就餐。群先会代表因参观不能回驻地就餐，按筹（组）委会规定的食宿标准结算。

④代表团工作人员、官员，新闻记者（在晋江市、石狮市、南安市及惠安县赛区进行采访的），组委会工作人员中与接待工作有关的人员，均凭通用餐券，可在有结算关系的接待点用餐。

⑤会期期间对入驻酒店的工作人员（含泉州市直单位派出的对口接待的

工作人员）由行政接待部在驻地安排工作餐，不与接待对象混合用餐；会期期间不入驻酒店执行接待任务的筹委会工作人员及临时的辅助工作人员、志愿者等按每人安排30元/天（中餐、晚餐），由相关部室自行组织用餐。

(3) 餐券的领用和管理

①餐券的印刷和管理。餐券的印刷和管理由财务部统一负责。

②餐券的领用。与会人员餐券。在报到前，由各接待点的结算联络员，将各接待点预计的人数和驻会天数报财务部，并领取餐券。在与会人员报到时，一次性发给。随后根据实际报到人数填写《餐券核销表》（需经相关部室负责人审签）并带签到册到财务部核销。

③餐券的使用和清算。餐卷当天有效，过期作废，涂改无效。各接待点的结算联络员应于当天晚上10:00与接待点清算当天餐券，并及时交回财务部作为结算依据，逾期不予结算。

（二）赛事费用

1. 赛事费用的管理

每个竞委会由竞赛部指派一名结算联络员，负责各项目裁判员、仲裁等技术官员和竞委会工作人员的差旅费报销和酬金的结算。

2. 差旅费

外地抽派的裁判员、仲裁等技术官员往返差旅费的标准按财政部有关差旅费规定执行。来程车船票一律按不超过乘坐火车（硬卧）、轮船（三等舱）的直达路程标准报销（其他费用大会不予报销），返程差旅费按来程差旅费估发。由相关人员统一填写报销表，经竞赛部负责人签字，并由本人到宾馆指定地点报销（差旅费报销凭证由结算联络员负责收集，经竞赛部负责人签字，到财务部报销）；对本地（指比赛地的县市区）抽调的裁判员、仲裁等技术官员差旅费补贴等，按正式名单对赛期不需大会安排食宿的裁判员、仲裁等技术官员采取食宿交通费包干，按每人每天100元包干补贴方式按实际天数发给本人的办法执行。

3. 酬金

(1) 酬金标准

①总裁判长、副总裁判长、仲裁主任每人每天补助100元。

②仲裁委员、裁判员每人每天补助80元。

(2) 酬金计算时间

酬金计算时间从大会赛程规定报到之日起至离会之日止按足天计算。

(3) 酬金领发办法

以上人员酬金由各结算联络员登名造册，经竞赛部负责人签字后，到财务部统一领取。

(三) 保险费

各代表团应对各自的运动员提供保险服务。大会在比赛期间由中国人民财产保险股份有限公司泉州市分公司增加提供人身意外伤害险服务赞助，大会不再统一代收保险费用就地进行投保。

(四) 医疗费

大会在编人员生病可到医疗点（室）治疗，就诊必须凭与会有效证件在驻点医务室就诊，并在处方上签患者单位和姓名，会后经医疗卫生部审核，统一到财务部报账。医疗点（室）只配备一般的常用药品。如果在编人员因突发急性病或意外受伤需要到定点医院或住院治疗，所发生的医疗费用属于保险范围的由保险公司核报，不属于保险责任或超过部分的由各代表团按各自的规定自行负担。

(五) 交通费

1. 用车费用

(1) 接待用车全部由交通运输部统一调度管理。

(2) 抽调车辆不支付租用费和修理费，只负责油料费和检测费。

(3) 租用车辆，由交通运输部与供车单位签订租用车辆协议，财务部根据协议标准和运单支付费用。

(4) 所有接待用车的过路、过桥和停车费，均按交通运输部派车通知单安排的路线，凭有效收据经交通运输部领导审签后，到财务部报销。大会期间（即10月23日至11月3日）福建省政府已免除通行费、桥路费，在此期间内费用一律不报。

2. 加油事项

(1) 加油形式。执行派车通知加油制度。《派车通知》一式四联，第一联存查联，第二联派车通知联，第三联油料结算联，第四联油料加注联。结合定点刷IC卡加油或授权流动IC卡加油两种形式。

(2) 加油范围。参与第六届全国农运会交通运输工作的无偿征集调用的运输车辆。

(3) 定点加油的期限。第六届全国农运会举办期间。

(4) 定点加油的油品及价格。0号柴油、90号汽油、93号汽油、97号汽油，价格按当日挂牌价结算。

3. 加油管理

(1) 第六届全国农运会交通运输车辆加油事项由第六届全国农运会泉州市筹委会财务部和交通运输部共同负责，财务部具体负责油款结算和管理，交通运输部具体负责派车通知加注油料的审核工作，中石化森美福建泉州公司按第六届全国农运会泉州市筹委会要求指定一批定点加油站，为参与第六届全国农运会交通运输工作的运输车辆提供加油及相关服务。

(2) 定点加油IC卡放置指定加油站保管，用油方车辆凭派车通知随时加油；流动IC加油卡由用油方车辆的驾乘人员经授权持卡加油，可跨地区加油。

(3) 用油和供油双方严格执行派车通知制度，供油方凭用油方派车通知第四联予以加油。受理加油时，加油站要负责核对车牌号码（或通行证号）、加油数量，与派车通知所记载是否一致，并建立加油登记簿，记录加油车号、油品、数量、价格，由经办加油的驾驶员签字确认（授权流动IC卡由授权加油人填单备案）。

4. 油款结算管理

(1) 油款采取预付充值分配的方式，预付款额由供、用油双方议定。供、用油双方凭加油派单和加油登记簿定期对账结算。

(2) 供油单位根据用油方要求，采用非现金方式将加油款充值到用油方IC卡；每周向用油单位提供加油账户数据，提前两个工作日负责余额提醒；根据用油方要求随时办理充值手续，保证用油方随时能加到油；当出现特殊情况时，应允许用油方临时透支加油。

(3) 定点加油协议期满后，剩余充值油款在10日内全额退还给用油方。

（六）夜餐费

因赛事和工作需要晚上加班的新闻记者和竞委会、组委会工作人员，以及晚上有比赛任务的运动员等需要安排夜餐的，可报人数由接待部指定夜餐供应点凭证件就餐。

三、新闻记者事项

新闻记者在报到时，由大会向正式邀请的新闻记者提供食宿，新闻宣传部按每人每天收取住宿费200元；根据新闻记者工作的特殊性，由新闻宣传部给予适当的工作补助；新闻记者可凭证免费乘坐大会安排的车辆及市内公交车。

四、银行结算

(一) 人民币汇款

各代表团汇款（含电汇）或自带汇票，资金汇入第六届全国农运会账户。

(二) 外汇结算

港澳台代表团向大会缴纳的费用可用外汇结算，外汇兑换比例均按中国银行当日公布的汇率价结算，外汇管理按《中华人民共和国外汇管理暂行条例》执行。

五、自行负担的费用项目

1. 非大会在编人员所有费用。

2. 在编人员按大会规定时间提前到会或延期离会的所有费用。

3. 各代表团、群先代表、特邀代表差旅费等费用。

4. 在编人员到医院治疗及住院的费用。

5. 各代表团自行组织的参观、游览等费用。

6. 各代表团参赛、训练用的器材、设备等运输费用。

7. 各代表团所发生的电话（除泉州市内电话外）、电报、传真等通信费用及洗衣等费用。

六、其他

1. 凡在泉州城市规划区居住的筹（组）委会工作人员，一律不安排住宿。

2. 各部室（中心）需要收取的费用必须要有正式的文件批准，并将收入纳入财务部统一管理。

本办法由财务部负责解释。

中华人民共和国第六届农民运动会组织委员会

二〇〇八年九月二十三日

第六届全国农运会车辆征集方案

根据第六届全国农运会竞赛总规程及各单项规程的规定，为了确保农运会举行期间车辆配备的需求，按照市筹委会的要求，经征求有关部（室、中心）的意见，制定本方案。

第六届全国农运会所征集的车辆主要服务于各代表团（包括运动员、教练员），裁判员、媒体记者，邀请的中央单位、省直单位、本省兄弟市和港澳台嘉宾，开、闭幕式（包括排练、预演、彩排），农运会国家组委会，农运会省组委会以及市筹委会各部（室、中心）的公务用车。负责农运会期间的开闭幕式、各竞赛项目、群先会、新闻采访、接送站、工作人员等的交通运输工作。据统计，在农运会正式举行期间参会人员约 1.5 万人（不包括先行举行的比赛项目：游泳 372 人、秧歌 868 人、风筝 248 人，合计 1488 人）。开幕式总人数约 6 万人，其中，观众约 4 万人(包括各代表团参会人员)，演职人员 6000 人，记者、安保人员、志愿者等约 1.4 万人。

一、农运会车辆的征集和运行组织方式

（一）车辆征集

1. 农运会车辆的车型。大型客车、中型客车、旅行车、小轿车、货运车辆、特种车。

2. 农运会车辆的征集渠道。一是请求省政府协调相关汽车制造厂商赞助提供部分农运会车辆；二是大型客车、中型客车、货运车辆向省内专业运输企业租用；三是旅行车、小轿车由市政府向全市机关企事业单位征用；四是特种车辆由专业部门安排。

3. 农运会车辆的征、租用时间。从 2008 年 10 月 22 日至 11 月 4 日止。根据用车需求的高峰阶段、竞赛的计划阶段、接送站的特定阶段分别予以确定，缩短租车时间，节约费用支出。

（二）运行组织

农运会车辆的运行组织，遵循节约开支、满足需要、科学安排、灵活调度的原则。采用以下运行组织方式：

1. 开通各相关宾馆驻地至各相关体育场馆之间的定线、定点、定时公交式接送专线。

2. 以各省代表团为单位相对固定专用车辆。

3. 按活动项目的需要组织专车接送。

4. 按确认时间准点接送站。

5. 为特定服务对象配备专用车辆。

6. 预留机动应急车辆。

交通运输部按照不同的车辆运行组织方式，分别制定运行计划表，设立运行调度组，以现场调度的形式组织实施。

二、农运会车辆征集的测算

农运会车辆的征集自2008年10月22日起至11月4日止，以日为单位测算每天的用车计划数。

(一) 农运会高峰期所需车辆数

1. 10月23日接站所需车辆数。大巴85部、中巴29部、旅行车3部、轿车20部。

2. 10月26日开幕式所需车辆数。大巴175部、中巴70部、旅行车52部、轿车203部、小货车4部。

农运会开幕式观众、安保人员、志愿者等人员在海峡体育中心截止入场前2小时起运。分别在丰泽广场、侨乡体育馆、威远楼、新车站、中心站、西客站、东客站设立7个起运点，每个点安排71部40座大型客车，共投放车辆497部，计划运送约4万人。

3. 11月1日闭幕式所需车辆数。大巴102部、中巴59部、旅行车52部、轿车208部、小货车4部。

4. 11月2日离会所需车辆数。大巴64部、中巴22部、旅行车52部、轿车193部。

(二) 农运会非高峰期所需车辆数

1. 10月27日所需车辆数。大巴136部、中巴86部、旅行车52部、轿车218部、小货车4部。

2. 10月28—31日所需车辆数。大巴82部、中巴56部、旅行车52部、轿车208部、小货车4部。

3. 11月3—4日所需车辆数。大巴17部、中巴9部、旅行车18部、轿车123部。

(三) 农运会期间所需机动车辆数

大巴5部、中巴5部、旅行车3部、轿车20部。

随着市筹委会各相关部门工作计划的不断细化和确认，运动员人数变化等因素，交通运输部将同步调整征集计划，预计实际用车数量将比计划数有所下降。

三、亟待解决与落实的几个问题

(一) 鉴于农运会期间所需车辆档次高、数量多，请求省政府协调东南汽车制造厂和金龙汽车制造厂赞助提供部分车辆及配备相应驾驶员。

(二) 为方便农运会车辆通行福厦高速公路，需协调省政府相关部门免征高速公路车辆通行费。

（三）为确保农运会车辆前往福州、厦门两地完成接、送站任务，需协调福州、厦门两地火车站、机场，安排接、送站车辆的停放场地，并给予开通绿色通道。

（四）为方便群先会代表和运动员能够顺利返程，需协调解决预留10月31日群先会代表（具体人数待定），11月1—3日运动员（具体日期、人数待定）从福州、厦门前往全国各地相应铁路客运车次的普通和卧铺车票。

（五）为保证农运会期间交通运输车辆的安全、快捷和顺畅，参照全国城运会、冬季运动会车辆车牌管理办法，建议省政府协调公安交警部门制作农运会期间车辆临时专用车牌。

交通运输部

二〇〇八年二月二十日

第九届全国运动会交通车辆、驾驶员管理办法

第一章　总则

第一条　为切实做好九运会交通车辆的管理工作，确保九运会用车、行车安全，特制定以下管理办法。

第二条　凡属于下列交通车辆配置范围内的车辆、驾驶员、管理人员及其活动，必须遵守本办法。

（一）应邀的中央有关部委及有关省市副部（省）级以上领导和随员；

（二）应邀的国际、洲际奥委会及国际单项体育组织官员、港澳台体育友好人士；

（三）应邀的各省市体育工作者、历届奥运会冠军、作出突出贡献的体育工作者和特邀代表；

（四）参加火炬传递人员和群先代表活动的人员；

（五）大型活动表演及工作人员；

（六）各代表团团部工作人员；

（七）组委会各部的工作用车；

（八）广州赛区的记者交通。

第三条　交通中转部全面负责九运会组委会车辆、驾驶员的统一调配和管理。

第四条　分配到组委会各部、各代表团的车辆，由各部门指定专人对驾驶员及车辆进行管理。

第五条　交通中转部成立“支援应急组”，配备驾驶员、车辆、精干维修人员及设备，应付紧急事件的发生。

第六条　为提高车辆的使用效率，提倡并车外出，减少出车频率。市外用车，必须有部门领导签字的有效汽车单为据；市内用车必须经专管员同意。

第七条　车辆发生交通事故，及时通知车辆专管员，并向交通中转部汇报，由交通中转部负责派员处理。

第八条　必须严格遵守《驾驶员守则》及九运会各项规章制度，确保安全行车。

第二章　租用、抽调车辆、驾驶员的管理

第九条　以九运会的名义租用、抽调的车辆，按照有关协议、文件精神，由交通中转部负责办理接收、调配。

第十条　租用、抽调的车辆、驾驶员，由交通中转部负责统一管理。

第十一条　租赁、抽调车辆的维修、保养费用由提供车辆的单位支付。

第十二条　临时聘用的驾驶员，须签订工作合同，并为其购买九运会工作期间的人身意外伤害保险。

第三章　组委会车辆的维修、保养

第十三条　凡发生故障需进厂维修保养的车辆，经车辆调度员、安全员核实，初定维修方案，报交通中转部同意，送指定厂家进行维修，出厂时，需检查车辆排除故障情况，会同调度员、安全员复查合格后，方可交付使用。

第十四条　市外发生的故障，应及时向车辆调度员报告，并就近进行修理。

第十五条　未经车辆专管员及交通中转部核准而送修的车辆，维修费自理。

第四章　驾驶员守则

第十六条　积极参加交通安全学习，自觉遵守交通规则和九运会各项规章制度，树立良好的职业道德风尚。

第十七条　坚守工作岗位，待命时间因故离开须经车管员同意。严禁私自驾车外出，因特殊情况确需用车，须向车管员报告并经部门负责人同意。

第十八条　服从车管员调度，出车时必须提前到达指定地点。

第十九条　积极做好车辆例保工作，坚持落实“三检五勤”，即出车前检查、行驶途中检查、回来后检查和勤检查、勤修理、勤坚固、勤保洁。使车辆始终保持良好的性能和车貌，万无一失地做好安全行车工作。

第二十条　行车途中必须集中精神，随时注意路况和车况；倡导安全礼让，严禁违章行驶；做到“六不开”，即不开冒险车、不开麻痹车、不开赌气车、不开酒后车、不强行超车，确保安全行车。

第二十一条　注重仪表仪态，着装整洁大方，行为文明有礼。

第九届全国运动会汽车通行证发放、管理办法

为确保九运会各项活动顺利进行，按照安全有序、利于工作、便于管理的要求，特制定本办法。

一、车证的制作、发放和管理

参与九运会工作和活动的车辆的通行证，均由九运会组委会安全保卫部统一制作、发放和管理。

二、车证的种类

九运会车证分为以下四类：

1. 组委会车证。

2. 赛区车证（含十五个赛区名称）。

3. 专用车证：包括代表团车证、观摩团车证、群先代表车证、大型团体操表演车证、群体精品表演车证。

4. 专场车证：包括开幕式彩排车证、开幕式预演车证、开幕式车证、闭幕式车证及重要场次使用的车证。

三、车证的内容及规格

1. 车证的内容

车证上印有九运会会标、会徽、赛区名称、编号及盖有发证部门印章。

专场车证还印有专场活动名称、停车区域、车辆通行路线示意图及注意事项等。

2. 车证的规格

组委会车证为红色长方形（规格为 20cm × 30cm），过塑。

赛区车证为绿色长方形（规格为 20cm × 30cm）。

专用车证为蓝色椭圆形（规格为 20cm × 30cm）。

专场车证按不同场次分色，加激光防伪标志，用编号明确停车区域及采用荧光色印刷，长方形（规格为 20cm × 30cm）。

四、车证的申领和发放

（一）组委会车证

组委会各部、室工作用车及大会工作用车，统一由交通中转部负责申领车证。非大会统一调配使用的车辆，其车证由使用部门填写申领表，报保安部审批发放（不含专场车证）。

（二）赛区车证

赛区车证限在本赛区使用。由安保部统一设计、印制并发至赛区组委会，由赛区组委会根据实际需要发放管理。另可根据工作需要为各赛区配发 1 ~ 5 张九运会组委会工作车证（不含专场、专用车证）。

（三）专用车证

1. 开幕式团体操表演和闭幕式文艺表演的专用车证、群先代表车证、群体精品表演车证、代表团专用车证均由交通中转部负责申领，安保部审批发放。

2. 观摩团的车证，由粤兴公司负责申领，安保部审批发放。

（四）专场车证

专场车证的申领，由使用部门填写“专场车证申领表”，送安保部依据必须和可能的原则进行核准后，报组委会领导审批后发放。

五、车证使用须知

1. 九运会期间，组委会各部室工作用车及大会工作用车一律凭安保部制发的车证进出组委会总部、新闻中心、赛场、驻地和组委会组织的各种活动场所。

2. 所发车证只限于在九运会期间使用，不得涂改、转让。

3. 所持车证必须按照规定范围内使用，自觉服从公安干警的指挥，共同维护好交通秩序。

4. 车证要妥善保管，如有遗失，应及时向安保部报告。

第九届全国运动会器材、物资设备管理办法

一、为确保九运会顺利举行，保证所需器材、物资按时到位，防止国有资产流失，根据《第九届全国运动会经费开支标准和财务管理办法》的有关规定，特制定本办法。

二、本办法所指器材、物资设备是指由组委会（筹委会）经费购置或以九运会名义接受社会捐赠的器材、物资设备。

单位价值在500元以上，使用期限在一年以上，并在使用过程中基本保持原有物质形态的资产属固定资产，固定资产应分类编码登记，定期或不定期进行盘点，做到账、物相符。

其他物资作低值易耗品管理。

三、为搞好财产物资的管理工作，各部门要有一位负责人分管财产物资，并落实一名财产保管员具体负责本项工作，妥善保管好本部门的财产物资。财产保管员应相对固定，并报行政部备案。若财产保管员需变更时应经部门领导批准并办理移交手续同时报行政部门。

四、器材及物资设置购置、接受捐赠

（一）购置

1. 各部门需要购买的物资，应先提出购买计划，标明所需物品名称、规格、品牌、数量等内容，按下列权限审批：（1）办公设备物品在1万元以下的，由所在部负责人和行政负责人审批；物品在1万元至10万元的，由组委会（筹委会）分管业务和财务的领导审批；物品在10万元至50万元的，由组委会（筹委会）副秘书长以上领导审批；物品在50万元以上的，由组委会（筹委会）办公会议具体审批。（2）专业器材物品在10万元以下的，由所在部负责人和行政部负责人审批；物品在10万元至300万元的，由组委会（筹委会）分管业务和财务的领导审批；物品在300万元至500万元的，由组委会（筹委会）副秘书长以上领导审批；物品在500万元以上的，由组委会（筹委会）办公会议具体审批。

2. 需招标采购的物资需按规定办理招标采购。

3. 未实行招标采购的物资，采购时看货议价一般要有2人以上在场。要货比三家，对商品价格、质量、售后服务等进行比较，择优采购。

4. 办公设备、一般物品由行政部门统一购买并办理入账；专业器材、

物品由使用部门购置后到行政部门登记入账。

（二）接受捐赠

社会捐赠物资由集资部门统一接受后移交行政部门，由行政部门作出分配方案报批后分配使用。

五、器材及物资设备的验收

1. 购置和接受捐赠的物资要认真履行验收手续，检查物品数量、规格、质量是否与合同（使用部门要求）一致，并区分固定资产和低值易耗品。物品验收应由行政部门和使用部门共同参与，竞赛器材、贵重仪器、专业设备应有专业技术人员参加验收。

2. 一般物品由行政部门管理，专业器材物品由使用部门管理。

3. 物资验收后由采购人员、财产保管员（使用部门、行政部门）和部门分管领导共同签字后，才能报销。

六、器材及物资设备的使用

1. 领用。组委会（筹委会）各部门使用的办公用品由使用部门的财产保管员到行政部门领用，领用时办理领用登记手续。

2. 调拨。组委会（筹委会）各部门向各竞委会下拨的专业器材、设备应到行政部门办理调拨手续，填写“调拨单”。

3. 回收。所有登记在册的固定资产，大会结束后，按照“谁发放，谁回收”的原则负责清点回收，回收的固定资产应妥善保管。发现固定资产损坏、遗失应注明原因，报有关领导批准并办理消账手续。

4. 资产处置。回收的固定资产由使用部门提出处理汇行政部报组委会审批后调拨有关部门使用。

七、大会结束后，各部门负责经费物资的人员，必须将分管的财产物资办妥交接手续后，方可回原单位。

八、各部门可根据本办法制定本部门器材、物资使用管理规定。

九、本办法自发文之日起执行。

中华人民共和国第九届运动会

筹备委员会

二〇〇一年四月三十日

关于做好第六届全国农运会筹备期间接待工作的规定

为做好第六届全国农运会筹备期间的接待工作，根据《××××通知》（××委办〔××××〕××号）和《国家体育总局关于印发〈第六届全国农运会经费开支标准和财务管理办法〉的通知》的有关要求，结合第六届全国农运会筹备期间的实际情况，特作如下规定：

一、接待范围

1. 国家体育总局和中央有关部门来第六届全国农运会泉州市筹委会（以下简称市筹委会）检查工作的领导及工作人员。

2. 有关省、市、自治区体育部门负责同志及工作人员。

3. 市筹委会及各部门召开有关会议的参加人员。

二、接待分工

按照归口接待、分级负责的要求办理，具体分工如下：

1. 国家体育总局和中央有关部门领导及有关省市体育局领导由市筹委会办公室负责安排接待。

2. 总局司、中心有关人员和有关部门的工作人员，由市筹委会各部门对口负责安排接待。

3. 市筹委会召开的会议由行政部负责安排；各部门召开的业务会议由召开部门负责安排。

三、接待驻地

1. 由市筹委会负责接待的来宾和市筹委会召开的会议及各部门业务会议原则上安排在××宾馆、××大厦或××宾馆。

2. 参加第六届全国农运会筹备工作的外埠工作人员原则上安排在××住宿。

3. 组委会有关人员在××的住宿另行安排。

四、食宿标准

1. 住宿标准：来宾和上级检查工作的人员，副部级以上安排住套间，厅局级安排住单间，其他人员住双人标准间。参加第六届全国农运会筹备工作的外埠人员一律住双人间。

2. 就餐标准：除宴请外，由市筹委会负责接待的有关人员工作餐标准为每人每天100元；参加筹备工作的外埠工作人员每人每天补助30元。

3. 会议的食宿标准按会议有关规定执行，即每人每天230元包干。

前来市筹委会考察第六届全国农运会工作的各省、市体育部门有关人员原则上食宿费用自理，标准由客人自定。

五、陪餐

国家体育总局、中央有关部门和各省市体育部门的来客，原则上由对等领导出面陪餐一次，陪餐地点要安排有地方风味的酒店或所住宾馆酒店按“一要热情、二要节约”的原则做好接待，控制陪同人数。

六、组织协调

1. 来宾和有关人员的接待工作及有关会议的安排由对口部门作出经费预算经行政部审核，报市筹委会有关领导批准后执行。

2. 临时需接待的客人，由对口部门先口头通知行政部，后办理有关手续。

3. 来宾的迎送工作由对口接待部门负责。按不同对象安排好食宿、交通（除部级领导安排专车外，其他人员原则上集体乘车）并做好返程票务工作。

中华人民共和国第六届全国农民运动会泉州市筹备委员会

二〇〇八年八月二十日

第六届全国农运会来宾接待工作规则

一、实行来宾接待“条条为主，条块结合”的工作机制

（一）市行政接待部负责来宾的所有接待工作。市行政接待部在定点酒店和相关机场、火车站设立接待站作为其派出机构，接受行政接待部直接领导接待站（实行接待经费包干的单项竞委会接待站同时接受单项竞委会的领导）。按组委会的接待规定全权负责定点酒店和接、送机（站）的所有接待工作。接待站遇到规定外的特殊接待事项，应由接待站站长直接向市行政接待部报告，并按市行政接待部的意见办理。

（二）接待裁判员、运动员的定点酒店接待站，在接受行政接待部统一领导的同时，还必须接受单项竞委会的业务指导。单项竞委会接待处主要负责定点酒店之外的竞赛场地的后勤接待工作。单项竞委会在定点酒店所需的接待事项，由单项竞委会接待处事先与接待站站长协调，并协助接待站站长落实接待事项。

（三）县（市、区）政府承办的单项竞委会实行接待经费包干方式。即

由组委会核定竞赛项目所需的接待费用包干给单项竞委会，由承办政府全权负责接待工作。在实际接待工作中，如超出费用应在承办政府的地方财政中支出。实行接待经费包干的定点酒店接待站遇到规定外的特殊开支时，应直接向单项竞委会报告，并按单项竞委会的意见办理。

二、实行接待工作负责制的工作机制

（一）定点酒店接待站站长负责制

1. 接待站由站长、副站长、安保、财务、车辆调度、医卫、卫监、志愿者以及来宾全程陪同人员组成。上述工作人员由组委会相关部（室）和相关县（市、区）政府选派。

2. 接待站实行站长负责制，接待站所有工作人员按业务规定履行好职责外，必须服从接待站站长的统一领导。

3. 接待站长的工作职责。

(1) 负责对定点接待酒店所有硬件设施进行全面检查，确保合格、安全、可靠。

(2) 负责督促定点接待酒店抓好软件建设，按时完成员工的素质培训，确保所有员工都达到岗位标准。

(3) 负责督促定点接待酒店履行好《第六届全国农运会定点接待酒店接待工作责任书》。

(4) 负责接待对象所有信息的收集和汇总。

(5) 负责接待对象的迎、送，嘉宾报到和食宿安排。

(6) 负责接待对象的大会资料、纪念品、证件等材料分发工作。

(7) 负责食谱的落实,督促定点接待酒店履行好《第六届全国农运会食品安全卫生责任状》。

(8) 负责处理超出接待规定的特殊接待事项。

（二）对口接待单位负责制

1. 各省代表团团部人员和嘉宾实行对口单位接待工作机制。

2. 对口接待实行单位主要领导负责制。对口的接待单位成立以主要领导为组长的接待工作小组，负责接待对象的全程陪同服务工作。

3. 对口接待单位工作职责。

(1) 负责收集和汇总接待对象的所有相关信息。

(2) 准确掌握接待对象的所有行程安排,做好接、送机和全程陪同工作。

(3) 负责接待对象有关大会资料、证件、纪念品等领取和分发工作。

(4) 及时了解重要嘉宾的主要活动，妥善处理好重要嘉宾在泉期间的特殊要求。

(三) 接、送机（站）接待站站长负责制

1. 市行政接待部在福州、厦门和泉州设立接、送机（站）接待站，站长由驻榕办、驻厦办主任和市直部门领导担任，成员由驻榕（厦）办和市直部门的干部组成。

2. 接待站实行站长负责制,接待站所有工作人员接受站长的统一领导。

3. 接待站站长的工作职责。

(1) 负责收集掌握来宾往返信息。

(2) 负责联系开通来宾绿色通道。

(3) 负责做好来宾的接、送机工作。

(4) 负责协调省、市对口接待单位按规定礼仪接送重要来宾。

三、实行快速处理特殊接待事项的工作机制

(一) 畅通接待信息反映通道

1. 自上而下通道：组委会—> 行政接待部—> 定点酒店接待站、接机站（点）接待站—> 陪同人员（对口接待单位）。

2. 自下而上通道：来宾—> 陪同人员（对口接待单位）—> 定点酒店接待站、接机站（点）接待站—> 行政接待部（或单项竞委会）—> 组委会。

接待中遇到规定外的特殊情况，由接待站站长或对口接待单位按上述通道迅速反映信息，及时妥善处理。

(二) 有关特殊接待事项须知

1. 接待对象超出组委会规定接待人数的为超编人员,超编人员应给于接待,但费用自理。

2. 接待对象不按规定要求提前到会或推迟离会（裁判员、运动员有效接待时间为报到的前一天至竞赛结束的后两天）的费用自理，对特殊对象的特殊要求应按规定渠道向上报告,妥善处理。

3. 来宾凭与会有效证件在接待站医务室免费就诊,来宾在大会期间受伤或因病需到医院治疗（住院）,由接待站医卫人员、陪同人员和志愿者负责运送、120救护车免费接送，定点医院开通绿色通道，先治疗（住院）后结算、费用由患者自理。患者在医院治疗（住院）期间，所在接待站医卫人员要全程关注其治疗情况。

4. 对有特殊饮食要求的回族等少数民族来宾开设清真餐，设置清真专用厨房和用餐包厢，严格实行单灶单做。

5. 市直部门承办的单项竞委会在定点酒店召开的竞赛、裁判员会议，竞委会临时决定召开的相关会议，经单项竞委会主任批准的特殊人员的食宿安排，经分管市领导批准的特殊人员的宴请等特殊接待，由接待站站长和财务人员确认，费用由组委会结算。

6. 接待站在定点酒店的接待费用由站长和财务结算人员共同确认。

(1) 接待对象自助餐实行“一餐一定，一天一结”方式，即由站长和财务核准并下达下一餐就餐人数，并按此人数与酒店结算；接待站当天的接待费用当天结算。

(2) 酒店的接待氛围布置及其他接待必需品可由站长委托酒店办理。

(3) 超出规定外的接待费用由站长向市行政接待部报告，并按行政接待部的意见办理。

7. 大会期间各定点酒店设夜宵供应点，有比赛任务的裁判员、运动员、记者和因工作需要加夜班的工作人员凭票免费就餐，应事先报接待站站长和财务结算人员确认，其余人员自费。

中华人民共和国第六届农民运动会泉州市筹备工作委员会

二〇〇八年九月二十七日

第五届全国农运会接待工作实施办法

第五届全国农运会定于2004年10月在江西省宜春市举行。为了做好接待工作，特制定本办法。

一、指导思想

以第五届全国农运会为契机，举全市之力，办体育盛会，扬宜春美名，树江西人新形象，促进宜春社会、经济事业的发展。积极发挥接待工作的桥梁和纽带作用，努力做好各项接待工作，以文明、礼貌、热情、周到的服务，让每位来宾高兴而来，满意而归，确保第五届全国农运会圆满、成功。

二、组织机构

第五届全国农运会的接待工作由接待部部长聂小洪同志负总责，来宾接待由接待部统一组织，各责任单位（部室）具体承办，分口实施。

（一）接待工作组织机构

部　长　主持接待部全面工作，负责农运会举办期间贵宾和各代表团团部人员接待工作的组织实施。

副部长　负责农运会筹备期间的接待部的日常工作，负责农运会举办期间所有来宾食、宿的总体划分安排。

副部长　负责农运会筹备、举办期间接待工作的组织协调，组织指挥接机接站工作，安排大型宴请活动，协调处理临时突发情况。

市旅游局长　负责指导农运会筹备期间宾招行业的培训工作和酒店星级评定工作，负责来宾的旅游接待工作。

市卫生局长　负责农运会筹备、举办期间的来宾食宿点和公共场所的卫生防疫，大会医疗救护工作；负责建立农运会医疗、卫生防疫工作应急保障系统；指导、督促做好比赛场馆、宾馆、饭店的食品卫生和定点采购、公共场所卫生、饮水卫生、除害消毒、传染病防治工作。

接待部下设五个处：

1. 办公室。接待部日常工作，组织协调，来宾食宿总体划分，安排大型宴请活动，宾馆的新建改造工作，领导交办的其他工作。

2. 医卫处。协调卫生局长负责的工作，领导交办的其他工作。

3. 旅游接待处。协调旅游局长负责的工作，领导交办的其他工作。

4. 贵宾处。协调市委，市政府接待处长的贵宾接待工作及领导交办的其他工作。

5. 运动员接待处。协调竞赛部的运动员接待及新闻、技术、大型表演部、筹资部等外请人员的接待工作。

（二）接待部工作任务

1. 负责农运的食宿、卫生、防疫、旅游等的筹备工作。

2. 负责大会期间接待工作的指挥和协调。

3. 负责来宾信息的收集汇总。

4. 负责监督指导定点接待单位完善硬件设施，规范服务行为。

5. 负责大会期间的卫生防疫和医疗救护工作。

6. 对抽调的接待工作人员和定点接待单位的有关人员进行培训。

7. 组织做好参会贵宾、团部人员、总局、省级领导及组委会工作人员的接待工作。协助各部（室）做好运动员、教练员、裁判员、新闻记者、广电传输人员、外请演职人员、观摩人员等的接待工作。

8. 对定点接待单位制定出住宿餐饮标准并签订责任书。

9. 完成领导交办的其他工作。

三、职责划分

（一）接待方式

根据第五届全国农运会的要求和宜春的实际情况，农运会接待工作采取统分结合的方式进行。

1. 统，即统一组织指挥，统一质量标准，统一服务要求，统一培训人员，统一调配车辆，统一划分宾馆，统一制定食谱，统一设立来宾接待站。

2. 分，即分对象，分任务，分部门（部室），分职责，分口接送来宾，分头安排食宿，分别组织活动，包干到部门，责任到人头。

3. 凡有农运会来宾接待任务的县（市、区）和市直各有关部门，要成立第五届全国农运会工作办公室，在第五届全国农运会筹委会的统一部署下，负责协调解决本辖区接待工作的各种具体问题，整治社会治安，督促宾馆饭店改善住宿条件和服务质量，对餐饮业加强管理，改善社区卫生环境等，确保接待工作顺利进行。

（二）接待对象

1. 运动员、教练员约5000人，裁判员约800人（需安排住宿的约200人），计5200人。

2. 各代表团团部人员约500人，其中副省级领导约80人。

3. 贵宾及省内副厅级以上领导和随员等约300人。

4. 新闻记者、广电人员等约500人。

5. 参加开幕式演出的外请演职人员约60人。

6. 各省观摩人员约1000人（含群先代表500人）。

合计约7560人。

（三）责任划分

根据责任划分，以下各责任单位对来宾的往返信息、迎接欢送、食宿安排、参加宴会、出席大型活动（开、闭幕式和各种会议）、开展活动（即运动员参加比赛、记者采访、贵宾及团部人员参观宜春市容市貌和市内景点及开展联谊活动等）、票证办理（餐券、宴会请柬、晚会门票、观看比赛门票、返程车票机票等）、车辆等一切事务包干负责，责任到底。

1. 接待部贵宾处负责接待中央首长、国家部委司局长以上领导、组委会官员、国家体育总局工作人员、特邀嘉宾和省内厅级以上领导及随员、各代表团团部人员等贵宾，×××同志为第一责任人，市级有关部门（单位）具体负责接待，参加接待单位的一把手为具体责任人，具体分工如下。

群先会：	市农业局
北京代表团：	市中级法院
天津代表团：	市检察院
河北代表团：	市计委
山西代表团：	市人事局
内蒙古代表团：	市劳动局
辽宁代表团：	市审计局
吉林代表团：	市物价局
黑龙江代表团：	市外贸局
上海代表团：	市工商局
江苏代表团：	市财政局
浙江代表团：	市供电局
安徽代表团：	市质监局
福建代表团：	市征费局
江西代表团：	市移动公司
山东代表团：	市烟草局
河南代表团：	市电信公司
湖南代表团：	市石油公司
湖北代表团：	市粮食局
广东代表团：	市人民银行
海南代表团：	市农业银行
重庆代表团：	市建设银行
贵州代表团：	市农发行
云南代表团：	市中国银行
西藏代表团：	市工商银行
陕西代表团：	市林业局
甘肃代表团：	市科委
青海代表团：	市教育局
宁夏代表团：	市计生委
新疆代表团：	市广电局

台湾代表团：	市对台办
四川代表团：	市民政局

2. 竞赛部负责接待运动员、领队、教练员、裁判员、仲裁人员（含国家体育总局派驻各单项竞委会的工作人员、器材赞助商），胡衍庆同志为第一责任人。14 个竞委会在竞赛部的领导下具体承担接待任务，各竞委会负责人为具体责任人。

田径：	市卫生局
乒乓球：	市邮政局
篮球：	市交通局
游泳：	市筹委会
摔跤：	市公路分局
象棋：	市税务局
自行车：	袁州区
武术：	市城建局
民兵三项：	军分区
龙舟：	市水电局
舞龙舞狮：	市国税局
风筝：	樟树市
毽球花毽：	市国土局
钓鱼：	市钓鱼协会

3. 新闻宣传部负责接待外地来宜新闻记者，xxx同志为第一责任人。

4. 技术部负责接待外地信息服务、广电传输人员，xxx同志为第一责任人。

5. 大型活动部负责接待开、闭幕式外地编导、主持人、演员及其他人员，xxx同志为第一责任人。

6. 港、澳及外国来宾，由接待部贵宾接待处负责安排，市外事办具体负责接待，市外事办主任为第一责任人。

7. 台湾来宾（团部人员、领队、运动员、教练员、记者），由接待部贵宾接待处负责安排，市台办具体负责接待，市台办主任为第一责任人。

台湾观摩人员由旅游接待处指导旅行社按观摩人员常规程序接待，并报市台办备案。

8. 筹资部负责接待主赞助商和特邀赞助商，由接待部贵宾处负责安排，xxx同志为第一责任人。

9. 观摩人员，由旅游接待处负责组织旅行社进行接待，×××同志为第一责任人。

四、票证管理

(一) 个人证件

1. 贵宾及随行人员、团部人员、运动员、教练员、裁判员、新闻记者、广电传输人员、演职人员、观摩人员等来宾的证件，由各责任单位按责任划分负责收集来宾的照片、身份证号码等，并送安保部及时办证。

2. 各部门工作人员证件，由各部门负责与安保部衔接办理。市级对口接待部门工作人员及医护、卫生监督、防疫人员、抽调车辆驾驶员及带车领导等所需的工作证，由接待部办公室、医卫处分别负责与交通部、安保部衔接办理。

3. 各部门收集的办证资料，必须按要求填表。

(二) 车辆通行证

1. 交通部抽调车辆的通行证，由交通部负责与安保部衔接办理。

2. 团部对口接待单位车辆及外地代表团团部领导自带车辆的通行证，由接待部贵宾处负责与安保部衔接办理。

3. 省、市领导接待用车的通行证，由贵宾处负责办理。

4. 定点宾馆食品采购车、医卫保障车由接待部医卫处与安保部衔接办理。

5. 14 个项目责任单位会期工作用车由竞赛部负责办理。

(三) 大型活动入场证

1. 来宾参加开、闭幕式的入场券由各责任单位到筹委会有关部门领取，并按责任划分各自负责分发给所接待的来宾。

2. 本市有关人员参加开、闭幕式和宴会的安排名单由办公室确定，请柬印制由办公室负责，请柬分送由各责任单位负责。

五、来宾接送

(一) 站点设置

1. 从运动会规定报到之日起至运动会结束日，组委会接待部负责与有关部门衔接，分别在南昌机场、长沙黄花机场、宜春火车站、宜春市汽车客运总站统一设立来宾接待站。各有关部室按照职责划分，组织人员和车辆迎接来宾。

2. 接待站于运动会截止报到之日 20:00 时撤销，此后抵达宜春的来宾，由各对口接待责任单位接机接站。

接机接站工作实施方案另发。

（二）接机接站

1. 贵宾由贵宾接待处派人派车迎接。对重要来宾（国家部委司局长以上领导、代表团团长、组委会官员）要按规定礼仪迎接（方案另发）。

2. 代表团团部人员由团部接待处负责组织协调市级对口接待单位一把手带车迎接，所需车辆由对口单位提供。

3. 需派专车迎接的有关重要来宾（如外请演职人员、广电传输人员及其他重要工作人员等），由各相关部（室）负责组织人员并派车迎接。

4. 运动员、教练员、裁判员由竞赛部负责衔接和指导分流，所需车辆由接待站统一安排，及时将来宾送到各驻地宾馆。

5. 其他来宾，由各相关部（室）按责任划分由对口负责接待的部门组织迎接，所需车辆由接待站统一安排。

6. 观摩人员由旅游接待处组织旅游社迎接，所需车辆由旅游社负责落实。

7. 礼仪迎接。对需要献花的重要来宾（国家部委司局长以上领导、团部领导、组委会官员、特邀嘉宾、著名演员、重要外宾及领导指定的其他有关人员等）由对口责任单位事前专人向来宾接待站站长报告，报告内容为来宾人数、领导姓名、到达时间、接待单位、车辆状况。接待站站长组织人员按规定礼仪迎接（鲜花由火车站和机场接待站分别负责采购和管理）。

8. 设置绿色通道。为保证来宾出（进）站快捷方便，在南昌和长沙机场和宜春火车站开辟来宾专用绿色通道。

9. 迎宾引道。迎接来宾时，贵宾和各代表团团长由安保部负责引道车，负责南昌和长沙机场或宜春火车站至来宾所住宾馆的引道工作。需带引道车到南昌和长沙迎接贵宾的，由各相关部（室）主动与安保部衔接。安保部根据实际需要及时派车引道。引道车总协调为安保部×××同志。

（三）来宾返程

1. 筹建票务中心，由交通处负责与民航、火车站联系，根据来宾返程情况，提前制定各线路需票计划，并负责按大会统一规定，各部门接待处及各项目竞委会务必在收集来宾人员信息的同时向交通部报送《第五届全国农运会返程车（机）票预订登记表》，在票务中心办理返程票务。

2. 各部门接待处及各竞委会必须于运动会开始之日的17:00时前向大会

票务中心报送《第五届全国农运会返程车（机）票登记表》，并交付全额票款，办理购票手续。未在规定时间内办理订票手续的，一律视为自行解决交通工具或不要求提供返程票务服务。

3. 来宾离宜，由接待单位负责按迎接时的规格和实际需要，安排车辆和礼仪，热情周到、安全快速地将来宾疏散离宜。

六、来宾食宿

（一）来宾住宿

1. 来宾住宿安排，由接待部根据来宾数量，并提出分配意见，经组委会审定后执行。

2. 所有来宾一律根据组委会安排，到指定的宾馆饭店住宿。超过规定住宿天数的，费用自理。

3. 各定点接待宾馆、饭店、招待所未经接待部的许可，不得擅自接待农运会之外的客人。

4. 大会超编人员食宿大会安排，费用自理。

（二）来宾就餐

1. 所有来宾一律凭餐券就餐（贵宾除外），定点使用；新闻记者可凭记者证和餐券在农运会所有的指定接待点就餐。

2. 来宾就餐一律采用自助餐方式。

3. 所有接待点必须按大会统一编制的食谱供应餐食，并在餐厅标明食品品名，设置自助调味台。

4. 关心照顾好临时伤病人员，做好病号饭。

5. 尊重少数民族的生活习惯，按需要开设清真餐，设置清真餐厅或餐桌，严格实行单灶、单做，厨具、餐具、食具三分开。

6. 承担新闻记者接待任务的宾馆，早餐开至10:00时，夜间因记者要加班工作，22:00—24:00时要开设夜宵。

七、卫生防疫

（一）市卫生局负责组织建立卫生防疫工作应急保障系统，指导、督促做好宾馆、饭店、公共场所的食品卫生、饮用水卫生、除害消毒、传染病防治等工作。建立健全公共场所卫生管理制度，杜绝传染病暴发流行和影响健康事故的发生。

（二）由市卫生防疫站负责对社会餐馆食品加强监督，搞好疫病防治，杜绝食物中毒和流行病的发生。

（三）为了确保来宾饮食安全，卫生防疫部门要在所有的指定接待点各派驻两名食品卫生监督员，对食品从原料采购到菜肴上桌的全过程进行卫生监督。为确保食品安全，由接待部确定食品采购点10～20家，猪牛羊定点宰杀点两个，以供各接待点采购所需的食品原料。

八、医疗救护

（一）为保证农运会伤病员能得到及时救治，根据来宾驻地和赛场位置，由市卫生局指定数家医院为农运会定点医院，并在市中心医院建立农运会来宾急救中心。各定点医院要成立医疗救护领导小组，落实专人负责，24小时应诊。

（二）在所有指定接待点设立医务室，实行24小时值班制；党和国家领导人、国家各部委领导驻地医务室增派一名副主任医师。

（三）来宾在宜春期间因常见病（如感冒）或轻度创伤，可在驻点医务室治疗，费用由大会负担；因突发疾病或以外受伤的，则应到医院门诊部或住院治疗，所发生的费用由来宾自理。

（四）农运会14个项目竞赛场地的医疗救护工作，由城区的指定医院承担，救护车上由外科医生、护士、驾驶员组成救护小组，配备急救药品和器械，每天按时到竞赛场地待命，服从各竞委会统一指挥。

（五）农运会开、闭幕式医疗救护工作由市第一人民医院承担。

（六）大会卫生防疫和医疗服务的具体内容及管理办法详见《医卫方案及管理办法》。

九、交通用车

农运会来宾在宜期间的交通运输，由农运会交通部按照“统分结合，包干使用”的原则组织实施。

（一）车辆配置

1. 贵宾（包括党和国家领导、国家部委领导、特邀嘉宾、组委会官员、外宾、主赞助商及特邀赞助商）用车标准：副省级以上配2.0排量以上档次轿车；正副厅级领导配1.8排量以上档次轿车；其余配普通小轿车、中巴或大巴车。

2. 各代表团团部人员用车，由指定的市级对口接待单位负责提供。配车标准与贵宾用车相同。

3. 其余人员（包括运动员、裁判员、新闻记者、演员、工作人员等）用车，使用大会配给各部门的大客车和抽调车辆。

4. 观摩人员用车，由旅游接待处组织承担观摩团接待任务的旅行社负责落实，费用由观摩人员自理。

（二）车辆抽调

除政府新购车辆和包租专业运输车辆外，其余的从各县（市、区）和市级单位、部队、市公共汽车公司抽调足够数量的小车、中巴车和大客车供大会使用，由交通部负责。

（三）车辆使用和管理

1. 所需车辆由农运会交通部统一抽调，统一分配。

2. 农运会各接待部门自行负责所分配车辆的使用调度和日常管理。如因工作需要，交通部有权对分配给各部门使用的车辆实施统一调度。

3. 农运会全部用车都必须办理车辆保险。抽调车辆会期油料由交通部统一管理和发放。

4. 农运会会期所抽调的各类车辆，必须保证面貌整洁，车况良好，所抽车辆报到前必须经车管部门检验合格。驾驶员必须有良好的思想素质、熟练的驾驶技术、高度负责的工作态度，并经过严格培训后方可参与接待。

5. 来宾在宜期间乘坐市内公共汽车，凭大会有效证件，一律免费。

十、经费管理

会期接待经费由财务部统一管理，接待部和相关部门协助。

（一）食宿费用

1. 食宿费用由财务部指派核算员负责结算。

2. 超过大会规定人员的食宿费按规定标准收取。财务部派一名核算员负责收取费用、发放餐券、结算食宿费用。

3. 观摩人员的食宿大会不作安排，由旅游接待部自行负责。

4. 工作人员的就餐问题。工作人员原则上不在大会就餐，因工作需要必须在大会就餐的工作人员，在相应的宾馆凭票进餐；对口接待单位的工作人员在团部人员驻地凭工作证就餐；项目责任单位工作人员在各竞委会驻地凭餐券就餐；接站人员因要24小时值班，在接站地点按标准食宿，具体标准由财务部核准。

5. 驻会人员的有关问题。外埠抽调的工作人员住宿由大会安排，凡在比赛举办地抽调的工作人员、裁判员在不影响工作的前提下不安排住宿，应工作需要必须驻会的本地工作人员各部门要严格控制。各接待宾馆原则上只安排以下工作人员用房：即驻点的医卫人员、食品卫生监督人员、安保人员、核算员、食宿联络员、司机等。各竞委会在主要驻点宾馆设工作用房，团部接待处在代表团团部驻地宾馆设工作用房，除此之外，各接待宾馆不得随意开房。所有工作用房及工作人员用房使用经济房。接站人员因要24小时值班，接站期间需在火车站附近宾馆安排1～2间工作房，供接站人员夜间休息。

6. 餐券的领取和发放。餐券由各驻点宾馆的财务核算员在会前到财务部统一领取。来宾的餐券在办妥报到手续后由财务核算员一次性发给。需在大会就餐的工作人员的餐券，由各部室、竞委会提供人员花名册及需就餐天数，经财务部审核后，到相应驻点宾馆财务核算员处领取。

（二）医疗费用

来宾在宜期间因常见病（如感冒）或轻度创伤，可在驻点医务室治疗，费用由大会负担；因突发疾病或以外受伤的，须到医院门诊部或住院治疗，所发生的医疗费由来宾自付。

（三）车辆费用

1. 会期所需车辆统一由交通部抽调和租借，各部室不得自行租用车辆。

2. 抽调车辆所用油料由交通部按《油料管理办法》进行管理，在财务部指定的加油站定点加油，其费用由定点加油站向财务部结算。

3. 抽调车辆不付租车费，发生的过桥、过路、停车、洗车费和抽调驾驶员及带车领导会期行车补助费由交通部审签后，回原单位据实报销。所有车辆维修费均由供车单位自行负担。

（四）其他问题

1. 各种收费，包括团部人员、运动员、教练员、记者的食宿费，超编人员的收费等等，由财务部指派的核算员统一收取，除此之外，任何人不得收费。

2. 各部室、各竞委会不得自行宴请和赠送礼品等，如确因工作需要，须报经组委会领导同意后方可办理。会期一切收支由财务部统一管理，其余部门及财务部派驻各宾馆的核算员无权决定支出事项。

3. 在会期发生的通讯费用，一律由来宾自理。

十一、来宾观摩

（一）农运会来宾和观摩人员到省内各地参观考察一律自费，由旅游接待处负责，实行商业运作。

（二）农运会旅游接待处负责宣传促销，帮助联系开、闭幕式门票，提供观光线路，联系旅行社。

（三）旅行社按照国家旅游法规与观摩团签定合同，认真履行观光内容承诺，保障旅游者的财物和人身安全。

（四）旅游主管部门要加大旅行社管理力度，在农运会期间杜绝竞相刹价、不公平竞争现象发生。非指定驻店旅行社不得到来宾驻地组织旅游活动。会后要进行总结评比，评比结果纳入旅行社年检内容，对违规的旅行社要进行严肃处理。

十二、重要礼仪

（一）大会开幕的晚上举行迎宾招待会。

1. 参会副省长以上领导集中宴请。由组委会办公室和接待部贵宾处制定方案，并承办具体事务。

2. 其他参会来宾分别在各自驻地宾馆参加宴请，由负责接待的各处承办，市级四大班子领导成员分头参加。

3. 迎宾招待会实施方案由组委会办公室和接待部负责制定，各接待点和接待责任单位负责实施。

迎宾招待会实施方案另发。

（二）农运会期间省、市领导迎送、看望、陪同贵宾，以及参加重要活动的日程安排，由办公室负责制定方案，印制活动日程表，各责任单位按责任划分具体实施。

（三）副省级及其以上职务的领导参加开、闭幕式等重要礼仪活动，按职责划分要求，由相关部（室）负责安排人员和车辆，统一组织领导乘坐面包车前往。

十三、驻点工作人员职责

参与农运会各接待点的工作人员，由各责任单位分别从市级部门抽调，抽调人员要服从各接待处管理，对违反工作纪律和出现工作失误的单位和个人要追究责任。

（一）住宿餐饮联络员职责

1. 负责来宾报到工作，打印来宾联络表，并及时发至各部室，安排来宾住宿房间，随时掌握床位变化情况，及时清退房间，做到节约不浪费；建立本住宿点来宾到达和离宜台账，向领导提供重要来宾到达和返程信息。

2. 负责随时与宾馆代表总经理的联系人进行衔接，负责指导服务员摆放提示卡，负责处理突发事件和临时变动的情况。

3. 负责会议室使用的合理安排。

4. 随时掌握来宾进餐人数并及时通知餐厅经理。

5. 负责检查餐厅前堂日常工作（如清真餐的设置、做病号饭、摆放鲜花、每餐更换小调味台、开放轻音乐、增添汤菜、准备消毒热毛巾等）是否符合大会进餐要求。

6. 负责食谱的落实，征求客人对食品的意见，每日书面向接待部宾馆处反馈来宾的意见。

7. 完成领导安排的临时性工作。

8. 配合核算员做好有关经费的核算工作。

（二）车辆协管员职责

1. 负责拟定各部室、各竞委会接待用车计划，并按各部室、竞委会领导要求和接待、竞赛需要安排调度车辆。

2. 在接机接站工作中，负责衔接车辆调度与接机接站驾驶员之间的工作，及时准确地将车辆调至接待站，使用车得到保障。

3. 协助来宾做好来宾返程票的购买联系工作。

4. 完成领导安排的临时性工作。

（三）财务核算员职责

1. 负责收取食宿费，发放餐券，统计收集就餐券。

2. 负责随时掌握来宾的住宿、餐饮情况。

3. 认真、准确、清楚地填写经费开支一览表。

4. 执行财务部规定的职责。

5. 配合食宿联络员做好来宾的食宿接待工作。

6. 完成领导安排的临时性工作。

（四）医护人员职责

1. 负责在会期医务室配备常备药品和急诊急救药械。

2. 做好来宾就诊记录，每日将来宾就诊情况填表报送接待部医卫处。

3. 负责与驻点的食品卫生监督员联系，发现有传染病或疑似传染病必须立即逐级报告。驻点的医疗卫生单位的医务人员均为法定报告人。

4. 24 小时坚守工作岗位，必须佩证上岗，每晚 10 时到来宾房间巡诊。

（五）食品卫生监督员职责

1. 负责对大会接待单位进行《食品卫生法》的宣传，对接待点的食品从原料采购、生产制作到菜肴上桌的全过程实行跟踪监督，确保供餐食品卫生安全。

2. 负责检查监督接待单位的卫生状况，督促其限期改进，预防食物中毒事故的发生。

3. 负责对违反食品卫生法的事件进行调查或现场行政处罚，采取控制措施，依法进行查处。

4. 如发现食品卫生重大问题，及时书面向上级有关部门和农运会接待部报告。

5. 必须坚守工作岗位，认真按大会要求履行监督职责，保证食品卫生和食品安全。

（六）驻地安保执勤人员职责

1. 负责来宾食、住、行的安全保卫工作。

2. 执行安保部规定的职责。

（七）宾馆联系人员职责

1. 该人员为宾馆总经理代表，负责与驻点住宿餐饮联络员联系，解决处理该宾馆突发事件和处理临时变动的情况，完成领导安排的其他事项。

2. 负责宾馆一切工作，如遇不能处理的事情要及时汇报总经理和农运会接待部。

十四、新建改造职责

1. 锦秀山庄　　　　　　负责人：×××

新、扩建床位 200 个（包括别墅群），标准为四星级，投入资金 900 万元，开工时间 2003 年 4 月，完工时间 2004 年 4 月；改造床位 204 个，改造餐位 700 个，改造标准为四星级，投入资金 783 万元，开工时间 2002 年 11 月，完工时间 2003 年 6 月。

2. 宜春宾馆　　　　　　负责人：×××

新、扩建床位 200 个，标准为三星级，投入资金 660 万元，开工时间 2003 年 4 月，完工时间 2004 年 4 月；改造床位 248 个，改造标准为三星级，投入资金 100 万元，开工时间 2002 年 11 月，完工时间 2003 年。

3. 阳光大酒店　　　　　负责人：×××

新、扩建床位 40 个，标准为四星级，投入资金 200 万元，开工时间 2002 年 11 月，完工时间 2003 年 6 月；改造床位 160 个，改造餐位 650 个，改造标准为四星级，投入资金 350 万元，开工时间 2002 年 12 月，完工时间2003年12月。

(其他新建改造宾馆　略)

十五、成立“迎农运宾招行业执法服务大队”

为促进宾招接待单位按照农运会接待的要求，搞好各宾馆饭店设施的新建改造工作，成立“迎农运宾招行业执法服务大队”。

1. 服务大队的职责

(1) 监督执行市委、市政府有关饭店业的各项优惠政策和措施；

(2) 协调解决各饭店新建改造出现的情况和问题，为宾招单位提供优质服务；

(3) 督促检查各饭店的工作；

(4) 完成市筹委会交办的与农运会有关的各项工作。

2. 服务大队的组织形式

(1) 人员：从各有关职能部门抽调具体从事宾招行业管理科室的科长(主任) 组成，不与原单位工作脱钩。

(2) 抽调人员的单位：公安局、工商局、旅游局、供电局、城建局、城管局、消防支队、土管局、财政局、质监局、安监局、劳动局、双优办、防疫站、房管局、自来水公司、煤气公司等。

(3) 管理：服务大队直属市筹委会，在市委、市政府和市筹委会的领导下开展工作。由××同志兼任大队长，×××同志兼副大队长，日常工作由副大队长负责。抽调人员平时在原单位工作，根据有事即到的原则，承办农运会筹委会布置的工作，并把完成工作的情况列入抽调人员的年度考核内容。

3. 农运宾招行业执法服务大队成员名单 (略)

第五届全国农运会接待站工作职责及工作流程

第五届全国农运会接待实行接待部统一领导，由接待站综合负责接待点全面工作。

一、工作人员职责

(一) 站长职责

1. 负责领导接待点所有接待工作。

2. 负责接待对象的信息收集。

3. 负责接待对象的接机接站工作和送机送站工作。

4. 负责接待对象返程票务的协调和联系工作。

5. 负责接待对象的食宿安排工作。

6. 负责接待对象在宜期间的交通保障工作。

7. 负责接待对象旅游需求的协调联系工作。

8. 负责领导和指挥接待点的医疗保障、卫生监督、安全保卫、财务结算工作。

9. 负责接待责任单位派驻人员的管理工作。

10. 对接待点所有设施进行全面检查，确保合格、安全、可靠。

11. 负责欢迎酒会的组织。

12. 完善接待点的硬件建设，抓好软件建设，抓好试运转工作，完善整改工作，协调解决接待点农运筹备工作中的问题，如难以解决，可提交筹委会接待工作总联络员解决。

13. 每天总结当天工作，安排次日工作。

14. 参加接待部每天晚上的零点会议，汇报当天和次日工作，听从接待部的指挥安排。

（二）副站长（由对口接待单位后勤处长兼任）职责

1. 负责来宾报到工作，打印来宾联络表，并及时发至各部室，安排来宾住宿房间。随时掌握床位变化情况，及时清退房间；建立住宿点来宾到达和离宜台账，向领导提供来宾到达和近程信息。

2. 负责随时与宾馆总经理进行衔接，指导服务员摆放提示卡，处理突发和临时变动情况。

3. 负责会议室使用和管理。

4. 负责掌握来宾就餐人数并及时通知餐厅经理。

5. 负责检查餐厅前堂日常工作（如清真餐的设置、做病号饭、摆放鲜花、每餐更换小调味台、开放轻音乐、增添汤菜、准备消毒毛巾等）是否符合大会进餐要求。

6. 负责食谱的落实，征求客人对食品的意见，每日书面向站长和接待部综合处反馈来宾意见。

7. 配合财务核算员做好来宾收费工作。

8. 完成站长安排的其他工作。

（三）宾馆总经理职责

1. 服从站长统一指挥和领导。

2. 执行农运会的接待标准，负责农运会接待工作的落实。

3. 对宾馆所有设施进行全面检查，确保合格、安全、可靠，确保正常运行。

4. 加强宾馆内部管理，确保宾馆所有员工服务、服从农运会接待工作。

（四）客房部经理职责

1. 管理好前厅、客房部工作。

2. 确保客房数量和质量。

3. 确保客房用品全新，每天摆放水果。

4. 加强前厅管理，简化入住手续，确保来宾尽快入住。

5. 服从接待站长的领导，完成接待站长交办的其他工作。

（五）餐饮部经理职责

1. 按照农运会接待要求，及时为来宾提供卫生、安全、可口的餐饮服务。

2. 严格按照大会要求摆放好自助餐台，摆放好小调味台。

3. 根据接待工作需要，做好病号饭。

4. 根据来宾需求，开设好清真餐。

5. 根据工作需要，开好夜餐。

6. 服从接待站长的领导，完成接待站长交办的其他工作。

（六）财务核算员职责

1. 负责收发餐券，统计收集就餐餐券。

2. 负责掌握来宾的住宿、餐饮情况。

3. 认真、准确、清楚地填写经费开支一览表。

4. 配合做好来宾的食宿接待工作。

5. 执行财务部规定的职责。

6. 服从接待站长的领导，完成接待站长交办的其他工作。

（七）返程票务员职责

1. 掌握来宾返程信息。

2. 做好来宾返程票的购买联系工作。

3. 负责来宾旅游信息的收集工作，并及时与旅游部协调。

4. 完成领导安排的临时性工作。

5. 服从接待站长的领导，完成接待站长交办的其他工作。

（八）医护人员职责

1. 负责大会期间驻地医务室常备药品和急诊急救药械的配备。

2. 做好来宾就诊记录。每日将来宾就诊情况填表报送医卫部。

3. 负责与驻点的食品卫生监督员联系，发现有传染病或疑似传染病必须立即逐级报告。驻点的医务人员均为法定报告人。

4. 必须佩证上岗，24小时坚守工作岗位。

5. 执行医卫部规定的职责。

6. 服从接待站长的领导，完成接待站长交办的其他工作。

（九）食品卫生监督员职责

1. 负责对大会接待单位进行《食品卫生法》的宣传，对接待点的食品从原料采购、生产制作到菜肴上桌的全过程实行跟踪监督，对所有的采购食品进行抽样并封存，确保供餐食品卫生安全。

2. 负责检查监督接待单位的卫生状况，督促其限期改进。预防食物中毒事故的发生。

3. 如发现食品卫生重大问题，及时书面向上级有关部门和医卫部报告。

4. 必须坚守工作岗位，认真按大会要求履行监督职责。保证食品卫生和食品安全。

5. 执行医卫部规定的职责。

6. 服从接待站长的领导，完成接待站长交办的其他工作。

（十）驻地安保执勤人员职责

1. 负责来宾食、宿、行和消防的安全保卫工作。

2. 执行安保部规定的职责。

3. 服从接待站长的领导，完成接待站长交办的其他工作。

（十一）车辆协管人员职责

1. 负责车辆的调度。

2. 负责司机的管理。

3. 确保接待用车。

4. 服从接待站长的领导，完成接待站长交办的其他工作。

二、工作流程

（一）信息收集

收集接待点接待对象人数、性别、来宜时间、接机接站地点和时间、返程票信息、离宜时间及方式。接待对象人数及性别可到各对口接待单位索取，来宜时间和接机接站地点和时间、返程票信息、离宜时间可到接待部票务中心索取。为了及时准确掌握来宾信息，也可直接向接待对象收集。

（二）接机接站

组委会接待部在南昌、长沙、宜春设立了接机接站工作站，负责所有来宾的接机接站工作。从南昌和长沙方向来宜的大会规定人员，由南昌、长沙接（送）站统一调配车辆迎接；直接抵达宜春的大会规定人员，由各竞委会和各有关对口部门迎接。

（三）来宾入住

来宾到达宾馆后，由站长和副站长与宾馆客房部经理组织人员，在宾馆门口列队迎接，尽快将客人安排入住。在来宾入房前，将大会需要发放的资料提前放入来宾住房，并在客房摆放水果、鲜花。

（四）用餐

来宾入住登记时，要把餐券发放到客人手中，并把用餐时间告知客人。每餐要提前10分钟准备饭菜。

（五）欢迎酒会

10月17日18:00举行欢迎酒会，大会统一时间，统一菜谱、酒水，统一会场布置，由大会指派专人按统一规格致欢迎辞。酒会的布置制作由接待站长负责，在各接待宾馆举行。

（六）出席开幕式

10月18日举行开幕式，各接待点必须在17:30开餐。18:30安排车辆将来宾送达体育中心，开幕式结束后送回。

（七）大会期间工作用车

组委会交通部为每个对口接待单位配备了大会用车，并分配到各接待点。车辆协管员要根据各接持对象工作需要，制定用车计划，编制车辆运行时间表并发至每一位来宾，确保来宾工作用车。

（八）返程票务工作

来宾入住后，返程票务员要及时与代表团返程票务联络员取得联系，及时将来宾预订的车（机）票送达来宾，对需临时订票的来宾，至少应提前5天与接待部票务中心联系办理。

（九）旅游服务

在前厅总台设置旅游服务咨询台，提供咨询电话，协助旅游部提供旅游接待服务。

（十）其他服务

对来宾提出的个性化要求，要坚持以来宾为本的原则，尽可能结合宜春实际提供服务，如把握不准，可报告接待站长。

（十一）来宾返程

1. 从南昌、长沙离宜的来宾由各责任单位根据返程票务时间，提前5小时以上送至设在宜春汽车客运总站的接送中转站，由中转站统一送往。

2. 从宜春火车站离宜的来宾，由各责任单位送站。

（十二）接待总结

农运会结束后，由接待站长负责总结工作并及时报接待部。

第五届全国农运会指定接待单位工作标准

一、组织标准

1. 每个接待单位必须成立农运接待工作领导小组，由接待单位主要负责人任组长，餐饮、客房、前厅负责人为副组长，其他部门经理为成员。

2. 制定详细的接待工作方案，把工作落实到每一个细节，把责任落实到每一位服务员，工作方案中的每一位工作人员必须提供保持24小时联系的电话号码，随时可找到与工作有关的每一位人员。接待工作方案2004年9月25日下午6:00前报接待部审定。

3. 接待单位必须无条件服从接待部派驻接待站站长的领导。

4. 各接待单位主要负责人从9月1日起未经接待部同意不得外出离开宜春，10月12日至25日必须24小时留在单位。

5. 未经接待部批准，接待单位不得与任何单位签订住房协议，所有客房必须由接待部统一调配和安排。

二、迎宾标准

1. 必须在宾馆门前挂一条“热烈欢迎第五届全国农运会×××下榻我馆”的横幅，两条以上“祝各位来宾身体健康，工作顺利”、“祝第五届全国农运会取得圆满成功”等条幅。

2. 门前和大厅必须摆放鲜花。

3. 在接待单位门口配2名以上迎宾小姐，统一礼仪服装，身披印有“江西人民欢迎您”、“宜春人民欢迎您”的绶带，保证大会报到期间24小时迎接每一位来宾，对贵宾必须送鲜花。

4. 接待单位负责人必须带领单位管理人员在门口迎接来宾，并送上名片，安排人员将来宾及时送至客房。

5. 配2名以上行李生，统一着装，为来宾开门和搬运行礼，并将来宾行李送至客房。

三、前厅标准

1. 前厅服务员要统一着装，站立服务。

2. 前厅服务员必须使用普通话，要使用文明礼貌用语。

3. 大堂区灯光必须保持明亮，要摆放鲜花。

4. 大堂区所有工作人员着装要整洁，要讲究仪容仪表。

5. 保安人员要到岗尽责。

6. 电梯间要有专人把守，随时为来宾提供方便。

7. 大堂副理 24 小时值班，要求在 10 分钟内将来宾安排进房间。

8. 必须把来宾住房安排和会期用车安排张贴在总台显著位置（电脑打印）。

9. 协助接待人员将大会有关资料发放给每一位来宾。

10. 及时将来宾入住情况和客房安排情况报告接待部派驻接待站站长。

11. 来宾入住必须经接待部派驻接待站站长批准，不得擅自开房。

12. 必须设立贵重物品保存间，有明显的标识和用客气的语言提醒来宾将贵重物品进行保存。

13. 二星级以上酒店必须在大堂设立商务中心，为来宾提供传真、复印服务。设小卖部，提供日常用品和宜春特产销售服务。

14. 大堂卫生间必须有明显标识。

15. 在大堂必须张贴酒店功能分布示意图，标明接待站长办公室、总经理办公室、医卫室、保卫室、餐厅、返程票务室、车辆调度人员工作室等保证大会正常运转功能区。

16. 总台设咨询台，为来宾提供旅游、银行等各方面的咨询服务。

四、客房标准

1. 客房墙面必须保持干净，农运会前要刷白一次。

2. 农运会期间，所有床上用品必须换新，固定住客至少 2 天换洗一次床上用品。

3. 客房必须配备拖鞋、纸巾、纸、笔、三巾、茶杯、牙刷牙膏、洗发液、香皂或沐浴液、开水或电热壶、《江西日报》《宜春日报》《宜春晚报》《服务指南》等用品。

4. 家具要保持完好无损，旧家具必须翻新。

5. 所有开关、电器、灯具在来宾入住前要进行检查，确保正常。

6. 卫生间水龙头、淋浴喷头、抽水马桶必须保持完好无损，必须清洁卫生，必须保证24小时供应热水，地上放好防滑垫。

7. 房门锁、反扣锁、窗户锁必须合格可靠。

8. 电话必须保持畅通，根据客人要求开通长途电话。

9. 必须保证客房无蚊虫，宜春学院和宜春职业技术学院要配蚊帐，同时要装纱窗门。

10. 必须保证为大会提供2个以上会议室，要有音响、茶水、服务人员、按大会要求制作会标和席位牌。

五、厨房标准

1. 墙壁应有1.5米以上的瓷砖或其他防潮、防水、可清洗的材料制成的墙裙。

2. 地面应由防水、不吸潮、可清洗的材料建造，具有一定坡度，易于清洗。

3. 配有足够的照明、通风、排烟装置和有效的防蝇、防尘、防鼠以及污水排放和符合卫生要求的存放废弃物设施。

4. 凉菜间：配有专门的冷藏设施、洗涤消毒和符合要求的更衣设施，室内温度不得高于25℃。

5. 蛋糕间：用于制作裱花蛋糕的操作间，应当设置空气消毒装置和符合要求的更衣室及洗手、消毒水池。

六、餐饮标准

1. 厨师、餐厅服务人员必须统一着装，做到干净整洁。

2. 所有餐饮工作人员上岗前要进行体检，合格者才能上岗。

3. 所有餐厅工作人员必须剪指甲。

4. 食品的采购、食品的制作、餐厅卫生等必须服从大会派驻卫生监督人员的领导，要把卫生放在首位。

5. 食品的供应和菜的安排，必须严格按照接待部制定的食谱制作。

6. 自助餐台必须整齐、清洁、安全。

7. 要设立调味台，要摆放有盐、味精、醋、酱油、辣椒酱、蒜泥、糖。

8. 酒杯一律不得使用纸杯或塑料杯等一次性杯子，必须用瓷杯或玻璃杯子。

9. 热菜要有保温设备。

10. 要设立清真餐厅，必须有单独的厨具、厨师、餐厅，食品严格按照清真餐的要求采购（清真餐的制作方案另发）。

11. 餐桌要随时清理。

12. 要有专人负责及时整理菜和添菜。

13. 必须严格按大会规定用餐时间开餐，提前10分钟把所有菜品一次上齐。

14. 农运会期间接待单位不得接待与农运会无关的宴席，确保全力搞好农运接待。

15. 要根据来宾要求，做好病号饭。

七、保安标准

1. 所有接待单位必须配备足够保安人员，24小时值班。

2. 保安人员要统一着保安服。

3. 保安人员必须服从大会派驻安全保卫负责人的领导，严格执行大会安全保卫规定。

4. 各接待单位要空出农运会来宾专用车位，要指挥来宾车辆有序停放，不能收取农运会专用车辆停车费。

5. 大堂必须配2个以上保安，配合做好迎宾和来宾入住工作。

八、工程设施标准

1. 工程部工作人员10月12日至25日24小时值班。

2. 农运会前对所有水、电、气设备进行检修，确保水、电、气的正常运转。

第五届全国农运会指定接待单位工作须知

一、准备工作须知

1. 人员配备要留有余地，确保在农运会期间有足够的人员上岗服务。

2. 全体工作人员要提前做好公私事务的妥善安排，确保在农运会期间有足够的时间和精力投入工作。

3. 抓好新员工的强化培训和老员工的水平提升，确保服务工作规范化，力争个性化。

4. 按照行业惯例备足对来宾服务的用具用品，全面检查一次日用品，外观残缺或功能有损的要及时更换。

5. 全面检修供水供电设备及其他各种备用设施设备，确保农运会期间各类设施设备正常运转。

6. 各指定接待单位要彻底搞好内外清洁卫生，消灭“四害”，消除卫生死角；对招牌、广告牌及霓虹灯要进行检查和维修，杜绝字体残缺、灯管损坏的现象。

7. 前厅大堂挂有国际时钟的，应严格按照时差校准时间。

8. 完善各处的标志牌和指示牌。

9. 在来宾入住前三天召开全体员工大会，进行接待工作再动员，以便激发士气，圆满完成农运会的接待任务。

二、接待礼仪须知

1. 各指定接待单位前设有旗杆的，每天应升降国旗和店旗；旗帜如有破损或过于陈旧的应及时更换。

2. 按照农运会组委会规定的宣传口径，制作并提前悬挂、摆放庆祝及欢迎类的横幅和立牌。

3. 全体工作人员均应佩戴工号牌或名牌，应着装整洁、精神饱满地微笑服务；男士不留长发和大鬓角，女士前发不盖眉后发不及肩，女士上班应画淡妆；全体工作人员不留长指甲，不吃带刺激气味的食物。

4. 工作人员不准随意跑动；不准在宾客面前抽烟；不准吃零食和扎堆聊天；与客人同向行走不抢道；相向行走要提前三、五步站立一旁稍候并向客人微笑致意，待客人走过后方可继续前行。

5. 使用文明礼貌用语和规范服务用语，让客人感到热情、友好。

6. 按照规范，积极主动地为客人提供热情、周到的服务，不与客人争辩，不和客人顶嘴；不能说“你没有说清楚”，可以说“对不起，我刚才没有听清楚”，或是“对不起，请您再说一遍”；不能说“不知道”，可以说“待我了解一下再告诉您，行吗”。

7. 工作人员说话声调不可太高，语速不可太快；工作人员不可使用客用电梯，不可从正门进出，应走员工通道。

8. 来宾到达或离开时，应按相应的礼仪迎送。主宾到达时，由总经理率领中高层管理人员在馆店大堂靠近大门的左侧列队欢迎，总经理及相关人员随后陪同主宾进入其所住的房间；主宾离开时，亦应热情欢送。

9. 主宾下榻的房间，应摆放由总经理具名赠送的花篮并赠送果盘，同时，还应提供3~5种报刊杂志，所有客房均应有总经理具名的欢迎辞。

三、公关（营销部）须知

1. 提前掌握入住来宾（尤其是主宾）的基本情况、在宜日程安排；来宾入住后，应加强沟通联络，及时了解人数变化情况。

2. 在来宾入住前三天与对方联络员再次沟通，告知对方食宿准备情况并征求他们的意见，同时与对方商定房款和押金交付的时间及方式。

3. 通过与入住来宾联络员和组委会接待人员的及时联系，准确了解其抵离时间。

4. 在来宾到达前及居住期间，应将有关信息及时告知有关领导及部门；在接待过程中，应有效地与有关部门沟通，协调好部门对来宾的服务工作。

5. 在来宾到达前半小时和前十分钟，分别将来宾到达时间及时告知本单位负责人及有关部门，以便作好迎接来宾入住准备。

6. 来宾入住期间适逢生日或身体欠佳的，应提供独到的服务。

7. 及时与入住来宾沟通，征询其对本店服务工作的意见和看法，并及时书面转告有关部门，以便改进服务。

8. 对来宾提出的有关服务要求，在法律法规允许和能力所及的范围内应尽力给予满足，同时，该收费的应按规定收费。

9. 及时解决和调处服务过程中出现的问题，力争让来宾满意的同时维护好本店的声誉。

10. 如有可能，可以提前排练好一些文艺节目，以便在农运会期间与入住来宾开展一次联谊活动，使本店、本市在客人心目中留下美好而又深刻的印象。

四、前厅部须知

1. 提前告知保安或门童，在停车场或宾馆门前附近预留足够的停车位，确保接载来宾的车辆到馆店时能顺利停泊在预定的车位。

2. 宾客抵店时，保安或门童应及时引领接载车辆停泊在预定车位，并安排足够的人手和行李推车，帮助来宾卸装行李，入店进房。

3. 前厅部负责办理入住手续的工作人员应在第一时间与对方联络员见面，让联络员先行领取房卡分发到人，以利来宾及时入住；随后，再及时有效地协助对方办好登记、交款等入住手续。

4. 总台应为来宾提供贵重物品和小件行李的寄存服务，要强化制度，加强寄存物品的保管，确保不出疏漏。

5. 应及时准确送达住客的邮件，应掌握邮政特快专递业务部门及其他相关单位的电话号码，以便更好地为来宾提供服务。

6. 做好留言转告服务。

7. 对非工作访客，应为客人保密住店信息，以免打扰来宾。

8. 问讯岗位的工作人员应提前熟知市情，应了解我市主要旅游景区的基本情况，了解市区的娱乐、购物场所的相关情况，掌握有关旅行社的电话号码及可提供的旅游线路的情况，以便回答来宾的咨询。

9. 来宾来到总台时，工作人员应及时致意；如果正在处理业务，则应向来宾致歉；业务处理完毕，应再次致歉并及时提供服务。

10. 考虑到本次接待对象来自全国各地，为了方便客人返程，前厅（商务中心）应有南昌机场、长沙机场、南昌火车站、宜春火车站、宜春长途汽车站的时刻表；为方便来宾在宜春的活动，总台应备有宜春的旅游资料及市区的旅游交通图。

11. 大堂应设来宾休息处并备有一定数量的报纸；应设磁卡公用电话，最好是准备一本来宾所在省份的黄页电话号码簿，为入住来宾提供便利。

12. 各指定接待单位应 24 小时设值班经理，以便及时有效地接受和处理好来宾的投诉，投诉及处理结果均应做好书面记录。

13. 及时做好大堂地面的保洁工作；来宾休息处的烟灰缸如有三个烟头便应及时清理；大门的推拉杆应及时擦拭，以保洁净。

14. 未经农运会接待部书面批准，总台不可擅自安排其他人员入住。

15. 总台应与客房部一道，做好来宾超员入住的思想准备和物质准备。

16. 来宾要求提供叫醒服务的，即使设置了电脑自动叫醒系统，也必须由话务员再按时叫醒一次，以保万无一失。

17. 未实行长途电话费用包月的指定接待单位，应事先锁闭所有客房的长途功能。来宾如有开通长途电话的要求应先交纳押金，费用自理。

18. 大堂内外应摆放一定数量的自然花木；有背景音乐的，应注意选放节奏舒缓、旋律优美的曲目，应注意控制音量，不可形成噪音。

五、客房部须知

1. 电梯或楼梯设在走廊中部的，在电梯或楼梯口迎面的墙壁上，应设置标有左右两侧房号的指示牌，以便来宾寻找自己所入住的房间。

2. 为便于结算，客房内所有收费商品均应在来宾入住前全部撤下，客人如有需要可到小卖部或邻近商铺购买。

3. 客房应有《入住须知》和《服务指南》，内容及文字应符合规范。

4. 客房应按规定配齐配足客用一次性消耗品；运动员、教练员、裁判员入住的馆店应为其提供备用枕头，以利消除疲劳。

5. 接待特殊体形来宾的，应提前为其准备好适宜的卧具。

6. 楼层应有值台员24小时在岗服务。值台员应做好访客及其抵离时间的登记。

7. 必要时，值台员应积极主动地为入住来宾接待访客提供坐具及茶水服务。

8. 到了晚上11时，应委婉提醒访客离店。

9. 掌握入住来宾作息时间的特点，提供相应的配套服务。

10. 服务员进入客房工作时，应按照规定先敲门再进入；来宾如在房内，未经允许不可入内。

11. 服务员整理房间时，应优先整理来宾负责人的房间和已提出请速清扫要求的房间；对于晚上加班报晚的来宾，其房间的清扫整理可以相应安排得晚一些。

12. 服务员整理房间时，不可挪动客人放置的物品。除了倒掉垃圾桶里的杂物外，不要擅自扔掉纸张、包装物及其他看似无用的物品，以免带来意外的麻烦。

13. 服务员做床时，应注意枕套口的朝向，以免给来宾增添麻烦。

14. 中、高档宾馆或酒店，应为来宾提供开夜床服务。

15. 服务人员应根据来宾的需要及时补充饮用水。

16. 客房部应24小时为来宾提供热水服务。

17. 设施设备如出现故障，应及时与工程部联系。力争尽快排除故障，恢复设施设备的使用功能；半小时之内仍然无法排除故障的，条件许可时应为来宾调换房间；无法调换房间时，应向来宾致歉；技术人员在客房排除故障时，如来宾不在房间，客房服务员应自始至终陪同，以免带来不必要的麻烦。

18. 来宾离店返程时，服务员应全面检查客房，清理来宾遗忘的物品，并按房号和床位进行登记，如果无法马上交还给失主的，应及时报告农运会接待部，以便作好后续处理。

六、餐饮部

1. 提前与入住来宾的联络员取得联系，了解来宾的饮食习惯和相关要求。

2. 提前研究来宾所在省份有代表性的菜系，在餐标许可的前提下拟订出若干份富有特色、符合来宾口味的菜谱，以便在接待时灵活使用。

3. 提前研究入住来宾所在省份有代表性的早点小吃，力争为其提供所喜爱的早餐品种，使来宾有宾至如归的感觉。

4. 有少数民族入住时，更应对其生活习俗及餐饮习惯的特殊性有充分的了解；确保单独安排进餐场所并设置标志牌；厨具、餐具和食具不可混杂使用，待加工的原材料不可混杂放置，食物不可混杂传递。

5. 在不与来宾饮食习惯发生冲突的前提下，可酌情安排少量的宜春特色菜，并在上菜时由服务员加以推介。

6. 注意在餐后征求入住来宾意见，力争改进工作。搞好服务，让来宾满意。

7. 按大会规定的餐标为来宾提供用餐服务，有来宾如需超标消费的，可另行收费；集体用餐时，如需在餐标外消费，原则上应由来宾负责人或联络员出面安排，以利餐后及时结算和收费。

8. 餐饮部应在当天晚上与入住来宾联络员取得联系，以确定用餐的人数、批次及开餐时间。

9. 餐饮部应安排必要的人员加班，以满足来宾可能出现的晚上加餐的要求。

10. 运动员用餐速度快，接待单位应注意及时上菜；记者很难准时用餐，接待单位应注意延时供餐。

11. 采用自助餐形式的，应采用不锈钢用具盛装食物，并有加热保温功能；餐具和食品的摆放应考虑方便来宾，取用食品的用具数量要满足用餐高峰时的需要。

12. 餐饮部如因接待能力过剩，拟同时接待外客用餐的必须在获接待部书面批准的同时，将参会人员用餐场所与外客的用餐场所严格地区分开来，以免人员混杂引发事端。

13. 对饭菜加工的原材料应定点采购、严格管理、仔细清洗、认真加工，以确保饮食卫生，杜绝发生食物中毒或因食物不洁致使用餐者身体不适的情况出现。

14. 菜和餐具的洗涤应分开，粗加工间和操作间应分开。垃圾桶应加盖并及时清运，熟食间应配有紫外线灯管。

15. 精心安排好大型宴会，设席、摆台、上菜及席间服务不仅应符合规范，而且要及时周到、匠心独运，要体现出良好的服务水准。

七、康乐部

1. 既要做到超前管理又要抓好现场管理，确保康乐场所的所有活动健康、合法。

2. 注意苗头现象，及时解决消费过程中发生的矛盾。

3. 加强灯光管理，确保消费场所有必需的亮度。

4. 加强食物及饮品管理，严禁售出过期饮品和变质食物，确保消费者的健康和权益。

5. 严守营业时间的规定，不准超时营业。

八、工程部

1. 检查整个照明系统，及时更换损坏的灯泡、灯管。

2. 检查各个卫生间的冲水设施，确保冲水便利。

3. 备足各类设施设备易损件的备用品，切实做好设施设备排除故障的物质保障。

4. 健全台账管理，做到报修部门和人员、维修人员、维修时间与结果都有记载。

5. 确保报修电话畅通，值班人员在岗，工程部应24小时安排足够的维修人员值班，确保在接到报修电话后三分钟内赶到现场排除故障。

九、保安部

1. 进一步强化安保意识，按工作环节或工作部位落实安保责任制，确保安全工作事事有人管、人人在管事。

2. 排查各种安全隐患，落实整改措施，制订各类安全应急预案，把安全工作抓到实处、抓出实效。

3. 检查和疏通各处安全通道，检查安全通道指示灯和应急照明灯，检查消防报警系统、二次供水系统、消防器具及其他各种安全设施，堵塞一切可能引发安全事故的漏洞。

4. 督促和协助客房部，在客房门的后面张贴《安全疏散线路图》，完善客房门后面的安全链和安全插销。

5. 配合公安干警，对进入住地人员进行严格的身份确认，如非住店人员或相关领导及工作人员，一概严禁入内。

6. 如来宾在住地有过激的言行，应先将其劝离现场再行调处；如果劝阻或调处无效，则应与其负责人或联络员取得联系，以便使事情得到妥善解决，切不可与宾客发生正面冲突。

第六届全国农运会医疗卫生保障工作总方案

中华人民共和国第六届农民运动会于2008年在泉州市举办，这是我市有史以来承办的最大型的综合性体育赛事，规模大、规格高、人数多、影响广，意义深远。泉州市卫生系统承担着农运会的医疗卫生保障任务，不仅工作繁重、责任重大，同时也是一次对全市医疗卫生系统组织、指挥、协调能力、综合医疗卫生保健能力和医疗技术服务水平的总检阅。为保证农运会期间的卫生安全，根据《第六届全国农运会筹备工作总体方案》精神，结合我市医疗卫生工作实际，特制定本方案。

一、目标和要求

以党的十七大精神为指导，高举中国特色社会主义伟大旗帜，贯彻落实市委、市政府关于筹办全国第六届农运会的指示精神，坚持以人为本，按照“交通有序顺畅、市民文明礼貌、市容净化美化、社会安定稳定”的要求，统筹全市医疗卫生资源，结合泉州市的特点，认真扎实做好医疗卫生保障工作，做到“六到位一确保”，即食品卫生安全监督到位，传染病疫情防控到位，公共场所监测到位，伤病员救治及时到位，重点人群保健工作到位；信息报告准确快捷到位，确保第六届农运会参会人员身体健康、安全。

二、组织机构与职责

福建省卫生厅成立第六届全国农运会医疗卫生保障专家组，下设五个工作小组（名单见附件1-1）。工作职责：指导、组织协调第六届全国农运会期间的卫生监督、疾病预防、医疗救护保障、重要干部保健、突发公共卫生事件应急处理工作，与组委会及有关部门建立有效的信息沟通、反馈机制，及时掌握卫生保障工作动态，协调解决有关问题。

泉州市卫生局成立医疗卫生保障工作领导组（名单见附件1-2）。工作职责：组织、协调农运会期间全市卫生资源配置；农运会期间全局性卫生工作的部署安排；研究、协调医疗卫生部需要在有关部门、单位联系解决的事宜；其他重要事项。

第六届全国农运会组委会医疗卫生部在组委会领导、福建省卫生厅医疗卫生保障专家组指导下开展工作，实行部长负责制，全面负责农运会的医疗卫生保障工作。医疗卫生部设部长1人，副部长×人，下设四处一室（名单见附件1-3）。各赛区成立由所在县（市、区）卫生行政部门主要领导担任负责人的赛区医疗卫生保障工作机构，隶属赛区组委会，同时接受第六届农运会医疗卫生部的领导和指导。

第六届全国农运会医疗卫生部的主要职责：

（一）制定农运会医疗救护、医疗保健、卫生监督、传染病控制和参赛运动员性别检查的工作方案，制定突发公共卫生事件及相关的应急预案，制定有关制度规定和卫生指南，由组委会下发成员单位、有关部门和单位执行，并负责检查落实；

（二）负责农运会大型活动、比赛现场、训练场馆及组委会负责接待的驻地宾馆等的医疗救护及保健工作；

（三）负责农运会省、部级以上领导干部的医疗保健工作；

（四）负责农运会食品、饮用水、公共场所的卫生监督保障工作和传染病控制工作；

（五）负责突发公共卫生事件的应急处置；

（六）指导、检查、督促有关县（市、区）做好本赛区及驻地的医疗救护、食品卫生、旅游景点卫生、环境卫生、疾病预防控制和除害防病等工作；

（七）负责指导、检查、督促药、械等医疗卫生保障物资的储备，医疗保健场所的设置，资源配置，医疗救护和卫生保障车辆的配置等相关的准备工作；

（八）完成农运会组委会、领导交办的其他工作。

各有关县（市、区）医疗卫生部门参照上述职责，结合本地赛区实际，研究制定相应的工作职责。

三、工作任务

（一）传染病预防与控制

在省卫生厅的指导下，由医疗卫生部卫生监督与防疫处负责组织实施(人员名单见附件 2–1)

1. 研究制定并贯彻落实第六届全国农运会传染病控制工作方案，建立健全农运会传染病控制工作体系。全面组织对农运会医疗卫生保障工作人员进行传染病报告、诊治和应急处理强化培训，明确各自承担的工作职责，提高识别各种传染性疾病特别是罕见的输入性传染病的能力。

2. 认真组织制定传染病疫情应急处置预案，组建由流行病学、食品卫生、环境卫生、消毒除害、卫生检测检验等专业人员组成的传染病疫情应急处理队伍，做好传染病诊断用试剂、预防用生物制品、预防用药品、消毒除害用药品和器械的储备工作，组织开展技术演练，做好应对传染病疫情的各项准备。

3. 负责传染病疫情的监测和预警，加强传染病疫情的常规监测，及时掌握周边国家、地区及本市各类传染病的疫情动态。如果在农运会无关人员中发现甲、乙、丙类传染病及不明原因疾病暴发时，当地卫生部门要及时开展流行病学调查，落实疫情防控的各项措施。同时要组织专家对疫情及其对农运会的影响进行评估，凡可能对农运会造成影响的，要及时作出预警，并提请当地政府组织有关部门迅速采取应急控制措施，防止传染病疫情影响农运会的顺利举行。

4. 负责对运动员驻地、比赛场馆、宾馆等重要人群和场所的疫情监测和卫生防病宣传和指导，组织对全市卫生医疗机构及接待宾馆的传染病防治工作检查；开展疾病预防知识宣传和健康教育。

5. 开展爱国卫生和环境整治。以迎接国家卫生城市复评为契机，各级卫生部门协助当地政府组织开展以环境整治为主要内容、灭除四害为重点的大规模群众性爱国卫生活动，清除卫生死角和蚊蝇孳生地，按病媒生物控制技术方案要求对比赛场所、各接待宾馆、酒店及农贸市场的环境进行消毒、杀虫、灭鼠，并做好病媒密度检测。把比赛场馆、接待饭店周围 500 米范围内的四害密度控制在国家规定的标准内，预防虫媒传染病和鼠传疾病的发生，营造一个卫生、整洁、舒适、优美的环境迎接农运会的召开。

6. 食品、二次供水、公共场所和比赛场所监测。开展对主要食品、副食品和健康相关产品及二次供水的卫生检测，加强对宾馆接待单位、餐饮服务行业和比赛场馆、大型宴会的卫生监测、督促指导重点行业和公共场所落实消毒杀虫等防范措施，确保各项主要卫生指标符合国家卫生标准，达到预防控制霍乱、甲肝、伤寒、痢疾等肠道传染病和麻疹、流感等呼吸道传染病及急性结膜炎等疾病的目的。

7. 卫生监督工作中的有关监测。

（二）卫生监督

在福建省卫生厅指导下，由医疗卫生部卫生监督与防疫处负责组织实施（名单见附件 2-2）。

1. 制定方案和预案并组织实施。研究制定农运会卫生监督保障工作方案以及相关工作制度、工作要求，精心组织、扎实工作。认真制定符合当地实际的卫生监督保障实施意见和突发事件的应急预案和卫生指南，并组织检查落实。根据“谁主管、谁负责”的原则，实行属地管理，明确分工，落实职责，切实做到卫生监督保障工作责任到位、措施到位、力量到位，按倒计时要求全面推进各项工作开展。

2. 开展监督检查。从现在开始，结合食品安全专项整治活动，对宾馆、酒店要实施过细的卫生监督检查和指导。对各地比赛场馆、宾馆、酒家、旅游景点周边、定点供应单位及市场、城市主干道周边的饮食店的食品卫生、环境卫生以及除四害等工作，也要结合农运会的召开，认真监督检查，不留卫生死角，确保农运会期间不发生食物中毒事件。

负责对接待宾馆、酒店、大型文化娱乐场所、比赛场馆、游泳池、公共浴室等公共卫生进行监督检查，重点检查环境卫生、卫生设施、空调通风系统、用品用具消毒保洁、客户卫生间清洗消毒、从业人员、吧台食品卫生等内容，对检查中发现的问题，应限期责令整改。

负责对各大水厂制水过程、出厂水水质进行检查监督，运动会期间由水厂每天向市监督所报告水质检验结果，对重点单位的二次供水情况进行监督检查，重点检查二次供水设施运行、管理制度落实及管理人员持证情况。对举办大型招待宴会和重要接待单位的宾馆的二次供水定期进行余氯检测。

3. 大型宴会食品卫生监督检查。制定农运会大型宴会食品卫生保障工作方案，严格组织实施。举办大型宴会餐前应对场所进行严格卫生监督，重点审查食谱清单，检查配餐场所的环境条件、保温及冷藏设施、食品的防尘防蝇、运输工具卫生、餐具卫生等。

市、区卫生监督所派出的监督员分组进驻有重要接待任务的宾馆进行餐前食品卫生监督检查。重点检查监督食品原料是否新鲜、容器的清洗消毒、防蝇防尘、从业人员卫生、持证上岗、收藏清洗浸泡、加工卫生要求、分餐卫生要求、制作时间、运输工具的卫生及食品留样等情况。必要时，对食品原料进行现场快速检测。

4. 组织对快餐供应点和指定的快餐供应商的卫生条件进行审核。区卫生监督所监督员进驻所辖的快餐供应点，进行卫生监督。

组织对矿泉水、桶装水、各种饮料及定型包装食品的生产企业必须进行卫生监督审核，由市 CDC 检验合格方可使用。

5. 队伍建设和业务培训。派驻各宾馆、酒店的卫生监督人员、所在地卫生行政部门和卫生监督机构要认真把关，要把那些业务能力强、办事认真的卫生监督员派到第一线，组织集中培训教育，适时组织卫生监督人员进行应急预案的演练。

要分类型培训接待宾馆、酒店法人、经理、食品卫生管理员及从业人员，加强食品安全法律意识教育，明确责任，掌握了解食品卫生安全的重点、要点和关键控制点，确保做到食品安全“五重点”“八过关”（附件8）。

6. 食物中毒突发事件的应急处理。各级卫生部门在农运会期间，要加强对食物中毒突发事件的应急处理工作的领导，实行领导负责制，做好食物中毒突发事件的值班，确保食物中毒事件报告、联系等信息畅通；做好食物中毒突发事件的应急处理人员、车辆、药品、器械等准备工作，一旦有突发事件发生，保证能迅速到位。

（三）医疗救护工作

在福建省卫生厅指导下，由医疗卫生部医疗救护处负责组织实施（名单见附件2–3）。

1. 组织制定医疗服务保障工作方案，有关医疗救护应急预案、计划、规定和卫生指南，并组织检查落实。

2. 大型活动的医疗保障工作。大型活动人员集中、场所复杂、医疗保障工作要求高，必须精心谋划、周密安排，确保万无一失。首先，要掌握大型活动的全面情况，包括时间、地点、参加人数、进出通道等。其次，要调配好医疗救护资源，在大型活动场所的适当位置设置急救医疗站，配备足够数量的救护车和医务人员，并设置醒目标志（按5000人配备1部救护车、2名医务人员），在大型活动场所的观众席要分区部署医务人员，保证每1万名观众有2名医务人员。第三，救护车辆和医务人员要及时到位，大型活动及其彩排期间，救护车辆及医务人员要提前半小时入场，救护车停放于指定地点，进入场内的医务人员要到达指定位置。第四，要配备好相应的医疗救护用常规设施和药品，要按照救护车设施配备要求，保证救护车的抢救设施完备，到场的医务人员要随身携带必备的诊断用器械和抢救用治疗药品。第五，要确保现场救治有序、高效，各级医疗卫生部门负责医疗救护工作的处室负责人要亲临现场，组织、指挥现场医疗救护工作，并采取措施保证现场内外的通信畅通，以便及时指挥调度；当现场有人员发生急危重伤病情时，场内定点位置上的医务人员要及时采取救治措施，并及时与现场指挥员取得联系，现场指挥员统筹好现场的专家力量对伤病员进行救治；伤病员需要转送医院救治的，应立即就近送往相应定点医院急诊科室救治，医护人员随车护送。

3. 训练、比赛场馆的医疗保障工作。要在训练、比赛场馆设立医务室。医务室要设在醒目位置，有明显标记和指示牌，方便就医者就医。医务室建筑面积要适应功能需要，设置2~3间独立的工作室，分别设诊室、处置室、治疗室。每个医务室必须配备2~4名医务人员，包括内、外科医师并配备1名护士，要指定1名医师负责医务室管理工作。根据项目需要，为训练、比赛场馆的医务室配备救护车。按照训练、比赛具体日程和时间，安排医务人员到现场开展医疗救护工作。根据训练、比赛日程安排，医务人员实行“随队工作制”。配备于训练、比赛场馆的医务人员、救护车辆，须在训练、比赛活动开始前30分钟进场，比赛完全结束后方可撤离。当场馆内有人员发生突发性损伤或急危重病时，医务人员应立即进行现场救治；对需要转送医院救治的，应根据伤病情就近送往定点医院。公路自行车等特殊比赛项目的医疗救护也要予以重视，根据比赛项目的特点，采取合理、有效的医疗救护保障措施。

4. 驻地宾馆饭店的医疗保障工作。根据需要，在驻地宾馆设立医务室，派驻医疗组负责医疗救护工作。根据驻地宾馆饭店接待的人员数量等具体情况，每个医务室配备2~3名以上医务人员（包括内、外科医师及护士），指定1名医师负责医务室管理工作。驻地宾馆医务室实行24小时值班制。当驻地宾馆有人员患伤病时，医疗组应立即就地进行处置；当伤病员需要转送医院留观或救治时，医疗组及时通知驻地会务组，由会务组呼叫所在地“120”出车，就近转送至定点医院进行救治，医疗组派人随车护送。

5. 院内医疗救护工作。农运会医疗救护工作是院前急救与院内救治工作的有机统一。各地要根据技术一流、服务一流、中西医结合、综合与专科结合的原则，指定一定数量的农运会医疗救护定点医院。其他相关市、县（市）也要尽快明确定点医院。各定点医院要做好充分的人员、物资、设施和设备的准备工作，随时准备承担农运会的医疗救护任务。每所定点医院要保证急诊绿色通道畅通无阻，并做到优先为参会人员服务，预留5张以上病床，以备用于收治参会的危重病人和伤员。

（四）重要对象医疗保健工作

在福建省卫生厅指导下，由医疗卫生部医疗救护处负责组织实施（名单见附件2-4）。

医疗保健部门不但要做好首长保健各项工作的方案、预案，而且要抓好落实，要把每一个环节都仔细考虑到。参加服务的保健医生要有崇高的使命感、责任感、光荣感，要医术精湛。彩排、开幕式、闭幕式等大型活动要精心布置救护点，车辆、急救设备都要随时保持战备状态，随时应对突发情况，保证在第一时间实施救护。医院要留足备好干部病房的床位，要指定专门的停车地点，控制专用的电梯，安排专门的导诊人员，保证绿色通道畅通无阻。准备好一支应急的专家队伍，事前做好演练，熟练掌握首长保健医疗处理程序及规定，做到万无一失。

（五）突发事件应急准备工作

在福建省卫生厅指导下，由市卫生局应急办牵头医疗卫生部医疗救护处、卫生监督与防疫处负责组织实施（名单见附件 2–5）。

一是制定预案。各赛区的医疗卫生部门都要研究制定突发事件的应急预案，明确突发事件应急处理的组织指挥体系、部门和单位职责、物资供应和人员安排、应急措施和实施步骤等。预案考虑要尽量周全，做到全面系统、有备无患。二是做好应急准备。办会所涉及的各级卫生行政部门、疾病预防控制机构、定点医院都要根据预案的要求，做好突发事件的应急准备工作。疾病预防控制机构要做好队伍、检验检测设施等各项准备工作。各定点医院要组建 1 支由专家组成的应急医疗救治队伍，随时处于备战状态；要确定 1 个病区，做好腾空病床的准备，以应对突发事件抢救大规模伤病员的需要。三是沉着应对。一旦发生突发事件，要按照预案的规定，及时上报情况，启动应急预案，沉着调度指挥，有效组织防控和救治，把损失和影响降至最低限度。此外，还要制定方案并做好女子项目参赛运动员的性别检查工作。

四、保障条件

在福建省卫生厅指导下，由医疗卫生部秘书处具体负责组织实施（名单见附件 2–6）。

（一）机构和人员

泉州市区各赛区明确设置一定数量的定点医院和后备医院。各赛区的各级疾病预防控制机构、卫生监督机构、急救医疗机构都是参与机构。在人员保障方面，要组建疾病预防控制、卫生监督、医疗救护、重要对象医疗保健、突发事件应急五个方面的专家指导组织，在医疗卫生部和各赛区的领导下，统一指导和参与各赛区的医疗卫生保障工作。所涉及的医疗卫生机构都要选拔符合条件的人员，成立相应的机构，如专家指导组、医疗救治组、应急工作组等。各定点医院在农运会开幕后，要加强门急诊值班力量，开放专门的绿色通道，为参会人员服务。

（二）经费

本着勤俭节约、立足现有、保障重点、全面核算、严格管理的原则，医疗卫生部各处根据职责分工和工作任务，分别编制经费预算，由部统一汇总后报农运会组委会批准后实施。经费预算的编制，要注意充分利用现有的医疗卫生资源，现有设施、设备能满足需要的，不编入预算；可买可不买的设施、设备，原则上不买；由一位部领导分管财务工作，指定秘书处一名工作人员担任财务联络员。要严格经费管理，做到开支合理、有据，按程序报销。

（三）设施和设备

农运会期间，医疗资源实行全市统一调剂。医疗卫生部各处根据职责分工和工作任务，在各处具体工作方案中，明确医疗卫生保障设施、设备保障要求。要立足现有医疗卫生资源，能够从医疗卫生机构调用的，尽量调用。部机关的办公设施、设备由组委会统一配置。

（四）具体操作方案

医疗卫生部各处及各赛区在制定疾病预防控制、卫生监督、医疗救护、重要对象医疗保障等工作方案的基础上，要根据大型活动、比赛项目、赛程、比赛场馆、驻地宾馆饭店等的具体分布和安排情况，研究制定具体操作方案。具体操作方案要细化到每一次活动、每一场比赛、每一个宾馆饭店、每一个代表队、每一类重要对象，确保万无一失。要实行挂图作战，每一项保障方案都要有专人负责，并细化到时间、地点、参与人员、设施设备要求、运作程序等。

（五）沟通协调

加强与组委会及其各部门、各方面的沟通协调，是保证农运会医疗卫生保障工作顺利进行的必要条件。医疗卫生部、各处及其所有工作人员都要增强沟通协调意识。涉及医疗卫生保障工作全局的重大事项由部领导与组委会领导沟通，一般事项由部秘书处与相关部门沟通，具体事项由各处与相关部门沟通。沟通要讲成效，沟通遇到困难时，要即时向上级请示汇报，不能延误工作的正常开展。

五、工作制度和程序

（一）工作制度

医疗卫生部及其各处要研究制定各项工作制度。医疗卫生部的主要工作制度有会议制度（含部长碰头会制度、部务会议制度、全体人员会议制度）、信息报告制度、值班制度、督查制度、沟通协调制度等（附件 2-8）。

（二）工作程序

实施部长领导下的分工负责制。部长负总责，同时分管秘书处。各一位副部长分别分管医疗救护处、重要对象医疗保健处、突发公共卫生事件应急、卫生监督和疾病控制处。各处实行处长领导下的分工负责制。每一位工作人员的分工都要具体、明确。在实施医疗卫生保障工作的过程中，相关请示、汇报事项，由具体各工作小组的负责人（卫生监督、疾病控制、医疗救护、重点对象医疗保健各布点的负责人）向医疗卫生部相关处负责某项工作的人员请示、汇报，后者向处长请示、汇报，处长向分管副部长请示、汇报，副部长向部长请示、汇报，部长向组委会请示、汇报，突发公共卫生应急事件按应急程序报告。

本工作方案由部务会议研究后报组委会批准后实施。

附件：（略）

大型综合性运动会医疗卫生、食品卫生主要工作任务

1. 修改完善运动会涉及医疗、卫生防疫、伤病救治、食品卫生监督等工作的各类方案。

2. 负责做好倒计时一周年系列活动的医疗救护、卫生监督及保健工作。

3. 对指定接待单位进行大检查，提出整改意见。

4. 组织对各接待点、宾馆、娱乐场所及各赛场公共场所卫生、食品安全巡回监督检查。

5. 拟定相关卫生防疫及食品卫生工作标准，下发相关单位并与行政接待部对接。

6. 对开、闭幕式排练直至正式演出期间，参演人员医疗卫生保障及现场救治、防暑降温等工作，形成会议纪要与工作流程。

7. 拟定涉及运动会组委会层面关于开、闭幕式医疗保障方案，并报批。

8. 拟定组织运动会测试赛的医疗卫生保障方案，并报批。

9. 拟制医疗卫生工作总体方案和各类预案。与财务部协调，明确各类来宾在运动会期间医药费开支办法。

10. 提出运动会各医疗点需配置的医疗、急救设备清单，征求财务部、监审部意见后形成方案报批。

11. 组建并培训各专业工作组，加强对承办城市各娱乐场所、各赛场

(区)、各餐饮单位进行卫生综合大检查。

12. 结合爱国卫生月活动，深入开展环境卫生整治，开展除“四害”及其他消毒防疫活动。

13. 参与生产基地、运输仓储、采购等工作环节中的食品卫生监督工作。

14. 开始启动运动会先期决赛项目的餐饮消费环节卫生监督。重点做好肉类、蔬菜及副食品、水果、奶制品及少数民族食品的食品卫生监督工作。

15. 审定运动会医疗卫生部的有关工作方案，包括运动会医疗救护实施方案、运动会医疗保健实施方案、运动会卫生监督实施方案、运动会传染病控制实施方案、运动会食品卫生保障方案、运动会医护人员配置方案、运动会指定医院目录、运动会病媒生物防治技术方案、运动会医疗费用结算方案和医疗卫生部与各医疗、卫生单位通信联络表。

16. 汇总各接待单位、宾馆、娱乐场所、餐饮单位上报卫生监督员。

17. 制定倒计时100天活动的相关工作医疗卫生保障方案。

18. 启动霍乱监测工作。

19. 做好运动会测试赛医疗救护、卫生监督及保健工作。

20. 做好运动会医疗保障、卫生防疫、疾病控制、食品安全工作的协调工作。

21. 全面启动运动会先期决赛项目的餐饮消费环节卫生监督。重点保障“肉类、蔬菜及副食品、水果、奶制品及少数民族食品”的食品卫生监督工作。

22. 检查各接待单位公共场所卫生、食品卫生与二次供水卫生状况。

23. 组织各承办城市卫生监督员集中培训工作。

24. 完成指定医疗机构的工作，明确运动会期间承担医疗卫生工作的相关单位，并签订相关协议。

25. 强化具体的监督工作职责及内容并加强对接待单位、宾馆、娱乐场所、各赛场（区）的责任人进行卫生知识培训。

26. 拟出并报批《运动会参会人员医疗管理办法》。

27. 确定招待酒会等大型活动医疗卫生保障方案。

28. 做好开幕式文艺表演联排的医疗救护、卫生监督及保健工作。

29. 与运动会承办城市协调，实现医疗卫生、疾病控制、食品卫生监督等工作对接。

30. 组织召开“运动会医疗卫生、疾病控制、食品卫生监督工作会议”，全面部署工作。

31. 检查接待宾馆卫生防疫工作。

32. 审查各接待单位饮食菜谱、供货渠道及与供货单位签订的食品卫生责任状。

33. 各接待单位、宾馆、娱乐场所、各赛场（区）上报卫生应急预案并组织检查。

34. 对承办城市进行食品卫生大检查，组织相关宣传活动。

35. 各职能处开展专业演练并组织综合演练。

36. 做好开幕式文艺表演联排的医疗救护、卫生监督及保健工作。

37. 做好食品、副食品生产、供应等环节的卫生监督工作。

38. 做好运动会火炬传递活动的医疗服务保障工作。

39. 组织突发公共卫生事件应急演练。

40. 成立运动会急救中心，建立急救工作流程，组织急救人员培训工作。

41. 检查各接待单位公共场所卫生、食品卫生与供水卫生工作。

42. 加强日常卫生监督巡回检查力度，规范接待单位、宾馆、娱乐场所、各赛场（区）的卫生管理，巩固取得成效。

43. 完成指定医疗机构的工作，明确运动会期间承担医疗卫生工作的相关单位并签订相关协议。

44. 修改完善运动会闭幕式现场医疗保障工作方案，并报批。

45. 落实现场及驻会的医疗卫生工作人员的住宿、就餐、交通等后勤服务工作，形成会议纪要，明确工作流程。

46. 组织召开“运动会赛区现场医疗救护工作会议”。

47. 组织对各接待宾馆食品进行例行抽检，对承办城市市区餐馆进行卫生检查，对主要旅游景点、特色食品供应点进行食品卫生抽查。

48. 组织做好运动会先期决赛项目的医疗卫生保障工作。

49. 会同行政接待部对承办城市的市内尤其是接待单位周边的食品卫生进行全面整治。

50. 对各接待单位、宾馆、娱乐场所、各赛场（区）的卫生监督情况和相关责任落实进行最后一轮监督检查，并落实相关责任，全部完成整改并做好消毒防疫工作。

51. 完成接待单位的主副食品、酒水饮料抽检监测。

52. 指定医疗机构开展全员培训并组织演练。

53. 全面部署流行病、突发病控制及社会层面食品卫生控制工作，研究各类来宾伤病救治工作，研究突发性伤害事故预案。

54. 专题研究运动会举办期间，党和国家领导人、重要嘉宾医疗卫生与食品卫生监督工作，形成工作方案，明确工作流程。

55. 抽查社会层面餐饮卫生，公共场所卫生。

56. 开展训练、比赛场所“四害”密度监测工作。

57. 为运动会先期决赛项目的比赛做好医疗救护、卫生监督及保健工作。

58. 落实运动会开幕式现场医疗点选址、布点工作，同时落实每个医疗点的组成人员及工作程序。

59. 向各接待站（点）单位派驻卫生监督员和医护人员，与行政接待部对接完毕。

第八节　体育赛事其他保障工作

体育赛事的筹备组织工作始终要坚持“以竞赛为中心、以大型活动为中心、以安全为基础”的理念，围绕竞赛工作和相关大型活动来做好赛事筹备工作。整个赛事筹备组织工作主要包括28项工作，即总体筹备组织管理工作；人事管理工作；党务、党风廉政工作；监察、审计工作；新闻宣传工作；开、闭幕式表演及主题活动工作；竞赛工作；群先会工作；火炬传递活动工作；市场开发工作；行政接待工作；交通运输工作；返程票务工作；医疗卫生；食品卫生工作；安保工作；信息技术工作；广播电视工作；通信工作；场馆建设工作；环境美化工作；电力保障工作；兴奋剂检测工作；气象保障工作；志愿者工作；财务管理工作；票务工作；证件工作。这些工作共同组成了体育赛事组织者着力抓好的重点、专项工作。

一、体育赛事其他保障工作简述

在重点、专项工作中主要分为竞赛保障、服务保障、安全与控制。这三大保障工作分别构成了体育赛事保障的三大系统。认真抓好这三大系统中的这28项工作，才能确保体育赛事的成功。

本节的主要内容是将上述一至七节中没有涵盖的工作综合归纳到一起，形成体育赛事完整的运作保障体系。建立这个运作保障体系，将使体育赛事组织与承办者有一个全面的“工作清单”。其中安保工作是重中之重。

二、体育赛事其他保障工作参考文件

第六届全国农民运动会证件工作总体实施方案

第六届全国农运会是新中国成立以来福建省和泉州市第一次承办与举办的全国大型综合性运动会，也将是全国农民运动会历史上规模最大、项目最全、参赛人数最多的一届。运动会共设15个大型竞赛项目，170多个竞赛小项目，200多枚金牌，来自全国32个省（直辖市、自治区）及港澳同胞，东南亚及海外侨胞组代表团约5万人将参加此次体育盛会。预计运动员、教练员、裁判员、工作人员及新闻记者等将超过5万人。由此预计第六届全国农运会将要完成5万多人和15项大型活动证件的制作、发放和管理工作。证件工作是关系第六届全国农运会顺利进行的一项重要工作，根据福建省委、省政府提出指示精神，使证件工作做到准确、有序，便于使用，利于管理，特制定证件工作总体实施方案。

一、证件种类

第六届全国农运会使用的证件分六类：筹委会证件、各项目竞委会证件、专用证件、专场附加证件、备用证件和车证。

持筹委会证件的包括第六届全国农运会泉州市筹委会（以下简称市筹委会）官员和工作人员、各代表团官员、运动员、团部工作人员、技术官员、各项目竞委会主任、新闻记者、贵宾及赞助商代表等（表1）。

表 1　筹委会证件的种类、发放范围、通行区域

证件种类	发放范围		通行区域	备注
红色 A 卡	筹委会	主任、副主任、秘书长、副秘书长	各比赛场馆主席台区、内场区、看台区、训练场地、新闻中心和第六届农运会总部及各住宿地	带色：红色黑字
	特邀贵宾	筹委会特邀的境内外重要贵宾		
	各代表团	各代表团团长		
红色 B 卡	筹委会	委员、各部部长、主任、各项目竞委会主任	各比赛场馆主席台区、内场区、看台区、训练场地、新闻中心和第六届农运会总部及各住宿地	带色：红色黑字
	集资委	主任、副主任、委员		
	各代表团	代表团副团长		
	特邀贵宾	筹委会特邀的境内外贵宾		
蓝色 C 卡	各代表团	团部工作人员	各比赛场馆指定看台区、训练场地、本人住宿地	带色：蓝色黑字
	贵宾	境内外贵宾		
绿色 D 卡	技术官员	技术代表、仲裁人员、裁判员	本项目比赛场馆内场区、指定看台区、训练场地、本人住宿地	带色：绿色黑字
蓝色 E 卡	E1	文字记者	各比赛场馆指定看台区、训练场地、新闻中心、本人住宿地	带色：蓝色黑字
绿色 E 卡	EP	摄影记者	各比赛场馆指定区域，进内场区需加摄影背心或当场转播工作证。训练场地、新闻中心、本人住宿地	带色：绿色黑字
	EF	电视摄制和转播人员		
绿色 F 卡	F	运动员	本项目比赛场馆运动员指定看台区、内场区（比赛时有效）、训练场地、本人住宿地	带色：绿色黑字
	FD	运动队官员		

（续表）

证件种类	发放范围		通行区域	备注
绿色 F 卡	FX	运动队超编官员	本项目比赛场馆指定看台区、训练场地、本人住宿地	带色：绿色黑字
红色 O 卡	筹委会各部副部长及成员、各代表团联络员		各比赛场馆主席台区、内场区、看台区、训练场地、新闻中心和第六届农运会总部、各住宿地	带色：红色黑字
绿色 O 卡	筹委会各部有关工作人员		各比赛场馆内场区、看台区、训练场地、新闻中心、第六届农运会总部	带色：绿色黑字
蓝色 O 卡	筹委会工作人员、集资委工作人员		各比赛场馆看台区、训练场地、新闻中心、各住地	带色：蓝色黑字
橙色 O 卡	筹委会工作人员		各比赛场馆外场区域、本人住宿地	带色：黄色黑字
蓝色 S 卡	赞助商、捐赠者、销售人员、技术人员		各比赛场馆指定看台区、所赞助设备的使用场所、本人住宿地	带色：蓝色黑字

说明：持绿色 D 卡、绿色 F 卡仅限于本项目比赛期间使用，不得跨项目使用。

持各项目竞委会证件的包括竞委会副主任、裁判人员、其他官员和工作人员（表 2）。

表 2　项目竞委会证件的种类、发放范围、通行区域

证件种类		发放范围	通行区域	备注
红色	主席台或贵宾席区	竞委会副主任、处长、副处长，以及确因工作需要进入该区域的本项目竞委会工作人员、服务人员	本项目比赛场馆场区、训练场地、新闻中心、本项目驻地	带色：红色黄字

（续表）

证件种类		发放范围	通行区域	备注
绿色	内场区或比赛区	本项目竞委会裁判人员	本项目比赛场馆内场区、看台区、本项目驻地	带色：绿色黄字
蓝色	看台区	本项目竞委会的工作人员和服务人员	本项目比赛场馆看台区、本项目住宿地	带色：蓝色白字
橙色	外场区	本项目竞委会的工作人员和服务人员	本项目比赛场馆外场区（不能进入内场区、看台区）	带色：橙色黑字

说明：项目竞委会证件仅限于本项目比赛期间使用，不得跨项目使用。

持专用证件的包括参加开、闭幕式及彩排的各类人员；参加火炬传递活动的工作人员；参加第六届全国农运会美展、体育用品博览会的工作人员；参加群体先进表彰大会的代表；参加志愿者服务的工作人员；观摩团人员（表3）。

表3　专用证件的种类、发放范围、通行区域

证件种类	发放范围	通行区域	备注
表演证	开、闭幕式团体操，体育精品表演人员及工作人员	表演区和后台区	
火炬传递证	有关工作人员	火炬经过区域	
体育美术展览证	有关工作人员	美展馆内	
体育用品博览会证	有关工作人员	体育用品博览馆内	
群体先进代表证	群体先进代表及有关工作人员		
志愿者证	志愿人员		
观摩团证	观摩团人员及有关工作人员		

说明：专用证件仅限于专场活动场所使用。开、闭幕式时主席台区、内场区、看台区、外场区的工作人员及记者等，还必须与筹委会颁发的筹委会证件同时使用。

持专场附加证件的包括在第六届全国农运会期间，重要场次的工作人员；重要部位的有关人员；购买了当场比赛电视转播权的电视、摄制记者，除了持市筹委会颁发的证件外，还须持专场附加证件。

第六届全国农运会车证共分三类：筹委会车证、专用车证、专场车证，三类车证均以形状区分。筹委会车证分A证、B证（为红色）及赛区竞委会车证（为绿色）；专用车证为团体操表演人员、群先代表及观摩团用（为蓝色）；专场车证为开、闭幕式及重要场次用，预计7场备用2场，每场均以颜色区分（表4）。

表4　车证的种类、发放范围、适用范围

<table>
<tr><th colspan="2">证件种类</th><th>发放范围</th><th>适用范围</th><th>备注</th></tr>
<tr><td rowspan="3">筹委会车证（红色）</td><td>A证</td><td>筹委会主任、副主任、秘书长、副秘书长、委员、各部部长、主任、筹委会特邀的境内外重要贵宾、各代表团团长、副团长、集资委主任、副主任、委员、各项目竞委会主任</td><td>各比赛场馆、训练场馆、第六届全国农运会总部、各住宿地、筹委会组织的各种专场活动场所</td><td>开、闭幕式及重要活动另发专场车证</td></tr>
<tr><td>B证</td><td>筹委会各部副部长、副主任、成员及工作人员用车</td><td>各赛区比赛场馆、训练场馆、第六届全国农运会总部、各住宿地、筹委会组织的各种专场活动场所</td><td>开、闭幕式及重要活动另发专场车证</td></tr>
<tr><td>竞委会车证（绿色）</td><td>各赛区竞委会工作用车</td><td>本赛区比赛场馆、训练场馆、竞委会总部、各住宿地</td><td>限本赛区使用</td></tr>
<tr><td rowspan="5">专用车证</td><td rowspan="2">黄色</td><td>开幕式表演人员</td><td rowspan="3">住宿地、合练场、奥林匹克中心或新体育馆</td><td rowspan="3">开、闭幕式及重要活动另发专场车证</td></tr>
<tr><td>闭幕式</td></tr>
<tr><td>红色</td><td>群体精品表演人员</td></tr>
<tr><td>粉红色</td><td>观摩团</td><td rowspan="2">各赛区比赛场馆、本团住宿地、筹委会组织的各种专场活动场所</td><td rowspan="2">开、闭幕式及重要活动另发专场车证</td></tr>
<tr><td>蓝色</td><td>群体先进表彰大会代表</td></tr>
</table>

（续表）

证件种类		发放范围	适用范围	备注
专场车证（分色）	开幕式	彩排		橙色
		总彩排		蓝色
		预演		黄色
		开幕式		红色
	闭幕式	彩排		粉红色
		预演		绿色
		闭幕式		桔红色
	备用车证	1号		绿色
		2号		红色

注：三类车证均以形状区分，各专场车证以颜色区分。

二、证件内容

筹委会证件包括以下内容：第六届全国农运会会标、会徽、持证人照片、姓名、部门或代表团名称、身份、编码、可通行区域、其他用途。

各项目竞委会证件包括以下内容：第六届全国农运会会标、会徽、本项目名称及项目吉祥物卡通图案、持证人照片、姓名、部门、编码、可通行区域。

各种专用证件必须包含以下内容：第六届全国农运会会标、会徽、持证人姓名、部门或代表团名称、身份、可通行区域，并印有允许参加活动的名称、发证部门印章。

车证包括以下内容：第六届全国农运会会标、会徽、赛区名称、编号及发证部门印章，专场车证还印有专场活动名称、停车区域、车辆通行路线、编号。

三、编注册码

第六届全国农运会注册编码系统采用10位阿拉伯数字表示。其中：

第一、二位数字表示持证人所属部门或参赛代表团，据此明确人员分管部门。

第三、四位数字，对于各项目赛场通行的证件，明确赛场的活动范围；对于项目竞委会和代表团中参加指定项目比赛人员的证件，明确该项目内的通行范围。

第五位数字，对于市筹委会各类人员、竞委会和代表团中已明确项目人员的证件，进一步明确赛场的活动区域。

（一）第一、第二位代码

表示持证者所属部门或代表团，由此确定筹委会的分管部门（表5）。

表5

00党和国家领导人，以及重要贵宾					
01	筹委会（官员）	22	上海市	43	宁夏自治区
02	筹委会（在编）	23	江苏省	44	新疆自治区
03	筹委会（编外）	24	浙江省	45	香港特别行政区
04	国内一般贵宾	25	安徽省	46	澳门特别行政区
05	境外一般贵宾	26	福建省	47	前卫体育协会
06	新闻单位	27	江西省	48	地质体育协会
07	赞助单位	28	山东省	49	建设体育协会
08	群先会议	29	河南省	50	电力体育协会
09	大型活动	30	湖北省	51	煤矿体育协会
10	志愿人员	31	湖南省	52	化工体育协会
11	竞委会	32	广东省	53	火车头体育协会
12	技术官员	33	广西自治区	54	邮电体育协会
13	中国人民解放军	34	海南省	55	水利体育协会
14	北京市	35	重庆市	56	林业体育协会
15	天津市	36	四川省	57	银鹰体育协会
16	河北省	37	贵州省	58	航空体育协会
17	山西省	38	云南省	59	石油体育协会
18	内蒙古自治区	39	西藏自治区	60	汽车体育协会
19	辽宁省	40	陕西省	61	台湾省
20	吉林省	41	甘肃省	62	新疆建设兵团
21	黑龙江省	42	青海省		

（二）第三、第四位代码

对比赛期间通行的证件，明确活动范围；对于项目竞委会和代表团中参加指定项目比赛人员的证件，明确项目（表6）。

表6

00各项目通用							
01	足球	11	垒球	21	射箭	31	马术
02	篮球	12	田径	22	击剑	32	武术
03	排球	13	游泳	23	柔道	33	速度赛马
04	沙滩排球	14	跳水	24	摔跤	34	跆拳道
05	乒乓球	15	水球	25	拳击	35	蹦床
06	羽毛球	16	花样游泳	26	自行车	36	帆板
07	网球	17	体操	27	赛艇	37	帆船
08	手球	18	艺术体操	28	皮划艇	38	花样滑冰
09	曲棍球	19	举重	29	激流回旋	39	短道滑冰
10	棒球	20	射击	30	现代五项	40	短道速滑

（三）第五位代码

对参加第六届全国农运会各类人员进一步明确赛场的活动区域（表7）。

表7

0	全通行	筹委会主任、副主任、秘书长、副秘书长、筹委会特邀的境内外重要贵宾、各代表团团长、副团长、联络员；筹委会委员、各部（室）部长、主任；集资委员会主任、副主任、委员；各项目竞委会主任，以及其他必要人员
1	主席台区	筹委会各部（室）副部长、副主任、成员；项目竞委会副主任、委员、正副处长，以及其他必要人员

(续表)

2	内场区	筹委会技术代表、仲裁人员、裁判人员、运动员、运动队官员（领队、教练、工作人员）、新闻摄影记者（加摄影背心）、电视转播摄制记者（加附加证件）、竞委会工作人员、服务人员
3	看台区	筹委会工作人员、集资委工作人员、竞委会工作人员、服务人员；各代表团团部工作人员、运动队超编官员；新闻文字记者；赞助商、捐赠者、销售、技术人员；群先会议代表
4	外场区	筹委会、竞委会外场工作人员、服务人员

（四）第六、第七、第八、第九、第十位代码

表示序号。当表示运动员时，00001—05000 为女性，05001—09999 为男性。10000 以后为其他人员。

四、制证工作流程

由于本届运动会将运用 INTE RNET 技术，采用远程报名与近程报名两种方式报名注册。市筹委会安保部制证中心将通过网络从注册信息系统提取各类人员信息资料，按照必要和必需的原则对各类人员的注册卡类进行审核、审批、制证、核发。

说明：

(1) 所有注册人员需在报名注册时提供本人近期直边正面免冠彩照（照片背景为白色）照片一张，尺寸为 48mm×33mm，各代表团和新闻单位需提供注册人员电子版照片，采用 JPG 格式存储，直接传入市筹委会安保部的电子信箱内或通过特快专递将磁盘邮寄给第六届全国农运会泉州市筹委会制证中心。

(2) 提前进行决赛的各项目竞委会、各参赛代表队请提前一个月提供注册人员的照片，照片要求同上。

(3) 采用本地注册的人员，注册登记后统一到制证中心照相。

五、设备的准备

第六届全国农运会泉州市筹委会将在第六届全国农运会主场设制证大厅及重要贵宾的制证厅。将采用彩色喷墨打印机、数码相机、一次成像机、扫描仪及计算机等设备进行证件制作。

六、组织机构

第六届全国农运会制证工作中心人员由安保部内部调配，在×××抽借30名学生参加制证工作。制证中心下设证件组、车证组。

制证中心主任：×××

副主任：×××　×××

证件组：×××　×××　×××

车证组：×××　×××　×××

证件组工作内容：负责有关文件的起草、资料收集；物资保管；后勤保障；协调各方面关系；设备的管理；人员培训；各类证件的设计、制作、发放管理及每日向市筹委会办公室报送发证情况。

车证组负责车证的制作、发放和管理。

七、编印《中华人民共和国第六届全国农民运动会注册和证件管理手册》

拟于4月10日将《手册》发至市筹委会各部、各赛区、各项目竞委会、各参赛代表团及各省、市新闻单位等。

八、证件工作时间安排表

根据第六届全国农运会的赛程安排，证件工作将依此计划进行：

3月底前　完成证件的平面设计

《中华人民共和国第六届全国农民运动会注册和证件管理手册》定稿（包括报市筹委会、国家体育总局综合司审批的时间）。

4月10日　发《中华人民共和国第六届全国农民运动会注册和证件管理手册》。

4月10日—4月20日　制证设备安装调试；人员培训。

4月21日—5月13日　配合注册中心进行远程注册实验。

5月底前　完成通用车证的制作工作。

6月1日前　证件所需材料全部配齐。

6月1日—9月8日　　审核、审批卡类。

7月1日—8月30日　　按注册信息制作新闻记者证件。

6月21日开始　　按注册信息制作提前决赛的项目证件。

9月12日—10月11日　按注册信息制作各代表团证件及特权用户证件。

九、资格审查

1. 人事部负责市筹委会官员、各部、室在编及编外工作人员。

2. 竞赛部负责各参赛代表团（包括超编人员）、技术官员、仲裁人员、裁判人员。

3. 办公室负责中央领导人、中央部委及其随行人员；各省副省级以上领导及其随行人员；国际体育组织负责人；国内有关贵宾、嘉宾、来宾。

4. 新闻宣传部负责文字记者和摄影记者（包括境外）。

5. 广电部负责广播、电视记者、转播人员（包括境外）。

6. 电子技术部负责技术支持、技术保障人员。

7. 集资委负责赞助商、捐赠者代表、技术人员（不注册发证）。

8. 群体部负责群体先进代表、群体观摩团（不注册发证）、群体精品表演人员（不注册发证）。

9. 大型活动部负责大型活动工作人员。

10. 志愿者服务部负责志愿人员（不注册发证）。

11. 各项目竞委负责各项目竞委会的编内和编外人员。

第六届全国农运会泉州市筹委会安保部

二〇〇八年九月一日

第六届全国农运会泉州筹委会志愿者部工作实施方案

第六届全国农运会是新中国成立以来福建省和泉州市第一次承办与举办的全国大型综合性运动会，也将是全国农民运动会历史上规模最大、项目最全、参赛人数最多的一届。运动会共设15个大型竞赛项目，170多个竞赛小项目，200多枚金牌，来自全国32个省（直辖市、自治区）及港澳同胞，东南亚及海外侨胞组代表团约5万人将参加此次体育盛会。预计运动员、教练员、裁判员、工作人员及新闻记者等将超过5万人。为了最大限度地动员和组织全省人民特别是×个赛区的广大团员青年和青年志愿者参与第六届全国农运会的志愿服务活动，第六届全国农运会泉州市筹委会特增设了志愿者部，具体承担组织第六届全国农运会志愿者服务工作。现就有关志愿者部的工作提出如下方案。

一、主题口号

新世纪、新奉献；

志愿奉献农运会，热忱服务八方客；

参与农运，奉献爱心；

当好东道主，举省迎农运；

办好农运盛会，争创“四个一流”；

献出一片爱心，共建文明窗口；

做文明观众，树赛场新风。

二、主要任务

1. 招募、培训、调配、表彰志愿者；

2. 根据筹委会各部门、各场馆的需要，派遣志愿人员，为大会提供服务；

3. 组织文明拉拉队；

4. 配合做好第六届全国农运会的宣传工作；

5. 组织志愿者机动队伍，承担第六届全国农运会泉州市筹委会指定的部分临时应急任务。

三、工作内容

在第六届全国农运会筹备和比赛期间，志愿者可提供的服务项目有：

1. 文明拉拉队

主要是在各比赛场馆烘托赛场气氛。

2. 礼仪接待

主要在宾馆、驻地、比赛场馆、机场、车站提供礼仪方面的服务。

3. 会务服务

主要在火炬传递、开幕式、闭幕式等重大活动和重要会议上提供相应的服务。

4. 导游导购

主要是为运动员及来穗客人到各旅游景点、大型商厦、宾馆等提供咨询服务。

5. 资料查询

主要是在新闻中心提供资料查询服务。

6. 环境整治

主要是组织志愿者参与整治环境，维护交通秩序方面的服务及宣传活动。

7. 场馆服务

主要是组织志愿者协助各比赛场馆清理场地，擦洗座位等服务。

8. 部门服务

主要是根据筹委会各部门工作需要，派遣志愿者提供所需服务。

9. 团队联络

主要是派遣志愿者到各参赛代表团队负责联络工作。

10. 应急服务

主要是组织机动志愿者队伍承担筹委会指定的临时应急性服务。

四、发动、招募及管理工作

志愿者主要由团员、青年、学生及其他社会各界人士组成。将通过组织发动和社会招募的方式进行。

1. 社会招募将通过新闻媒介发布消息，接受志愿者团体和个人报名。

2. 在志愿者部、团省委、团市委设立招募点，负责招募工作。

3. 各招募点招募来的志愿人员统一汇总到志愿者部，进行综合管理、调配。

4. 志愿者部负责泉州赛区范围内的志愿者协调管理工作，有权调度泉州赛区的志愿者队伍及安排大型活动的服务工作和处理应急情况。

5. 志愿者部负责协调、指导、检查、督促除泉州赛区外的其他×个赛区的志愿者招募、组织、培训等工作，各赛区应将组织、策划运作的情况及时报告筹委会志愿者部。

6. 服务期间，志愿者统一佩戴标志（除泉州外的其他赛区也要有本地区的统一标志），有些重要场所还应按筹委会发的证件出入。

五、培训工作

培训工作分级分类进行。

1. 培训内容。（1）公共基础知识。包括农运会知识、本届全国农运会概况、志愿者责任义务、本地风土人情、规范用语、交通法规等；（2）专业基础知识。包括礼仪接待、外事纪律、导游导购、资料查询等。此外，还应根据其所从事的服务项目，接受专业基础知识的培训，掌握相关服务技能等。

2. 培训办法。(1) 团省委、团市委主要负责所在地区市的高校团委、服务队负责人及志愿者骨干的培训；(2) 高校团委、服务队负责人主要负责对全体志愿者的培训工作。同时，编印《志愿者须知》作为培训教材并做出培训工作计划。

六、宣传工作

协助筹委会宣传部、广电部着重从以下五个方面进行宣传：

1. 对志愿者参与大型活动进行有重点的宣传报道；

2. 对日常的志愿服务活动进行有系统的宣传报道；

3. 对志愿服务活动中的典型事例进行有深度的宣传报道；

4. 通过开发和使用第六届全国农运会志愿者用品，加大对第六届全国农运会志愿服务的宣传力度；

5. 制作志愿者电视公益广告和户外公益广告。

七、经费管理

本着勤俭节约的原则，做到少花钱，多办事，认真做好志愿者活动经费的预算、使用和管理工作，并严格按照第六届全国农运会泉州市筹委会制定的有关财务制度执行。做好志愿者用品的制作及管理工作。

八、组织领导

1. 加强领导、健全组织、配齐人员。

2. 各赛区要相应成立第六届全国农运会志愿者部（办公室），制定招募、培训、管理、调配等一整套实施方案，并在第六届全国农运会泉州市筹委会志愿者部的指导下组织实施。

3. 志愿者部拟不定期前往各赛区检查、指导、督促各赛区的志愿者服务工作进展情况。

4. 加强内部管理，制定《志愿者工作管理规定》《志愿者调配使用管理制度》和《第六届全国农运会志愿者评先表彰方案》。

第六届全国农运会泉州市筹委会志愿者部

二〇〇七年二月二日

第六届全国农运会综合信息服务系统技术方案（摘要）

一、项目概述

（一）项目背景

2008年10月将于泉州召开的第六届全国农运会，是福建省和泉州市第一次承办的全国性大型综合体育赛事。这是一次全国农民的盛会。中国是世界上唯一举办国家级农民运动会的国家，农运会体现了我们党对农民健康的关心，体现了建设社会主义新农村的决心。泉州是我国的历史文化名城，也是海峡西岸的名城，著名侨乡。爱拼敢赢的泉州人民将发扬“求实创新”精神，为“当好东道主，办好农运会”而努力。本届农运会将坚持“以人为本”的思想理念，充分展示“海西”建设、闽南社会主义新农村建设以及“数字泉州”建设的成就，通过数字化工程的实施，办成一个具有侨乡特色的“数字”“绿色”的农运会。

本届农运会的经济和社会效益将从以下两个方面来体现。一是通过农运会的信息化，即建设农运会的综合信息服务系统，带动农村信息化和农村体育文化事业的向前发展；二是利用承办农运会契机，增强对泉州城市的宣传与营销，扩大闽南文化的影响力，吸引更多的游客。全市人民众志成城，力争把本届农运会办成专业水平最高、运动成绩最好、服务质量最佳、展示形象最优、海西特色最鲜明的农民体育盛会，向全国人民充分展示数字化侨乡的风采。

第六届农运会综合信息服务系统是本届数字绿色农运会的基础工程和重要有机组成部分。该系统旨在为本届农运会的组织者、各代表团、运动员、新闻记者、青年志愿者等各类组织和人员提供便捷、高效、稳定的综合信息服务，将现代高科技信息技术运用于农运会的各个方面，为泉州市成功举办农运会提供全面、高效的信息服务。本系统将以软件定制开发和软件集成为主，硬件集成为辅，与各个场馆的内部信息系统，以及新闻、媒体、广播、电视等等相关信息系统紧密结合，实现数据交换和共享，为本届农运会的成功举办提供实时可靠的信息来源和决策依据。

（二）需求概述

第六届全国农运会由国家农业部、国家体育总局、中国农民体协主办，由福建省人民政府承办，将于2008年10月在福建省泉州市举行。参照上届农运会的情况，初步预计开幕式总人数将达3万人左右。其中参加开幕式的领导嘉宾近1000人（省部级以上领导100人以上），新闻记者600多人，各代表团团部人员、运动员、教练员、裁判员5000多人，群众体育先进代表及观摩团3000多人，大型文体表演的演职人员数千人，工作人员近千人，观众近万人。届时将有包括台湾在内的32个省、市、自治区（地区）的代表团参赛，香港、澳门和东南亚华侨也将组织观摩团与会。本届农运会的比赛项目包括田径、游泳、篮球、乒乓球、象棋、武术、摔跤、风筝、钓鱼、龙舟、健身秧歌、舞龙舞狮、毽球花毽、自行车载重、民兵军事15个大项目，共将决出220多枚金牌。

农运会综合信息服务系统的需求贯穿于农运会举办的整个过程（赛前、赛中、赛后）；涉会人员主要有政府领导、筹（组）委会、参赛代表团（包括教练、运动员、裁判等）、新闻媒体、嘉宾、观摩团、普通观众；比赛场地分散，涉及地域广，规模大。需要利用信息系统手段多维度、多视角地对系统的需求进行分析。

（三）系统建设目标

第六届全国农运会综合信息服务系统工程建设将全面贯彻“三个代表”重要思想，树立和落实科学发展观，推动和谐的社会主义新农村建设和“数字泉州”建设的向前发展。系统建设的目标是：

坚持“以人为本”的理念，全面满足农运会各类人员对综合信息服务的需求。

高起点建设，高效率运行，塑造“海西”建设和“数字泉州”的良好形象。

多目标规划建设，实现系统的可持续发展。

规范系统实施，确保系统的安全、可靠和稳定运行。

（四）系统建设的指导思想及原则

根据福建省及泉州市“十一五”时期的经济社会发展的指导思想，以及“数字泉州”的总体规划要求，本届农运会综合信息服务系统的建设，将以邓小平理论和“三个代表”重要思想为指导，坚持科学发展观，以构建“和谐社会”为战略目标，把农运会信息系统建设和“数字泉州”建设相结合，推动“数字泉州”和海峡两岸农村信息化建设迈出新的步伐。根据以上指导思想，结合农运信息系统需求特点，本系统的建设将遵循系统的完整性、及时性、安全可靠性、灵活性、扩展性、开放性、前瞻性等原则。

二、系统建设的总体方案

（一）系统总体设计

1. 系统设计遵循的标准及依据

《体育建筑智能化系统设计导则》（建设部2003年专题项目）

《数字奥运建筑评估体系》（建设部2003年专题项目）

《体育场馆智能化系统技术要求》（国家体育总局标准）

《体育场馆建筑智能化系统技术规程》（建设部标准）

《体育建筑电气（弱电）设计安装》（建设部标准图集）

《体育场馆公共安全通用要求》（国家标准）

《体育场馆设备使用要求及检验方法　第2部分LED显示屏》（国家体育总局标准）

《城市社区体育设施技术要求》（建设部标准）

《民用建筑电气设计规范》（JGJ/T16-92）

《智能建筑设计标准》（GB/T 50314-2000）

《工业企业通信设计规范》（GBJ42-81）

《工业企业通信接地设计规范》（GBJ79-85）

《电气装置安装工程施工及验收规范》（GBJ232-82）

《建筑设计防火规范》（GBJ16-87）（95修订）

《火灾自动报警系统设计规范》（GB50116-98）

《自动喷淋灭火系统设计规范》（GBJ84-85）

《建筑与建筑群综合布线系统工程设计规范》（CECS72-97）

《建筑与建筑群综合布线系统工程施工及验收规范》（CECS89-97）

《大楼通信综合布线系统》（YD/T926.1-97）

《商用建筑线缆标准》（EIA/TIA-568A）

《商用建筑通信通道和空间标准》（EIA/TIA-569）

《商用建筑电信设施管理标准》（EIA/TIA-606）

《商业建筑通讯接地接续要求》（EIA/TIA-607）

《信息技术互连国际标准》（ISO/IEC11801-95）

《通信光缆的一般要求》（GB/T7427-87）等

2. 系统总体结构示意图

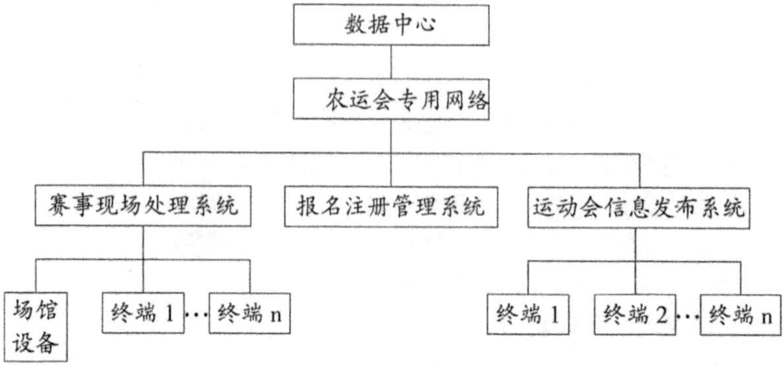

整个系统采用当前流行的 C/S 和 B/S 混合结构，多层架构设计，集中式数据管理。所有信息和数据集中存放于数据中心，保证数据的一致性。各个工作站对核心数据库的访问，通过中间应用服务器访问中心数据库，可确保中心数据库的访问安全。

连接网络中心与各赛点场馆的计算机网络主干线路设置原则为：对于数据传输带宽需求较高的重要场馆的接入线路采用光纤线路，其他场馆的线路采用 ADSL/DDN 接入方式（有条件可用光纤线路）。这部分工程的实施可利用泉州电信部门或广电部门的光纤资源完成，采取线路租用的方式实现。具体接入方式（略）。

3. 系统总体功能架构

运动会综合管理系统						赛事现场处理系统			报名注册管理系统		运动会信息发布系统			
项目管理	赛程编排管理	综合成绩处理	机构管理	人员管理	系统管理	设备接口	现场编排	成绩管理	注册管理	抵离接待管理	信息发布管理	信息门户	状态监控	领导查询
数据中心平台														

(二) 系统主干平台设计

1. 数据中心拓扑图(略)

数据库服务器通过磁盘阵列柜和故障转移集群实现双机热备份,保障系统的全天候正常运行。当任一节点(群集中的服务器)发生故障或脱机工作时,另一个节点的服务器将自动切换承担整个系统的全部工作。

应用服务器通过网络负载平衡技术实现网络负载平衡集群,使系统压力平均分担在两台应用服务器上,提高系统总体性能,并且当某个主机出现故障或脱机时,将在继续运行的计算机间自动重新分配负载,保证系统全天候正常、可靠地运行。

2. 数据库服务器软件选型

数据库服务器是农运会综合信息服务系统的核心部分,后台系统安装的质量和日常运行的稳定性,直接影响到整个系统的运行质量。考虑到今后的使用与维护成本,本设计方案采用PC服务器,数据库采用大型数据库管理系统软件,根据赛事软件开发方需要确定。

3. 应用服务器软件选型

考虑到今后的使用与维护成本,本设计方案采用PC服务器,操作系统根据赛事软件开发方需要确定。

4. 各场馆内部网络要求

各场馆应建设比赛专用内部三层交换以太网络,同时还根据需要建设覆盖整个赛场区域的无线接入系统。

(三) 系统软件设计

1. 运动会综合管理系统

(1) 项目管理

通过对本届农运会比赛的项目管理、赛场管理、赛制管理等信息的管理,为成绩处理系统及其他应用系统提供基础数据。

(2) 赛程编排管理

按照赛事项目、赛制与赛场的设置,对农运会轮次与分场进行编排,实现手工与自动两种方式的编排。编排内容包括比赛项目的时间、地点、参赛选手分组情况等,并可根据需要查询、浏览和打印赛程安排表。

(3) 综合成绩处理

对现场成绩处理系统上报的比赛成绩信息、获奖情况等进行汇总统计,获得最后成绩排名与团体分统计,显示各个代表队奖牌榜信息,并自动查询比对往届比赛纪录，标识出打破历史纪录的情况。

(4) 机构管理

对组委会、竞委会以及各个省代表团的有关信息进行管理。

(5) 人员管理

设置参加本届农运会人员类型与出入证类型；对与本次农运会相关的代表团成员、本地工作人员、裁判、仲裁人员、媒体记者以及其他人员进行管理；制作农运会出入证，并可对出入证进行挂失、解挂、补发等管理；根据需要对各类人员进行复合条件查询和资料查询。

(6) 系统管理

对系统进行初始化和基础参数设置；管理用户权限（包括用户设置、角色设置、角色权限设置等）；对数据库进行日常维护、备份（支持完全备份以及增量备份）、数据还原；修改当前用户密码；自动记录每个用户登录的时间、IP 以及登录模块名等登录流水，并可提供对流水的复合条件查询。

2. 赛事现场处理系统

(1) 设备接口

与相关设备厂商合作开发计时设备接口、记分设备接口、显示设备接口，使系统自动获取计时记分设备数据，并在场馆内显示成绩结果。

(2) 现场编排

对参赛运动员进行现场资格审查；对比赛项目进行现场编排、抽签分组。

(3) 成绩管理

对于无法自动导入的成绩进行手工成绩数据录入；根据事先确定的评分办法，自动将手工录入的数据与检测设备计时记分数据汇总形成最终成绩，然后交由现场操作员检验，确认后，按实际情况填写比赛的循环表、淘汰表等，生成晋级信息，并得出项目的最终排名和奖牌所属的个人或集体信息；成绩决出后，现场打印成绩公告，自动上报成绩数据。

3. 报名注册管理系统

(1) 注册管理

通过网上自助注册方式或手工注册方式进行各个代表队运动员报名；对参赛运动员资格进行审查；对各个代表团、运动队和运动员资料进行管理。

(2) 抵离接待管理

对于与会来宾进行抵达登记及离开登记。

4. 运动会信息发布系统

(1) 信息发布管理

将运动会竞赛信息、东道主信息、工作流程信息、成绩信息等综合信息，针对不同人员的需求与权限提供相应的信息处理和信息发布服务；自动链接公共信息网络，提取运动会所需的公共信息（如天气预报、旅游信息等）。

(2) 信息门户

制作内部门户网站，对内网用户处理并发布有关信息；在各个比赛场馆、来宾住处设立触摸屏查询机，供来宾查询信息之用。

(3) 状态监控

在侨乡体育馆建设赛事信息管理中心，提供多画面视频监视。系统通过与各个场馆智能化系统的整合对接，可在赛事信息管理中心的电视墙上远程显示各个赛场比赛项目的现场视频，对各场馆的比赛情况进行实时监控。

(4) 领导查询

提供各级领导对运动会各类信息数据（赛事信息、比赛成绩数据、奖牌情况以及其他信息）的复合条件查询统计功能。

（四）系统主要设备选型

1. 硬件平台主要设备说明

(1) 核心数据库服务器

核心数据库服务器建议采用 IBM、HP、DELL 等品牌的 PC 服务器（略）。

(2) 应用服务器

应用服务器建议采用 IBM、HP、DELL 等品牌的 PC 服务器（略）。

(3) 磁盘阵列柜

磁盘阵列柜配置参数要求（略）。

(4) 核心交换机

核心交换机采用 2 台高性能 S7506R 交换机。其性能主要参数（略）。

2. 数据中心机房相关设备说明

(1) UPS 后备电源

数据中心机房配置 1 台 30KVA UPS 后备电源，在断电后，机房 UPS 支持 1 小时持续供电，推荐选用梅兰日兰、艾克赛等稳定品牌产品。

(2) 服务器机柜及 KVM 套件

数据中心机房配置两台 42U 服务器机柜及一套 8 口机架式 KVM 切换器。具体参数指标（略）。

(3) 机房装修

静电地面：采用全钢抗静电地板，吊顶采用微孔铝塑板（地面和吊顶内刷防尘漆），在抗静电活动地板下采用中压石棉板上压电化铝板面保温材料；

防雷接地：机房电源设有三级防雷保护，机房设有弱电专用安全保护、防雷保护、直流工作接地母排，接地电阻小于 1Ω。

供配电系统：采用市电及不间断电源对机房计算机设备及网络设备统一集中供电。照明采用 3×40W 格栅灯，并设有应急照明和安全出口灯。

机房门窗：精密空调服务区域窗户改造成密闭双层窗，采用内加密闭玻璃隔断封堵，双层窗内侧设置塑铝百叶窗；机房出入口采用双开双防火钢质门各一扇，机房内采用双开钢化玻璃门。

3. 计时记分设备说明

本届农运会所需使用到的计时记分设备主要有游泳电动计时设备、网络化终点摄像计时及判读设备、径赛实时计时器、武术评分系统控制器等。考虑到今后使用方便性，要求所有设备应可方便拆卸移动。所有计时记分设备均应是通过国家体育总局认证的免检设备。

(1) 游泳电动计时设备

系统主要功能：

双机热备份，同时进行，人工切换，互不干扰。

在监视器上模拟显示触板、出发台及盲表工作状态，可同时显示八个泳道运动员的成绩名次，趟次等数据。

提供成绩查找功能，提供盲表成绩。

输出电子显示屏所需数据。

可同步打印各分段和终点成绩。

主要技术参数（略）

系统主要配置：

主机

计时器

打印机

发令及扩音装置

触板

出发台

盲表

信号分配电缆

喇叭

UPS 电源

手动发令头，话筒及拾音头

(2) 网络化终点摄像计时及判读设备

本设备可用于径赛项目以及自行车、龙舟等终点计时竞赛项目，以后可用于皮划艇等项目。系统具有自动读出成绩、自动排序、打印及发送成绩、打印图像、与比赛信息中心数据联网等功能。并具有类似 Windows 的图像界面和中英文菜单。整套系统技术先进，计时精度高，快速判读，成本低廉，操作简便。

主要技术参数（略）

系统基本配置：

网络化终点摄像头（含变焦镜头和脚架）

计算机，激光打印机。

计时控制及成绩判读机。

计时控制及成绩软件。

无线/有线发令传感装置。

UPS 电源、专用信号电缆、移动电缆。

超声波风速仪。

(3) 径赛实时计时器

本设备是田径比赛中提供给运动员和观众从发令计时开始的实时进程设备，能与网络化终点摄像计时系统配合使用。在一些竞时项目中，更换终点传感方式就是符合规则的正式计时装置（如自行车、滑雪、滑冰等），并可用于日常训练，是一套多用途的计时设备。

主要技术参数（略）

系统基本配置：

计算机

专用信号电缆线

红外光电拦切装置

7位7段磁翻转显示牌

UPS电源

(4) 武术评分系统控制器

本系统由国家体育总局武术运动管理中心指定研制，符合武术套路竞赛规则，适用于本届农运会的中国式摔跤项目以及其他各类国内、国际武术比赛项目。本系统由电脑自动控制，功能可靠，信息处理快速、准确，且结构简单，易于操作。

主要技术参数（略）

系统基本配置：

裁判长监控电脑

中心电脑、监视器、分屏器

裁判评分器示分牌

成绩显示牌

各种电缆及接口盒

三、系统运行方案

(一) 系统模拟运行方案

1. 小范围模拟运行

(1) 模拟运行时间：测试通过后。

(2) 模拟运行对象：部分组委会成员。

(3) 模拟运行内容：报名注册、计时记分统计、信息公告。

(4) 模拟运行范围：主要比赛场馆。

(5) 小范围模拟运行通过后可进行大范围模拟运行。

(6) 模拟运行周期：约1周。

2. 大范围模拟运行

(1) 模拟运行时间：小范围模拟运行通过后。

(2) 模拟运行对象：全体组委会成员、青年志愿者。

(3) 模拟运行内容：报名注册、计时记分统计、信息公告。

(4) 模拟运行范围：所有比赛场馆、来宾住处以及其他相关地点。

(5) 大范围模拟运行通过后可进行系统验收。

(6) 模拟运行周期：2 周。

(二) 运动会期间保障方案

本系统存在着来自社会环境、技术环境和物理自然环境的安全风险，其安全威胁无时无处不在。对于系统的安全问题，不能单凭利用一些集成了信息安全技术的安全产品来解决，而必须考虑技术、管理和法律等因素，全方位地综合解决系统安全问题，建立信息系统的安全保障体系。

1. 安全保障体系模型

信息系统的安全保障体系是一个在充分分析系统安全风险因素的基础上，通过制定系统安全策略和采取先进、科学、适用的安全技术手段，对系统实施安全防护和监控，使系统具有灵敏、迅速的恢复响应和动态调整功能的智能型系统安全体系。其模型可用以下公式表示：

系统安全=风险评估+安全策略+防御体系+实时检测+数据恢复+安全跟踪+动态调整

其中，风险评估是对系统安全风险因素进行的分析和报告，是安全策略制定的依据；安全策略是系统安全的总体规划和具体措施，是整个安全保障体系的核心和纲要：防御体系是根据系统存在的各种安全漏洞和安全威胁而采用的相应的技术防护措施，是安全保障体系的重心所在；实时检测是指随时监测系统的运行情况，及时发现和制止对系统进行的各种攻击；数据恢复是指在安全防护机制失效的情况下，进行应急处理和响应，及时地恢复信息，减少被攻击的破坏程度，包括系统备份、自动恢复、确保恢复、快速恢复等；安全跟踪是指记录和分析安全审计数据，检查系统中出现的违规行为，判断是否违反法规，为改进系统和实施法律提供依据；动态调整是指为改善系统性能而引入的智能反馈机制，使系统表现出动态免疫力，实现较好的安全防护效果。

在安全保障体系模型中，“风险评估+安全策略”体现了管理因素，“防御体系+实时检测+数据恢复”体现了技术因素，“安全跟踪”则体现了法律因素。系统的动态调整反馈功能使该体系模型能够适应系统的动态管理要求，支持信息系统安全性的动态提升。

2. 安全保障体系方案

本系统安全保障体系的目标是：网络层安全、系统层安全和应用层安全。由于不同的层次的安全内容、要求存在差异，因此其安全保障方案的制定也不尽相同。本系统安全保障体系的层次结构如图 1 所示。

网络层安全方案	网络结构模式选择
	网络访问控制
	网络地址翻译
	网络活动检测与防御
系统层安全方案	系统弱点扫描检测
	账号口令设置
	安全管理设置
	软件侦测与病毒防治
应用层安全方案	用户和目录管理机制
	加密通讯机制
	认证授权机制
	备份及恢复机制

图 1

(1) 系统安全保障体系的层次结构

上述各个层次的安全保障方案都涉及技术保护方式和管理保护的实现，形成一个全面、科学、实用的系统安全保障体系，其体系结构如图 2 所示。

安全组织
安全宣传教育
安全监管
安全服务
安全防御
安全基础

图 2

(2) 系统安全保障体系结构

安全组织包括建立健全组织体系，明确负责安全管理的主要领导、主管部门、技术支持部门和宣传、保卫部门。制定系统安全保障方案，实施安全宣传教育、安全监管和安全服务。

安全宣传教育是指利用各种方式对农运会相关人员进行信息安全意识的

培养和信息安全知识的普及，树立安全第一的思想，同时倡导信息伦理，提高公务员和公民的信息安全自律水平。

安全监管强调通过管理手段实现管理方式的安全保护，主要内容包括人员管理、设备管理、软件管理、介质管理、密钥管理、口令管理、文档管理等。

安全服务是指通过各种技术手段实现技术层次的安全保护，主要技术包括主机监控、网络监控、身份验证、数字签名、访问控制、攻击监测、审计跟踪等。

安全防御是指通过分析网络结构和应用情况，在与公共网络连接的关键点上，以及局域网的不同级别子网之间设置安全屏障。安全屏障包括安全通道、安全隧道和安全门道。主要安全技术有防火墙技术、安全路由器技术和信道加密技术等。

安全基础则考虑构成系统实体的安全和实体环境的物理安全。它包括网络设备、服务器、工作站、操作系统、数据库的安全，以及要求机房场地、信息存储场地和器具符合国家规定的标准和具有完善的防护措施等。

3. 项目预算清单（略）

大型综合性运动会安保主要工作任务

1. 联合场馆建设部对场馆及基础设施保障工作进行专项检查，提出场馆安保设施及配套系统工作要求和建设标准，建议场馆部在建设中统筹解决。

2. 联合大型活动部、群体部、场馆部做好倒计时一周年系列活动及全民健身系列活动安保工作。

3. 为运动会倒计时一周年举行主题晚会做好安保工作。

4. 绘制运动会各类安保用图，制作安保工作多媒体。

5. 熟悉运动会竞赛总规程及单项举办地，开始拟定各类安保工作分类方案，报批后实施。

6. 熟悉运动会群体部总体方案，开始拟定安保工作分类方案，报批后实施。

7. 拟定运动会火炬传递活动安保方案，报批后实施。

8. 组织勘察运动会驻地、场馆、群先代表参观路线交通路线，计算车辆行驶所需时间；勘察各场馆、宾馆停车场，核定车辆停放数量和位置。

9. 检查各赛区比赛场馆消防安全工作。

10. 检查各接待单位的治安与消防安全工作。

11. 拟定运动会火炬手安全背景审查方案，报批后实施。

12. 拟定大型群众体育活动、精品项目展示活动安保方案，报批后实施。

13. 组织拟定观看运动会开闭幕式注意事项、致市民一封信、来宾须知、观众进场退场广播词、紧急疏散广播词、场馆规范要求、驻地规范要求、驻地民警规范要求及执勤民警规范要求等材料。

14. 组织开展承办城市全市性交通秩序大整治。

15. 会同交通保障部制作主场馆周围道路及停车示意图。

16. 负责做好安保指挥中心系统建设。

17. 组织对安全器材、设备的采购和订货。

18. 召开专题会议，研究社会治安管控工作，结合国内形势部署社会稳定工作。对运动会举办期间可能影响稳定的各类因素进行排查摸底。拟定社会稳定及开闭幕式安保方案。

19. 组织对安检人员开始进行培训。

20. 拟定重点项目（场次）及活动现场安保方案，报批后实施。

21. 组织对运动会举办期间车辆道路综合考察，在此基础上形成车辆通行与控制方案。

22. 开展各赛区城市交通秩序大整顿。

23. 做好运动会测试赛期间的安全保障工作，结合比赛演练安保工作。

24. 开展以除隐患、保安全为重点的百日专项行动，加强流动人口管理，严密排控重点上访人员和治安危险分子，全力做好维护社会稳定和处置突发事件各项准备工作。

25. 审定运动会保卫工作方案及突发事件应急预案。

26. 运动会赛场、驻地、活动涉及场所安全保卫、消防、突发安全事故处置方案。

27. 运动会社会治安管理和巡逻防控方案。

28. 运动会赛场馆、驻地、活动涉及场所安全保卫、消防检查方案。

29. 运动会车辆安全检查方案。

30. 运动会警卫对象的警卫工作方案。

31. 其他大型活动安全保卫、消防、交通管理、突发安全事故处置方案。

32. 对比赛场馆、驻地进行治安、消防安全检查，对安保人员进行安全教育和培训。

33. 组织各接待单位工作人员、服务人员逃生演练。

34. 按照开幕式、闭幕式、群先会、招待酒会及其他重大活动安全保卫工作方案的要求，组成各专项小组，开始组织实施。

35. 做好开、闭幕式文艺表演联排的安全保卫工作。

36. 检查各赛区安保工作。

37. 会同行政接待部对场馆驻地进行治安、消防安全检查。

38. 对承担比赛的高校周边治安秩序开展清理整顿。

39. 确定开闭幕式、招待酒会等大型活动安保工作方案，确定现场公安执勤点，与办公室协调值勤岗位占用座位。

40. 做好倒计时 100 天活动期间的安全保卫工作。

41. 组织主题誓师大会。

42. 对运动会使用车辆进行安全检查，对驾驶人员进行安全教育和技能培训。

43. 组织召开运动会安全保卫工作会议，对举办期安保工作进行全面部署。

44. 组织对志愿者、场馆人员、保安人员、安检人员、交通运输人员及组委会工作人员进行证件使用、安全检查、突发事件处置等内容的培训。

45. 对各场馆和驻地进行治安、消防安全检查，并配合对场馆、驻地监控、通信、图像传输进行调试、试验。

46. 及时掌握首长和重要来宾的活动信息，提前做好各项准备工作。

47. 开展承办城市全市性交通秩序尤其是对运动会车辆主要行驶路线进行大整顿。

48. 开展运动会交通安全保卫工作协同演练。

49. 完成全部道路标志补充完善工作，按运动会期间道路车辆管制办法组织试运行。

50. 结合开、闭幕式文艺表演进入主场馆实地联排，组织开、闭幕式安保工作演习。

51. 组织召开安保工作誓师大会；结合倒计时 30 天及重要节日，开展重要区域治安整治工作。

52. 按照工作方案和各代表团报名信息，开始制作各类人员证件。

53. 牵头并会同行政接待部对所有驻地宾馆、贵宾室、会议室开展治安、消防安全全面检查、整顿、清理。

54. 组织承办城市，尤其是比赛承办周边地区的“严打”和公安巡游活动，形成高压态势。

55. 为运动会先期决赛项目的比赛做好安保工作。

56. 拟定出席运动会的党、国家领导人，各代表团团长，港、澳、台来宾，特邀嘉宾的安全保卫工作方案，报批后实施。

57. 以运动会场馆、接待单位为重点区域，组织开展以防火、防爆炸、防破坏、防治安灾害事故的安全大检查。

58. 拟定迎接与欢送嘉宾的安保方案。

59. 在承办比赛的城市加强威慑力宣传，同时组织以打击刑事犯罪、盗窃犯罪为主的专项行动。

60. 做好运动会火炬传递起跑仪式及各市火炬传递安保工作。

61. 开展重要区域治安整治工作。

62. 组织开、闭幕式前安保工作最终检查与演练。

63. 对主场馆进行封闭并进行清场，同时做好搜排爆等安检工作。

64. 做好社会稳定工作，尤其是上访人员等相关工作。

65. 全力做好开、闭幕式彩排、预演的安保工作，结合开、闭幕式预演，全面演练开、闭幕式安保工作预演，同时组织开、闭幕式突发事件预演。

66. 做好运动会火炬汇聚仪式安保工作。

67. 做好迎接出席开、闭幕式的党和国家领导人的到达及出席开、闭幕式活动的安保工作。

68. 做好陪同出席开、闭幕式的党和国家领导人视察的安保工作。

69. 做好党和国家领导人接见群先会代表的安保工作。

70. 做好迎接各省、市、区代表团团长，中央各部委领导，国际奥委会、国际单项体育联合会领导，各国驻华使节接待安保和出席开、闭幕式活动的安保工作。

71. 做好迎接各类嘉宾到达接待与出席开、闭幕式活动的安保工作。

72. 做好参加运动会的各代表团团长，港、澳、台来宾，特邀嘉宾的安全保卫工作。

73. 会同交通保障部、信息技术部、广电部、宣传部及时发布运动会举办期间交通及道路管制信息。

74. 做好各项比赛赛前训练和正式比赛的安保工作。

75. 做好开、闭幕式现场的安保工作。

76. 做好各类招待会的安保工作。

大型综合性运动会电力保障主要工作任务

1. 了解检查各比赛场馆、各主要接待宾馆的供电设备情况，了解满负荷状态下用电量及最大供电负荷情况，同时应将为其供电的电源情况介绍清楚。

2. 编制相关场馆、主要接待宾馆电力需求状况的汇报材料，提出保证供电可靠性建议和措施。

3. 与竞赛部、行政接待部、广电部、场馆部进行沟通，了解相关部门对电力保障工作的要求，在此基础上形成工作方案。

4. 拟定运动会主要场馆，尤其是开、闭幕式及其他大型活动、主要会议电力保障工作总体方案，上报后落实。

5. 为倒计时一周年系列活动提供电力保障服务。

6. 提出开、闭幕式及其他大型活动、主要会议电力设备的购置、维修清单。

7. 检查各主要场馆设施建设的供电系统情况。

8. 按批准的预算，拟定采购电力设备方案。

9. 拟定开、闭幕式，群先会，开、闭幕招待酒会安全供电方案，报批后组织实施。

10. 拟定各类安全供电的保障预案，报批后组织实施。

11. 拟定运动会测试赛场馆电力供应与保障工作方案，报批后组织实施。

12. 拟定对各主要接待宾馆、主要会议场所安全用电检查方案，报批后组织实施。

13. 检查各比赛场馆、代表团、运动队驻地和相关场所的电力设备，提出整改方案，落实到具体的单位，跟踪落实改造。

14. 开始按计划，采购电力保障的必要设备。

15. 拟定开、闭幕式文艺表演联排电力保障方案，报批后组织实施。

16. 检查新闻中心及有关重点场馆的电力工程、设备调试等建设。

17. 开始启动运动会先期决赛项目的保电组织工作。

18. 做好开、闭幕式等大型活动，主要会议电力保障应急预案。

19. 保障运动会测试赛的电力供应，结合比赛测试场馆供电安全情况。

20. 结合运动会电力需求，检查举办城市的电力设备和供电状况。

21. 拟定开、闭幕式等大型活动，主要会议电力保障应急方案，报批后组织实施。

22. 保障开幕式文艺表演联排的电力供应。

23. 再次对各接待宾馆、大型活动、主要会议场所的电力系统进行检查。

24. 完成采购的部分电力设备，完成这一部分设备的安装、调试直至达到使用状态。

25. 保障运动会先期决赛项目在比赛期间的电力供应，结合比赛测试场馆满负荷供电能力。

26. 对新闻中心的电力服务系统进行专项检查。

27. 确定开、闭幕式，国家领导人接见群先代表等大型活动，重要会议电力保障方案。

28. 落实24小时值班制度。

29. 结合开幕式预演、彩排组织对场馆电力设施及操作情况进行全面检查测试。

30. 督促并落实电力设备供应商的专业技术人员、配件（备品备件）现场值班。

31. 应急发电设备到达指定位置，调试完毕，落实值班及安保人员。

大型综合性运动会返程票务主要工作任务

1. 与竞赛部沟通，了解比赛项目布局及运动员、教练员、裁判员返程用车情况。

2. 做好先期决赛的项目返程票务，并以此总结经验。

3. 开始向各代表团征询返程火车运输计划。

4. 做好先期决赛的项目返程票务工作。

5. 与机场、民航、公路运输部门协调，落实组委会机关大楼，集中设点现场办理票务工作。

6. 与铁路部门协调，做好火车卧铺票保障计划。

7. 着手准备车辆、人员证件与返程票务的协调配套的相关工作。

8. 做好运动会先期决赛项目比赛的返程票务工作。

9. 再次与民航、铁路、公路运输部门协调，落实现场办票及包车或专列计划。

10. 完成最终组委会现场办理返程票务工作方案。

11. 在与各代表团及和各类嘉宾核定的基础上，向铁路局、航空公司报出正式计划。开始出售火车票、机票。

12. 组委会现场办理机票、车票中心开始服务。

13. 接受火车、汽车、飞机返程票调整。

14. 组委会机关现场办票点开始工作。

15. 做好各类返程票调整工作。

16. 最后落实所有返程机票、车票，向各代表团联络员发出通知，返程票务工作的结束时间。

17. 组委会现场办票点撤场。

大型综合性运动会环境美化主要工作任务

1. 开始场馆周边环境整治工作督促检查。

2. 检查各赛区城市主要道路建设及改造工程。

3. 督促各赛区抓紧场馆周边环境整治检查工作。

4. 按照制定的比赛场馆（地）保电和供水预案以及保洁、设备维护、场馆现场服务方案，组织相关部门进行技能强化培训。

5. 以达到使用状态为目标，全面完成场馆建设、维修、改造工作与周边环境整治工作。

6. 督促完成各场馆周边延伸部分环境整治任务。

7. 为针对新场馆“测试赛”提供场馆、设备、器材等服务，测试场馆运作情况。

8. 运动会各举办城市主要道路建设改造完成，实现主体育场道路、环境与市政道路、环境畅通与匹配。

9. 研究部署运动会举办期间，举办城市尤其是城市“绿化、亮化、美化”工作，及城市环境整治工作。

10. 协助有关部门检查验收城市“绿化、亮化、美化”工程，重点是场馆周边与市政道路、环境的接合部。

11. 全面做好运动会举办城市主要交通道路、各接待宾馆、主体育场、各比赛场馆、各旅游点环境整治工作。落实责任人，明确工作标准。

12. 确定高速路进入承办城市最后一个收费站装饰、美化工作方案组织实施。

13. 确定火车站、机场、长途客运站绿色通道并进行美化。

14. 督促落实各责任单位对场馆周边环境进行全面美化。

15. 全面检查主体育场周边环境。使各主要地区、场馆处于良好环境状态。

16. 全省主要城市各主要路口、各单位挂好运动会相关标语，各主要迎宾通道环境布置完毕。

17. 做好各举办城市的环境维护工作。

18. 做好各比赛场馆、各接待单位的“绿化、亮化、美化”维护工作。

19. 与机场、车站再次协调，确认欢送嘉宾通道及做好环境布置。

大型综合性运动会火炬传递工作主要任务

1. 组织专家对火炬传递主题口号、圣火火种采集方案、火炬式样的入围方案进行评审。

2. 上报主办单位火炬传递总体方案（草案）。

3. 拟定运动会火炬传递方案。

4. 组织创作团队，对火炬传递主题口号、采火形式、火炬式样进行再创作。

5. 向组委会汇报拟定的火炬传递主题口号、采火形式、火炬式样评审及再创作情况。

6. 与市场开发部充分沟通，提出对火炬传递的相关需求，配合做好火炬传递活动总冠名赞助商洽谈与签约工作。

7. 向主办单位报送火炬传递方案。

8. 配合市场开发部确定火炬、火种盒、采火器、火炬手服装等赞助生产厂家。

9. 拟定火炬传递活动专项工作会议方案并报批。

10. 组织筹备火炬传递活动专项工作会议。

11. 会同市场开发部与火炬传递活动总冠名赞助商进行充分沟通，形成活动组织与赞助商回报相结合的工作实施方案。

12. 召开新闻发布会，发布火炬传递总体方案。

13. 向组委会专题汇报火炬筹备工作，筹备运动会圣火火种采集工作。

14. 会同市场开发部、新闻宣传部、广电部，举行运动会火炬传递活动总冠名赞助商签约仪式”。

15. 配合新闻宣传部制定火炬传递宣传方案，确定火炬传递新闻宣传、电视转播等有关事宜。

16. 召开运动会火炬传递联络员会议，部署火炬传递工作。

17. 根据方案向组委会领导专题汇报举行火炬传递的点火起跑仪式筹备工作。

18. 与运动会举办城市协调，实现群体工作与火炬传递活动与承办地的工作对接。

19. 组织运动会火炬传递圣火火种采集仪式。

20. 做好火种保存工作。

21. 组织火炬传递活动点火起跑仪式及传递活动。

22. 举行火炬传递活动——火炬汇火仪式。

23. 将火种盒移交给大型活动部，由大型活动部负责开幕式主火炬点燃仪式。

注：至此，火炬传递活动结束，开幕式点火仪式的工作转移到开幕式的专项工作。

大型综合性运动会气象主要工作任务

1. 落实气象探测设备采购与维修计划。

2. 拟定气象保障工作方案，报批后实施。

3. 完成采购或检修气象要素探测设备，开始组织安装调试。

4. 根据历史天气资料，分析开幕至闭幕期间影响承办城市的天气环流背景、主要降水天气系统的降水特点，针对不同天气系统和降水云系制定人影作业技术方案。

5. 安装气象要素探测设备，并进行调适、试运行。

6. 做好倒计时一周年相关活动气象预报工作。

7. 制定“运动会气象预报工作程序”和“运动会气象发布程序”，报批后执行。

8. 对气象探测设备进行试运行，落实管理制度、责任人。

9. 确定专家技术组、综合保障组、飞机作业组和火箭作业组人员组成名单。

10. 建立以保障大型活动为主的技术保障系统。

11. 拟定运动会举办期气象预报内容、方式和频次方案，报批后实施。

12. 拟定灾害性天气应对预案，报批后实施。

13. 拟定测试赛、先期决赛、开闭幕式、正式比赛、主题活动等大型活动气象保障工作方案，报批后实施。

14. 确定气象保障技术服务单位并签订责任书。

15. 开展相关技术培训和演练，检修各项技术设备，完善各项组织工作流程。

16. 及时为开、闭幕式文艺表演联排、预演、正式比赛、主题活动提供天气形势预报。

17. 开展相关技术培训和演练，检修各项技术设备，完善各项组织工作流程。

18. 重点做好倒计时 100 天系列活动气象分析报告，及时报告。

19. 做好运动会火炬传递活动的气象报告。

20. 开展相关技术培训和演练，检修各项技术设备，完善各项组织工作流程。

21. 即时向组委会报告气象情况，并提交最新的一周气象分析报告。

22. 跟踪做好火炬传递活动有关气象保障服务，重点做好省内传递沿途区域的服务保障工作。

23. 指定专人撰写气象总结报告。

第四章　体育赛事举办

第一节　体育赛事举办简述

体育赛事举办阶段是指体育赛事正式开始举行直至全部比赛结束为止的阶段。举办阶段主要任务包括按竞赛规程与规则组织竞赛，以及按总体工作方案组织实施相关活动（通常至少包括开幕式及闭幕式）。

一、组织竞赛

竞赛组织工作是体育赛事举办阶段全部工作的核心与主线，它的主要工作任务是保证各项比赛按照预定的竞赛日程正常进行，确保运动员的比赛和裁判员、技术官员的工作顺利进行。竞赛组织工作主要包括比赛成绩统计和公布工作、评奖和颁奖工作。

（一）比赛的组织

比赛的组织工作是整个竞赛工作中的核心环节。体育赛事运作的最核心工作就是比赛，其他一切工作都围绕着比赛进行。比赛的直接参与者是运动员、教练员、裁判员、技术官员以及领队、医务人员等。具体的比赛组织工作包括运动员报名、资格审查、抽签或编排、点名、检录、比赛（包括预赛、复赛、决赛或者小组赛、半决赛、决赛等）、兴奋剂检测等工作。每项赛事的《竞赛总规程》是比赛的“根本大法”，它规定了每一项赛事的资格、赛程、奖励、处罚等基本原则。而竞赛规则是每一项比赛执法与判罚的标准与依据。作为体育赛事的运作者，制定好《竞赛总规程》是一项十分重要、严谨的工作，应由体育竞赛的专家负责完成。比赛后，组织竞赛的工作就进入到成绩统计、公布等环节。

（二）成绩统计、成绩公布工作

成绩统计、成绩公布是组织竞赛工作的重要环节，是参赛单位、新闻媒体及社会关注的焦点和热点。主要工作包括成绩统计工作，成绩超、创、平纪录相关工作，成绩传输、查询及公布工作。对于大型综合性体育赛事而言，由于比赛项目多、赛事分布广、关注群体多，必须建立准确快捷的成绩网络系统（包括综合成绩信息系统、综合信息查询系统、技术资料查询系统等），在比赛现场、指挥中心、新闻中心及各代表团驻地等都应建立成绩查询终端。

成绩统计和公布工作的一般程序是：

1. 赛事运作管理机构制定各类竞赛成绩表，报主办单位审批。

2. 每场比赛结束后，成绩公告由裁判长（或竞赛规则规定的官员）签字确认，由赛事运作管理机构内设的竞赛组织管理部门核对公布。

3. 创全国纪录、超亚洲纪录和世界纪录的由赛事运作管理机构报主办单位后，按国家及国际单项组织有关规定程序进行申报。

4. 综合性赛事由赛事运作管理机构内设的竞赛组织管理

部门统计各代表团奖牌总数和团体总分，由主办单位审核后公布。

5. 比赛成绩册由赛事运作管理机构内设的竞赛组织管理部门编印发布。

（三）评奖、颁奖工作

评奖、颁奖工作是将竞赛工作推向高潮的重要礼仪活动。评奖、颁奖工作包括制定颁奖工作实施方案和颁奖仪式程序、规则；统计奖品及颁奖辅助用品种类及数量；设计制作颁奖时播放的背景音乐；设计奖杯、奖章、证书及其他奖品和颁奖辅助用品；制定有关颁奖设备和颁奖工作要求；布置颁奖环境；设计购买颁奖服装；制定颁奖嘉宾邀请方案等。

竞赛评奖和颁奖工作的一般程序是：

1. 赛事运作管理机构制定颁奖工作方案，报主办单位审批。

2. 赛事运作管理机构负责组织实施颁奖人员的选拔和培训。

3. 赛事运作管理机构负责制定奖牌、奖杯、奖状和证书的设计，报主办单位审批后，再行制作、分发。

4. 赛事运作管理机构内设的竞赛组织管理部门负责制定颁奖仪式程序及组织实施。

5. 赛事运作管理机构内设的竞赛组织管理部门负责制定嘉宾邀请方案，并由赛事运作管理机构内设的联络部门协助嘉宾邀请、接待和引导工作。

二、开幕式与闭幕式

体育赛事开幕式和闭幕式是体育赛事成功开始及圆满结束的标志性事件，这使得开幕式和闭幕式成为展示赛事运作水平和整体形象的最佳载体之一。体育赛事运作管理机构应当邀请赛事相关公众的代表参加开幕式或闭幕式，向他们传递赛事的正面信息，赢得他们对赛事的正面评价。赛事开幕式或闭幕式邀请的嘉宾通常包括党政机关有关负责人、知名运动员或体育界官员、媒体记者、赞助商代表、相关社会团体成员等。

正是由于赛事开、闭幕式的重要地位与作用，使得开、闭幕式尤其是大型体育赛事的开、闭幕式不是一两个部门的力量能够完成的，需要赛事运作管理机构各个部门的协调与配合，共同完成。由于开、闭幕式涉及媒体宣传、各界领导嘉宾行程以及安全保卫等问题，对时间要求相当严格，因此，在各部门进行全面协调时，必须严格就时间节点配合开展工作，合理安排各项活动的时序与衔接。

开幕式和闭幕式要庄严隆重、主题鲜明、气氛热烈、紧凑精练、富有创意。开幕式和闭幕式的具体规模和程序因赛事具体情况而有所不同，有的相对简单，有的则十分复杂。比如小型的单项比赛，开幕式程序可由赛事组委会领导致欢迎辞、赛事主办单位领导宣布开幕、运动员代表讲话宣誓组成；而大型综合性赛事除了一般的礼仪性程序外，还会举办大型的文艺表演或者其他庆典活动。

开幕式和闭幕式的具体工作方案要及早制定，并尽快上报主办单位审批，否则可能会造成赛事运作管理机构与主办单位的意图不一致，导致工作量的增加及赛事资源的浪费。同时，需要制定开幕式及闭幕式的宣传方案、安保方案、应急方案，如果计划进行直播，还需制定直播方案。

三、其他主要活动

在赛事举办期，通常由主办机构与承办机构共同组织以下主要活动。

1. 开幕式前一天

(1) 举行新闻发布会。向媒体介绍赛事整体筹备工作情况。

(2) 领队、教练员、裁判长联席会议。由裁判长介绍比赛的相关技术情况及要求。

(3) 组委会全体会议。由组委会主要领导介绍赛事筹备工作情况。介绍赛事举办期的主要活动安排，向全体委员、各代表团（队）提出希望与要求。

(4) 开幕式演练。

2. 开幕当天

(1) 欢迎宴会。

(2) 开幕式。

3. 闭幕当天

(1) 组委会全体会议。由组委会主要领导介绍赛事举办情况，评选优秀选手或代表团。

(2) 答谢举办单位，同时答谢各位委员。

(3) 闭幕式。

赛事举办期的活动组织要遵循三个原则：

围绕赛事的开幕式组织活动；围绕《竞赛总规程》规定的总日程组织活动；遵循确保安全、活动简洁、庄重、规范的原则。组织这些非竞赛活动的目的是提升赛事规格，进一步发挥赛事的载体作用，提升赛事举办地知名度、关注度与美誉度。确保活动安全是重中之重。

在体育赛事举办期，业内人士总结了四句话：

即争分夺秒抓进度，不折不扣保进度，万无一失保安全，一丝不苟抓落实。这是体育赛事运作者在赛事举办期应始终遵行的理念。

第二节 体育赛事举办参考文件

第五届全国农民运动会重大活动安排表

日期	时间	内容	负责部门	地点
10月14日（星期四）	9：00	代表团联络员会议	竞赛部	宜春宾馆会议中心
10月16日（星期六）	20：00	开幕式预演	大型活动部	宜春体育中心体育场
10月17日（星期日）	16：00	新闻发布会	新闻宣传部	宜春德和大酒店会议室
	18：00	欢迎宴会	接待部	宜春锦绣山庄（团部）各驻点宾馆(其他)
	20：00	群先会联络员会议	群先部	宜春青龙大酒店会议室
10月18日（星期一）	10：00	组织委员会第一次会议	办公室	宜春宾馆会议中心
	20：00	开幕式	大型活动部	宜春体育中心体育场
10月19日（星期二）	8：30	群先大会	群先部	宜春市政府大礼堂
	11：00	中央领导接见群先代表并合影	群先部	宜春市政府大礼堂前
10月14—23日	全天	12个大项比赛	竞赛部单项竞委会	各项目赛场
10月24日（星期日）	15：30	组织委员会第二次会议	办公室	宜春宾馆会议中心
	16：00	新闻发布会	新闻宣传部	宜春德和大酒店会议室
	18：00	欢送宴会	接待部	宜春锦绣山庄（团部）各驻点宾馆（其他）
	20：00	闭幕式	大型活动部	宜春体育中心体育馆

第五届全国农民运动会竞赛部工作流程

	竞赛组织	器材准备	裁判工作
1月	1. 根据第一次报名情况，编制实际参赛队、人数统计表 2. 制定《农运会竞赛总日程安排表》(草案)、《赛场安排示意图》及代表团驻地、运动队驻地、记者驻地至各赛场有关路线和路程表	购买的中国式摔跤垫、武术地毯器材到位，验收、入库	
2月	1. 制定《第五届全国农运会单项竞赛委员会组建方案》和单项竞委会经费预算，报中国农民体协和筹委会审批后组织实施 2. 制定单项竞赛委员会工作职责 3. 召开14个大项竞赛委员会在宜负责人第一次工作会议 4. 出席中国农民体协工作年会，组织3个大项的预赛抽签		组织对裁判服、领带进行招投标和订购。发出裁判服、摔跤鞋规格登记表
3月	1. 制定14个大项比赛场馆和住地所需保卫、医生、救护车安排表 2. 制定14个大项比赛场馆所需灯光、音响、桌椅、领奖台、比赛器材、休息室安排表	竞赛小件器材到位，验收、入库	1. 举办风筝、田径、游泳裁判员培训班。 2. 收集、统计裁判服、摔跤鞋规格登记表，交中标生产厂家
4月	1. 检查各项目比赛场馆灯光、音响、桌椅、领奖台、休息室准备情况，提出改进意见 2. 制定颁奖工作方案，选定培训颁奖礼仪小姐 3. 抽调人员参加全国农运会的预赛工作		

(续表)

	竞赛组织	器材准备	裁判工作
5月	赴篮球、乒乓球、中国式摔跤3个项目预赛区收取预赛资料，组织决赛抽签		
6月	1. 组织编制总秩序册、竞赛指南、14个大项的单项秩序册和成绩记录表 2. 检查落实提前举行的游泳、风筝2个比赛项目的场馆设施等有关准备工作 3. 奖章、奖杯、奖旗、证书、吉祥物到位、验收、入库 4. 抽调人员参加全国农运会的预赛工作	购买的龙舟、摩托艇、自行车及总参提供的民兵军事三项器材到位、验收、入库	裁判服、领带、摔跤鞋到位、验收、入库
7月	1. 组织编制总秩序册、竞赛指南、14个大项的单项秩序册 2. 接受各代表团成员名单和田径等十一项比赛的第二次报名、审核、汇总、统计后上报中国农民体协，并与有关部室沟通情况 3. 根据最后报名情况，调整部分小项竞赛日程		
8月	1. 总秩序册、竞赛指南、14个大项的单项秩序册最后定稿并付印 2. 印制各项比赛所需的竞赛表格 3. 出席中国农民体协召开的联络员工作会议 4. 采购各项裁判工作用品 5. 对竞赛组织工作进行全面检查落实	1. 特殊竞赛器材到位，验收、入库 2. 最后一次检查落实各项比赛场地器材的到位情况	根据《第五届全国农运会裁判员选调方案》的精神，对裁判员的抽调进行全面落实

（续表）

	竞赛组织	器材准备	裁判工作
9月	1. 组织游泳比赛（9月4—27日） 2. 赴丰城指导风筝比赛（9月12—15日） 3. 编印游泳、风筝单项成绩册		1. 分别召开游泳、风筝裁判员动员大会 2. 分别组织游泳、风筝裁判员赛前学习、实习和工作
10月	1. 组织召开代表团联络员会议，联络员了解赛场、驻地安排 2. 召开各大项竞委会负责人第二次工作会议和竞赛处负责人会议 3. 分发各种竞赛资料和裁判用品 4. 指导各竞委会组织田径等12项比赛 5. 收集、审核、汇总、统计各项比赛成绩 6. 公布各代表团总分、金牌、录取名次和各项比赛成绩 7. 编印成绩公报 8. 编印总成绩册和12个大项的单项成绩册 9. 整理竞赛资料	1. 赛前分发各项竞赛器材、裁判服、奖杯、奖旗、奖牌和证书、吉祥物 2. 组织礼仪小姐到位和颁奖 3. 赛后及时收回各项竞赛器材	1. 分项召开全体裁判员动员大会 2. 分别组织12个大项裁判员赛前培训、学习、实习和工作 3. 召开裁判员总结会议
11月	1. 总结 2. 竞赛资料归档、上报	对竞赛器材和用品按《竞赛器材管理细则》要求，进行清理、登记、上交	

第六届全国农运会单项竞委会工作指南

单项竞赛委员会简称竞委会，它是综合性运动会中的二级竞赛组织机构。在单独举行某一项比赛时，称为某项组织筹备委员会（简称筹委会）。单项竞委会或某项筹委会，都是一项比赛的最高组织机构。由此可知，竞委会工作的好坏，不仅关系到该项目比赛能否顺利进行，更直接影响到能否确保第六届全国农运会圆满成功。为此，竞委会的各项工作在组织实施中必须围绕确保第六届全国农运会圆满成功这个大目标，以竞赛为中心，一切为竞赛服务。

一、赛前准备阶段（代表队报到前）

1. 适时组织召开好竞委会正副主任工作会议、全体工作人员会议、各处室工作人员会议。组织学习有关文件和规定。对各项工作做到周密计划、精心安排、分工明确、职责清楚、责任到人，并分别制定本项目和各处室工作方案。

2. 熟悉和了解赛场、代表队和外地裁判员驻地、交通路线。

3. 与第六届全国农运会泉州市筹委会办公室、竞赛部、财务部、接待部、交通部、安全保卫部、新闻宣传部、大型活动部、电子技术部、志愿者部、资格审查委员会、兴奋剂检测委员会等部委取得联系，以利寻求相关工作的业务指导和具体问题的解决。

4. 领取竞赛资料、器材设备、裁判工作用品（不足部分由竞赛负责单位自行解决或联系比赛赛场所在单位解决，如音响、广播、油印机、茶桶、桌椅等）和奖品、裁判服。按本项目竞赛要求布置好赛场，包括做好灯光、音响、广播、场地、器材、会标、裁判员和男、女运动员休息室、桌椅、茶水、赛场清洁卫生等工作。

5. 做好赛场内外宣传、行政内务、颁奖、住宿、伙食、交通车辆安排、安全保卫、医疗值守、票证领取等工作。

6. 竞委会及其内设工作机构全体人员于代表队报到前 2 天到代表队驻地报到。

在此阶段，必须预先为本项目比赛做好一切准备工作。

二、赛中组织实施阶段（代表队报到至离会期间）

1. 根据已知情况做好裁判员、参赛代表队等有关人员的接站、报到、食宿安排等工作。

2. 按时组织召开好裁判员动员大会（裁判员报到当天晚上或第二天上午）、竞委会会议（代表队报到第二天上午）和裁判长、教练员联席会议（紧接竞委会会议之后）三个赛前会议，特别是在竞委会会议上分别安排好主办单位和第六届全国农运会泉州市筹委会指派的业务副主任讲话，有关领导介绍赛会安排和准备工作情况，裁判长讲话，征求各队意见，竞委会主任总结讲话。

3. 及时向裁判员、参赛代表队等有关人员分发比赛秩序册、竞赛指南、赛前训练安排表、体育道德风尚奖推荐表、竞委会领导及有关人员（含领导、各工作机构负责人、返程车票联系人、医生、安保、仲裁、裁判长、各队领队）工作联络表（含姓名、职务、驻地房号、电话、手机等）及餐券与开幕式入场券等资料。

4. 及时向裁判组（含仲裁和裁判员）发放裁判服和工作用品。

5. 组织并安排好裁判员赛前学习、实习和执行比赛裁判任务。

6. 组织并安排好各代表队赛前训练和参加比赛。

7. 组织并安排好体育道德风尚奖评选和颁奖工作。

8. 组织裁判组及时公布竞赛成绩。

9. 组织编印、分发和上报成绩册。

10. 安排好驻地与赛场的食宿卫生、安全保卫、医务、车辆接送、赛场灯光、音响、广播、开门按时到位等工作。

11. 安排好裁判员领取酬金、报销差旅费等财务工作。做到先审批，后签领，手续齐全有序。

12. 安排好外地人员的返程车票登记、购买、核发等工作。

13. 组织指挥好志愿者服务工作。

14. 组织并安排好电子信息员和竞赛工作人员及时上报竞赛成绩等工作。

15. 与竞赛部等有关部室取得密切联系，妥善认真处理好各种纠纷和突发事件。如遇重大问题及时向第六届全国农运会泉州市筹委会领导报告。

在此阶段，必须以人为本，为组织好本项目的比赛做好一切优质服务工作。

三、赛后扫尾阶段（离会之日两天内）

1. 写出总结交第六届全国农运会泉州市筹委会，由竞赛部收齐归档。

2. 将赛前领取的竞赛部器材设备和非消耗性裁判工作用品归还给竞赛部。

3. 将赛前借取的竞赛设备（音响、喇叭、桌椅、电脑）等物品归还给有关单位。

4. 按筹委会有关规定向工作人员发出酬金。

5. 与财务部搞好财务经费结算。

在此阶段，本着实事求是的原则，按章办事，做好扫尾工作，为本项目竞赛各项工作划上一个圆满的句号。

四、市筹委会有关领导和部室负责人联系电话。（略）

第六届全国农运会泉州市筹委会

二〇〇八年九月一日

第五届全国农运会竞委会赛事组织工作细化意见

一、报到

1. 对报到前的准备工作进一步逐项检查。对照《竞委会赛前工作倒计时安排表》，确保各项工作到位。

2. 向对口接待单位联络员及组委会接待部索取各代表队到宜时间，向接待部核实接站方式及参与接站负责人电话。

3. 与组委会交通部协调车辆，掌握派出接站的车辆数量、车牌号码及对应的驾驶员姓名、联系电话。

4. 派出人员协助接待部参与接站。

5. 准备好住宿房号及钥匙，在接站时交到领队手中。

6. 接站人员要随时与住宿点保持联系，通报车辆行驶情况、队员基本情况及其他相关事项。住宿点作好欢迎准备。

7. 住宿点设报到处，张贴住宿安排表、作息时间表、训练比赛时间表、工作人员房间安排及联系电话。

8. 竞委会负责人及时看望各代表领队及教练员、裁判员（长）。

9. 向各领队核实队员人数及名单，向全体队员发放总秩序册、单项秩序册、服务指南、证件、餐券、开幕式入场券。向各代表队和裁判长发放体育道德风尚奖推荐表，并在比赛结束当日收回。

10. 竞委会派到各代表队的“盯包跟”人员进入角色，实行“盯”人办法，着力“包”管全程，确保“跟”踪服务。

11. 检查住宿点保卫人员到岗情况，每层楼、每个出入口必须设岗，无证人员不得入内，落实各类保障人员值班。

12. 登记返程（旅游）票、预收票款。当日将订票信息反馈给票务中心。

13. 财务人员按规定收取相关人员费用及发放相关人员补贴。

14. 向裁判员发放裁判服、工作用品。

二、会议

1. 报到当天晚上召开裁判员动员大会。

2. 报到次日下午召开竞委会会议，竞委会会议后紧接着召开裁判长、教练员联席会议。

3. 拟定三个会议的主要议程，要注意安排好国家指派的体育官员（业务副主任）、裁判长讲话。各竞委会的主任作总结性的讲话。征求各代表的意见时注意方式方法。程序不能少，又要防止不切实际。

4. 草拟竞委会主任的讲话稿。

5. 书面通知各参会人员按时到会。

6. 视情派车接送外地参会人员。

7. 会场布置，视情设主席台（人多达 100 人，同时考虑扩音设备）或圆桌会议，制作会标。

三、住宿

1. 服务员、楼层保安人员要共同努力，维护好住宿区的肃静。晚上 11:00 时后要婉转地劝阻大声喧哗、留客、相互串门现象，使运动员有个安静的休息环境。

2. 服务员要不定期整理内务工作（每天不少于两次），保持室内空气清新，各类设施摆放有序，各层面卫生洁净，所需开水、用品及时到位。

3. 协助住宿人员保管好随身携带物品。重要物品要告知安全事项，日常用品要规划出存放位置，并协助摆放，保持物品摆放整齐又方便使用。

4. 告知公共洗澡堂、洗衣房的地址等相关事项。

5. 告知外出购物、活动等注意事项，必要时派陪同人员导引。

6. 每天向住宿人员发放意见征询卡，改进工作方法，提高服务水平。

7. 每天组织检查卫生，楼层之间要开展评优竞赛，作为考核依据。

四、用餐

1. 食品卫生监督员提前两天进入餐厅，认真履行职责，严把食品进货、检验、清洗关。

2. 用餐前10分钟必须检查餐厅各类卫生并落实到位。

3. 用餐前10分钟，检查调味品等设施是否到位。按菜谱要求，检查菜的数量、质量，并作好记录。膳后由检查人员与厨师长共同签名，作为考核依据。

4. 检查餐厅收票员、服务员、卫生员等工作人员的到位情况，作好记录。

5. 每个菜盆前须有菜谱名称台卡，用餐前10分钟到位。

6. 以代表队为单元划分用餐座位，并有标识牌。

7. 第一次用餐应有引导人员协助来宾明确用餐事项。

8. 以代表队为单位清点人员，防止遗漏就餐人员。

9. 用餐过程中，随时掌握菜的用量，不足时通知厨师长尽快添加。

10. 注意解决饭菜的保温保鲜问题。

11. 随时清理桌面卫生（以一桌为单元）。

12. 膳后由厨师长与管理人员检查所用菜的用量，并记录以便于调整菜谱。

13. 服务人员要对客人的要求及时给予解决，解决不了的立即向领班报告，由领班迅速妥善处理。

14. 厨师长每餐召集厨师会议，针对当餐所用菜的用量，研究菜谱，提出改进口味意见。对表现好的厨师给予表扬。

15. 餐厅工作人员每日要召开膳后小结会、用餐前工作布置会，不断提高服务质量。

五、交通

1. 拟制乘车（步行）图（含训练比赛、参加开幕式），图中标明距离、行程所需时间、出发点、目的地，发到客人手中。

2. 确定乘车人数、用途、驾驶员报到时间。

3. 与组委会交通部联系，申报所需车辆，明确车牌号、驾驶员姓名及联系电话（需警车开道时，申报警车及工作人员）。

4. 确定车辆停放地点、上车地点，告知相关人员。

5. 制定车辆保护措施，确保所有车辆安全无损。

6. 提前通知运动员、裁判员等相关人员，明确乘车时间、地点。

7. 根据返程票提供的信息，制定各代表队送站乘车方案。

六、比赛（训练）

1. 报到前一天准备好赛场（器材、物资、主席台、灯光、音响、广告、横幅准备就绪），安排值班人员保护。

2. 训练、比赛计划发到各代表队。

3. 组织志愿者开展工作。

4. 与组委会安保部联系，落实赛场安全保卫方案。

5. 组织指挥现场信息处理（电脑操作）人员和裁判中编排记录人员编制成绩公告和成绩册，及时上传竞赛部并印发给各代表队、竞委会领导、仲裁与裁判长。

6. 与组委会医卫部联系，落实医护人员到位。

7. 组织群众观看。

8. 与组委会宣传部联系，了解记者基本情况，协助新闻记者作好宣传报道工作。

9. 重视各代表团领导观看比赛的接待工作（场地贵宾观看点）。

10. 按方案准备好奖杯、奖牌、奖旗、证书、吉祥物。

11. 竞委会主要负责人每天应主动与裁判长沟通交流，总结工作经验。

12. 落实颁奖方案。

七、开幕式

1. 落实乘车、行走路线图，并告知每位客人。

2. 分清参加方阵人员和不参加方阵队的人员名单。

3. 与组委会大型活动部联系，落实乘载运动员车辆停放位置以及步行运动员集中位置，以便于散场后运动员集中。原则上，乘车运动员在什么地方下车就在什么地方上车，步行运动员在什么地方解散就在什么地方集中。

4. 全体运动员必须在18时前准点到体育中心正荣街中段集结，据此各竞委会要算准出发时间。

5. 安排行走到体育场的运动员要组织集中列队行进，按准军事化要求，队伍要求相对整齐。

6. 建立以代表队为单元，由派出的“盯包跟”人员为组长，竞委会主要负责人为主任的管理机制，确保开幕式有序、安全、正点，圆满完成任务。

7. 与组委会大型活动部联系，明确各省方阵队成员集中的具体位置、进场秩序及注意事项，并告知相关运动员。

8. 没有参加方阵队的其他运动员，要引导其进入安检门，告知从几号门进入体育场。

9. 赛场后要清查人员，确保无遗漏的情况下，安全、有序地带到住宿地。

第五届全国农运会开幕式第三次彩排安保工作方案

2004 年 10 月 14 日晚 8 时将在宜春体育中心体育场举行第五届全国农运会开幕式的第三次彩排，为确保第三次彩排的绝对安全，特制定本保卫工作方案。

一、指导思想和工作目标

在市农运会筹委会和市局农运会安全保卫指挥部的统一组织部署下，按照以块为主、条块结合、密切配合、协同作战的指导思想，切实把安全保卫工作的各项措施落到实处，确保第二次彩排的绝对安全和万无一失。

具体要做到以下几个确保：

（一）确保不发生爆炸、枪击、暗杀、投毒、纵火等危害彩排活动的暴力、恶性案件和针对参加彩排的各级领导、来宾、演员、记者等人身侵害的案件。

（二）确保不发生挤、踩、伤人事件或看台等建筑物垮塌的重大治安事件。

（三）确保不发生重大火灾和重大交通事故，不发生重大交通堵塞。

（四）确保不发生危害彩排活动安全的任何责任事故和破坏案件。

（五）确保不发生“法轮功”等邪教组织、邪教人员的非法活动和其他政治事件。

（六）确保不发生民警因执法、执勤不当引发的各种问题。

二、组织领导

在市委、市政府和市筹委会的领导下，在市委副书记、市人大常委会主任刘育椿，市委常委、常务副市长刘定明，市委常委、市委政法委书记李树才同志的直接指挥下，成立农运会开幕式第三次彩排安全保卫指挥部，由市委常委、市公安局长刘少勇任总指挥长，市公安局副局长熊成苟任常务副总指挥长，市公安局副局长黄溯达、张效洪，交警支队长张进川，副局长项余良，刑警支队长牛志毅，纪委书记夏辉，市武警支队长柯松，市消防支队长林冲，丰城市委副书记、公安局长江东，袁州区委常委、公安分局局长刘省建，樟树市委常委、公安局长冉旭，高安市委常委、公安局长吴爱新，万载县委常委、公安局长王继明，上高县委常委、公安局长漆洁冰任副总指挥长。熊成苟同志负责整个开幕式第三次彩排安全保卫工作的总协调，黄溯达同志负责指挥对首长和重要贵宾的警卫保卫工作，张进川同志负责指挥交通管理（管制）工作，江东、柯松同志负责指挥外围警戒的安保工作，吴爱新同志负责指挥看台的安保工作，牛志毅、刘省建同志负责指挥社会面控制的安保工作，夏辉同志负责安检和搜排爆工作，冉旭同志负责指挥体育中心贵宾通道和内场的安保工作，王继明、漆洁冰同志负责指挥安检工作。

三、警力部署及任务分工

开幕式第三次彩排安全保卫工作共抽调宜春市公安局、丰城市公安局、袁州公安分局、樟树市公安局、高安市公安局、万载县公安局、上高县公安局民警以及消防、武警官兵共1090人。

具体分工如下。

（一）交通管理执勤组

组长：周香秋

副组长：于基良、周文强。

抽调警力200人，志愿者50人。

主要任务：

1. 制定交通管理和管制方案，并组织实施。14日下午1:00开始，对五条道路，即明月北路（南至宜春大桥南端，北至昌黎路东端）、袁山中路（东至官园路口，西至潭前转盘）、文体路（东至天宝路北口东头，西至宜春八小和高士北路交汇处）、天宝路、高士北路（南至潭前转盘，北至昌黎路口）实行交通管制，严禁无通行证的车辆进入。

2. 制定和发布交通管制通告，严格执行通告规定的各种事项，做到“认车不认人”。

3. 加强宜春城区的交通管理，维护管制路段外围的交通秩序的疏堵防塞工作，保证开幕式第三次彩排期间城区的交通安全，确保道路畅通，确保首长、贵宾、演职人员和持有通行证的车辆优先通行。

4. 指挥各类车辆按指定路线行驶，按指定位置有序停放。演职人员持有通行证的车辆一律停放在文体路西段4号停车场(即八小至明月北路交汇口路段)，消防、通讯、电力、医疗等特种车辆及有关领导的车辆一律停放在体育中心西北角2号停车场（原卡丁车场）。其他持有通行证或工作用车证车辆一律停放在文体路东段3号停车场。记者及筹委会工作人员用车一律停放2号停车场。公安、武警等执勤车辆一律停放至丰华花苑院内。在每个停车场安排4名民警值勤，指挥车辆有序停放，检查车辆有无漏油等各种情况，告诫司机不要离开车辆，并进行巡回检查，防止车辆被盗和遭破坏。

5. 在女子岗亭以东设立6人岗哨执勤，设施器材组在此处设置水马和预备水马，道路中间的6米水马暂不灌水，在首长、贵宾车队到来之前形成水马警戒圈封闭，车队将到时立即搬开中间6米水马，车队过后水马复位。车队沿袁山大道到检验检疫局西边左拐，停在贵宾通道门口，首长、贵宾下车，车队离开。

6. 在外围警戒圈各入场口、各停车场以及各管制路段设立明显的指示标志，指示车辆、人员有序进出，必要时设置警戒带。

7. 在体育场外围派出交警巡逻值勤，严禁任何车辆停放在体育场外围道路上，影响演职人员出入，必要时用拖车将违规车辆拖走。

8. 进入2号停车场的车辆进入时，车上除司机外，所有人员必须下车经外围警戒圈验票口验票后进入（司机停好车后再从2号停车场出入口出去再从验票口进入)。

9. 首长退场时，从体育中心北大门（即五环宾馆旁）出。首长未通过时，其他车辆一律不得抢先通行。

10. 彩排结束后，听从指挥部的命令，及时指挥、疏导各种车辆及人员按顺序退场。

（二）外围警戒执勤组

组长：江东

副组长：吴昌贵、李林则

抽调300人，其中武警支队60人、丰城市公安局240人。武警支队负责体育中心东向（天宝路）和北向文体路部分路段(天宝路北口至4号入场口处）的警戒，丰城市公安局负责西向(明月北路)、南向（袁山中路）和北向文体路部分路段（文体路与明月北路交汇口至4号入场口）外围警戒和1、2、3、4号入场口的验票。

主要任务：

1. 围绕十运广场，东至天宝路，西至明月北路，北至文体路，南至袁山中路，周长约2000米的范围，用编号水马围成警戒圈，部署丰城市公安局130人，每9米（6个水马）1人（岗位在水马圈内，下午1时上岗），建立第一道警戒圈，引导人员从指定验票口进入，禁止任何人从非指定的入口出入，严禁任何人员翻越水马和移动水马，严禁随意出入警戒圈。

2. 外围警戒的部分民警下午1:00对警戒圈范围内进行清场，不允许无关人员停留，对不听劝阻者强行带离出场，下午3时清场完毕，清场完毕后回到外围警戒圈执勤岗位。

3. 在体育中心西侧的水马警戒圈设立三个入场口（1、2、3号），在北侧设立一个入场口（4号），持有票证的人员一律从四个入场口进入。

4. 在1号入场口部署丰城市公安局民警40人，2、3号入场口部署丰城市公安局民警各20人，4号入场口部署丰城市公安局30人，对观众、演职员、工作人员进行初验票证（不必撕票），防止无票、无证人员进入体育中心（演职员成队建制，凭服装、化妆和道具等进场）。演职人员在下午2:30开始验证验人进场，在下午5时前必须入场完毕，观众下午5时进场(一人一票，不准携带包裹、不准带小孩)，在晚7时前必须入场完毕。

5. 根据指挥部命令，在结束前20分钟搬开部分水马，形成若干通道。开幕式结束后，做好观众和工作人员的疏散工作。

（三）安全搜排爆执勤组

组长：李中平

抽调市局警力9人、袁州分局11人。

主要任务：

1. 12日下午1:00开始对体育中心广场及场馆所有房间和所有设施进行安全检查，严防隐匿在场所内的不法分子或危险装置，按照要求进行封场，下午2:30前办好有关手续移交给内场执勤组后集结待命。

2. 安全搜爆结束后，从下午4时开始，将警力分成两个小组，一组在警戒圈内进行安全巡逻，及时发现和处置不法分子的捣乱破坏活动，并协助好女子岗亭处的交通执勤组执勤，另一组在训练馆下集结休整待命，随时处置警戒圈内发生的突发事件，两小组轮流执勤。

（四）安检工作组

组长：李国兴

副组长：陈东海、曾文明、袁德裕

抽调警力190人，其中市局女民警30人、万载县局90人、上高县局50人、市局20人。

主要任务：

1. 提前组织执勤人员进行安检门的操作培训，使其熟练掌握各项安检工作技能。

2. 14日下午1时上岗，协助设施器材工作组在指定的位置摆放安检门，并进行调试。在4号入场口内侧处摆放3台安检门；在体育馆西边天桥上摆放4台安检门；在体育中心西边入场口对应地段分别摆放一列共15台安检门，对观众进行安检。

3. 14日下午2:30开始，22台安检门对入场的演职人员进行安检，并确保下午5时前安检完毕。

4. 对进入安检门的观众、工作人员、演职员、运动员、记者等人员进行验票和安检，严禁其携带包裹、易燃易爆危险品、枪支弹药、管制刀具、饮料、矿泉水等物品入场，发现违禁品当场收缴，发现违法犯罪人员扭送至夜巡队。

5. 安排市局20名警力负责指挥持有票证的各类人员前往安全检查，禁止任何人员跨越水马、警戒带而避开安检门。负责人：陈东海。

6. 开幕式彩排开始后1小时内，协助设施器材组将安检门及其他器材运至体育馆南大门前，并在体育馆的南大门台阶上集结休整待命。

（五）体育场看台执勤组

组长：吴爱新

副组长：杨德智、杨建平

抽调警力226人，其中宜春市公安局14人、高安市公安局148人、消防支队64人。

主要任务：

1. 在八个梯步口各部署消防支队官兵8名共64人，负责检票入场，验证入场，要严格执行一票一证一人，严禁无票证人员进入看台，同时要维护好梯步口的秩序，有序疏导，防止发生拥挤。

2. 在体育场14个看台区各部署高安市公安局警力8名共112人，其中每个看台的四个角各1人、进看台的门口4人。负责在观众入场前对各自负责的看台进行安全检查和清场，及时发现可疑物品，清理无关人员。开场后，维护观众进出秩序，协助观众对号入座，确保入口处畅通，不准观众爬栏杆跨区域走动、拥向栏杆、站立观看、起哄闹事、丢掷物品、打架吵架等。

3. 在主席台后方的看台第三排部署高安市公安局警力14人(隔2个座位安置1名民警)、主席台左右两侧各部署11人（每排1名民警)，着警服便服相结合，负责保卫主席台的安全，严禁观众拥向主席台或向主席台抛掷物品，确保领导安全。

4. 在背景表演指挥台（主席台下方的内场处）部署市公安局警力2人，防止无关人员进入或靠近。负责人：阙志军。

5. 在晚会音响控制区、灯光控制区周围各部署市公安局警力2人共4人，严禁无关人员靠近。负责人：徐韩辉。

6. 设施组在内场上主席台的楼梯口布置水马，在主席台前方看台两侧和进体育场内场的楼梯口各部署市公安局警力2人共8人，负责维护主席台前的秩序，严禁观众在主席台前方逗留，严禁观众和无内场工作证的人员进入体育场内场，严禁站在内场主席台的台阶上观看和无主席台工作证的人员上主席台。负责人：李易名。

7. 开幕式彩排结束后，待主席台首长和贵宾离场一定时间后，看台区执勤民警方可组织观众有序退场，防止发生拥挤。

（六）主席台执勤组

组长：欧阳善良

抽调市局警力10人。

主要任务：

在主席台的两个入口和内侧部署警力，严格审查进入主席台的人员，防止无关人员进入主席台，并时刻警惕周围的情况，严防侵害首长、干扰首长观看演出的行为。

（七）体育场贵宾通道和内场执勤组

组长：冉旭

抽调樟树市公安局警力70人，武警支队10人，2:30上岗。

主要任务：

1. 在进入主席台的体育场贵宾通道（即体育局大门口处）部署武警10人，进入内场人员必须同时佩挂工作证或贵宾证和专场附加证或持有请柬，除领导持有贵宾证和可上主席台的专场附加证或请柬的人员外，严禁其他任何人进入，在贵宾通道上主席台的楼梯口各安排1名武警负责警戒，严禁无关人员上主席台。

2. 在体育场六个演员出入口各部署樟树市公安局6名警力共36人，负责维护演员出入口的秩序，防止发生拥挤和无关人员滞留，防止非演职人员出入。演出工作人员、记者一律凭专场附加证件从演员出入口进入内场，严禁其他人员（包括持有其他证件但无专场附加证的人员）进入体育场内场，严禁与演出无关人员（包括有演出证但暂无演出任务的人员）滞留堵塞门洞通道。对记者带入内场的器材必须进行安全检查，照相机、摄像机要向天空空拍一次，记者包要开包检查，确认无危险品后，方可带入。

3. 在体育场主席台左下方09号安全出口部署樟树市公安局警力4人，除持有内场附加证人员外，其他任何人不得由此进入内场。对不听劝阻的可以强行带离。

4. 在体育场内场部署樟树市公安局警力30人，采取分段定点与流动巡查相结合的方式，负责对体育场内的清理和控制，除持有内场演出工作人员附加证、内场记者证、内场工作人员证外，严禁其他人员在场内逗留、观看，特别要防止无关人员从一楼门窗进入内场。同时，严格控制内场记者、工作人员活动区域，任何人不准超出跑道外沿（靠看台）从事任何活动。除指定记者可进入塑胶跑道拍摄外，其他记者不得超过体育场两侧塑胶跑道。内场工作人员在指定工作区内活动，严禁超范围活动，严防任何人堵塞、滞留演员进出通道，不听劝阻者一律强行带离现场。

（八）体育场外巡逻组

组长：付春

抽调市公安局10人。

主要任务：在体育场周围地段及体育中心相关地域巡逻，防止人员攀爬铁架进入体育场二楼走廊，防止无关人员在演员进出通道滞留、观看，防止其他违法犯罪行为，并协助交警，不准车辆停在体育场周围道路上。

（九）体育中心机动力量备勤组

组长：张平

抽调武警支队120名武警官兵组成（主要是方阵旗手），仪式表演结束后，立即换装，在指定区域待命。开幕式彩排开始前和结束时，在体育场外围通道东南段（即贵宾通道口）形成两列纵队，依次排开，形成一车辆通道，保卫首长车队安全通过。

（十）制高点控制组

组　长：胡旭军

副组长：彭绍华

抽调市局警力40人。

主要任务：

1. 负责对体育中心周围的制高点，派出民警加强可直接看到体育场内的中诚大厦、商检局、五环宾馆、广电中心、少年体校等38个制高点的控制，每个制高点部署1~2名民警，禁止任何人站在楼顶上观看，防止不法分子制造事端。38个制高点由春台派出所所长彭绍华（1303627××××）负责带领执勤民警到各执勤点。

2. 严格按照与各楼层单位和住户签订的治安责任书的要求进行防范和控制，严防因在阳台、窗口等处观看而发生危险。

（十一）消防执勤组

组长：林冲

抽调消防官兵50人，消防车2辆，2:30上岗。

主要任务：

1. 彩排前对体育中心所有设施进行消防安全检查，在14日下午2:30时前完成。检查完后，安排消防车2辆，官兵齐装满员，在2号停车场待命。

2. 在配电房、动力房、灯光控制室、音响控制室等供电、通信和广播电视等重要部位分别部署消防官兵2~3人，携带便携式灭火器材，一旦发生火警或火灾事故，及时处置。

3. 在各个停车场分别部署一消防小分队（每个小分队3人），负责在停车场内巡逻，消除隐患，并配合交通管理执勤组做好停车场的安全保卫工作。

（十二）社会面控制执勤组

组长：牛志毅

副组长：张学勤、杨振耀、易仕庚

抽调警力160人，其中市局30人、分局130人。

主要任务：

1. 强化社会面控制，采取车巡和步巡相结合的方式，加大对城区社会治安的控制力度，及时打击街面的各类违法犯罪行为，营造良好的社会治安秩序。

2. 开幕式彩排期间，三分之一的警力作为安全保卫工作的机动力量就地待命，并保证通信联络畅通、装备精良、交通工具完好，确保一旦发生突发性事件，能够拉得出、冲得上、打得赢。

（十三）通信保障执勤组

组长：陈德勇

抽调警力4人。

主要任务：

1. 负责通信联络和通信保障工作。

2. 做好通信器材的准备、调试、维护保养。

3. 组织技术人员在现场指挥部办公，及时解决通信故障。

4. 派专人随同指挥长，随时传达命令。

（十四）指挥部

工作人员：刘国平、贾先华、傅群、陈云南、刘辉宇、吴爱军（兼）、饶长春、袁春平、刘翔

主要任务：协助指挥长处理指挥部现场事宜，抓好各项指令的传达和落实，完成指挥长交办的其他工作任务。

（十五）设施器材工作组

组长：吴爱军

副组长：彭云桂

抽调警力10人，消防车1辆。

主要任务：

1. 在彩排前检查体育馆所有通道灯光、标牌和指示标志，确保灯光亮度，指示标志明确规范、清晰显眼。

2. 充分利用现有设施器材，在体育中心周围地段摆放水马，拉警戒绳，设置警戒圈，对水马进行编号，每个民警负责6个水马（9米），对号执勤。

3. 按照方案要求和指挥部的部署，在体育中心内指定的位置摆放水马，形成观众进入体育中心的通道，所有水马必须科学设置、摆放整齐、连接牢靠，防止出现空当和连接不牢。

4. 准备安全保卫工作所需的其他设施器材。

（十六）警务督察执勤组

组长：赵宾

抽调市局、袁州分局、万载县局纪委、督察民警5人，武警3人，消防3人，共11人。分组流动督察。

主要任务：

1. 督察执勤干警是否按时上岗到位，是否按规定着装，佩证执勤，警风警纪是否严整，是否脱岗、溜岗、串岗。

2. 执勤干警是否严格执法，文明执勤，依法办事。

3. 各执勤组是否按规定抽调人员，落实工作措施。

4. 配备至少4台摄像机对所有民警执勤岗位特别是外围警戒等执勤组的执勤情况进行拍摄，严防有人翻越水马、移动水马、不坚守岗位、不履行职责等情况，并以此为依据，作为追究责任人责任的证据。

（十七）宣传报道组

组长：魏黎明

抽调市局宣传处民警2人。

主要任务：

1. 在指挥部的领导下，组织和落实好开幕式安全保卫工作的对外宣传工作。

2. 及时发现民警执勤过程中的好人好事，展现宜春公安的新形象。

3. 遇有突发事件和紧急情况时，根据指挥部命令，广播通告、通令，做好宣传教育工作，防止事态扩大。

（十八）后勤保障组

组长：祝晓丽

副组长：毛伟文

抽调市局警力10人。

主要任务：在指挥部的领导下，组织和部署好参加开幕式彩排安全保卫工作的民警的用餐、饮水等后勤保障工作。

四、工作要求

（一）参战单位要充分认识到本次开幕式彩排安全保卫工作的重要性，各执勤组要围绕开幕式第三次彩排安全保卫工作方案和各自的子方案，召集民警召开专门会议，将任务落实到位、明确到人。参战前夕，各单位要组织参战民警前往责任区（段），熟悉现场情况、实地进行研究，熟悉岗位、上岗时间、职责任务、工作要求和注意事项等。

（二）所有执勤民警要提高警惕，做到内紧外松，发扬不怕吃苦、连续作战的精神，以旺盛的斗志、饱满的热情，投入到开幕式第三次彩排的安全保卫工作中去。

（三）各参战单位要按照分工认真做好本职工作，保证领导、警力、装备、措施、保障到位，特别是要对警械、交通工具、通讯设备及安检、搜排爆器材等进行一次认真的检查，保证这些器材和装备处于良好的状态。要对执勤民警进行战前动员，提高认识，增强责任感。

（四）各参战民警统一着装，按指挥部的命令准时上岗。要强化纪律观念，坚守岗位，履行职责，服从命令，听从指挥，文明执勤，依法办事，积极主动完成本职工作。要按证件处指定活动范围开展工作，不得跨区，特别是场外的执勤民警不得进入场内观看。各执勤组的所有民警听从指挥部的统一命令撤岗，不得擅自脱岗、离岗。

（五）各个单位各名民警要熟悉市局制定的应急处置预案，并了解相关单位的工作内容和工作职责。一旦发生突发事件或紧急情况，要按市局的应急处置预案进行处置。

（六）加强情报信息的收集与反馈。若有异常情况，要及时上报指挥部。

（七）各单位、各警种执勤时要加强相互配合与协调，严防各自为政、互不买账。

（八）所有执勤人员在首长、贵宾和观众未疏散完毕，没有指挥部的命令，任何人不准离开执勤岗位，由督察组督察撤岗情况。

第五届全国农运会宜春市筹委会安保部

二〇〇四年十月

第五届全国农运会开幕式工作方案

（2004年10月6日）

市委、市政府要求“要将开幕式办成精品”，关键是“品牌看表演”，为确保开幕式的顺利进行，现制定开幕式工作方案（本方案为10月18日正式演出制定，同时适用于16日的预演）。

方案由两部分组成：18日前的准备工作和18日当天的行动方案。

18日前的准备工作

（已与下述各相关部门协调）

一、10月15日前正式成立开幕式总指挥部，并在16日预演开始运行。

二、场馆建设部

1. 负责在10月11日前在体育中心广场的东南西北四个方位搭建四个临时厕所，供参演人员使用。

2. 10月17日上午摆放好主席台桌椅、布置好主席台。

3. 10 月17日前布置好领导休息室。

4. 10月17日前检修好体育中心路灯、景观灯、观众通道灯及应急灯。

5. 10月17日下午，打扫完场内和观众席及体育中心内所有厕所的卫生。

6. 10月17日下午检查整个体育中心的电路。

7. 通知“香格里拉”“富辉”等营业场所在10月15日前停止营业。

三、接待部

10月11–19日期间安排好开幕式外请演员、专家的食宿，预订好各路人员的返程机票、车票。

四、新闻宣传部

1. 负责10月11–19日期间开幕式的新闻宣传工作。

2. 14日前中央电视台的电视转播车必须到位，并安置在1号门外侧。

3. 组织中央电视台、江西电视台导演观看16日的预演。

五、交通部

1. 协调交警支队、公交公司在10月16日的预演，严格按开幕式当天的交通管制方案进行模拟运行。

2. 落实市公交公司接送参演人员的80辆大巴，办理各场车辆通行证，并按交通运输专题协调会所确定的接送原则、接送顺序、时间要求及指定泊车点做细、做好各环节工作。落实住址较远学生回家的车辆。

3. 督促市公交公司在15日前进行动员。制定公交车司机行车须知并发放到每个司机手中。落实好公交车延伸路线、延长运行时间相关事宜。

六、气象局

10月15起向开幕式总指挥部提供天气形势预报，每隔半天向开幕式总指挥部报告准确的天气预报。

七、办公室

负责10月16日前完成开幕式演出时领导的讲话稿、主持人的主持词及相关材料。

八、通讯供电供水保障部

1. 10月10日和10月11日分两次协调供电公司、技术部、上海市舞美艺术中心进行体育中心供电的满负荷试运行。

2. 17日下午将6辆发电保障车用吊车安置在指定位置。

九、志愿者部

1. 10月14日安排300名志愿者，将各类放入“观众席袋”的物品装袋。

2. 10月17日下午，安排300名志愿者，将“观众席袋”放到座位上。

十、技术部

1. 10月10日前制作好所有参演人员的演出证件。

2. 10月10日前完成体育场显示屏的调试。

十一、竞赛部

10月15日通知参加开幕式入场式的运动员代表队和裁判员代表队在16日、18日17：00–18：00到达指定的候场区，依入场顺序候场。

十二、安保部

1. 10月16日的安保严格按18日演出要求模拟演练。

2. 16日前按实际需要提供演出车辆通行证。

3. 16日前消除体育中心及周边环境的消防隐患。

4. 17日晚上按演出的围戒要求放置水马。

十三、大型活动部

1. 17日召开各参演单位领导、分管领导、编导、组织员、联络员、教练员会议，布置演出相关事项，分发演出须知。

2. 各参演单位及时检查好本单位的演出服装、道具。

18日当天的行动方案

一、场馆建设部

1. 上午9:00以前将体育场主席台彻底打扫干净。

2. 上午10:00以前将体育中心广场打扫干净。

3. 下午在公安封场后负责打开体育中心内的所有厕所。

二、技术部

上午负责体育场显示屏的文字输入并校稿。

三、综合协调部

上午负责摆放好主席台的领导、嘉宾姓名牌。

四、通讯供电供水保障部

上午将4辆通信保障车（移动公司2辆、联通公司2辆）停在指定位置。

五、医务部

1. 救护车及医护人员在14：00到位（4辆救护车，24名医护人员）。

2. 在体育场外围的四个方位各安排2名医护人员，对候场演员进行医疗救护。

3. 18：30医护人员分组到达各自的指定区域（救护车及司机原地待命，担架及药品由医护人员随身携带）。

六、安保部

1. 上午8:00对体育场进行围戒，8：30以前清除各类闲杂人员及车辆，8:30—11:30，完成搜排爆工作。体育场的围戒从上午8:00至开幕式结束。

2. 上午9:00开始在宜春城区实行交通管制。

3. 上午10:00以前全面控制体育中心周边地区的高层建筑物。

4. 13:00消防车及消防人员到岗。

5. 13:00所有安保人员准时到达岗位。

6. 13:30体育中心开始围戒，所有人员及车辆一律凭有效证件进入体育中心广场。

7. 18:00 以后严禁非特种车辆在演员调度区域停放、行驶。

8. 安保执勤人员在演出时应配合大型活动部在体育场各门洞的指挥员，随时保证演员进退场通道的干净，及时疏散退场的演员。

9. 安保部负责 19:30 在正荣街北端路口开辟一个演员入口，供仪式退场演员进去拿衣服。

七、大型活动部

（一）候场

1. 全部参演人员（场内表演、背景表演、仪式表演、造型台表演）、带队领导、编导、组织员、联络员、预备队员 13:00–15:00 到本校、本单位、本训练点集中，领队清点人数，向演员强调演出须知，演员穿服装化妆，相关人员分发晚餐（干粮、矿泉水、垃圾袋）、检查道具，组织排除安全隐患的最后一次自我检查。

2. 15:00–17:30，全体参演人员（含鲜花队、彩旗队、国旗、会旗队、引导员），带上道具在领队的带领下，整队到体育中心体育场外通过安检到指定的候场区集结候场。

3. 离演出地点较远的宜春学院、宜春职业技术学院和仪式表演、背景表演较远的单位（长江理工学院和二中）用专车运送参演人员和相关人员到文体西路，然后步行通过安检至体育中心指定候场区（公交公司 80 辆大巴接演员顺序为宜春学院、宜春职业技术学院、长江理工学院、二中）。专车运送人员时间 14:00–16:00，专车将人员运送完毕后，到指定的停车区停车，待演出结束观众散场离开体育中心后，将演员及相关人员接送返校。

4. 背景表演人员、带队领导、教练员、组织员、联络员、预备队员 13:00–15:00 到本校集中，领队清点人数，参演人员换服装、检查背景本、背景架及相关演出用具，提醒学生大小便，带好治疗腹泄的药，15:00–17:30 整队通过安检到候场区集结候场，18:00 进入背景表演区按座区候场。

5. 须入场的运动员代表队和裁判员代表队穿好代表队的服装，拿好队旗及拟于主席台前表演的道具和横幅等，于 17:00–18:00 整队通过安检至指定的候场区依入场顺序候场。

6. 各类表演用的大道具从 17:00–18:00 由工作人员移至指定的候场区候场。

7. 载彭勃、杨文军的彩车 17:00–18:00 由司机开到指定的候场区候场。

8. 场外表演的舞龙队于16:00–17:00到指定的地点候场。

9. 场外迎宾鲜花队于13:00–15:00到本校集中，领队清点人数、换服装、检查花束，于15:00–17:00整队到指定的地点候场。

10. 全部候场人员及工作人员于17:30–18:00用晚餐（干粮、矿泉水），垃圾放入垃圾袋再放在工作包中。

11. 18:00–18:30，整顿队伍，整齐地坐在候场区等候观众入场，并进入预备表演状态。

12. 跳伞飞机于18:00起飞，向宜春体育中心飞行。

（二）仪式演出

1. 19:00，观众入场完毕。

2. 19:10—19:15，飞机在空中盘旋时，由一名主持人向观众说明，跳伞即将开始。

3. 19:15–19:30，跳伞表演，运动员纷纷降落在体育场绿茵场上，并退出场地。

4. 19:31–19:39，表演气功。

5. 19:40–19:44:30，表演《活力歌》，背景台翻"江西新貌"图。

6. 19:44:30–19:49，表演《春燕来》，背景台翻出"宜春风采"图，最后组成"宜春区域图"。

（三）开幕式程序

1. 19:51—19:56，领导在迎宾曲中步入主席台。

2. 19:56—20:00，司仪介绍主席台领导和来宾，并介绍开幕式主持人。

3. 20:00—20:02，主持人在礼仪小姐引导下，到主持台宣布"中华人民共和国第五届农民运动会开幕式现在开始"。音乐起，儿童向主席台领导、贵宾献花。

4. 20:03，主持人宣布：运动员、裁判员入场，背景台翻出"江西、宜春欢迎您"音乐声起，国旗队、会旗队、鲜花队、彩旗队、五谷丰登队入场，引导员引导裁判员、运动员入场。

5. 20:33，运动员、裁判员到位。宣誓台推上。

20:33—20:36，主持人宣布：全体起立"升中华人民共和国国旗，唱中华人民共和国国歌。""升中华人民共和国第五届农民运动会会旗、奏中华人民共和国第五届农民运动会会歌。""请坐下。"

6. 20:36—20:41，主持人宣布“请×××领导致欢迎词”，领导在礼仪小姐引导下到主席台致词。

7. 20:41—20:46，主持人宣布“请×××领导致开幕式词”，领导在礼仪小姐引导下到主持台致词。

8. 20:46—20:47，主持人宣布“现在请×××领导宣布中华人民共和国第五届农民运动会开幕”，国家领导人在原位上宣布：“我宣布，中华人民共和国第五届农民运动会开幕。”顿时，背景台翻出“热烈祝贺第五届全国农民运动会隆重开幕！”音乐骤起，空中礼花燃放五响，背景灯光架喷出烟花，数万只气球升空。吉祥物演员、“春燕来”演员和持升空气球演员退场。

9. 20:47—20:48，主持人宣布“请运动员代表宣誓”。运动员代表宣誓。

10. 20:48—20:49，主持人宣布“请裁判员代表宣誓”。裁判员代表宣誓。

11. 20:49—20:54，主持人宣布“运动员、裁判员退场”。宣誓台推下。运动员、裁判员退场。

12. 20:54—20:55，主持人宣布“第五届全国农民运动会开幕式大型文体表演《田野大风颂》演出开始”。

（四）大型文体表演《田野大风颂》演出

13. 20:56—21:57，《田野大风颂》演出（60 分 30 秒）

第一篇：12 分 30 秒　　第二篇：11 分 20 秒

第三篇：14 分 50 秒　　第四篇：11 分 50 秒

14. 21:57—21:58，主持人宣布“中华人民共和国第五届农民运动会”开幕式到此结束，放礼花焰火和冷烟花。

15. 21:58—22:02，领导、观众开始退场，演员原位不动。

16. 22:02—22:32，观众退场完毕。

17. 22:32—23:00，演员依次退场。

（五）参演人员退场

1. 气功演员演出结束后从 1、6 号门迅速退场，出门后往西北方向有序地撤离体育中心广场。

2. 《活力歌》演员演出结束后从 1、6 号门迅速退场，退场后往西北方向有序地撤离体育中心广场。

3. 中年组《春燕来》演员演出结束后从1、6号门迅速退场，退场后往西北方向到广场中心旗杆下按训练点10人一组把道具叠放好。在大型活动部工作人员的指挥下，放在广场旗杆下，统一有序地撤离体育中心广场。

4. 小学组《春燕来》演员演出结束后从2、5号门迅速退场，退场后往西北方向有序地撤离体育中心广场。

5. 国旗队、会旗队、鲜花队、彩旗队、五谷丰登队依序退场，引导员引导裁判员、运动员依序退场。所有方队退场后往西北方向有序地撤离体育中心广场。

6. 《田野大风颂》演出完毕后，场内演员保持原地不动，场外演员在集结区原地待命，等领导观众退场完毕后，场内演员听指令依序退场至集结区。再由各参演单位组织撤离体育中心（步行人员在本校老师的统一指挥下有序地撤离；乘车人员分批前往文体西路按乘车编号上车）。撤离顺序为：背景八所学校、场内表演中小学生、宜春职业技术学院、宜春学院。

7. 志愿者在各路口负责疏散、引导观众有序返回。

8. 演出结束后由交通部负责安排车辆送住址极远学生回家，乘车地点统一在广电大厦门口。

第六届全国农运会开幕式安全保卫工作总体方案

第六届全国农运会开幕式将于2008年10月18日在福建省泉州市举行。届时参加开幕式的人数将达到5万多人，各类车辆将有1万多辆。为确保第六届全国农运会开幕式安全、顺利、有序地举行，根据《第六届全国农运会安全保卫工作总体方案》要求，特制定本方案。

一、总体目标

第六届全国农运会开幕式安全保卫工作是整个第六届全国农运会安全保卫工作的重中之重，做好开幕式的安全保卫工作具有重大的政治意义和深远的历史意义。省公安厅和泉州市公安局要全力以赴，严密落实各项工作措施，确保开幕式现场不发生重大政治事件，不发生重大爆炸、火灾、交通事故及观众挤踏死伤等治安灾害事故，不发生重大刑事、治安案件，开幕式现场周边道路不发生严重交通堵塞，观众在开幕式结束后50分钟内安全有序疏散完毕，确保第六届全国农运会开幕式安全、圆满、顺利地举行。

二、组织领导

为加强第六届全国农运会开幕式安全保卫工作的组织领导，成立第六届全国农运会开幕式安全保卫总指挥部，省公安厅××厅长任总指挥，××、××副厅长和泉州市公安局××局长及各位副局长、省武警总队一总队长任副总指挥。第六届全国农运会安全保卫部副部长××、××、××为总指挥部领导成员。总指挥部下设外场安全保卫、场内安全保卫、交通保卫、消防保卫、警卫工作、安检排爆、突发事件和案件处置、证件发放管理、通讯保障、联络协调和应急备勤共11个工作小组。

1. 外场安全保卫小组由泉州市局一副局长兼任组长，省厅××副处长、泉州市局××处长任副组长。

2. 场内安全保卫小组由泉州市局一副局长兼任组长，省厅××处长、泉州市局××副处长任副组长。

3. 交通保卫小组由泉州市局一副局长兼任组长，省厅××副总队长、泉州市局交警支队一支队长任副组长。

4. 消防保卫小组由泉州市局一副局长兼任组长，省厅消防局××局长、泉州市消防局××局长任副组长。

5. 警卫工作小组由省厅警卫局××局长任组长，××副局长任副组长。

6. 安检排爆小组由泉州市局一副局长兼任组长，泉州市局×××副处长任副组长。

7. 突发事件和案件处置小组由泉州市局一副局长兼任组长，泉州市局一处长任副组长。

8. 证件发放管理小组由安全保卫部××部长任组长，××部长任副组长。

9. 通讯保障小组由省厅××副处长任组长。

10. 联络协调小组由省厅××处长兼任组长。

11. 应急备勤小组由省武警总队一总队长兼任组长，××副参谋长任副组长。

整个开幕式的安全保卫工作在总指挥部的统一协调指挥，由泉州市公安局具体组织实施。开幕式当晚，××厅长在首长警卫工作室指挥协调警卫工作；××副厅长在第六届全国农运会泉州市筹委会（以下简称市筹委会）指挥部，传达落实市筹委会领导有关安全保卫工作的指示；××副厅长在消防保卫小组指挥室工作；××副厅长在交通保卫小组指挥室工作；泉州市局××

局长、××副局长、省厅××处长在开幕式安全保卫总指挥部。总指挥部其他领导分别在所负责的岗位指挥协调工作。开幕式的安全保卫工作由泉州市公安局××局长具体组织指挥。

三、职责分工

(一) 外场安全保卫小组

负责在海峡体育中心外围开展保卫工作。具体范围是：主会场安检门到海峡体育中心围墙，包括烟花燃放点。主要工作：

1. 在海峡体育中心围墙外围维持秩序，配合查验票证，指引持有提包、手袋的观众到指定地点存放。

2. 加强对场外区域的巡逻监控和治安管理。

3. 配合交通保卫指挥小组加强对入场车辆的管理、疏导。

4. 在烟花燃放点外围设置警戒线，防止无关人员进入燃放现场。

5. 维持观众存取提包、手袋现场的治安秩序。

(二) 场内安全保卫小组

负责海峡体育中心场内的安全保卫工作。具体为：安检门至场内观众和演员的管理，维护场内的治安秩序。主要工作：

1. 配合查验票证，按票面所印的区域指引观众入场。

2. 对海峡体育中心内各重点部位（包括包厢）、区域部署警力进行控制。

3. 维持表演人员和参加入场式运动员集结点的秩序，保证他们进场时通道畅通。

4. 配合安检排爆小组做好场内的安检排爆工作。

5. 配合警卫部门做好场内警卫对象的警卫工作。

6. 安排人员到海峡体育中心广播控制中心执勤，必要时广播有关安全的注意事项。

7. 指定专人与海峡体育中心供电、供水、供气、消防等部门联系，及时处置突发情况。

(三) 交通保卫指挥小组

负责开幕式的交通保障工作。

1. 提前发布交通信息，确保开幕式期间海峡体育中心及周边地区交通顺畅。

2. 在海峡体育中心周边地区实施交通管制。

3. 负责警卫对象及重要团队的带路工作，并安排好车辆停放。

4. 配合警卫部门做好出席开幕式的领导、贵宾进出海峡体育中心沿途的安全保卫工作。

5. 负责开幕式车证的制作工作，并和证件发放管理小组密切配合，做好车证的发放工作。

（四）消防保卫小组

负责海峡体育中心和烟花燃放点的防火工作；做好海峡体育中心周边地区消防重点单位的检查和现场保卫工作；一旦发生火灾事故时，组织力量开展扑救工作。

（五）警卫工作小组

在中央和公安部警卫部门的指导下开展工作。主要如下：

1. 对警卫对象在海峡体育中心内停留的贵宾室、主席台、上下车点、停车场、出入通道等重点部位提前进行安全检查。

2. 配合有关部门提前做好对记者和为警卫对象服务人员的政审工作。

3. 加强对记者和为警卫对象服务人员的管理，组织协调其他指挥小组共同做好警卫对象周围的警戒工作，确保警卫对象的绝对安全。

（六）安检排爆小组

负责开幕式期间海峡体育中心内外所有的安全检查和防排爆工作。

1. 提前对整个海峡体育中心进行安全检查，做好防排爆处置的各项准备工作。

2. 对进海峡体育中心内的各类人员（除组委会办公室确定的免检领导、嘉宾和单位组织的集体表演人员外）、记者及其携带物品进行安全检查。对入场人员携带的照相机按快门一次，摄像机打开检查方能进入；女士随身携带的化妆品包不准带有液体化妆品。

3. 对进入海峡体育中心地下车库的车辆和场内的车辆（包括表演彩车、电瓶车、摩托车）进行安全检查。

4. 场内发现爆炸物品时，组织力量处置。

（七）突发事件和案件处置指挥小组

负责组织协调可能发生的突发性事件、案件和其他捣乱破坏活动的处置工作，一旦发生突发性事件、案件，要迅速会同各有关指挥小组及时稳妥地予以处置，同时负责对各指挥小组移送的各类违法犯罪嫌疑人员的审查处理。

（八）通讯保障小组

负责做好开幕式安全保卫总指挥部的通信和监控设施的保障工作，确保开幕式期间省、市公安机关各警种、各部门通讯联络畅通，并将现场图像及时传送回省厅。派出移动通讯指挥车到现场备勤。

（九）证件发放管理小组

负责各类证件的制作（车证除外）、发放和管理工作，做到严格控制，并提供证件样式给执勤民警和有关部门工作人员识别。

（十）联络协调小组

负责整个开幕式安全保卫工作的信息收集和情况汇总，对外联络及协调有关事项。

（十一）省厅和泉州市局督察部门

派出督察民警在开幕式期间对海峡体育中心内外围进行现场督察，督察民警执勤和车辆停放，不准乱停乱放车辆。

（十二）省武警总队

派出700名警力负责海峡体育中心外围（含烟花燃放点）的巡逻、警戒工作；负责做好防排爆安全检查后的封场看守和重点部位的警戒工作；配合公安机关处置各种可能发生的突发性事件、案件。

四、主要措施

（一）认真开展安全大检查

安全检查工作要认真细致，责任到人，每个区域的安全检查都要指定一名负责人负责。

1. 10月18日下午3:00，安检排爆小组牵头组织对海峡体育中心内外进行以防爆炸为主要内容的安全大检查，清理无关人员，发现隐患督促有关单位立即整改，确保安全。

2. 安全检查后，立即封场，交由省武警总队负责看守警戒，泉州市局负责在安检封场后至开幕式前，开设临时安检通道，供场馆内工作人员和表演人员等（包括携带物品和器材）凭有效证件出入。

3. 11月11日中午12:00，对海峡体育中心进行复检。

4. 11日下午观众入场，安检排爆小组组织对观众、记者和工作人员及携带的物品进行安全检查，观众一律不准携带挂包、手提袋、硬物体、软硬包装饮料和易燃易爆、剧毒等危险物品、枪支刀具等管制物品进场，同时对进入地下车库的车辆要进行车底防爆安全检查。

5. 观众进场完毕后立即撤离安检门，并留下人员看守、一般情况下不允许观众进入海峡体育中心。对个别迟到观众，利用手持金属探测器安检后让其进场。同时，配合有关部门清理人口处的水马、杂物，保证通道畅通。

（二）严格进场控制和证件管理

以海峡体育中心围墙为基准，划定控制区，重点加强控制区内的治安巡逻。所有进场人员必须经过两道检查程序：第一道程序是所有人员凭有效票证进入外围控制区；第二道程序是所有经查验票证的人员要经过安检方能入场。与会的各类工作人员、执勤民警及中外记者一律凭有效证件进场，并在指定区域内活动。

（三）合理安排警力，保证有效控制海峡体育中心内的每个部位和环节

采取公秘结合的方法，在场馆内外围特别是各出入口和重要通道、楼上看台、包厢布置足够警力，密切注视场内人员动态，维护好现场秩序，及时发现和制止各类违法犯罪活动和滋事破坏行为。

（四）做好警卫工作

设置警卫对象进退场的专门通道，确保警卫对象安全、迅速进退场；加强对主席台、首长贵宾区及其相邻、正对面观众席和制高点、首排座位、各通道口等重点部位的控制；要求所有记者必须在指定范围内拍摄采访，在主席台、贵宾室区域活动的记者，必须佩带警卫部门核发的专门标识，并由第六届全国农运会新闻部指定专人带入、带出主席台和贵宾室等区域。

（五）严格车证的发放和交通管理

除领导、嘉宾和工作人员、表演人员用车及公交客运车辆车证外，其余一律按单位团体发放车证，所有发放车证输入电脑管理；要提前发布交通管制信息。无证车辆一律禁止进入管制区域；进入海峡体育中心内外围停车场的车辆一律按车证指定停车场停放。

（六）做好灭火救援准备工作

开幕式期间由消防保卫小组在海峡体育中心和外围停车场派出消防力量和消防车，做好消防救援各项应急工作；派人进驻海峡体育中心消防控制中心，密切掌握现场情况，指导场馆管理单位做好消防安全工作。

（七）做好宣传教育和引导工作

泉州市公安局要制订各类观众安全注意事项和要求，以及进退场广播词和紧急疏散广播词等，充分利用海峡体育中心现场宣传广播设施，加强对观

众的安全教育和引导工作；督促海峡体育中心管理单位安排足够人员配合公安机关做好入、散场观众的引导和疏散工作，防止观众不慎摔倒和拥挤而引发群死群伤事故。

（八）加强对海峡体育中心周围的清查

收容“三无”人员，加强对重点人员特别是可能铤而走险的“法轮功”人员、各类治安危险分子的监控。

五、工作要求

（一）开幕式安全保卫工作涉及省公安厅和泉州市公安机关的各个警种和部门，省、市公安机关各警种、各部门要充分发挥职能作用，密切配合，团结协作，共同做好开幕式的安全保卫工作。全体参战民警要保持高度的警惕性，以旺盛的斗志、饱满的精神和热忱的态度，圆满完成开幕式的安全保卫工作任务。

（二）泉州市公安局要根据总体方案的要求，制定具体的实施方案和处置突发事件的应急预案，细化各项工作措施。

（三）全体参战民警要事先熟悉海峡体育中心地形和开幕式使用的各类证件（人证、车证），明确任务分工，落实岗位责任制，分片包干，落实到人，确保各项工作措施落到实处。

（四）做好对执勤民警的培训工作。重点加强对参与安检民警的培训工作，使他们熟练掌握安检技能，提高安检效率。

（五）做好车辆、通讯和各类防排爆装备的保障工作，确保开幕式期间有足够的车辆和装备能有效投入使用。

（六）严格执法，文明执勤。全体参战民警都必须保持良好的精神风貌，保持警容严整。执勤时，要注意方式方法，既要严格执法又要文明礼貌，展示我省公安机关和人民警察的良好形象。

（七）10 月 24 日开幕式入场时间为 16:30—19:00，执勤民警和武警官兵要根据实际情况提前 1~3 个小时上岗。

第五届全国农运会开幕式直播及宣传工作方案

为了做好中央电视台、江西电视台、江西人民广播电台、21CN 农运会官方网站等媒体对开幕式直播，以及新华社、人民日报等中央媒体和各省市区媒体对开幕式的报道，特制定本方案。

一、组织机构

成立开幕式直播及宣传指挥中心。

总 指 挥：（略）

副总指挥：（略）

成　　员：（略）

二、工作职责

指挥中心下设7个工作组。

1. 信号传输组。负责电视信号传输，确保卫星、光缆传输畅通，保障网络传输安全，保障转播车安全和传输信号畅通。为直播期间室内一大型显示屏提供江西电视台、中央电视台现场拍摄的电视画面信号，插播宜春宣传片、公益口号、农运会赞助单位。另一显示屏提供插播的电视专题片、农运会赞助单位、公益标语。

2. 电视直播协助组。协助中央电视台、江西电视台现场拍摄。

3. 广播直播协助组。负责协助江西人民广播电台现场直播有关事宜，包括所需设备、房间安排等；

4. 直播现场协调组。负责开幕式现场的有关协调和落实事宜，包括设立转播机位，直播工作间和转播车所需电话、电脑、宽带、电视等，以及直播工作与其他部室有关的协调联络工作；协调文字记者采访，组织新闻通稿；协调开幕式现场环境布置，负责各种宣传资料的发放。

5. 后勤保障组。负责协调办理所有参与直播工作人员的证件、门票和车辆通行证，负责记者接待的有关工作。

6. 志愿者服务组。负责协调志愿者参与志愿服务工作。

7. 网站直播协助组。

三、工作安排

1. 体育场直播工作用房（6、8、304、306号），12号房记者工作室等地的电脑、宽带、电话，以及3辆卫星直播、转播车所需电话等有关新闻设施及直播间装修，在10月12日前全部落实到位。

2. 10月1 4日前，安排转播车车位，落实中央、江西、宜春电视台拍摄机位，安排好武警值守。

3. 协调制作参与开幕式10月14、16日包括中央电视台、江西人民广播电台带机彩排和出席18日开幕式的所有记者的记者证、内场证、主席台特别通行证、技术人员转播工作证和车辆通行证。10月16日前完成。

4. 为中央电视台直播开幕式体育场内外彩色显示屏提供插播的宜春和农运会宣传片、电视专题片等宣传光盘。10月14日前完成。

5. 协助中央电视台和江西电视台14、16日开幕式彩排现场拍摄，并为开幕式现场大型彩色显示屏提供现场拍摄信号。

6. 10月14、16日，进一步进行开幕式有关光缆、信号、网络传输的试传，检验传输信号的畅通。

7. 落实江西人民广播电台直播房间、电话、传输线路等有关事宜，在10月14日前全部到位。

8. 10月12日前，协调大型活动部提供开幕式程序、方案、解说词等有关资料，并传中央电视台和江西人民广播电台。

9. 在10月16日预演时进行志愿服务演练，18日全程为直播媒体服务。

10. 21 CN农运会官方网站开幕式直播有关工作用房、电话、宽带、电脑等有关设施，10月14日前完成。

11. 10月18日，组织好新闻通稿，协调文字记者进行开幕式采访。

12. 组织并协调开幕式现场及体育中心环境布置工作，在10月14日前全面落实。

广东省第十二届运动会群众体育先进代表表彰会接待方案

2006年第十二届省运会是在广东省建设富裕小康社会的进程中召开的体育盛会，省运会期间，将召开全省群先表彰大会，省领导、省群先代表将到佛山市出席表彰大会，会议具有规格高、规模大、影响面广的特点，也是省运会的重要组成部分，对佛山市政治、经济、文化、体育具有重大的影响。

为迎接省领导和群先代表做好各项接待工作，现制定表彰会接待方案。

一、时间

2006年11月8—12日（8日为代表报到时间，12日离会）。

二、地点

待定。

三、参加会议人员

约208人。

1. 各市（区、县）代表约110人；

2. 全省19个行业体协代表38人；

3. 省直属机关特邀代表20人；

4. 群体部工作人员40人。

四、住地

待定。

1. 省厅（局）级干部：标准单人。

2. 代表：标准双人间。

3. 会务工作房：5间。

五、伙食

1. 会议期间代表伙食标准每人每天约100元。

2. 11月9日晚上，由市政府设欢迎晚宴（标准另定）。

六、交通安排

1. 豪华40座大客车5辆作为参观用；

2. 警车一辆，作为参观点用；

3. 小轿车两辆，作为接待领导用；

4. X座面包车两辆，作为接送代表用。

七、省群先代表日程安排（附件1）

八、参观佛山市体育先进社区、村镇，“岭南明珠”体育馆、全民健身广场及观摩比赛（附件2）

九、省群先代表会议会场布置（附件3）

十、广东省主要领导人接见全省群先代表活动（附件4）

十一、省群先代表观摩十二届省运会开幕式方案（附件5）

十二、资料准备

（一）会务手册

1. 日程安排表

2. 会务须知（另定）

3. 观摩学习乘车安排表（另定）

4. 分组讨论安排表（另定）

5. 代表名单及住宿安排表（另定）

6. 代表联络员名单（要求每个地区和省直机关均安排一名大会联络员（另定）

7. 群先代表接待手册（另定）

（二）代表证及开幕式入场票

1. 下发通知要求各代表交5分寸照片一张

2. 向有关部门上报落实开幕式入场票数量

十三、具体要求

（一）食住工作

1. 住宿点：每个房间每人每天有两个水果

2. 伙食：每餐采取自助餐形式（除欢迎晚宴外）

（二）车辆安排

1. 每辆车有导游或联络员一人，工件人员一人

2. 交警车一辆

（三）安保工作

1. 公安部门警车开道，确保交流的畅通和安全

2. 住地24小时有公安人员值班

（四）医务卫生工作

1. 住地24小时有医务人员值班，指定就医医院

2. 卫生部门有专人驻点负责监督宾馆餐食卫生，防止食物中毒

（五）宣传部工作

1. 表彰会宣传报道工作（计划另定）

2. 记者采访工作——协调由宣传部负责

十四、及时冲洗过塑合影相片，确保代表离会前发至代表手中，及时专人送至省委、省政府领导

十五、代表离会

制定代表离会工作方案，确保每批代表离开有车，有专人在驻地送行。

十六、落实专业照相师一名，专业摄像师一组，全程跟踪所有活动，并在活动结束后提交“省运会群先表彰会影集和录像集”作资料存档并赠送给领导。

附件：

1. 日程安排表

2. 参观佛山市体育先进社区、村镇，“岭南明珠”体育馆、全民健身广场及观摩比赛安排方案

3. 省群先代表表彰会工作方案

4. 广东省主要领导人接见全省群先代表活动方案

5. 省群先代表观摩第十二届省运会开幕式方案

附件1

日程安排表

月	日	星期	时间	活动内容	地点	备注
11	8	三	全天	代表报到	宾馆	
			晚上20:00	预备会（各市、行业体协联络员参加）	宾馆会议室	
	9	四	上午9:00	群先表彰会经验交流	市政府小礼堂	
			下午15:00	经验交流	市政府小礼堂	
			晚上18:00—19:30	省运会组委会暨佛山市政府欢迎群先代表酒会	宾馆	
			晚上	参观祖庙及黄飞鸿纪念馆并在祖庙品茶观看地方戏	祖庙	
	10	五	上午8:00—11:45	参观禅城区南庄罗南村 参观南海区中联国家龙狮训练基地	南庄罗南村 南海区黄岐	
			下午14:30—17:30	参观“岭南明珠”体育馆 参观佛山市“世纪莲”体育中心	“岭南明珠”体育馆、“世纪莲”体育中心	
			晚上	机动	宾馆	
	11	六	上午9:00—10:30	省领导接见并合影留念	市政府小礼堂	
			下午	机动	宾馆	
			晚上18:00—22:00	观摩广东省第十二届运动会开幕式	“世纪莲”体育中心	
	12	日	早餐后	代表离会	宾馆	

附件2

参观佛山市体育先进社区、村镇，“岭南明珠”体育馆、全民健身广场及观摩比赛安排方案

一、参观体育先进社区、村镇

（一）时间：11月10日上午8:00上车

（二）路线：

1. 8:00：宾馆出发；
2. 8:30—9:30：参观禅城区南庄镇罗南村（观看设施及表演）；
3. 10:00—11:10：南海区中联国家龙狮训练基地（观看表演）；
4. 11:15：返回宾馆就餐。

（二）路程时间：

1. 佛山宾馆到禅城区南庄镇罗南村约半小时；
2. 南庄镇罗南村到南海区中联国家龙狮训练基地约半小时。

二、参观“岭南明珠”体育馆、全民健身广场及观摩比赛

（一）时间：11月10日下午14:30

（二）路线：

1. 14:30：宾馆出发；
2. 15:00：参观“岭南明珠”体育馆、全民健身广场；
3. 16:30：参观“世纪莲”体育中心（包括游泳馆）；
4. 17:30：返回宾馆。

注：参观期间，组织部分群众健身和业余体校学生训练，形成一定的氛围。

三、车辆安排

1. 警车一辆，工作车一辆；
2. 豪华40座大客车5辆；
3. 医务车一辆。

四、人员安排各职责

1. 每辆车有导游或联络员一人，负责介绍参观点情况。
2. 工作人员一人，负责召集代表、准备车上饮水及处理特发事件。

3. 医务人员由卫生部定人定岗定点，负责医疗工作。

4. 警车由安保部定，负责车队开道。

5. 参观点要有区、镇村领导到现场迎接和陪同。

五、具体要求

1. 参观点环境布置实施方案由群先部负责制定，各参观点负责落实。

2. 宣传横幅内容由筹委宣传部提供，参观点负责落实。

3. 参加带队人员按照分工责任到人。

附件 3

省群先代表表彰会工作方案

一、表彰会议时间：11 月 9 日上午 9:00 和下午 15:00

二、地点：佛山市政府小礼堂

三、会议内容

1. 表彰 2002–2006 年全省群众体育先进单位、个人等

2. 全省群众体育先进单位、个人经验交流

四、会场布置

（一）宣传横幅

1. 市政府门口一条：“热烈欢迎全省群众体育先进代表”

2. 会场内：广东省群众体育先进单位、先进个人表彰大会

3. 环境宣传：另定

（二）主席台的布置

1. 台上摆放鲜花，主席台前摆放盆花

2. 按出席人员多少摆放椅子、茶杯

3. 领导座牌（出席会议领导名单落实后，打出名字）

4. 设一个讲台、话筒，每位主席台成员桌上均摆放会议程序及代表发言材料

5. 音响、VCD（备用国歌和运动员进行曲）

6. 请安保部派员对会场进行安检

五、讲话稿

1. 省领导讲话稿（由省体育局负责）

2. 佛山市领导讲话（由筹委会办公室负责）

3. 代表发言稿（由省体育局负责）

4. 主持人讲话稿（由省体育局和筹委会办公室负责）

六、座位安排（由省体育局和筹委会办公室负责，群先部协助）

1. 主席台领导座位

2. 各市代表团团长座位

3. 各市体育局长、副局长的座位

4. 群先代表发言座位

5. 群先代表的座位

6. 领奖代表的座位

7. 新闻记者的座位

8. 列席代表的座位

七、颁奖程序

1. 上台领奖的顺序表（另定）

2. 奖品摆放位置

3. 提前一天礼仪小姐的组织、排练和走场

八、会议接待

1. 礼堂设贵宾休息室，安排服务员，群先部协调

2. 大门迎宾小姐安排

3. 车辆停放

九、会议材料

1. 会议程序

2. 省、市领导讲话

3. 有关市、单位经验交流材料

4. 光荣册

5. 文件袋（笔记本、笔、材料）

附件 4

广东省主要领导人接见全省群先代表活动方案

一、时间：2006 年 11 月 11 日上午 8:30

二、地点：佛山市政府小礼堂

三、出席人员

1. 省委、省政府领导

2. 市委、市政府领导

3. 省体育局领导

4. 组委会领导和各市代表团团长、体育局长

5. 全省群先代表

6. 工作人员

四、接见安排

（一）11 月 10 日

1. 下午 15:00 安装照相台阶架并布置会场（注：为确保质量，要选择不同的两家照相馆，各两台立式相机共 3~4 台相机拍摄，冲洗后选定一张为正式版）

2. 下午 17:00 领导检查

（二）11 月 11 日

1. 8:00 群先代表从宾馆出发

2. 7:30 有关人员到位

3. 8:30 群先代表到位

4. 9:30 群先代表上照相架，准备接见和合影

五、接见开始

1. 由省体育局长主持

2. 省委书记讲话

3. 合影

六、接见结束

1. 省领导陪同离开

2. 群先代表离开

3. 及时冲洗相片，及时发至每位代表

七、具体分工

由省体育局和市体育局协调

附件 5

省群先代表观摩第十二届省运会开幕式方案

一、时间：11 月 11 日晚上 18:00

二、地点："世纪莲"体育中心

三、路线：

1. 18:00：宾馆出发；
2. 18:30：佛山市"世纪莲"体育中心；
3. 19:00：观摩广东省十二届运动会开幕式；
4. 22:00：返回宾馆。

四、车辆安排

1. 警车一辆，工作车一辆；
2. 豪华 40 座大客车 5 辆；
3. 医务车一辆。

五、人员安排各职责

1. 每辆车有导游和联络员各一人，负责介绍情况
2. 工作人员一人，负责召集代表、准备车上饮水及处理特发事件。
3. 医务人员由卫生部定人，定点并告知医生位置，负责代表现场保健。
4. 警车由安保部定，负责车队开道。

六、具体要求

1. 跟车人员统计人员。
2. 参加带队人员按照分工责任到人。

关于第六届全国农运会举办期可能存在的风险及对策建议

刘 清 早

尊敬的第六届全国农运会泉州市筹委会各位领导：

大型综合性运动会的风险是指"在筹备组织工作全程中发生伤害和损失的可能。"

大型综合性运动会因规模大，人数多、人员复杂、项目多且比赛集中、集众性活动多，承办单位往往缺乏一定的经验，而区别于其他一般性赛事与

活动。在举办地环境、条件和许多不确定的内外因素的影响下，整个筹备过程中始终存在一定的风险。因此，及时识别并采取相应对策以防止和减少风险所造成的损失十分重要。风险防范始终是大型运动会组织者，尤其是主要领导需要仔细思考并认真对待的工作。目前，我们的筹备组织工作进入了倒计时100天关键阶段，提高对风险的认识，加强风险防范十分重要。从以往经验与教训看，其实爆炸、坍塌、地震等恶性事件发生概率极小，有些环节看似不重要，但如果我们处置不当，即会从问题转化为风险，从而有可能转变成实际损失。结合第六届全国农运会筹备工作实际，总结、归纳其他一些运动会发生过的风险，反思我们可能引发风险的一些工作环节，供各位领导决策和指导工作时参考。

一、风险发生的可能

（一）行政接待工作方面

1. “农运会村”建设工期延后，估计开幕前一个月才能全部完工。设备试运行，服务员工作岗位及接待流程熟悉与磨合，室内装修甲醛超标，村内绿化、环境、道路等问题压力增大。

2. 食品中毒问题。

3. 接（送）机、接送站工作中出现漏接（送）。

4. 来宾自驾车到泉州，无法联系。

5. 来宾尤其是运动员在宾馆内用餐不使用餐券或使用自费项目不及时交费引发纠纷。

6. 饭菜质量、口味问题。

7. 来宾尤其是运动员、裁判员带朋友入住宾馆或进入需要证件的区域或本人证件丢失而没有证件强行进入需要证件区域，而引起纠纷。

8. 不尊重少数民族代表生活风俗习惯。

9. 与宾馆内工作人员因多种原因所引起矛盾或纠纷。

10. 各代表队及运动员因比赛成绩比预期的好或差，情绪失控，造成宾馆设备损坏或与工作人员冲突。

11. 无意或有意损坏宾馆内设备、用具的认定及赔偿问题。

12. 违反规定使用电炉煮汤及营养品。

13. 工作人员对工作及规定解释口径不一致，引发投诉与纠纷。

14. 招待酒会的组织问题。

15. 来宾旅游组织及明确其本人安全责任问题。

（二）安保工作

1. 流窜人员及对社会不满人员袭击来宾或抢夺财物。

2. 来宾驻地财物被盗。

3. 来宾尤其是运动员、教练员、裁判员在宾馆外消费，特别是在歌舞厅消费发生冲突。

4. 利用农运会影响较大的特点，对社会不满人员，上访、围堵市委、市政府等政府机关，甚至围堵中央领导、代表团与媒体驻地。

5. 运动员及来宾因证件、门票、餐券等问题与安保人员、工作人员发生冲突。

（三）竞赛工作方面

1. 裁判员误差、漏判、错判、偏袒运动员引发冲突与负面报道。

2. 运动员、教练员、领队与裁判员发生冲突。

3. 观众，尤其是不同倾向的观众之间发生冲突。

4. 代表团层面就比赛判罚提出申诉、抗议造成影响。

5. 兴奋剂检测、性别鉴定结果引发的负面影响。

（四）交通运输工作方面

1. 交通运输事故所造成的人员伤亡。

2. 来宾自驾车在泉州造成的事故处置。

3. 来宾乘公共交通工具尤其是出租车引起的纠纷、投诉。

4. 车况不好或司机管理不严延误运动员比赛时间或活动。

（五）证件工作方面

1. 来宾信息不准确（如姓名、职务等有误）造成证件错误。

2. 使用证件不当与安保人员发生冲突。

3. 更换、补办证件服务时间、态度问题引发不满。

（六）财务管理工作方面

1. 对指定酒店签单权控制问题或接待酒店接待站工作人员管理问题。

2. 财务部与宾馆餐券与住宿费当日结算问题。

3. 三级组委会领导临时动议，增加活动，扩大规模，使开支突破预算。

4. 邀请嘉宾规模太大，引发接待不公平，超能力接待以及接待费用突破预算。

5. 不按程序购置物品，尤其是在举办期的开支不按程序办理，不符合财务管理制度，无法通过审计，或与财务人员发生纠纷，或者贻误工作问题。

（七）市场开发工作方面

1. 对赞助商的回报执行不落实，引发企业投诉。

2. 侵犯合法赞助商权益。

3. 违规使用农运会会徽及标志。

4. 非农运会赞助商非法使用农运会会徽及标志。

5. 赞助商广告维护、更新不当问题。

6. 赞助物资使用不当、处置不当问题。

（八）新闻宣传工作方面

1. 正面报道的引导及负面报道控制问题。

2. 记者接待问题。

3. 记者参观组织问题。

4. 非邀请的三、四流媒体来泉州的接待与不接待问题。来访记者人数超过接待能力问题。

5. 对港、澳、台，尤其是台湾、海外媒体接待及组织新闻导向采访问题。

6. 媒体采访、制作、传输等技术与服务问题。

（九）医疗、卫生、防疫工作方面

1. 突发病、流行病控制问题。

2. 食品卫生问题。

3. 场地卫生问题。

4. 比赛中运动员发生伤害甚至死亡事故救治程序、方法问题；

5. 来宾自身健康引发的疾病甚至死亡处置问题；

6. 来宾因病住院、门诊检查费用结算问题；

7. 社会层面饮食卫生，尤其是“美食街”卫生、质量问题；

8. 在高速公路或离开泉州市区在福建省内发生交通意外事故、事件的救治机制及流程问题。

（十）开、闭幕式工作方面

1. 气候变化和恶劣气象条件问题。

2. 仪式议程及环节差错问题。

3. 在彩排、预演中，领导提出部分章节修改而产生制作经费增加问题。

4. 演出准备及撤场中施工安全问题。

5. 演出舞美道具、灯光、音响设备制作、安装的安全问题。

6. 排练中群众演员防暑降温，人身安全问题。

7. 正式表演中群众演员晕倒问题。

8. 开幕式观众退场拥挤发生踩踏问题。

9. 由于开、闭幕式门票错票、假票及验票系统故障引发的冲突。

（十一）其他方面

1. 市内各服务行业，尤其是餐饮、商场、超市、银行、移动、联通网点、公交车、出租车、娱乐场所等服务行业因服务质量、价格与来宾发生冲突。

2. 小偷窃取来宾财物。

3. 来宾在旅游景点发生冲突、意外事故处置问题。

4. 非邀请嘉宾在开幕前突然访问泉州及主办单位增加观摩团人员超过接待能力问题。

5. 来宾返程票务工作中，尤其是火车票调换、退票和再购票工作。

6. 前期工作不调查，不及早准备，后期以增加人力和，增加经费预算弥补，产生预算突破、工作可靠度降低。

7. 市筹委会工作人员党风廉政问题。

这些问题的发生，如不提前预见及时控制，就会造成声誉、经济等损失，有些问题还会造成人员伤亡，成为重大事故，因此，要引起足够重视。

二、防范风险的主要对策分析

（一）明确风险防范的组织领导

风险防范工作由市筹委会总负责，各部、室一把手为本部、室风险防范工作第一责任人，各处的处长是本处风险防范工作的第一责任人，每项工作牵头的人即为该项工作的第一责任人。谁分管就由谁负责风险防范工作，同时要求全体干部和工作人员要提高对风险防范工作重要性的认识。

（二）及时识别

尽早识别，及时认知风险十分重要，识别的越早、越准、措施越得力，损失就越小。因此，从进入倒计时100天开始，逢会必讲安全，必须讲风险提示，加强“风险沟通”，所有的主要活动包括比赛、各类工作方案都要有预案，对可能发生的风险要有认识，要做到心中有数、有所准备。

（三）正确决策

除了自然环境影响外，大部分风险都是人为的，而这些人为制造的风险主要是由一般性问题演变成风险，而麻痹是风险防范的大敌。因此，在识别了风险发生的可能后，作出果断与正确的决策十分重要，这样不仅有利于对风险的防范采取得力措施，还有利于上级领导掌握全局。要求各个岗位在发现苗头或出现问题时，要及时报告，相关领导要果断决策，防止问题转为风险，制止小风险变为大风险，严防一般风险成为重大风险，以防止风险造成损失。

（四）风险转移与主动防范相结合

体育赛事风险防范中，采用风险转移与主动防范相结合是化解风险最有效的措施。风险转移的主要措施有：（1）购买保险。要求各代表团购买保险，组委会通过与保险公司合作对主要人群、主要活动购买保险。（2）制定制度，要求规范。要求各参赛单位加强自我教育、管理，明确责任范围，坚持“是谁的人就由谁管”“不符合规定责任自负”原则。（3）动用国家机器，使可能造成伤害的环节能得到有效控制，使发生风险的概率降低。加强造声势，形成态势。主动防范要求。（1）对可能发生的工作环节严格检查，严防死守。（2）对没有安全把握的活动及场地，要么做到安全，要么取消，绝不冒险。（3）作好预案，加强演练。（4）落实风险管理责任制。

（五）制定预案，加强演练

要求所有的重要工作环节，一定要有防范风险的预案及措施，一定要加强实际演练，使所有的工作人员对本人负责的工作中可能出现的风险能识别，明确处置程序，能在本人职责与能力范围内履行职责。市筹委会领导要明确风险预警—预案—检查—识别—决策—处置等一系列工作流程。使风险防范工作纳入我们筹备工作的正常轨道，成为各项工作的组成部分，成为我们筹备组织工作中重要的基础，确保第六届全国农运会圆满成功。

第六届全国农运会突发公共卫生事件应急预案

为有效预防、及时控制农运会期间突发公共卫生事件，指导和规范应急处置工作，最大程度地减轻突发公共卫生事件对公众健康造成的危害，保护公众身体健康与生命安全，保障社会经济发展，维护社会的正常秩序，依据《泉州市突发公共卫生事件应急预案》，特制定本预案。

一、适用范围

本预案适用于农运会期间，在体育比赛场馆和驻地范围突然发生，造成或者可能造成社会公众身心健康严重损害的重大传染病、群体性不明原因疾病、重大食物和职业中毒以及其他严重影响公众身心健康的应急事件。

重大传染病疫情是指某种在短时间内发生、波及范围广泛、出现大量的病人或者死亡病例的传染病。

群体性不明原因疾病是指在短时间内，某个相对集中的区域内同时或者相继出现具有共同临床表现患者，且病例不断增加，范围不断扩大，又暂时不能明确诊断的疾病。

重大食物和职业中毒是指由于食品污染和职业危害的原因而造成的人数众多或者伤亡较重的中毒事件。

其他严重影响公众身心健康的事件是指自然灾害、事故灾难等具有突发公共卫生事件特征，造成或者可能造成社会公众身心健康严重损害，影响社会稳定的重大事件。

二、突发公共卫生事件的分级

根据突发放射事件的性质、危害程度、涉及范围，为便于统一指挥和分级负责，将突发放射事件分为特别重大突发公共卫生事件（Ⅰ级）、重大突发公共卫生事件（Ⅱ级）、较大突发公共卫生事件（Ⅲ级）、一般突发公共卫生事件（Ⅳ级）四个级别，具体参见《泉州市突发公共卫生事件应急预案》。为确保迅速有效控制突发公共卫生事件，维护社会稳定，可视实际情况相应提高反应级别。

三、组织机构

成立突发公共卫生事件应急指挥中心（见附件），负责农运会期间突发公共卫生事件伤病员救治应急调查处理的组织、领导、协调工作。

四、各部门工作职责

1. 卫生部门：负责突发公共卫生事件的监测与预警、预防性卫生监督监测、应急流行病学调查、传染源隔离、医疗救护、疫点消毒、现场处置、监督检查、监测检验、卫生防护以及有关物资、设备、设施、技术和人才资源的储备工作。

2. 比赛场馆：在举办重大比赛活动前，应成立突发公共卫生事件应急机构；设立现场医务室或医疗服务点，配备必要的检测设备；做好比赛场所的通风和消毒，保证环境清洁卫生；控制人员密度；全力配合卫生部门做好突发公共卫生事件的调查处理工作。

3. 接待宾馆酒店和供餐单位：做好食品的采购、贮存、加工等过程的卫生工作；保证厨房、餐厅、客房、娱乐场所的卫生整洁，严格餐具、场所的消毒制度；加强本单位职工的健康检查和疾病监控，建立每日健康检查制度，服务人员持健康证上岗。

4. 相关部门：依照各自工作职责的要求开展工作。

五、监测、预警与报告

市级及相关县（市、区）除按照国家和省的统一规定和要求，开展突发公共卫生事件监测、预警与报告外，还必须按照《泉州市突发公共卫生事件应急预案》的要求，开展重点区域、重点疾病和相关因素的主动监测。

1. 突发公共卫生事件的监测与预警：疾病控制机构应根据突发公共卫生事件的类别，制定相应的监测计划，科学分析、综合评价监测数据，结合国内外疫情及我市实际情况，及时发现潜在隐患和可能发生的突发公共卫生事件。

2. 组织机构和人员：各级卫生监督和疾病控制机构、比赛场馆、接待单位应组织成立相应的应急队伍，加强人员的培训和应急演练，实行24小时值班制度。

3. 预防性卫生监督监测：卫生部门应根据相关工作方案，做好接待宴会的监厨工作，对各接待宾馆酒店、比赛场馆和为比赛供餐的单位的食品卫生、环境卫生等进行监督监测。供应比赛场馆的矿泉水、桶装水、快餐、食品等须由市卫生检测检验中心检验合格方可进入比赛场馆。

比赛场馆应制定相应工作方案，根据方案和工作职责做好各项预防工作，必要时对进入比赛场馆的人员进行登记、检疫；密切观察参会人员和本单位员工的身体状况。

4. 爱国卫生和除“四害”工作：农运会前，各县（市、区）爱卫会及卫生局应在各自辖区内集中开展环境卫生清扫及除“四害”工作，为农运会创造一个整洁、卫生的周边环境。

5. 医疗救护准备工作：全市二级以上医院为第六届农运会期间指定收治医院，必须预备一定的病房和床位，承担突发公共卫生事件的临床救治工作。各医院要组建一支由呼吸病、传染病、消化道疾病、ICU、外伤、临床检验等专家组成的医疗救治队伍，由分管业务的副院长担任队长。

第六届农运会期间，卫生行政部门应指派医务人员进驻比赛场馆，设置紧急医疗救助点，并安排急救车辆驻点备勤。

相关医疗卫生单位应配备充足的医疗救治药物和设备、消毒药械、诊断设施和试剂，保证满足突发公共卫生事件的控制和救治需要。

市疾控中心实施每日疫情分析制度，根据相关监测信息，科学研判发展动态，及时作出趋势预测，提出预防控制建议，并及时报告组委会，还可建议组委会采取一定的预警措施。预警发布之后，市级及相关县（市、区）要作相关应急技术、队伍与物资准备，加强对公众的健康教育与卫生宣传等工作。

严格实行首见报告制度。在农运会期间，任何单位和个人对发生或者可能发生传染病爆发流行、发生或者发现不明原因的群体性疾病、发生或者可能发生重大食物中毒、水污染事件等情况，均应立即向当地卫生行政部门报告。任何单位和个人均不得隐瞒、缓报、谎报或授意他人隐瞒、缓报、谎报。

六、应急处理

卫生行政部门接到报告后，应立即组织人员对报告事项调查核实、确证，组织专家对突发公共卫生事件进行分析，判定突发公共卫生事件的类型，启动突发公共卫生事件应急预案。

（一）传染病疫情爆发

1. 流行病学调查：疾病预防控制机构要在最短时间内派出流行病学调查人员，核实诊断，对报告病例进行流行病学个案调查，认真、详细地了解和记录患者发病后到过的地方、乘坐过的交通工具和与其有过密切接触的人员的有关情况，查找传染源和传播途径；追踪和管理病例的密切接触者，防止疾病的进一步传播。

2. 病原学采样和检测：应根据具体情况，及时采集病人、漱口液、痰液、吐泻物、大便、血样、尿样等标本进行检验检测。

3. 现场控制和消毒：对住过传染性病人的房间、会议室、家具、日常用品、床上用品、楼层走道的墙壁、地面和所有公用电梯、楼梯均应及时进行消毒，并根据需要和可能，立即采取停办、闭馆、疏散人员、设置紧急隔离带等措施，防止传染病的进一步传播和蔓延。

4. 病人的隔离和救治：发现疑似传染病病人后，比赛场馆和接待单位的医务室应立即对其进行初步诊断，对可疑非典病人及其他传染病患者，应立即通知“120”急救车辆将其送往指定医院进行隔离、诊断和治疗，必要时由市级专家组进行会诊排查。隔离病区的设置及救治措施按有关规定和规范执行。

5. 接触者的医学观察和隔离：市疾病预防控制中心要根据调查获得的与病例接触的方式、频度、场合、场所等详细情况和已经明确的该疾病传播方式和传播特点的有关知识，对接触者受到感染的危险性进行分析和判断，对一般的接触者，要告知注意事项，如有不适，立即到医疗机构就诊；对传染性患者的密切接触者要进行集中隔离和医学观察。病人的密切接触者如已离开本市，应立即报告疾病预防控制中心，同时直接通知其目的地的相应机构，由到达地负责追踪调查。

（二）重大食物中毒或水污染事件

1. 中毒或污染原因调查判断：卫生监督机构和疾病控制机构应对中毒患者逐个进行流行病学调查，寻找共同食物或污染源，采集可疑物品进行检验检测，并结合患者症状、体征和临床检验数据，尽快判明中毒或污染原因。

2. 现场应急处理：在经初步调查确认为疑似食物中毒后，卫生监督人员应依法开具行政控制决定书，采取行政控制措施，防止食物中毒继续发生。控制的范围包括可疑中毒食品、原料、污染的工具容器等。对可疑的中毒食物，卫生部门应直接予以销毁，对已售出的中毒食品要责令肇事者追回并予以销毁。

发生水污染事件时，应配合有关部门尽快确定污染来源、程度和范围，停止自来水供应，向社会和市民发布公告，减少受水污染事件波及和影响的人数，并指导有关部门及时消除污染物。

3. 救治中毒患者：在市区内的患者原则上送往市三级综合医院救治，各县（市、区）患者应就近送往二级以上医院救治，病情较重者由市卫生局组织有关专家对诊治工作进行指导。疾病控制机构应在第一时间内将检验结果及造成中毒、污染的可能原因通知临床救治单位，以便及时采取有针对性的治疗手段和措施，全力抢救中毒患者。

（三）急性化学性中毒或放射事故

1. 尽快查明事故原因和毒物，确定事故等级。

2. 采取必要措施，关闭中毒或放射性物质泄漏场所，关闭生产线或整个工厂，疏散周围工作人员和居民，设置紧急隔离带等，控制中毒人数的进一步增加。

3. 全力救治中毒患者。救治原则同上。

4. 发生放射源丢失事件时，应协助公安机关寻找放射源，消除潜在危害。

（四）其他严重影响公众健康的事件

主要任务是协助有关部门判明毒物种类，积极抢救受伤人员和中毒患者。

七、应急反应终止与善后处理

突发公共卫生事件应急反应的终止由其相应的启动机构决定，其终止需符合以下条件：事件隐患或相关危险因素消除，或末例传染病病例发生后经过最长潜伏期无新病例出现。

突发公共卫生事件结束后，市卫生局应急办组织有关人员对事件的处置情况进行评估。评估内容包括事件情况、现场调查处置情况、病人救治情况、所采取措施的效果、应急处置过程中取得的经验、存在的问题及改进建议。评估报告上报组委会。

以上未明之处，严格遵照《泉州市突发公共卫生事件应急预案》实施。

大型运动会开幕式、闭幕式及相关主要活动的工作内容

1. 与总导演联合组建创作团队，组织开幕式文艺表演方案集中修改创作。

2. 向开幕式文艺表演应征获奖方案颁发奖金、奖牌和证书。

3. 物色考察举办地编导队伍及有关人选。

4 组建闭幕式文艺表演工作班子。

5. 编写开幕前各项主要工作方案或预案。

6. 开幕式文艺表演方案创作。

7. 筹建开幕式文艺表演编导主创人员团队。

8. 正式启动闭幕式筹备组织和闭幕式文艺表演方案创作。
9. 确定开幕式文艺表演总体方案，正式报批。
10. 组建闭幕式文艺表演编导组，物色主创人员。
11. 启动开幕式文艺表演方案的加工完善和深度创作，初步确定正式演出方案，并报组委会领导审定。
12. 按程序做好总导演及导演、制作团队确定和各项签约准备工作。
13. 按照文艺表演方案及总导演要求，确定开幕式文艺表演省内编导主创人员名单。
14. 物色开幕式文艺表演重点演员、专业技术人员及相关演出队伍。
15. 组织创作开幕式运动员入场仪式设计方案。
16. 根据开幕式文艺表演方案确定的外地演出队伍人员情况，联系预定宾馆。
17. 根据开幕式文艺表演方案确定的阵容需要，预定车辆。
18. 正式成立开幕式文艺表演编导主创人员团队，召开第一次主创人员工作会议。
19. 组织创作垫场演出方案，报批后实施。
20. 经举办地党委、政府和主办单位批准后，确定开、闭幕式文艺表演方案。
21. 组织市场调研，协同有关部门做好开幕式文艺表演灯光、音响、服装、道具、焰火等舞美项目政府采购招标准备工作。
22. 确定开幕式文艺表演排练实施方案。
23. 制定开幕式群众演员遴选方案并与演出单位沟通。
24. 启动闭幕式文艺表演方案的深度创作。
25. 审核开、闭幕式财务预算报告。
26. 完善开幕式文艺表演的深度创作，确定重点演员及相关演出队伍，并与管理单位签订合同。
27. 确定开幕式文艺表演各制作团队，签订合同。
28. 提出运动员入场式初步创意方案并在一定范围内座谈论证。
29. 继续做好组织群众演员的遴选工作。
30. 向组委会专题汇报开、闭幕式工作，形成开、闭幕式全部工作环节（从垫场表演至结束全过程）的详细工作流程。

31. 上报开、闭幕式财务预算。
32. 与开幕式各参演单位签订协议，编制演员花名册，建立演员组织管理机构。
33. 对参加开幕式文艺表演的群众演员进行业务培训。
34. 全面展开、闭幕式大型文艺表演作曲、舞美、灯光、音响、服装、道具等设计工作。
35. 联系协调开、闭幕式各排练场地。
36. 开幕式文艺表演进入正式排练阶段，启动各篇章分场排练。
37. 物色闭幕式重点演员、专业技术人员及相关演出队伍。
38. 继续对开幕式表演排练脚本进行细化创作。
39. 确定垫场演出实施方案。
40. 开、闭幕式音乐出小样，开、闭幕式舞美、灯光、音响、服装、道具出设计草图。
41. 对垫场演出队伍进行业务培训，并组织学习相关制度。
42. 制定开、闭幕式排练及演出后勤保障方案。
43. 与闭幕式、垫场演出各参演单位签订协议，启动垫场演出排练。
44. 全面启动开幕式文艺表演灯光、音响、服装、道具、火焰等舞美项目政府采购招标。
45. 与场馆建设部及有关单位沟通，检查落实开、闭幕式各排练场地。
46. 与分章节排练涉及的场馆协调完毕。
47. 做好编导主创人员团队与舞美、灯光、音响等制作团队的协调。
48. 召开参演人员及参演单位负责人会议。
49. 与交通保障部协调，落实交通保障工作，确定合练、彩排、开幕式当天演员队伍集结交通运输保障方案；与医疗卫生部协调，落实排练期间医疗卫生现场保障工作；与财务部、监察审计部协调落实开始后相关补助及经费支出工作；与安保部协调，做好现场安保工作。
50. 建立起开、闭幕式排练后勤保障机制，专人负责，跟踪落实。
51. 进行闭幕式文艺表演灯光、音响、服装、道具、焰火等舞美项目政府采购招标。
52. 完成闭幕式文艺表演方案的深度创作，确定重点演员、专业技术人员及相关演出队伍。

53. 确定运动员入场式设计方案。
54. 物色运动员入场式演职员和导引员。
55. 主持召开开幕式演出排练工作协调会，同时进行排练总动员。
56. 开、闭幕式音乐进棚制作，舞美、灯光、音响、服装、道具设计交图，舞美、服装、道具制作开始，舞美、服装、道具跟踪监制及质量抽查开始。
57. 拟定开幕式文艺表演联合排练及彩排、预演方案，报批后实施。
58. 研究制定开幕式模拟演出场地及舞台搭建工作方案。
59. 完成开幕式文艺表演分章节排练。
60. 闭幕式文艺表演进入正式排练阶段。
61. 与入场式各参演单位启动运动员入场式排练工作。
62. 制作开幕式三维演示片，以备各级领导检查工作与调整、修改部分章节及场景之用。
63. 完成开、闭幕式分场编导工作，总导演审核、修改分场编导方案；总导演向组委会汇报编导方案及开幕式三维演示片，报领导最后审定。
64. 开幕式文艺表演进入篇章合成排练阶段。
65. 落实开幕式模拟演出场地并搭建舞台。
66. 开、闭幕式音乐局部修改、定稿、出带。
67. 组织落实开幕式文艺表演联排工作。
68. 研究制定闭幕式模拟演出场地及舞台搭建工作方案，报批后实施。
69. 制定开、闭幕式文艺表演突发事件处置预案，报批后实施。
70. 开幕式舞蹈场面初排（分场导演负责，总导演审看、修改）。
71. 全面启动开幕式联排工作，组织慰问参演人员。
72. 召开舞美、场地布置、灯光、音响等单位与总导演及参演团队的协调会议。
73. 舞美施工队进入主体育场搭建开幕式文艺表演舞台。
74. 开幕式文艺表演队伍、垫场演出队伍、运动员入场式队伍分头进入模拟演出场地进行局部合成排练。
75. 落实闭幕式模拟演出场地并搭建舞台。

76. 组织开幕式文艺表演突发事件应急预案演练。
77. 确定闭幕式文艺表演突发事件应急预案演练。
78. 与场馆建设部做好闭幕式排练、装台工作的准备与协调。
79. 组织筹备开、闭幕式文艺表演联排工作。
80. 拟定开幕式主火炬点火方案，并上报。
81. 开幕式各参演队伍进入主体育场进行实地排练（开幕式文艺表演创意方案确定后，按照总导演要求，该时间节点可能作相应调整）。
82. 开幕式文艺表演队伍在主体育场进行合成排练。
83. 开幕式运动员入场式模拟队伍进入主体育场模拟排练。
84. 开幕式灯光、音响器材验收，灯光、舞美、音响装台。
85. 开幕式节目单设计、审查并开始印制。
86. 提出开幕式点燃主火炬的火炬手名单，报组委会批准。
87. 按照批准的开幕式主火炬点火方案，进行技术准备。
88. 结合开幕式排练进行开幕式应急预案演练。
89. 闭幕式文艺表演队伍进入闭幕式模拟演出场地进行合成排练。
90. 召开闭幕式专项协调会，完成导演组与闭幕式表演单位、舞美、灯光、音响、布景等工作协调，形成最终方案。
91. 开幕式各参演队伍在主体育场进行总合成排练（含垫场演出、运动员入场式）。
92. 做好开、闭幕式人员、器材撤场工作的准备。
93. 开幕式表演演员试穿正式演出服装。
94. 闭幕式演出队伍在模拟场地进行总合成排练。
95. 全面检查主体育场主火炬塔设备、燃料和维护工作。
96. 组织开幕式主火炬手现场培训。
97. 对开幕式正式的文艺表演工作沿着时间节点，依次进行综合协调，形成工作方案，排出工作流程。

大型综合性运动会交通运输主要工作任务

1. 修改、补充、完善运动会交通运输工作方案。
2. 与行政接待部沟通，了解接待宾馆分布情况及道路、停车情况。
3. 与竞赛部沟通，了解比赛项目布局及运动员、教练员、裁判员用车及返程用车情况。

4. 做好倒计时一周年活动的交通保障工作。
5. 对运动会比赛城市的道路和交通状况全面考察。
6. 对运动会比赛的城市的接待宾馆停车场、加油站、修理厂进行考察。
7. 组织对承办城市运力、驾驶员情况进行摸底，提出征调车辆总体方案，广泛征求意见。
8. 组织对运动会承办城市在举办期，车辆运行线路，私家车、外地车控制行驶进行论证。
9. 拟出运动会车辆高速路免费通行，各停车场免费停车办法，报组委会审批，正式行文下发至有关单位。
10. 全面征求各部、室运动会举办期所使用的车辆计划。
11. 与民航、铁路进行沟通，商讨专列、包机的有关事宜。
12. 拟定运动会先期决赛项目、测试赛用车计划，随后协调，直至全部落实。
13. 与安保部沟通，拟出运动会专用车证、车牌及通行办法方案，调查研究，征询意见。
14. 与承办城市有关部门协调，会同安保部形成运动会专用车车证、车牌管理办法及车辆通行办法、路线。决定是否启用“专用线路”和在运动会举办期间是否采用私家车单、双号行驶，以及外地车辆进城的限制。形成方案，正式报分管领导审批。
15. 取得运动会专用车证、高速路免费通行证。
16. 与市场开发部协调车辆保险业务开发，实现工作对接。
17. 与市场开发部协调赞助车辆使用的相关工作，实现工作对接。
18. 拟出交通运输最终的车辆租用、保险、修理、油料及司机费用等经费预算，与财务部协调，实现工作对接。
19. 落实驾驶员食宿宾馆及交通运输工作运作流程。
20. 依照征调车辆方案，落实征调车辆的渠道、数量、车牌号、驾驶员等信息，着手编制总体工作方案。
21. 与承办城市及相关赛区协调后，着手编制《运动会交通运输手册》。
22. 组委会交通车辆、交通标识陆续投入使用。
23. 征调车辆信息及驾驶员名册送相关部门审查。

24. 拟出运动会举办期间车辆使用相关规定，报组委会领导审批。
25. 重点整治出租车、公交车。
26. 组织对城市公共交通运输车辆、设施进行整治、更新与维修。
27. 与运动会车辆停车场、加油站、修理厂洽谈协议。
28. 与机场、火车站、汽车站签订停车协议。
29. 开始组织对征集的车辆进行专项检验，并做好先期决赛中承担运输工作的驾驶员培训工作。
30. 制定车辆分配方案，拟定嘉宾乘公交车免费办法，大力整顿出租车、公交车。
31. 做好先期决赛的项目交通保障工作。
32. 按计划抽调配备组委会各部、室用车。
33. 做好倒计时100天系列活动的交通保障工作。
34. 召开交通保障专题工作会议，涉及交通保障的相关单位领导参加，签订责任状。
35. 下达运动会全部所需车辆、司机征集通知，并与相关单位签订合同与责任书。
36. 召开运动会驾驶员动员誓师大会。
37. 为开幕式文艺表演联排提供交通保障直到运动会开幕。
38. 针对运动会举办期间车辆使用问题再次与省、市交通厅、局，省公安厅、局，民航，铁路等相关单位充分沟通与协调，形成会议纪要。
39. 进一步做好火炬传递工作交通保障工作。
40. 逐一落实车辆地点、驾驶员住宿宾馆及食宿。
41. 确定运动会加油站，落实专用车辆加油及结算工作流程。
42. 确定运动会专用车维修、保养的汽车修理厂，明确车辆修理及结算工作流程。
43. 做好人员、证件、返程票务与交通运输的协调配套的相关工作。
44. 确定运动会举办期各地来宾免费乘公交车办法，完成对出租车、公交车的整顿。
45. 编制组委会循环班车运行图，明确车型、路线、时间、乘车地点、办法等。下发给各部室、各代表团。编入《运动会指南》。

46. 拟定运动会期间交通保障的突发事件预案。
47. 拟定开幕式当天交通保障细化的工作方案。
48. 组织对征集车辆进行安全大检查，结合检查完成专用车牌安装工作。
49. 车辆调度计划征集的车辆全部落实。
50. 完善运动会举办期交通运输、接站、送站现场办票方案。与民航、铁路、交通等部门协调后，落实在组委会现场办理票务的地点及设备。
51. 组织对驾驶员的培训。
52. 完成驾驶员名片印制，协调驾驶员通信方式。
53. 制定代表团到达的接机、接站详细用车计划。
54. 做好迎接各省、市、区代表团团长，中央各部委领导，国际奥委会、国际单项体育联合会领导，各国驻华使节的详细用车计划。
55. 做好参加联合招待会的全部正式来宾的用车计划。
56. 制定出席开幕式的领导人的用车安排计划。
57. 制定主办单位领导到相关赛场观看比赛及参观的用车安排计划。
58. 制定运动会来宾离会及欢送嘉宾的用车计划。
59. 制定欢送领导与特邀嘉宾的用车计划。
60. 完成运动会举办期包括接站、训练、比赛、会议、参观、开闭幕式、离会送站全程最终运输方案。
61. 完成运动会举办期最终接站、送站工作流程方案和人员组织方案。
62. 研究开幕式的交通保障工作和交通保障突发事件预案工作。
63. 确保安排好开、闭幕式彩排和预演工作的车辆，做好突发事件处置的方案实施工作。
64. 做好迎接各方嘉宾的车辆安排。
65. 做好先期到达的相关人员的交通保障工作。
66. 运动会计划抽调的车辆全部到位，各类用车计划全部落实到每一位驾驶员。
67. 做好各代表团、各类来宾接机、接站工作。
68. 做好运动员训练、裁判员实习车辆安排工作。
69. 做好其他人员用车调度工作。
70. 加强对出租车管理，打击“宰客”行为，处罚态度恶劣司机。

71. 给预定票的各类来宾发售火车、汽车、飞机票。
72. 组建“交通运输值班室”，实行24小时值班制度，调配后备用车，确保临时需要。
73. 做好火炬传递活动的交通服务保障工作。
74. 做好开、闭幕式各类人员、器材、装备的运输工作。
75. 做好出席开闭幕式观众的交通保障。
76. 做好媒体采访交通保障工作。
77. 做好开、闭幕撤场设备交通保障工作。
78. 做好开、闭幕式演职人员离会交通保障工作。
79. 做好先期离会嘉宾送站交通保障工作。
80. 做好临时运输任务的车辆调度，确保闭幕式现场搭建交通保障工作。
81. 完成开、闭幕式撤场的设备、器材运输任务。
82. 召开闭幕式及离会送站工作协调会，宣布闭幕式及离会送站用车总体方案。
83. 召开各代表团联络员会议，协调闭幕式及离会送站用车计划，作出必要的调整。正式下发方案。
84. 检查公交车服务情况。
85. 检查出租车运营情况。
86. 实地勘测机场、车站、停车场，与有关领导协调，完成闭幕式后离会交通保障工作对接。
87. 与行政接待部等部门协同召开机场、车站、高速路管理工作协调会议，落实离会返程道路运输、送客流程、嘉宾、通道、行李托运、停车、事故处理、工作人员与司机休息等工作。
88. 形成最终的闭幕式及离会送站总体工作方案。
89. 做好返程嘉宾送机、送站工作。
90. 召开各部、室闭幕式及离会返程及送站人员车辆安排协调会，下达车辆安排详细计划，并将计划落实到每一位驾驶员、各代表团及各类来宾驻地宾馆。
91. 召开承担返程离会运输任务的驾驶员动员会，对车辆逐一进行检查。

92. 做好出席闭幕式嘉宾及各项交通保障工作。
93. 分期分批返还抽调、租用的车辆。
94. 向驾驶员颁发奖状。
95. 向抽调车辆、驾驶员的单位发出感谢函。
96. 参加运动会总结表彰大会。

大型综合性运动会通信保障主要工作任务

1. 组织对运动会通信保障要求进行调研。
2. 编写相关通信技术建设情况报告。
3. 落实通信服务商及施工单位。
4. 起草开、闭幕式通信保障方案，报批后实施。
5. 全面组织通信保障工程建设。
6. 编制完成《运动会电子信息服务与通信手册》。
7. 拟定涉及运动会组委会层面通信保障的各项工作方案。
8. 拟定组织运动会测试赛通信保障工作方案，报批后实施。
9. 启动运动会先期决赛项目的筹备工作，组织通信保障工作与其他部、室结合先期决赛的项目开始进行磨合。
10. 全面启动运动会先期决赛项目的组织工作，做好通讯保障工作，与其他部、室结合先期决赛的项目进行全面的磨合，确保先期决赛的项目筹备组织工作圆满完成。
11. 做好开幕式文艺表演联排通信保障工作。
12. 结合倒计时 100 天活动，在提供信息技术保障服务的同时，进行演练。
13. 建立无线通信系统。
14. 做好先期决赛项目的通信保障工作。
15. 检查开、闭幕式现场总指挥部的通信保障设施。
16. 确定开、闭幕式相关活动的通信保障方案，与通信服务赞助商及场馆部、大型活动部、广电部、安保部、电力部、竞赛部等部门充分沟通，确保现场通信技术实现。
17. 明确运动会举办期，实行“信息技术与通信保障服务总值班员”值班工作机制，24 小时电话值班服务。

18. 全面检查、落实各场馆、各接待单位与组委会之间的通信保障工作。
19. 确保通信设备正常运行。全面检查开幕式现场、群先会现场、新闻发布会现场通信保障设备。同时为开幕式彩排、预演提供通信保障服务。结合彩排、预演完成最后磨合，使各项服务处于最佳状态。
20. 要求与通信设备供应商的技术人员及“设备、零件备份”24小时值班，做到随时应答，随时保障设备运作正常。
21. 做好组委会新闻发布会现场通信保障服务。
22. 确保赛事期间通信设备正常运行。
23. 做好开、闭幕式现场通信基站调配工作和现场通信保障工作。
24. 会同市场开发部与通信服务赞助商沟通，并与各部门协调，按照方案，实施开、闭幕式现场通信保障服务。

大型综合性运动会信息技术主要工作任务

1. 制定场馆信息化建设实施标准及建设实施方案。
2. 组织对运动会信息技术保障要求进行调研。
3. 完成信息大厦弱电建设方案并评审实施。
4. 与相关部门及场馆部协调，完成竞赛场馆网络系统集成方案并报审。
5. 完成各竞赛场馆信息技术用房方案。
6. 落实网络服务商及施工单位。
7. 完成运动会网络系统技术功能需求说明、合同及网络建设集成技术实施方案并签约。
8. 完成运动会视频监控系统技术功能需求说明、合同及视频监控系统技术实施方案并签约。
9. 完成运动会视像会议系统技术功能需求说明、合同及视像会议系统技术实施方案并签约。
10. 完成运动会竞赛软件工程技术功能需求说明、合同及竞赛软件功能技术实施方案并签约。
11. 完成运动会电视转播字幕项目功能需求说明、合同及电视转播字幕技术实施方案并签约。

12. 拟定运动会办公软件项目功能需求说明、合同及技术实施方案。
13. 完成代表团远程注册报名报项表及上报审批。
14. 编写相关通信技术建设情况报告。
15. 与安保部协调注册制证有关问题（ACR 手册、远程注册报名与注册制证的数据交换）。
16. 与新闻宣传部协调新闻中心和各场馆分新闻中心信息技术建设方案。
17. 与竞赛部协调有关计时记分项目的数据连接等问题。
18. 起草开、闭幕式现场信息技术保障方案，报批后实施。
19. 全面组织信息技术工程建设。
20. 制定运动会所需要的购置（或赞助、租赁）设备的到货安装计划。
21. 上报并确定无线对讲机分配方案。
22. 落实硬件进货渠道、硬件配置，做好商务洽谈，配合做好项目采购。
23. 落实设备储运的相关问题。
24. 与竞赛部协商确定运动会测试赛项目。
25. 编制《运动会电子信息服务与通信服务手册》，完成后报批下发。
26. 启动信息大厦和各场馆网络集成工程。
27. 启动中心机房工作与系统集成建设。
28. 启动注册、制证、指挥和新闻中心系统集成建设。
29. 启动竞赛信息系统软件开发与测试工作。
30. 抓紧数据、注册、制证、指挥和新闻中心系统集成建设。
31. 认真做好启动基础网络工程及中心机房的集成建设工程。
32. 花样滑冰、短道速滑、速度滑冰、自由式滑雪进入集成测试期。
33. 信息大厦设备开始安装调试、测试等项工作。
34. 指导做好各场馆网络系统集成工程。
35. 督促做好中心机房系统集成工程建设、设备安装调试工作。
36. 数据中心、集成实验室交付验收并投入使用。
37. 指导做好各场馆局域网建设（比赛场馆局域网由场馆负责建设）。
38. 信息大厦机房、数据中心设备安装调试。
39. 继续督促检查各项目的工作进度，做好工程监理工作。

40 完成场馆网络系统集成建设，加紧与各场馆的协调。
41. 继续编制竞赛成绩管理系统软件。
42. 拟定组织运动会测试赛信息技术工作方案，报批后实施。
43. 远程注册软件安装测试。
44. 远程注册系统与注册网站、官方网站集成及测试。
45. 组织对各比赛场馆局域网建设情况进行检查、验收，签约集成公司与场馆集成公司协调。
46. 启动通讯网络信息系统调试。
47. 拟定开幕式文艺表演联排信息技术方保障案，报批后实施。
48. 召开代表团注册工作会议。
49. 注册网站正式开通，举行开通仪式。
50. 开始对各项目进行集成测试（本月进行 15 个项目测试）。
51. 本开始与各赛区城市相关部门实现工作对接，做好信息技术保障工作的协调工作。
52. 全面启动运动会先期决赛项目的组织工作，做好信息技术保障工作，与其他部、室结合先期决赛的项目进行全面的磨合，确保先期决赛的项目筹备组织工作圆满完成。
53. 完成代表团远程注册系统与制证系统的数据连接。
54. 数据处理中心开通使用。
55. 进行各项目集成测试。
56. 在运动会测试赛中，试运行竞赛成绩电子处理系统。
57. 实现中心机房、数据中心与各场馆的网络连接。
58. 编制信息系统联调方案。
59. 指导做好各比赛场馆联调准备工作。
60. 组织竞赛成绩信息处理系统赛前联合检查。
61. 结合倒计时 100 天活动，在提供信息技术保障服务的同时，进行演练。
62. 根据计时记分系统提供的通讯协议与计时记分设备进行联调。
63. 进行信息系统联调工作。
64. 培训信息技术部辅助人员。
65. 联调后调整并解决联调中出现的问题。

66. 中心成绩处理系统配合INFO2009与官方网站间的联调。
67. INFO2009系统与官方网站调试连接。
68. 负责协调重点场馆进行模拟演练、预演的检查与培训。
69. 做好开幕式文艺表演联排信息技术保障工作。
70. 新闻中心开通使用。
71. 落实开、闭幕式现场总指挥部信息技术保障服务设施布置，确保一切正常。
72. 全面做好维护工作，确保信息网络畅通。
73. 确保竞赛成绩电子处理系统正常运行。
74. 各种信息技术系统开通运行，保障先期决赛项目举行。
75. 检查开、闭幕式现场总指挥部的信息保障设施。
76. 明确运动会举办期，实行“信息技术与通信保障服务总值班员”值班工作机制，24小时电话值班服务。
77. 为先期决赛项目提供信息技术保障服务。
78. 保障赛事期间系统的安全高效运行。
79. 确保信息技术设备正常运行。全面检查开幕式现场、群先会现场、新闻发布会现场信息技术与通信保障设备。同时为开幕式彩排、预演提供信息技术与通信保障服务。结合彩排、预演完成最后磨合，使各项服务处于最佳状态。
80. 要求信息技术设备供应商的技术人员及“设备、零件备份”24小时值班，做到随时应答，随时保障设备运作正常。
81. 所有信息系统投入正常运行。
82. 全力保障开幕式、闭幕式现场信息技术服务。
83. 做好组委会新闻发布会现场信息技术保障服务。
84. 做好信息查询、各竞赛项目成绩处理、综合成绩处理工作。
85. 做好组委会各类信息技术设备与系统处于良好的工作状态。
86. 全力确保赛事期间各类信息技术、设备、系统设备正常运行。
87. 与大型活动部、场馆部、宣传部、电力部等部门充分沟通，拟定闭幕式现场信息技术保障服务工作方案，立即组织实施。

大型综合性运动会志愿者主要工作任务

1. 开展志愿者招募宣传活动。
2. 部署大学生志愿者招募工作，编制志愿者培训教材。
3. 与市场开发部充分沟通，提出志愿者服装与装备需求，提出种类、款式、材质建议。两部密切结合，力争通过市场开发解决。同时着手设计并制作志愿者服装。
4. 总结各地举办运动会志愿者工作的经验。
5. 召开志愿者招募工作调度会议。
6. 结合运动会倒计时一周年开展志愿者活动。
7. 组织骨干志愿者培训。
8. 制定《志愿者管理细则》和《志愿者考评表彰办法》。
9. 向组委会各部室发放《志愿者需求情况统计表》，细化志愿者需求信息。
10. 与大型活动部协商，拟定运动会开幕式志愿者方案，报批后实施。
11. 协助新闻宣传部做好开幕式的社会宣传工作。
12. 拟定组织运动会测试赛志愿者服务方案，报批后实施。
13. 与财务部、交通运输部、信息技术部、医疗卫生部沟通、协调落实志愿者在运动会服务期间，就餐、交通运输、现场通信及伤病治疗等问题。
14. 完成志愿者招募选拔工作，发放录用通知书。
15. 启动运动会先期决赛项目的志愿者服务工作，结合比赛演练志愿者服务。
16. 完成志愿者部与志愿者需要部门对口联系工作，确定志愿者数量、工作要求、内容、工作流程及志愿者名单。
17. 举行运动会志愿者服务总队成立仪式暨授旗仪式，全面启动运动会志愿者服务工作。
18. 编写并印发《运动会志愿者服务手册》。
19. 做好志愿者参与开幕式文艺表演联排工作，做好防暑降温及后勤保障服务工作。

20. 制作志愿者上岗证。
21. 编发《运动会志愿者工作简讯》。
22. 开展志愿者场馆培训和岗位培训。
23. 组织召开运动会志愿者誓师大会。
24. 落实、确定参与运动会各项竞赛及专业技术岗位的志愿者名单及负责人联系方式，专业技术服务志愿者开始到达岗位，与各部门协调，再与各部拟定服务时间。
25. 各专业技术志愿者在各部、室、大型活动会议等岗位进行模拟培训。
26. 为倒计时100天活动做好志愿者服务工作。
27. 检查运动会承办城市志愿者培训和管理工作。进一步做好志愿者岗位对接工作，加强志愿者岗位管理。
28. 检查志愿者各类装备使用情况，根据工作需要，与财务部沟通及市场开发部协调后，适当补充各类装备。
29. 总结倒计时100天志愿者服务工作，适当调整运动会举办期志愿者服务工作计划。
30. 组建完成专业技术服务志愿者候补梯队。
31. 对志愿者到岗情况进行全面检查，了解志愿者服务情况。
32. 做好火炬传递活动的志愿者服务工作。
33. 与大型活动部、安保部协调好开幕式从彩排、预演直到正式开幕式，志愿者服务岗位工作流程。
34. 与行政接待部、交通运输部协调好各类来宾接机、接站及现场志愿者服务流程。
35. 及时总结志愿者先进典型，做好宣传、表扬工作。
36. 确定开、闭幕式相关志愿者服务的方案。
37. 召开志愿者中队长以上干部工作会议，建立起联络机制、信息沟通机制、后勤保障机制、突发事件处置机制。
38. 组织志愿者全面奔赴各工作岗位，配合赛会总体安排全面开展服务。
39. 建立起志愿者部总值班制度，值班人员24小时开通电话。
40. 到各赛区检查志愿者服务工作。

41. 到各部、室了解志愿者服务情况，及时改进服务。
42. 与行政接待部、交通运输部沟通、协调好各类来宾离会送站服务志愿者工作需求及流程。
43. 与大型活动部、安保部等协调，落实闭幕式志愿者服务工作流程。
44. 全力做好举办期各项志愿者服务。
45. 做好闭幕式志愿者服务工作。
46. 做好各类来宾送机、送站志愿者服务工作。
47. 汇总志愿者工作考核情况。
48. 组织召开运动会志愿者服务工作总结大会，评选、表彰优秀志愿者。
49. 总结志愿服务工作经验，完善志愿服务实践体系，推动青少年精神文明创建活动。

第五章　体育赛事收尾

第一节　体育赛事收尾简述

体育赛事收尾阶段是指按申办报告和总体工作方案完成全部竞赛组织工作后，对赛事进行总结，并完成赛事全部剩余的工作，直至提交出总结报告和审计（财务）报告为止的阶段。通常当赛事比赛全部结束，闭幕式举行完毕，即标志着赛事进入了收尾阶段。赛事收尾阶段的主要工作包括向相关机构及人员致谢、举行表彰活动、做好文件物件归档、财务结算、财物处置以及赛事经验教训的评估与总结等。这一阶段工作完成后，本次赛事即告全部结束。

一、致谢与表彰

在体育赛事收尾阶段，应该由赛事组织者向体育赛事运作管理的外部机构及人员致谢，而对赛事运作内部机构及人员也应表示感谢并予以表彰。这样做的意义在于：维系与外部利益相关者的良好关系，保持运作管理机构的良好形象，肯定内部工作人员的价值与成就，激励他们在将来的工作中更加努力。

致谢的对象通常包括主办单位、政府部门、媒体记者、赞助商、捐赠者、志愿者等为赛事提供了支持与帮助的个人、组织和机构等。表彰的对象包括直接参与赛事运作的机构及个人。以第九届全国运动会为例，表彰的单位包括广东省体育局、广东省公安厅、中共广东省委办公厅、广东省人民政府办公厅、中共广东省委组织部、中共广东省委宣传部、广州市公安局等数十个单位及数百名运动员、教练员及工作人员。

致谢与表彰的方式多种多样，并非一定是所费不赀，应该从赛事的规模、规格、预算以及致谢与表彰的对象等多方面进行权衡和考虑，加以选择和创新。比如，对于志愿者的表彰更倾向于荣誉而非物质，设计独特、制作精美，并且有赛事主办单位高层领导签名的致谢信或者奖状便是一种向志愿者表达衷心谢意的良好方式；对于赞助商不妨举行一次有主办方高层领导及当地政府官员出席的隆重的商务酒会或者宴会，在致谢的同时也有利于增进彼此的关系，为将来可能的合作打下基础；对于工作人员来说，轻松的聚餐或者晚会有利于消除长期以来紧张工作的压力，赛事组织者给予工作人员正面、积极的工作鉴定、表彰决定以及适当的物质奖励，能更好地激励他们投入到下一阶段的工作中去。无论是何种方式的致谢或表彰，要想达到预期的良好效果，关键在于让致谢及表彰对象感到自身有价值、被认可、受重视、公平。

二、文件归档

世界上每个国家都重视从历史特别是现代历史中寻求可资借鉴的经验教训。人类历史的发展具有延续性，档案在历史发展中起着传媒、承载信息的纽带作用，档案是历史文化的积淀。国际档案理事会主席库克诺曾说“本世纪以来，档案观念方面的最大变化就是档案工作作为司法行政的附属物开始向档案作为社会文化财富的观念转变”。的确，档案是人类历史活动的真实记录，是人类文化的载体，是人类社会的宝贵财富。

对于体育赛事来说，档案管理同样是赛事运作中一项基础性的工作，也是一项重要的保障性的工作。在赛事结束阶段，对赛事整体运作的各类文件进行整理、归档，不仅是体育赛事运作管理机构未来运营的需要，而且是我国体育赛事乃至整个体育事业发展的需要。这里所说的需要归档的文件是指在赛事筹备和举行全过程中形成的具有保存利用价值的各种文字、图表、账册、音像、电子文件、实物等不同形式的历史记录。

无论是何等规模、何种类型的赛事，都应该对文件归档范围及要求作出明确规定，以便于各工作部门及人员在收集、整理、移交文件时有章可循。在制定文件归档有关规定时，需要依据《中华人民共和国档案法》及国家体委于1986年制定的《体育档案工作管理试行办法》，参考其他赛事归档方法，同时要注意结合赛事自身特点。

文件归档的基本要求至少应该包括以下几点：

1. 归档的各类文件应该齐全完整。针对不同类型的文件定出归档范围，如会计档案的归档范围一般包括会计凭证类、会计账簿类、财务报告类。

2. 归档的各类文件应签署完备，保证归档文件的合法性、有效性。

3. 归档的各类文件应该真实可靠，数据不得擅自涂改。

4. 归档的各类文件盒的制作材料应有益于长期保存。书写材料不得使用圆珠笔、纯蓝和红墨水等易于褪色的书写材料，对已形成的字迹模糊或者易褪变的归档文件应进行复制。

5. 电子文件应与对应的其他载体形式的文件材料一起归档；音像材料（包括照片、底片、录音带、录像带等）和实物应与文字说明一起归档。

6. 归档文件的整理应系统、规范，应针对文书、音像、实物、会计、工程等不同类型与性质的文件制定不同归档规则及制度。

7. 配备适宜的档案用房和设施，应该符合防盗、防光、防高温、防火、防尘、防鼠、防虫等标准及要求。大型综合性赛事的档案，可交给举办地政府档案馆。同时另外上交一套给主办单位。一般小型赛事或单项赛事档案则由承办单位自行保管。

三、财物处置及财务报告

赛事结束后，应尽快对设备、器材、办公用品进行妥善处置。所有登记在册的固定资产，赛事结束后，应按照“谁发放，谁回收”的原则负责清点回收，回收的固定资产应妥善保管。发现固定资产损坏、遗失应注明原因，报管理层批准并依财务程序办理消账手续。回收的固定资产由使用部门提出处理意见报管理层审批后调拨有关部门使用。赛事结束后，赛事运作管理机构各部门负责经管物资的人员，必须在统一规定的时间内办理分管财产物资的交接手续。

同时，在赛事收尾阶段，对应收应付款项应及时清理结算，避免经济损失或纠纷。在做好财务结算的基础上，制定赛事运作管理期间的全面的财务报告，以使赛事运作管理机构及赛事主办单位了解整个赛事运作的收支及营利情况。要达到这个目标不能只依靠最后几天的加班加点，它有赖于赛事运作管理机构日常健全的财务管理制度，以保证财务报表的定期更新，这样才能在比赛结束后的最短时间内得出准确详尽的财务报告。财务报告中不仅应该包含财务报表，也应该涵括相关的非财务信息。其中财务报表一般包括资产负债表、收益表和现金流量表，而非财务信息则包括对各种与财务报告有关的重要因素的介绍。

尽管财务报告中的主要内容是财务报表，但要注意财务信息只是用来了解赛事运作实际情况的工具之一，而并非最终目的，因此要避免“就数据论数据”，应该将财务信息与非财务信息结合起来。在具体分析过程中，要善于静态与动态结合、过去与未来结合、财务与业务结合、微观与宏观结合、时间与空间结合、赛事个体与行业整体结合，使财务报告能为赛事运作管理机构、赛事主办单位、政府机构及其他相关利益者提供更多有关赛事运作的信息，为他们未来的决策提供参考和帮助。比如，对赛事运作收入结构进行财务分析时可从多种角度着手，既可以与上一届赛事进行纵向对比，也可以与同性质或者同规模的赛事作横向比较，分析收入结构的特点、产生原因、有何优势或者劣势等。

财务报告对于体育赛事运作管理机构而言是一项管理与决策的工具，对于政府、投资者、公众而言则是一种监督与控制的方式，无论是编制赛事运作的财务报告，还是对财务报告进行分析，都必须遵循“合理合法”的原则，要遵守《中华人民共和国会计法》《企业会计制度》《企业财务会计报告条例》等相关法规条例，要遵循公认的会计原则。财务报告编制完毕后，经同级审计部门审核后，需报主办单位、体育行政管理部门、举办地政府备案。全国性大型综合性运动会后，要由专门的审计部门进行审计，并向举办地政府及人大常委会提交审计报告。

四、评估总结

对赛事运作管理工作进行全面评估总结，是体育赛事收尾阶段中最重要的工作之一，既是对体育赛事运作管理各方面工作的整体回顾，也是对取得的成绩的肯定、对经验的探讨以及对教训的剖析，其最终目的是促进运作机构及机构成员素质的提升，使下一届赛事或者其他相似活动组织工作更上一层楼。

体育赛事评估总结工作通常采取自下而上的方式，首先由赛事运作管理机构所属的各职能部门进行部门工作的评估总结。比如，由竞赛管理部门对竞赛组织水平，技术官员的工作水平、业务能力、执法和监督水平，场馆器材等竞赛物质条件的质量，竞赛管理的科技含量，竞赛工作和其他方面的协调、配合能力及水平等进行总结；由市场开发部门对赛事市场开发工作总体计划及方案的执行情况、人员配置、经费管理、后勤保障等各方面进行全面系统的总结，总结教训和传授经验。再由各部门逐级上报汇总，实施多层面、全方位、立体式的分析，最后形成赛事的整体总结报告。赛事总结过程中能量化的尽可能要量化，以数据说明问题，避免流于形式，同时也要注意定量与定性的结合，要从数据中发现问题、分析问题，要遵循“实事求是、就事论事的原则，既要表彰先进，也要鞭策后进；既要肯定成绩，又要找出不足；既要分析原因，也要提出对策”。真正通过总结工作做到总结经验、吸取教训，使将来体育赛事的运作管理更加科学、综合效益更好。

第二节　体育赛事收尾参考文件

第九届全国运动会文件材料整理归档实施办法

为切实做好第九届全运会文件材料的形成、积累、整理和归档工作，确保运动会档案全宗的完整、齐全，制定如下实施办法。

一、文件整理归档工作的组织

1. 筹（组）委会各部门、各赛区市筹委会办公室（秘书处）负责各自部门文件材料的整理归档工作。

2. 各部门要指定专人负责本部门材料的收集，并进行整理。各赛区市筹委会要与当地档案部门一起负责完成本部门文件材料的整理归档工作。

3. 实行“谁主办、谁整理”的原则，即文件是由哪个部门主办就归哪个部门整理归档。

4. 筹（组）委会办公室要加强对各部门、各赛区市筹委会档案工作的监督和指导。

二、文件材料归档的范围

筹（组）委会各部门、各赛区市筹委会在承办九运会过程中形成的，具有保存价值的各种门类各种载体（如照片、录音带、录像带、磁盘、光盘、实物等）的文件材料，均应归档。归档的重点是反映各部门的主要职能活动和基本情况的文件材料，具体可参考本文所附《中华人民共和国第九届运动会筹备（组织）委员会各部门及各赛区市筹委会文件归档范围》。各部门可根据各自工作的实际情况，进行补充和调整，确定本部门的归档范围。

三、归档文件材料的整理编目

（一）整理

中华人民共和国第九届运动会归档文件材料的整理编目采用《广东省文件材料归档方法与改革方案》提出的方法，具体要求和做法如下。

1. 整理原则

遵循文件的自然形成规律，保持文件的原貌和完整，准确判定文件的保管期限，适合新技术应用的需要，便于保管和利用。

2. 整理要求

(1) 按照归档范围的规定，凡应归档的文件都必须齐全完整。

(2) 凡是原来文件上有会生锈的金属物，归档时都必须去掉，并用细线或其他对纸张无损害的粘合剂将文件缝（粘）合。

(3) 凡文件尺寸大于A4纸规格的，要按A4规格进行折叠或裁剪，小于16开规格及破损的要进行托裱。

3. 整理方法

(1) 总的方法：顺其自然，单件归档。即顺应文件形成的本来状况，以自然件为归档单位，逐件整理归档。

(2) “件”的含义：单份文件，一份文件为一件；各种报告、名册、图册、书刊等，一册（本）为一件；正本与定稿、正件与附件，两件作为一件；文件处理单（表）与被处理文本合为一件。

(3) 分类：方法有两种，一是由全宗单位档案室集中整理归档的，按年度—机构—保管期限逐级进行分类；二是由全宗单位内各部门分别整理归档的，按年度—保管期限逐级进行分类。在分“年度”时，应遵循以下方法：一般的文件材料，放在其形成年度归档；计划、预决算、总结、报告、统计报表等，应放在文件内容针对的年度；长远规划应放在文件内容针对的头一年；多年的总结、报告，应放在文件针对的最后一年；跨年度的案件，应放在结案的一年。不同年度的文件一般应分开排放。

(4) 排列编号：

①文件排列一般按年度—期限—时间顺序进行，并且尽可能将关系密切的（如同一次活动、同一项工作、同一个会议形成的）文件材料排列在一起。

②同一文件的不同稿本，正本在前，定稿在后；不同文字的文本，原文本在前，译文本在后。

③归档文件应逐件在首页上方的空白处加盖“档号章”并填写有关栏目的内容。档号章的项目及填写内容如下。

全宗号：档案馆给立档单位编制的代号。

类别号：一个立档单位不同门类档案的代号。

期限：即保管期限，标注归档文件保管期限简称，永久为“永”，长期为“长”，短期为“短”。

年度：填写文件内容针对的年度，以四位阿拉伯数字标注公元纪年。

机构：填写文件形成或主办部门的简称或代号，不分机构编档号的单位此栏为空。

件号：以年度为界线，各部门按保管期限分别编三个流水号。

(5) 档案装盒：档案编号后，要按照编号顺序装入档案盒，同时在盒的背脊填上“档号”，并填写盒内备考表，其中“盒内文件情况说明”主要用于填写本盒内文件缺损、修改、补充、移出、销毁等需要说明的情况，如无上述情况，可暂不填写。

(二) 编制档案检索工具

1.编制《档案目录》。《档案目录》由“目录夹封面与背脊”“归档说明”“归档文件目录”三部门构成。

(1) “归档说明”的内容包括：本年度立档单位主要工作概况，本年度内设机构及机关党、政主要领导人变化情况；本年度文书归档情况（含归档工作的组织情况、文件材料完整与否、档案数量、有何缺陷和问题等）。

(2) “归档文件目录”项目包括：机构、件号、责任者、文号、题名、日期、页数、备注。

机构：指归档文件的主办机构。

件号：参见前面有关内容。

责任者：指制发文件的组织或个人，亦即文件的署名者或发文机关。

文号：文件的发文字号。

题名：即文件的标题，一般应照实抄录。原文没有标题的应当加拟标题，外加“[ ]”号；原文有标题但不能说明文件内容的，应重拟标题外加“[ ]”号附于原标题之后。

日期：指文件形成的日期。填写时可省略“年”“月”“日”字，在表示年、月右下角加“·”号。

页数：指每一份归档文件本身的有效页面数。

备注：用以标注归档文件的变化情况或参见档号。

(3) 《档案目录》至少应编制一式四份，其中三份是作为今后档案移交的目录。

2.各赛区筹委会还必须同时制作整套《档案目录》的电子文件版一式四份，以备移交。

（三）九运会的档案保管期限全部定为永久。

（四）编写全宗指南

由组委会撰写《中华人民共和国第九届运动会全宗指南》，详细介绍运动会组织沿革，档案内容、数量、分类方法、起止时间，档案的完整程度，整理、鉴定和交接情况，档案有无损坏等。

四、档案的移交

组委会各部门必须在运动会结束后一个月内，向组委会办公室移交一式四套的档案及目录（包括纸质版原件）；各赛区市筹委会应在比赛结束后半年内，向组委会办公室移交一式三套档案及目录（包括纸质版原件和电子版）。移交的档案必须符合归档要求。移交档案前需编制好交接文据一式二份，交接双方要在交接文据上签字，以示负责。

组委会各部门编制的有助于补充档案内容的各种资料应随档案一起移交组委会办公室。

第九届全国运动会筹备（组织）委员会各部门及各赛区市筹委会文件材料归档范围

一、办公室

组委会（筹委会）工作计划、总结。办公室工作计划、总结。组委会（筹委会）有关筹备工作的情况汇报、简报、材料汇编。九运会大事记。筹备工作日程安排、工作网络图。国务院、国家体育总局、省委、省政府关于九运会的文件、电报、电传、电话记录、重要信函等。党和国家领导人、组委会领导人为九运会的题词、贺词、讲话、批示。国务院、国家体育总局、省委、省政府领导检查筹备工作形成的材料和照片。组委会（筹委会）全体会议、各代表团团长会议、各代表团联络员会议的文件材料。组委会部长例会、办公会议记录、纪要。组委会各赛区市党委会议记录、纪要。组委会（筹委会）委员名单。开、闭幕式方案、程序、主持人用稿、开（闭）幕词、运动员、裁判员代表讲话、誓词等材料。开、闭幕式及重要活动主席台领导人座席安排、见报名单、工作活动程序。有关组委会（筹委会）领导参加礼宾活动的安排和方案。有关九运会建档工作及档案管理工作的文件材料。有关票务工作计划、方案。开、闭幕式及各项目竞赛场馆入场券样张。有关文书处理、语言方案、信息工作的文件材料、有关气象资料和预报工作的材料。有关记录九运会重要活动的声像材料、资料。其他有关筹备工作的材料。

二、竞赛部

竞赛部工作计划、总结。竞赛工作的组织与实施的意见、方案。竞赛规程总则、技术手册、竞赛纪律的规定。竞赛总秩序册、总成绩册、总日程表、各单项秩序册、成绩册，每日成绩公告。破纪录审批、公布办法、宣传口径、破纪录成绩公告。运动员资格审查、报名注册工作的文件材料和人数统计。邀请、选派裁判员、技术官员和仲裁工作的文件材料。抽签工作方案、结果。颁奖工作的计划、实施方案、程序。奖杯、奖牌、奖状和证书颁发的规定、制作方案、合同及实物。各竞赛项目试运转的方案、实施情况的材料。有关记录、反映竞赛工作重要活动、基本情况的声像材料。其他有关竞赛筹备工作情况的材料。

三、人事部

人事工作计划、总结。组委会机构设置及人员编制方案、工作职责。各赛区市筹委会机构设置、人员编制方案。各部门、各赛区市筹委会人员名册。组委会干部职务任免等工作的文件。九运会所需工作人员的计划及调配工作的方案、统计、选调等材料。核发工作人员补贴办法及总额汇总材料。组织开展精神文明奖评选的办法、获奖名单及有关材料。开展思想政治教育的材料。其他有关人事工作的文件材料、资料。

四、行政部

行政部工作计划、总结。九运会经费预、决算的材料。组委会经费实施方案。财务管理制度和开支标准实施细则。财务管理及财产的管理监督形成的材料。财务凭证、账簿。物资购置、领用、发放的材料。工作人员、裁判员服装制作、统计及款式图样。运动员膳食供应及特需供应的安排等材料。内宾及各代表团部的接待、观摩标准、要求和统计等材料。大会交通、票务工作的安排。组委会工作用房安排的材料。安排工作人员住宿、交通、伙食等材料。车辆调配与管理及驾驶员安排的材料。组委会物资清理及善后处理的材料。运动会医疗救护、卫生防病的工作方案。各项目竞赛委员会赛场救护、驻地医疗保健及饮食卫生工作方案、要求和实施情况汇报。大型活动现场医疗救护的方案。对各项目赛区、驻地市容环境工作的要求及统计。其他有关行政工作的材料、资料。

五、新闻宣传部

新闻宣传部工作计划、总结。九运会宣传报道工作意见、方案。新闻发布会发布重大新闻的材料。中外记者采访报道的计划、安排、情况简报。中外记者报名、接待工作方案、接待指南、记者手册等材料。征集、评选九运会会徽、吉祥物、会歌(含录音带)、宣传画、宣传口号等形成的材料及定稿资料。运动会宣传提纲、宣传画册、宣传图片、会刊等各种资料。评选好新闻、优秀摄影作品、十佳运动会员的材料。体育成就展、体育摄影展、体育画展工作形成的材料。比赛场馆、重点地区环境宣传的方案、要求等材料。有关组委会新闻中心及各分新闻中心的材料。开、闭式录像带及电视屏幕、代表团入场式的解说词。记录和反映九运会宣传工作重要活动形成的声像材料、实物资料。广播电视转播工作方案、计划、安排，编制九运会电视节目的计划及实施情况的材料。其他有关宣传工作形成的文件、材料。

六、电子技术部

电子技术部工作计划、总结。电子服务系统总体方案、工作网络及实施情况的报告。电子服务系统指挥、调度及操作、运行等材料。电子服务系统设备的选定、配置的材料。有关技术人员培训、组织管理的文件材料。编制比赛项目的成绩报告多媒体查询、新闻信息发布、信息统计所形成的材料。电子服务系统技术手册、使用指南。有关电子服务系统的技术服务合同、协议书、委托书等。其他有关服务系统工作的软件及各种文件材料、资料。

七、场馆建设部

场馆建设部工作计划、总结。九运会场馆建设总体布局及实施方案。有关新建、改建、扩建比赛场馆的方案、批示、请示、报告、立项计划、项目建设、可行性研究报告、场馆建设有关政策等材料。各项工程质量的检查和竣工验收的文件材料。工程竣工图。省级场馆体育器材、设备进口、定购以及器材设备的拆装、维修等管理工作的文件。其他有关体育场馆建设所形成的文件材料、资料。

八、大型活动部

大型活动部工作计划、总结。开、闭幕式总体计划和实施方案。大型文体表演的策划、编排、排练、演出等文件材料。大型活动的筹备计划、日程安排和反映各项大型活动的声像材料、图片实物资料。其他有关大型活动开展情况的材料。

九、群体部

群体部工作计划、总结。全国群众体育先进集体、个人的评选办法、标准、要求、结果等文件材料。全国群众体育先进代表表彰大会的文件材料。全国群体先进代表与会的接待方案、计划、安排等材料。九运会火炬点燃和群众性火炬传递活动的文件材料。迎九运全民健身活动的资料。其他有关群先评比工作所形成的文件材料、资料。

十、安全保卫部

安全保卫部工作计划、总结。保卫工作总体方案及组织实施的情况报告。开、闭幕式及大型活动、重要人物的安全保卫工作方案。消防、警卫、场馆安全、处置突发事件等具体工作方案、计划。运动会期间道路交通保障安全计划、实施方案，市内道路管理方案及社会车辆疏导方案。开、闭幕式交通保卫实施方案和交通管理的文件。开、闭幕式车辆通行证样张。有关赛场、住地交通管理的实施方案。对安全保卫人员和驾驶员进行技能培训和安全教育等材料。设计、制作、审核、发放及管理各种证件的文件材料（含各种证件样张）。其他有关安全保卫、交通工作文件材料。

十一、监察审计部

监察审计部工作计划、总结。九运会审计工作方案、职责。九运会财务收支和有关经济活动的审计报告、材料。受理有关社会举报和查处有关人员违纪案件的材料。其他有关审计监察工作的文件材料、资料。

十二、志愿者服务部

志愿者服务部工作计划、总结。九运会的招募、培训等组织工作的方案、计划、通知。人员分配方案、安排、人数统计。

十三、广播电视委员会

广播电视委员会工作计划、总结。广播电视转播工作方案、计划、安排。编制九运会电视节目的计划及实施情况的材料。有关电视转播权谈判事宜的文件材料及合同、协议书。接待中外广播电视记者的材料。开、闭幕式等大型活动、重要比赛场次的录音、录像材料。电视转播的手册、技术运行手册、广播者手册。各场馆广播电视转播机位图。其他有关广播电视工作所形成的文件材料、资料。

十四、集资委员会

集资委员会工作计划、总结。九运会集资工作方案、措施，实施情况的报告和统计材料。有关专利、广告、电视转播、进口物资等经营活动的材料。接受各项赞助、捐赠等活动中形成的文件材料。有关竞赛项目冠名的合同、协议等材料。其他有关集资活动的文件材料、资料。有关体育彩票发行的组织管理工作销售合同、统计及彩票样张。

十五、各赛区市筹委会

赛区市筹委会工作计划、总结。竞委会的会议记录、纪要、机构配置、工作职责及人员名单。有关筹备工作的请示、报告、工作汇报、日程安排和上级的批复等。单项竞赛规程、秩序册、成绩册、成绩公报及破纪录申报材料。各项运动员报名表和报名要求。有关比赛的申诉材料及审理结果。各项目领队会议、联络员会议的材料。各项竞赛预、决赛日程安排及训练安排。欢迎大会、颁奖工作方案等有关材料。竞委会重要活动及持牌、火炬传递活动所形成的文件、声像材料。竞赛委员会有关筹备工作形成的其他文件、实物资料。

赛区市筹委会有关处室文件材料的收集可参照筹委会有关部门的归档范围。

十六、增设机构所形成的有关文件材料、资料。

第六届全国农运会泉州市筹委会实物档案归档制度

一、实物档案归档范围

（一）第六届全国农运会举行比赛的门票、相关标志、宣传册、纪念品和相关实物的样品、模具等。

（二）第六届全国农运会泉州市筹委会（以下简称市筹委会）为举办各类大型活动设计的宣传册和奥运标志，包括会徽、吉祥物、纪念品、旗帜等实物。

（三）第六届全国农运会泉州市筹委会指定的企事业单位为第六届全国农运会设计的用于营销的各类纪念品，如钥匙链、纪念章、纪念邮票、纪念币、邮折等。

（四）国家机关、社会团体及个人举办的与第六届全国农运会泉州市筹委会相关的各类活动，并捐赠给第六届全国农运会泉州市筹委会的各种实物。

（五）能够体现“活力泉州·人文农运”理念的相关实物。

（六）市筹委会获得的各种荣誉证书、奖牌、锦旗、奖杯等实物。

（七）上级领导及社会知名人士视察、检查第六届全国农运会泉州市筹委会工作的题词。

（八）第六届全国农运会泉州市筹委会各种印章。

第六届全国农运会泉州市筹委会在第六届全国农运会筹备和举办过程中产生的具有保存价值的其他实物。

二、实物档案归档整理要求

（一）实物档案在各项活动结束后1个月内移交办公室，移交时要填写交接文据，交接双方签字或盖章。

（二）实物档案按照月份分类，永久保存。

（三）实物档案按照时间先后顺序排列，一件实物编一个档案流水号。

（四）在实物档案的同一位置粘贴口取纸，并填写档案流水号。

（五）重要的实物档案应拍摄照片一并归档。

（六）按《档案管理系统》格式、要求编制实物档案案卷目录，责任者填写物品授予制作单位，题名填写物品名称、授予或制作时间。

三、实物档案由办公室集中统一保管。

四、实物档案要作为一个门类转轨存放。

五、在比赛结束后移交给相关档案馆。

第九届全国运动会收视分析

历时半个月的第九届全运会于 11 月 25 日在广州圆满落下了帷幕。此次全运会共产生了 358 枚金牌，来自全国各省（市）、自治区 45 个代表团的 12314 名运动员参加了比赛，加上教练员、裁判员、官员、记者等总人数超过了 20000 人，是一次规模宏大的全国性体育盛会。

这次盛会带来的不仅仅是体育赛场上的激烈竞争，同时也是媒体之间实力的较量。下面我们对九运会给收视市场带来的变化和影响进行分析。

一、 九运会总体收视状况

1. 全国有一半以上观众观看了九运会

由于绝大多数观众只能通过电视收看九运会的各类赛事和相关报道，因此，从全国收视市场来看，观众观看九运会的人均投入时间达到 108 分钟，九运会的观众覆盖率达到了 54.8 %，以 11 亿观众总数计，也就是说，总共有 6 亿多观众观看了九运会。

一个大型的盛会或活动总会给收视市场带来较大的拉升作用，九运会也不例外。九运会期间人均每天收视时间为 180 分钟，相比 10 月同期（10 月 11—24 日）提高了 2 分钟。九运会对体育节目的拉升作用更为明显，九运会期间，体育节目在 14天中总的人均收视时间达到 145 分钟，比 10 月同期提高了 51 分钟。

2、九运会开幕式引人注目

九运会从 11 月 11 日 20 时 33 分的开幕式开始，至 11 月 25日晚间的闭幕式结束，历时 15 天。由于每天的赛事不同，吸引观众的注意力不同，因此每天的收视水平也各不相同。从图 1 可以看出，随着每天的赛事不同，收视曲线也有起伏，后期各项赛事进入决赛，夺金高潮迭起，观众每天的收视时间明显提高，但都没有超过开幕式当天的收视时间，九运会的开幕式之精彩和观众对开幕式的关注由此可见一斑。

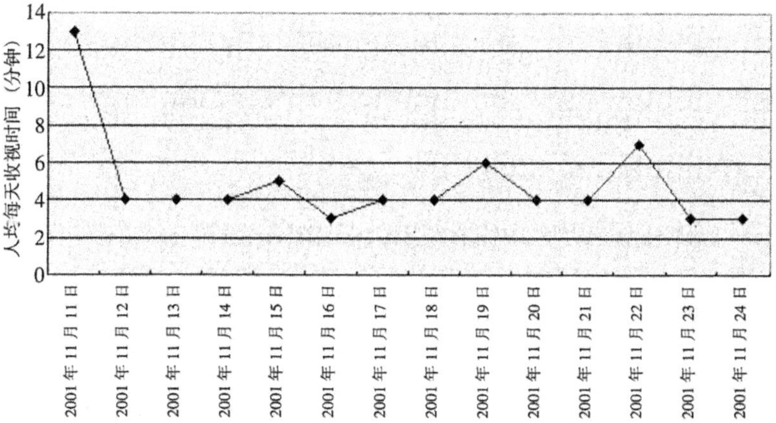

图1　九运会收视走势

3. 华南地区收视热情最高

从全国各地区的收视情况来看，除了华东、西南地区观众对九运会的收视时间低于全国人均收视时间外，华北、东北、西北、中南、华南观众对九运会的人均收视时间均超过全国水平(108分钟)，尤其是华南地区，超过全国人均收视时间73分钟，反映了主办地区观众对九运会的高度重视和参与热情。

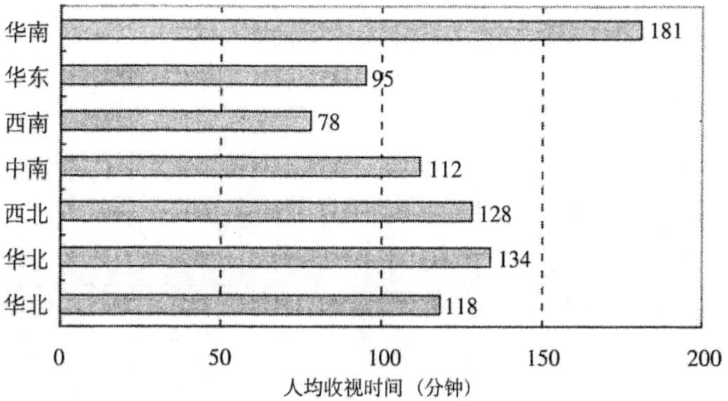

图2　各地区对九运会的人均收视时间比较

4. 高收入、高学历观众更为关注九运会

从观众结构来看，以男性，中青年观众为主，中等学历，低收入人群是收看九运会的主要观众，但是从各类观众的收视时间来看，男性观众、55岁以上观众、高中及大学以上学历以及中高收入的人群收视时间比较长，也就是说，这些观众更加关注九运会及相关节目。

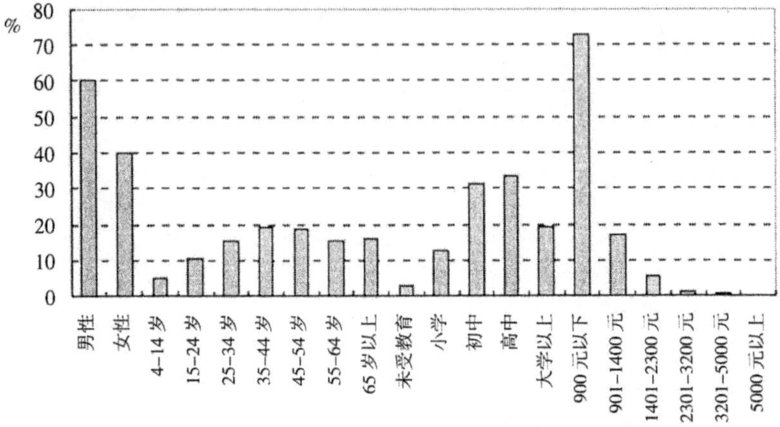

图3　九运会各类观众收视构成

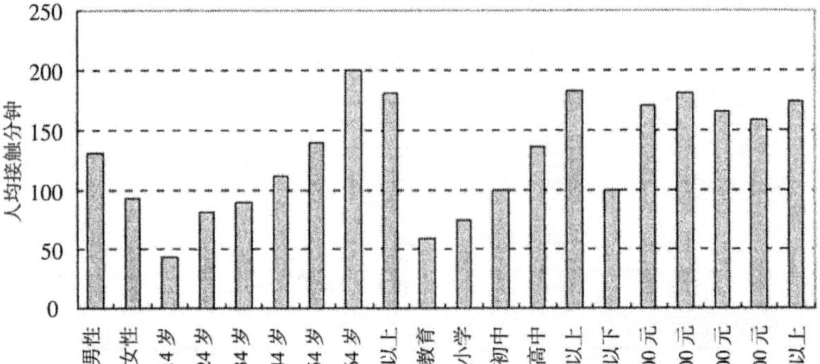

图4　九运会各类人群人均收视时间

5. 传统体育运动项目依然最吸引观众

在九运会的各项比赛中，究竟什么样的比赛比较吸引观众呢？

由于各类比赛的收视受时段影响比较大，因此，我们把白天时段（8:00—18:00）的比赛和晚间时段（18:00—22:00）的比赛分开来比较。通过表1和表2可以看出，晚间时段比赛的收视率要明显高于白天时段，但是不管是白天时段还是晚间时段，传统体育运动项目的比赛如举重、田径、足球、跳水、体操、游泳、篮球、羽毛球等依然深受观众喜爱。

表1　白天时段（8:00—18:00）排名前十位的比赛

排名	名称	频道	日期	收视率(%)
1	第九届全运会羽毛球比赛	中央台五套	2001-11-17	1
2	第九届全运会柔道比赛	中央台五套	2001-11-18	0.9
3	第九届全运会举重比赛	中央台五套	2001-11-22	0.8
4	第九届全运会田径比赛	中央台五套	2001-11-18	0.8
5	第九届全运会跳水比赛	中央台五套	2001-11-18	0.6
6	第九届全运会女子篮球比赛	中央台五套	2001-11-24	0.6
7	第九届全运会击剑比赛	中央台五套	2001-11-12	0.5
8	第九届全运会水球比赛	中央台五套	2001-11-20	0.5
9	第九届全运会自行车比赛	中央台五套	2001-11-15	0.5
10	第九届全运会现代五项马术决赛	中央台五套	2001-11-24	0.5

表2　晚间时段（18:00—22:00）排名前十位的比赛

排名	名称	频道	日期	收视率(%)
1	第九届全运会举重比赛	中央台五套	2001-11-22	2.3
2	第九届全运会跳水比赛	中央台五套	2001-11-20	2.3
3	第九届全运会足球比赛	中央台五套	2001-11-21	2.2
4	第九届全运会体操比赛	中央台五套	2001-11-17	2.1
5	第九届全运会女子篮球比赛	中央台五套	2001-11-22	2.1

(续表)

排名	名称	频道	日期	收视率(%)
6	第九届全运会羽毛球比赛	中央台五套	2001-11-23	2
7	第九届全运会男子篮球比赛	中央台五套	2001-11-14	1.9
8	第九届全运会游泳比赛	中央台五套	2001-11-16	1.1
9	第九届全运会花样游泳比赛	中央台五套	2001-11-24	0.8
10	第九届全运会男子游泳比赛	上海电视台体育频道	2001-11-15	0.4

二、九运会收视市场的频道竞争

在九运会期间，许多电视台对新世纪第一届全国运动会进行了多方位的报道。除了中央台的一、二、四、五套，广东卫视、广东电视体育频道和广东珠江台以外，其他省级频道还有北京卫视、北京台二套、六套，上海电视台的体育频道，东方台的三十三频道，广西卫视，福建电视台八套，四川电视台九套，湖北电视台，辽宁电视台北方频道，浙江电视台体育频道等，此外，还有深圳一套、二套，大连一套、五套，成都三套、五套以及翡翠中文台等都对九运会进行了直播或转播。那么，在众多电视频道介入的情况下，九运会的收视市场是一个怎样的格局呢?

从全国收视市场来看，中央频道依然占据绝对优势，如下图。

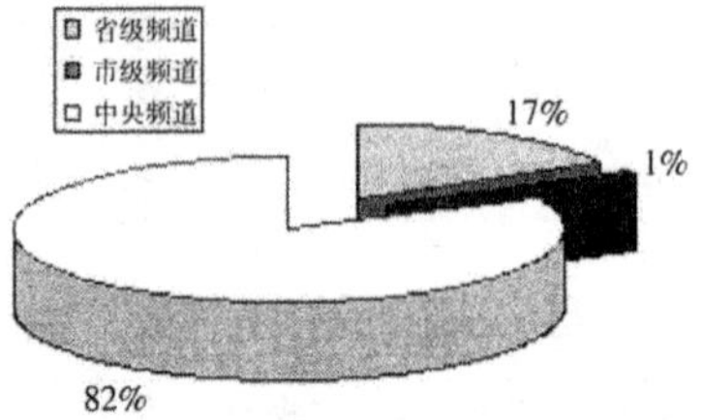

图 5　全国收视市场各频道市场份额

但是从地方收视市场来看，频道竞争的格局却存在明显差异。在广州、上海，地方频道占据了较大优势；其他地区则是中央五套占有较大优势。广州、北京、上海、西安四个城市频道竞争状况，见表 3。

表3　广州、北京、上海、西安四城市频道竞争格局

广州市		北京市		上海市		西安市	
频道	人均接触时间（分钟）	频道	人均接触时间（分钟）	频道	人均接触时间（分钟）	频道	人均接触时间（分钟）
中央台五套	60	中央台五套	86	上海电视台体育频道	85	中央台五套	89
广东卫视	39	中央台一套	12	中央台五套	28	中央台一套	26
广东电视体育频道	37	中央台二套	10	中央台一套	7	广东卫视	10
广东珠江台	24	北京台六套	7	中央台二套	6	中央台二套	4
市网翡翠台（中文）	6	北京卫视	4	东方台三十三频道（二套）	2	西安台经济频道（二套）	
中央台一套	6	广东卫视	3	广东卫视	2	中央台四套	
广州台	5	中央台四套	3	上海台十四频道（二套）	2	北京卫视	0
省网翡翠台（中文）	5	北京台二套	0	中央台四套	2	广西电视台卫星频道	0
广州电视台体育频道	3	广西电视台卫星频道	0	北京卫视	0	华娱卫视	0
中央台二套	2	华娱卫视	0	东方台有线音乐频道	0	青海台新闻综合频道	0

（续表）

广州市		北京市		上海市		西安市	
频道	人均接触时间（分钟）	频道	人均接触时间（分钟）	频道	人均接触时间（分钟）	频道	人均接触时间（分钟）
广州十六频道	1			广西电视台卫星频道	0		
南方电视经济频道	1			华娱卫视	0		青
省海台新闻（中文）	1			清海台新闻综合频道	0		
市网本港台（中文）	1						
中央台四套							
北京卫视	0						
广西电视台卫星频道	0						
华娱卫视	0						
南方电视信息频道	0						
青海台新闻综合频道	0						

不难看出，北方的两个城市北京、西安的观众主要是通过中央五套来收看九运会的，而在广州，尽管中央五套在观众的收视时间分配依然处于首位，但在总的市场份额上却不占上风，如图6。

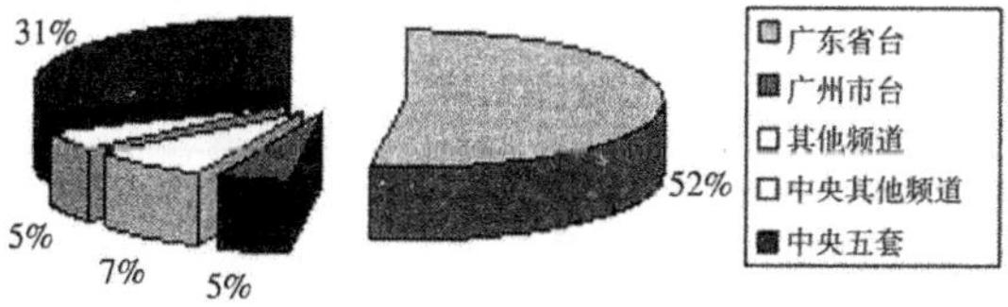

图 6　广州市场频道竞争格局

一半以上的广州观众主要通过广东卫视、广东电视体育频道和广东珠江台广州市的一些频道收看九运会，中央五套只占不到三分之一的份额。在上海，中央五套的优势就更不明显了。上海市的观众主要通过上海电视台体育频道收看九运会的赛况。这一状况一方面与中央五套 2000 年奥运会之后才进入上海市场有一定关系；另一方面也反映了经济、文化较发达的城市，地方频道对中央台的竞争。在部分地方市场上，地方频道不仅仅在体育节目，还有其他各种类型的节目上，对中央电视台都进行了强有力的挑战。

资料来源：央视-索福瑞媒介研究（CVSC-SOFRES Media.）

第五届全国农运会宜春市筹委会财务会计报告

中华人民共和国第五届农民运动会的成功举办，充分体现了“三个代表”的重要思想和科学发展观，体现了党中央对农村、农业、农民问题的关注和对广大农民的关怀。在党中央、国务院的亲切关怀和高度重视下，在农业部、国家体育总局、中国农民体协的指导和支持下，全省上下按照省委书记孟建柱提出的“举全省之力，高标准办好第五届全国农运会”的要求，得到了全国社会各界的积极支持。为使九亿农民的体育盛会开得隆重、热烈、精彩、圆满，许多企业、单位乃至个人，本着社会办体育的精神，在资金与物资上慷慨解囊，使本届农运会实现了“政府少出钱.市场筹大钱、不向农民摊派一分钱”。在使用资金上做到“少花钱多办事，花少钱办大事，不花钱也办事”。在财务管理上做到“办事有章可循，有据可查，钱和物花在明处、用在实处、管在细处”。自始至终坚持发扬艰苦奋斗、勤俭节约的精神，认真执行国家的财经纪律法规，会计核算和财务管理均实行了制度化、程序化、科学化、规范化。为第五届全国农民运动会的圆满成功提供了资金保证，财务收支实现了“收支平衡，略有结余”。现将财务执行情况报告如下。

一、主要财务指标执行情况

第五届全国农运会财务指标完成数均是宜春市筹委会成立以来至结束的资金入账和资金支出的累计数（含财产、物资折款）。

1. 总收入 14952.65 万元。其中：（1）社会筹集收入 9988.07 万元（含财产、物资折款 914.96 万元），占总收入的 66.8%。在社会筹集收入中，省政府组织入账资金 4611.37 万元（含财产、物资折款 788.52 万元，银行利息 3.65 万元，未含省拨新余、萍乡等）。宜春市筹委会组织入账资金 5376.70 万元（含财产、物资折款 126.44 万元），其中门票收入 902 万元，明信片收入 350万元。（2）拨入专款 4788.5 万元，其中国家体育总局 500 万元，中国农民体协 1134 万元（含项目资金 34 万元），省财政厅 3000 万元，市财政局 120 万元，省农民体协其他拨款 34.5 万元。（3）其他收入 176.08 万元，其中利息收入 31.95 万元，秀江御景家具变价收入等 144.13 万元、.

2. 总支出 12508.38 万元。其中（1）场馆建设及维修经费支出 5422.47 万元。（2）赛事经费支出 1803.20 万元。（3）群先会经费支出 120.69 万元。（4）新闻宣传经费支出 635.69 万元。（5）大型活动经费支出 1409.72 万元。（6）筹资运作经费及广告支出 1640.83 万元。（7）交通经费 196.88 万元。（8）办公经费支出 813.29 万元。（9）特殊标志品支出 303.23 万元。（10）其他支出 162.38 万元。本届农运会的支出项目和支出总额均是按照上报农业部、国家体育总局、中国农民体协《关于第五届全国农运会经费预算报告》执行的，支出结构是合理的，做到了“确保重点，兼顾一般”的原则.如“场馆建设及维修”“赛事经费”两项支出已占总支出的 57.77%。

3.净节余 2444.27 万元。其中资金 318.32 万元，财产物资折款 2125.95 万元。财产、物资均是是筹委会清理后，按财务账面金额移交市财政局。并由市审计局进行了监交。

二、三年来的主要工作

第五届全国农民运动会是我省、我市第一次承办的大规模的全国性盛会，情况非常复杂，涉及面非常广，又没有经验。为了搞好本届农运会的财务工作，省委、省政府和市委、市政府、市筹委会建立了一套行之有效的创新机制。

1.创新内设机构，夯实基础工作。

创新是一种从实际出发，勇于克服困难，不断追求成功的精神。财务部自2002年元月成立后，根据《会计法》等法律规定，结合本届农运会实际情况，本着财务与核算分设、审核与审批分离、钱和物分开、领用票据和使用票据分开、责任明确、监督有力、科学高效的原则，财务部设置二处三个中心，即财务处、综合核算处、门票销售收入管理中心、结算中心和交通燃油票管理中心。只设一个银行基本账户，市场化运作筹资工作组；在基本账户内单设两个辅助账户，一是筹资工作组的直接收入、物资和企业回报及费用专户，二是省财政厅拨付捐赠资金专户。所有收支均按资金收支两条线管理流程图，十二项经费支出（包括财产、物资、餐券、燃油票）的审批程序，实行“阳光操作”。财务部内部实行“定人、定岗、定责”的岗位责任制，并建立了“德、能、勤、绩”的考核台账，做到因事设岗，以岗定人，人适其岗，人尽其才，相互监督，相互协作，使筹委会会计核算清楚，账实、账表相符，财务报表及分析及时、准确，并能及时提出存在的问题和建议，为领导指导工作当好参谋。2002年和2003年的财务决算均通过了市审计局一年一度的审计，得到了市审计局“严格执行财经法规，内控制度健全，财务管理规范。会计核算清晰，收入均纳入了财务管理，资金使用合理，财务收支真实、合法、有效，实现了资金使用效益最大化”的审计评价。2004年7月1日，宜春市人民代表大会常务委员会“关于视察第五届全国农运会筹备工作情况报告”中，对这一审计评价也予以了肯定。

2.创新筹资方式，提高经济及社会效益。

我市是一个典型的以农业为主的设区市，地方财力薄弱。为了把九亿农民的运动会办得圆满成功，市委、市政府从2002年3月就开始探索、调查、制定筹资方案。召开了不同形式的筹资会议，采取了不同形式的方法，提出了“筹办农运会，没有旁观者”的口号。实行了“行政资源和市场相结合，宣传造势与资源推介相结合，本地与外地、本市与县市区、单位与个人、服务与满意相结合”的筹资方法，建立上下互动的工作机制，抢时间，抓机遇，共筹集社会资金5376.70万元（含财产、物资折款126.44万元），其中单位和个人捐赠4124.70万元，门票收入902万元，明信片收入350万元。

省委、省政府高度重视，全力支持。在2003年省财政厅已拨专项经费3000万元的基础上，又千方百计创新筹资方式，加大社会筹资力度，突出“市场化、国际化、规范化、标准化”的要求。市委、市政府采取“积极跟进、主动服务、完成任务、上下满意”的果断措施，积极主动跟进，向省内外80余家重点企业，230多家国内外知名企业介绍农运会资源，制定了61份个性化企业赞助（捐赠）方案，设计了“群星璀璨”永久纪念碑、在吉祥物雕塑上刻名永久留念等10项回报内容。2004年，省委、省政府又拨社会筹集资金（捐赠）4611.37万元（含财产、物资折款）。为搞好本届农运会的筹备工作，省委、省政府共拨资金7611.37万元（含财产、物资折款788.52万元，银行利息3.65万元），解决了筹办本届农运会的最大难题。

3.创新预算管理，强化预算约束。

市委、市政府、市筹委会十分重视和珍惜来之不易的各类资金，结合农运会的实际，提出“实用、够用、后续利用”的三个资金使用原则，处处精打细算，量力而行，在不降低各项筹办标准、确保农运会圆满成功的前提下，编制好本届农运会使用资金预算。

本届农运会报送国家农业部、国家体育总局、中国农民体协预算总支出12659万元，实际总支出12508.38万元。减少支出资金150.62万元。在上报总支出预算的同时，结合我市经济实力和可用财力的实际情况，进行了认真细致的调查研究，从下至上，从上至下，编制了总预算1个，部室预算18个，项目预算167个，根据预算收入进度和筹办项目资金需求时间的先后，将经费预算指标分配到部室，落实到项目，并建立了部室经费支出台账和经费使用的规定和要求，缓解了预算收入与预算支出不同步的矛盾，使筹委会的资金支出达到了“轻、重、缓、急”的目的。在安排资产、物资等购置预算时，实行了“购与借、调与租、自制与赞助”相结合的办法。支出资金时，按照预算安排，专款专用，该花的钱一分不少，不该花的钱一分不给的原则，压缩了经费支出2061万元。

4.创新制度建设，严格把住支出关。

“用制度约束权力，严格按政策、按程序、按管理办法，按权限办事”是本届农运会财务管理的特点。市委书记宋晨光曾经在筹委会财务执行情况汇报上批示：“农运会筹委会的财务工作是一项极为重要的工作，也是大家极为关注的工作，因而也是一项极为敏感的工作，要完善管理办法。切实杜绝可能出现的漏洞，这是对我们筹委会所有工作人员政治上的关心和爱护。”市委副书记、市长杨宪萍在财务部2002年上半年执行稽查情况汇报上批示：“从稽查情况来看，前期的财务执行情况总体上是好的，值得肯定。但存在的问题亦应引起重视，应通过加强制度建设进一步规范起来，以保障农运会工作的正常运转。”筹委会自成立以来，始终坚持把财务管理制度作为一项重要工作来抓，切实做到用“制度”管事，用“办法”服人。从实际出发，因地制宜地制定了《财务管理暂行办法》《财产、物资管理办法》《筹资票据管理办法》《招投标报名费收取和管理办法》《农运会社会筹资运作费用管理办法》《第五届全国农运会会期经费管理办法》《接待结算、竞赛结算、门票结算、交通油票结算规程》《处理好固定资产及物资办法》等37个制度、规定和管理办法。省财政厅为了使代收的各类企业向第五届全国农运会捐赠的款项能按批准支出预算的规定达到专款专用、管好、用好、监督好的目的，制定了《第五届全国农运会捐赠资金管理办法》。按照这些制度、规定和管理办法，大会期间，为了方便来宾就餐，又达到节约会议费的目的，精心设计了五类就餐券，共计600余种。对重点接待单位派驻了45名财务结算员，负责按规定发放餐券，收取超编、提前到会人员费用、登记住宿情况和其他费用，及时收回当日就餐的餐券，杜绝了用餐券换物等现象。仅发放和回收餐券这一项，就节约会议经费136万元。

5.创新监督机制，财务管理规范化。

“如果监督机制能在事物发展过程中自动发挥作用，而不是人为地指定和约束，其效果是最好的。”市筹委会于2003年设立了审计监察部。增设内审职能，把审计监督机制建立在有扎实的会计基础工作、严格的管理制度、科学的激励机制上，公开、公正、公平地把该收的钱及时收进来。需开支的钱，必须事前有预算，事中有会计稽核、审计监督，事后有市审计局一年一度的审计。项目资金做到事前有专项预算安排，事中有财务、审计参加的招标、议标执行合同和跟踪签证审计，事后有质量、资金等综合验收结论。本届农运会审计监察项目35个。现场签证审计112次，项目资金1300万元，核减资金239万元，参与招议标86项，招标项目资金2500万元，节约资金500余万元。

三、需要说明的几个问题

省财政厅拨入捐赠资金和农运会市场化运作筹资工作组的入账资金（含财产、物资、利息）收支情况，已于2004年元月16日上报了省政府办公厅、省财政厅、省审计厅、省监察厅。同时也一并纳入了第五届全国农运全《财务会计报告》。

第五届全国农运会财务收支（包括资金、财产、物资）均是实行收支两条线管理。

《财务会计报告》中的“入账资金”是指纳入了第五届全国农运会宜春市筹委会银行账和实物账，并进行了统一核算的拨入、捐赠、赞助的资金、财产、物资，未含无偿提供使用的电脑及有关服务设施、设备等。

节余的财产、物资折款均是第五届全国农运会宜春市筹委全财务账面金额。

第五届全国农运会宜春市筹委会

二〇〇五年一月二十六日

在第五届全国农运会总结表彰大会上的工作报告（摘要）

2004年11月18日

同志们：

今天我们欢聚一堂，在这里召开第五届全国农运会总结表彰大会。首先，我谨代表中共宜春市委、宜春市人民政府，向为农运会成功举办付出辛勤劳动的全市人民，向所有关心支持帮助农运会的社会各界朋友，向受到表彰的先进集体和个人，表示最衷心的感谢并致以最崇高的敬意！

举世瞩目的第五届全国农运会于10月18日至24日在我市隆重举行。在党中央、国务院和省委、省政府的亲切关怀和高度重视下，通过全市广大干部群众的共同努力，本届农运会办得非常圆满，办得十分成功，充分展示了新时期我国九亿农民蓬勃向上的精神风貌，展示了宜春乃至江西改革开放以来经济发展、社会进步的崭新形象，全面提升了江西和宜春的知名度和影响力。本届农运会是我省首次举办的全国综合性运动会，也是参赛运动员最多、规模最大、出席领导规格最高的一届农运会。为了办好本届农运会，全市人民发扬“坚韧不拔、不畏艰难，事在人为、负重奋进，众志成城、敢创一流”的精神，从场馆建设到赛事安排，从开幕式到闭幕式，从城市面貌到市民素质，从安全保卫到后勤保障，整个运动会组织严密、服务周到、设施优良、比赛精彩、活动丰富，赢得了八方来宾的高度评价和广泛赞誉。我们以实际行动向全国人民交出了一份满意的答卷。中国农民体协主席陈耀邦认为："这一届农运会的成功举办必将大大推动全民健身运动的开展，对提高中华民族整体素质，对促进我国社会主义新农村建设将产生深远的影响。"曾参与国内外近百次大型体育赛事组织工作的广东省体育界人士刘清早评价："本届农运会创造了全国大型运动会多项之最，如文体表演人数之最、新闻报道的数量和档次之最、志愿者服务档次之最、筹资到位率之最。可以说，宜春用'小米加步枪'打赢了一场现代化立体战争"。

圆满来之不易，成功伴随艰辛。作为农运会的参与者和见证者，我们为农运会的成功举办感慨万千，激动万分。从两度申办的信心到筹办工作的艰辛，从大战前夕的紧张和忙碌到成功后的喜悦和兴奋，宜春用有限的资源和条件，为全国人民献上了一场精彩纷呈的盛会。

为了申办第五届全国农运会，早在1996年，原宜春行署就开始做申办前期工作。1999年10月，我们在全国5个申办城市中脱颖而出，取得了第五届全国农运会的举办权。2001年11月，"第五届全国农运会宜春市筹委会"正式成立，拉开了筹备工作的序幕；2002年3月16日，市委、市政府召开第五届全国农运会筹备工作动员大会，标志着筹备工作全面启动；2003年5月1日，农运会进入倒计时，全市人民全力以赴打响了筹备工作的攻坚战；今年4月21日，省委书记孟建柱视察宜春之后，农运会筹备工作进入了高速运转、迅速推进的冲刺阶段。从2000年11月4日，我们在四川绵阳接过农运会会旗那一天起，寒来暑往，多少风风雨雨、日落日出，多少不眠之夜，为了农运会这七天的辉煌，我们倾注了多少心血，我们咽下了多少艰辛，我们逾越了多少险阻，我们战胜了多少磨难。我们成功了！农运会成功了！智慧和汗水使我们达到了光辉的彼岸！

这次农运会的圆满成功，完全凸现了"成功看安全，圆满看接待，品牌看表演"的总体目标，主要表现在这么几个方面：

——开幕式大型文体表演气势恢宏，博得满堂喝采。凭借宜春厚重的文化底蕴和丰富多彩的地方特色文化优势，在国内专家的指导和省领导的亲自把关下，我们充分调动本地创编人员的积极性，挖掘宜春特色文化资源，从2003年开始，组织编排了开幕式大型文体表演《田野大风颂》。通过政治和艺术的相互结合、传统和现代的相互渗透，用18000多人大规模、多视角表演形成的恢宏气势，突出了“三农”主题，反映了时代风采，彰显了赣文化特色，刻画了江西人新形象，展示了宜春人民奋发向上的精神风貌。经过全体参演单位和参演人员的艰苦努力、奋力拼搏，经过相关部门和单位的通力合作，最后将一场有亮点、看点、兴奋点，有感染力、冲击力、震撼力的开幕式奉献给了全国人民。中国农民体协评价开幕式表演“主题突出，有理的启迪；气势磅礴，有力的震撼；形式创新，有美的享受；风格鲜明，有情的感染”。

——竞赛工作组织严密，秩序井然。本届农运会共设14个大项155个小项，比上届增加了1个大项和26个小项，共有2900名运动员参加角逐。为确保组织有序，每个单项都成立了竞赛委员会，制定了各自的比赛规程规则，并举办了7个比赛项目的裁判员培训班，培训骨干裁判员321人次，为本地培养了国家二级裁判500多人。按照农运会比赛项目的要求，自行制作、购置了198种9284件比赛器材，千方百计筹措资金近8000万元，新建场馆4个，面积4.6万平方米，改造、维修项目40余个。建立了覆盖所有比赛场馆、各团部、记者驻地的电子信息服务系统，是历届农运会中信息化水平最高的一届。由于赛事组织工作出色，宜春、丰城、新余、萍乡均被主办单位评为本届农运会的全国最佳赛区。

——接待服务热情周到，赢得八方赞誉。几年来，通过向外引、向上争、向内挖，71家指定宾招接待单位共投入新建和改造资金6亿元，使全市三星级以上宾馆达到6家、二星级宾馆15家，新增床位5500个、餐位8700个，改造床位6500个、餐位6500个。同时，我们加强了软件服务，制定接待方案100多个，对71家指定宾招接待单位进行了全面培训，共培训管理人员500多人、员工6500多人、服务员3000多人。按来宾要求办理了7500多人的火车、飞机票务，在新增和更改近7000张的情况下，做到了张张有着落。圆满完成了农运会期间党和国家领导人、110多名省部级领导、480多名厅级干部和15100多名来宾的接待任务。我们细心周到的工作受到党和国家领导人及来宾的称赞。据统计，共收到表扬信1491封、锦旗72面。广东记者评价：“宜春硬件不如九运会，但软件和服务全面超过九运会”。重庆市副市长陈光国为宜春人民的热情所感动，情不自禁赋诗抒发情怀：“满目青山满目春，秀山秀水最宜人；袁河水流三百里，不及老表待我情”。

——维稳工作细而又细，安全保卫万无一失。全市各级、各部门对本辖区、本系统安全稳定方面存在的漏洞和“死角”多次进行全面排查，以“百日整治行动”为契机，突出工作重点，建立了领导包干、挂牌督办、限时处理等制度，开展了社会治安、消防安全、交通安全“三项整治”。今年7月份以来，全市共排查矛盾纠纷1286起，调处1250起，破获各类刑事案件1910起，铲除犯罪团伙97个。特别是农运会期间，投入各种高科技装备60余种1000多件，制定各种安保方案和预案100多种，进行各种安保演练30多次，安保值勤点多达数千个，抽调警力3000多名。由100人组成的搜排爆组对8个场馆、37个宾招单位、100多辆车进行了安全检查。同时，为维护活动秩序，制作各类证件近3万个。本届农运会安保工作做到了“安全、有序、畅通、万无一失”，受到了各级领导的称赞和人民群众的好评。福建代表团一位官员对此评价说：“宜春编织了一张严密的安全保卫网，社会治安很好，交通顺畅，社会生活有序，1万多人来到这里，做到这一点是很难的，但宜春做到了，说明宜春的组织能力很强”。

——后勤保障及时到位，措施有力。农运会期间，共调用、租用大小车辆359辆，接送宾客和学生17万多人次，行驶36万多公里，相当于绕地球四圈半，圆满完成了交通运输任务，实现了历届大型运动会不易做到的“零事故、零投诉、零误点”目标。为确保农运会期间“零停电、零停水、通讯无故障”，宜春供电公司仅用半年时间，全面扩建、新建和改建了主配网线路，对重点宾招单位和主要赛会场所架设了双电源，调配了6辆应急发电车；供水公司投资500万元对城区主管网进行改造；宜春电信公司新增固定电话5000多门，小灵通基站100套，宽带端口2000个；宜春移动公司在城区新增基站6个，扩容基站33个。为确保医疗卫生和食品安全，医疗卫生部门在14个比赛场馆设立了医护中心，抽调14名医护人员和200名监督员进行医疗服务，对71家指定接待宾馆进行了6轮拉网式检查；在重点宾馆设立了医卫室，并配备了专人24小时值班；实施了主副食品、蔬菜和水果定点供应。

——舆论宣传氛围浓厚，开创了农运会史上宣传工作新局面。农运会开幕前，我们充分利用工作简报、户外广告、新闻媒体，扩大影响，大造声势。几年来，共编发农运会《工作简报》360多期，发行《农运会宣传册》

2万册、农运会新年贺卡620万张、农运会宣传画12万份，制作了100多幅农运会大型宣传广告画，组织了数十场系列大型宣传造势活动。新华社、中央人民广播电台、农民日报、中国体育报、江西日报、江西电视台、江西人民广播电台等媒体先后开辟了农运会专栏，中央电视台免费播放了农运会电视预告片，世纪龙信息网络公司免费开设了农运会官方网站。农运会举办期间，全国200多家媒体的660多名记者汇聚宜春，对农运会和宜春进行了全方位、多角度、深层次的报道。据不完全统计，仅农运会开幕式期间各媒体共刊播农运会新闻11500多条，其中新华社发通稿1775条，人民日报发稿80余条。全国各电视台共发稿1568条，其中中央电视台612条次，比前四届农运会的总和还多。据专业机构测算，10月18日至24日，“宜春”和“农运会”成为全国使用频率最高的字眼。可以说，农运会使宜春扬名天下。

——市场化筹资工作成绩突出，做到领导满意、企业满意、社会各界满意。我们按照“农民不出钱，干部出小钱，政府少出钱，市场筹大钱”的理念，突出“市场化、国际化、规范化、标准化”的要求，创造性地开展市场化筹资工作。先后8次组织企业家座谈会、新闻发布会、农运会资源推介会和赞助企业回报会。抽调专人组成6个筹资小组，积极主动跟进省内外80余家重点企业，致函230多家国内外知名企业介绍农运会资源，对其中53家登门拜访，足迹遍布广东、江苏、福建、浙江、内蒙、四川、山东等15个省（市、自治区）。同时聘请了国内体育产业专家刘清早对农运会所有可利用资源进行优化整合，制定了61份个性化企业赞助（捐赠）方案，设计了在“群星璀璨”永久纪念碑和吉祥物雕塑上刻名永久留念等10项回报内容。在筹资工作中，工作组同志“想尽千方百计，说遍千言万语，不畏千辛万苦”，以自己的真心、热心、耐心，感动企业，为农运会拉来了一笔笔赞助和捐赠。在市外共筹集企业赞助（捐赠）资金和实物累计折款5527万元。

——“群先”活动安排有序，内容丰富。农运会期间，全国“亿万农民健身活动”先进乡镇表彰大会同时在宜春举行。党和国家领导人接见了来自全国292个乡镇的316名群先代表并合影留念。代表们先后参观了宜春工业园、农业科技示范园、市经济发展服务中心、宜春学院、自然博物馆、明月山风景区和320国道沿线部分乡镇等，观看了农民体育表演，目睹了宜春经济建设的新风貌。为认真做好群先会表彰活动，我们筹措资金400万元装修改造了市政府礼堂，精心设计了领导和代表参观线路，先后十次修改领导与群先代表合影方案，对合影现场进行精心设计，并请500多名学生进行试照彩排，圆满完成了这项艰巨的政治任务。

——迎农运、创“三城”，城市面貌焕然一新。为了扮美扮靓生态名城，全面展示宜春的新形象、新风貌，在农运会筹办过程中，市委、市政府始终坚持“大农运、大筹办、大发展”的理念。从2003年2月开始，按照“外拓内改、‘三城’共创”的思路，全力推进了迎农运、创“三城”活动。无数的工程建设者在重点工程的工地上战高温、抗严寒；市直各单位、各部门和袁州区的广大干部职工，在创“三城”的值班岗位上坚守了400多天；数千名学生走出校门，主动担当文明劝导员；环卫工人、园林工人、出租车司机都在本职岗位上默默地奉献。两年来，全市先后投资25亿元，启动了40项城市重点工程项目，新建了袁山、松江、秀水、迎宾、化成岩五个公园，改建了状元洲、春台两个公园，全面启动秀江治污工程、饮水工程和煤气工程，新建和改造了朝阳路、鼓楼路等10多条重要街道和54条小街小巷。新装路灯1万多盏，新增景观灯8000多套，美化楼宇400多栋，亮化楼宇300多栋。通过迎农运、创“三城”活动的开展，城市更亮了、更大了、更美了，宜春城区面积由22平方公里扩大到36平方公里，人均公共绿地面积8.5平方米。“三季有花，四季常青”，城市品位全面提升，在较短时间内赢得了省级文明城、卫生城、园林城的称号。同时，市民素质也有了明显提高，一些市民主动加入浇花护绿行列。农运会结束以来，中心城区200万盆鲜花完好无损，让外地来宾和记者大为赞叹。

——全面整治320国道沿线，擦亮宜春窗口。按照省委书记孟建柱提出的把320国道宜春段沿线建成宜春“门面”、江西“窗口”、农运会“亮点”的要求，从今年7月27日开始，我们集中人力、物力对320国道沿线环境进行综合整治。从沿途县城和集镇整治、村容村貌整治、工业园区整治、山貌田像整治、公路改造和社会稳定六个方面入手，标本兼治，建管结合。在整治过程中，沿线各县（市、区）党政主要领导挂帅，成立专门机构，抽调专门人员，落实工作经费，对县城、集镇按照宜春中心城区创“三城”的标准进行了全面整治。市公路局、林业局等部门组织施工队伍，争分夺秒，日夜奋战，确保了宜万、万大一级公路改造和护坡绿化工程按期完成。经过2个多月的集中整治，320国道沿线面貌焕然一新，村容村貌明显改观，工业园区达到绿化、美化和亮化要求，呈现出环境卫生良好、交通秩序井然、文明新风扑面的喜人局面。

同志们，回顾这几年来筹办工作的历程，我们深深感到，本届农运会能够取得如此圆满成功，得到从中央到地方各级领导的高度评价，得到各级各部门、社会各界的交口称赞和一致好评，关键在于党中央、国务院及国家有关部委的高度重视，在于省委、省政府的正确领导和省直各部门的鼎力相助，在于社会各界的大力支持，在于全市各级党组织凝聚合力和530万宜春人民的共同努力。

1.农运会的圆满成功是党中央、国务院及国家有关部委高度重视的结果。

本届农运会是在我国全面建设小康社会的新阶段、中央高度关注“三农”问题的背景下召开的。党中央、国务院对九亿农民的体育盛会给予了高度重视。中共中央政治局常委、全国政协主席贾庆林在听取农运会筹备情况汇报后指出：“第五届全国农民运动会在宜春召开，这是一件大事，一定要办好”。中共中央政治局常委、国家副主席曾庆红指出：“能承办全国农民运动会，说明江西、宜春的发展很快。江西是第一次承办全国性的运动会，一定要把这次运动会办好。”10月18日，曾庆红副主席亲自出席开幕式，并宣布农运会开幕。中共中央政治局委员、国务院副总理回良玉出席开幕式并致开幕词，全国政协副主席白立忱、阿不来提·阿不都热西提以及原全国政协副主席杨汝岱也出席了开幕式。

本届农运会不仅受到党中央、国务院的高度重视，而且得到了国家部委的高度关注。中宣部下发《第五届全国农民运动会宣传提纲》，为协调农运会新闻宣传做了大量工作。农业部、国家体育总局和中国农民体协三家主办单位更是对农运会筹备工作倾力支持。国家体育总局把今年定为农民体育年，给予宜春“全民健身活动中心”资金支持，并从全国选派了200多名裁判员参与农运会裁判工作；中国农民体协多次组织召开各省市区联络员会议，并分别在北京、南昌、宜春召开了四次新闻发布会。中国农民体协主席陈耀邦先后四次亲临江西和宜春，指导和考察农运会筹备工作。

2.农运会的圆满成功是省委、省政府周密部署和全省上下通力合作的结果。

省委、省政府对本届农运会筹备工作更是高度重视，摆到重要议事日程。早在2001年全省第十一次党代会上，省委书记孟建柱就向全省发出了“办好2004年在我省举行的第五届全国农民运动会”的号召，以后又多次在会议上加以强调。今年4月下旬，孟书记专程到宜春考察农运会筹备工作时，再次向全省提出“精心准备，周密部署，举全省之力高标准办好本届农运会”的要求。省长黄智权先后两次主持召开省筹委会会议，亲自协调、研究决定筹备工作所涉及的有关事项，明确要求省直各部门在政策、资金、项目上全面向宜春倾斜，尽全力支持农运会筹备工作。8月30日，黄智权又亲自率领省直十几个厅局领导专程到宜春考察筹备情况，研究解决筹备工作的有关问题，强调“要以对党中央、国务院高度负责，对九亿农民高度负责的主人翁态度，发扬奥运拼搏精神，办好第五届全国农运会”。受省委、省政府委派，省委副书记、常务副省长吴新雄在筹备工作的关键时刻，亲自指挥打好三大战役。一是市场化筹资。在省筹委会第二次会议结束后的第二天，吴新雄就亲临宜春，了解农运会市场化筹资情况。紧接着又召集省直有关厅局负责人专题研究，并主持召开省属重点企业座谈会，鼓励与引导省属企业积极参与农运、支持农运，各企业现场承诺赞助金额就达2000余万元，正式拉开了省内市场筹资的帷幕。二是新闻造势。今年6月，吴新雄率省直和宜春市领导到中宣部、农业部、广电总局、国家体育总局、中国农民体协、中央电视台汇报筹备工作。从8月5日至11日，连续在北京、上海、广州、武汉、庐山五地召开高规格的新闻发布会和企业恳谈会，全面介绍农运会筹备工作情况，扩大了农运会的影响。三是开幕式工作。为使本届农运会开幕式达到国家一流水平，吴新雄亲自担任总指挥并制定艺术标准，赴上海咨询专家、到中央电视台征求意见，6次亲临开幕式排演现场指导。从10月14日开始，又坐镇宜春现场指挥大战前夕的各项准备工作。省领导王君、傅克诚、彭宏松、钟起煌、董君舒、陈达恒、刘上洋、舒晓琴、胡振鹏、危朝安等也先后到宜春考察和督促农运会筹办工作。

在省委、省政府的高度重视下，全省上下团结一致，全力以赴积极参予和支持农运会。在资金方面，省财政厅支持资金达3000万元；省农业厅、省体育局、省发改委、省建设厅、省水利厅、省交通厅、省卫生厅等部门也积极帮助我市向国家有关部委争取项目资金，并且将本部门资金向宜春倾斜。在人力物力方面，省公安厅、省交警总队、省消防总队抽调1230名武警消防官兵参与农运会安全保卫工作，同时在消防物资等方面给予大力支持；省交通厅从江西长运公司调用80辆大巴用于农运会接待；34个省直对口接待单位主动参与农运会期间的来宾接待工作。在通讯、供电、气象保障方面，省移动、电信、联通三家公司投入9000余万元建设通讯保障工程，省电力公司投入8600万元新扩改建保电工程，省广电局投资数千万元购置转播车等设备。气象服务是历次大型综合运动会“没有金牌的赛场”。省气象局普查宜春市区1952年至2002年51年的气象资料，反复论证，为开幕式日期的确定提供了科学依据。此外，开幕式大型文体表演得到了省委宣传部、省广电厅、省文化厅、江西师大、江西服装学院、省武警总队、省杂技团、省电信艺术团和吉安文艺学校等单位的大力支持。新余、萍乡两个兄弟设区市分别承担了乒乓球、象棋两个比赛项目，并取得圆满成功。所有这一切，诠释了省委、省政府“举全省之力办好农运会”的雄心壮志。

3.农运会的圆满成功是社会各界踊跃参与和大力支持的结果。

筹办农运会是一项系统、宏大的工程。在筹办过程中，社会各界始终以各种形式支持和参与。通过市场化运作，众多企业慷慨解囊，江西铜业集团为农运会捐赠1000万元，江铃汽车集团公司和南昌卷烟厂分别捐资500万元，江西移动通信有限责任公司、江西润田天然饮料有限公司和江冶集团各出资300万元，中国石化江西分公司、江西投资公司、四特集团、萍乡钢铁有限责任公司、亚东水泥有限公司、省煤炭集团公司各出资200万元，江西电信、江西博能集团公司等一大批企业分别为农运会捐款捐物。部分省外企业，如世界知名企业诺基亚公司、现代农村的典范江苏华西村等也积极捐赠农运会。与此同时，社会各界人士和群众热情高涨，纷纷倾情农运会。市社联欧阳雨辰第一个为农运会捐出了100元，离休老干部韩海清生前将自己多年积攒下的5000元现金捐赠给了农运会。农运会也吸引了省外农民朋友的关注，今年3月18日，北京市通州区宋庄镇疃里村农民雷双喜向农运会捐款100元，并在汇款单上附言：“祝愿宜春举办第五届全国农运会成功”。上海专家马博敏、孔小石、李守成和北京专家魏廷陞等同志对开幕式大型表演，给予了艺术上的指导和技术上的帮助，对提高开幕式的表演水平，起到了极为重要的作用。

4.农运会的圆满成功，是我们创新理念、创新机制、创造性开展工作的结果。

以求真务实的精神办农运。先用心，后用力，谋定而后动，减少浪费，避免折腾。比如宾招设施，我们按照实际需要、现实可能和后续利用的原则，通过市场运作，巧借外力，新建了秀江御景、德和宾馆、五环宾馆、海通大酒店等一批农运会接待宾馆，将农运会项目与学校建设相结合，在宜春学院和宜春职业技术学院新建了运动员公寓，满足了所有来宾的食宿要求。比如场馆建设，我们在充分利用原有体育场馆基础上，将新建场馆与体育中心和宜春学院的发展需要相结合，既达到了比赛要求，又节约了成本，使场馆建设投资比上届农运会减少1亿多元，而且农运会结束后，这些场馆还可以得到充分利用。再比如电子信息系统建设，我们充分利用电信公司现有网络资源，节省了铺设光纤线路和新建中心机房的昂贵投资。

以开明开放的姿态办农运。海纳百川，有容乃大。筹办农运会，我们面向全国开放，吸纳各方力量办农运。我们多次在省外召开新闻发布会，向全国推介宜春、推介农运会。市领导多次走访中央有关部委，表明我们办好农运会的决心，赢得他们的支持。我们还面向全国大胆引进人才，借脑筹办，从广东、上海、江苏、陕西、北京等地请来一批专业技术人员，做到“专业的工作由专业的人去做”。在筹办过程中，我们虚心学习，认真倾听各方面专家的意见。开明开放的工作作风，使我们少走了许多弯路，节约了成本。

以农为本办农运。农村风格、农业特点、农民风采，本届农运会农味十足。开幕式好似一幅丰收的画卷，以磅礴大气的方式将“三农”特色展现无遗。比赛项目接近农业、贴近农民，和农时活动相结合，具有很强的观赏性和趣味性，如插秧、抗旱提水保苗、搬挑粮食赛跑、集体奔小康接力赛等，不仅大大提高了本届农运会的吸引力和影响力，更重要的是使农民健身的概念更加深入人心，推动了农村体育事业的发展，也使农运会成为全国人民日益关注的运动会。农民是农民运动会的主体。我们邀请了十个县（市、区）的农民代表观看大型文体表演《田野大风颂》。在比赛期间，数千农民从四面八方赶来宜春，兴致勃勃观看比赛。

创新机制办农运。筹备工作点多面广、纷繁复杂，建立高效的组织协调机制至关重要。筹委会成立以来，建立与创新了一整套完备的工作机制和管理体系，设计与编制了农运会筹备工作网络图、各部室工作流程图和工作方案。推行复式交叉并联的科学管理方法，既有部长、项目督导员，又有秘书长办公会议、筹委会工作例会，还有交通、电力、安保等指挥中心，覆盖整个工作面，确保了各项工作落到实处。同时把党组织建在筹委会，充分发挥党组织在筹备工作中的领导与核心作用。推行两级对口接待机制，省、市两级分工明确，市内，归宜春对口接待单位接待，市外，归省级对口接待单位接待。推行接待站站长负责制，由站长统一指挥，统筹安排保安、医疗防疫人员、财务结算员、志愿者工作，解决了接待工作中各自为政、分散管理的矛盾。推行量才录用干部制度，筹备工作人员中既有退休干部，也有年富力强的干部，既有党政机关的干部，也有业务部门的干部，降低了行政成本，提高了工作效率。到最后冲刺阶段，省委、省政府全面介入，建立了“省市联动、以市为主，条块结合、以块为主”的运行机制，围绕既定目标，不分省市，不分份内份外，不分工作时间和节假日，群策群力，齐抓共管。这些从实际出发、行之有效的机制，保证了各项工作有序、安全、高效运转。

严格管理，规范运行。我们建立健全了财务审计监督制度，精心编制总预算，确保重点，兼顾一般，制定了 19 个资金管理制度和财务结算办法，绘制了 12 项资金支出审批程序图、收支两条线管理图，推行财务结算员管理制度，发扬艰苦奋斗、勤俭节约的精神，从严控制支出，对所有招投标工作和各项经济活动进行审计监察，管好、用好每一笔资金。据初步统计，本届农运会入账总收入 1.4 亿元，其中市场及社会筹资 9900 万元，各级拨款 4220 万元，预算总支出 1.26 亿元，收支相抵，节余资金1000 多万元，做到了收支平衡，略有节余，用有限的资金办了一个像模像样的运动会。

5.农运会的圆满成功，是全市各级党政组织和广大干部群众心齐劲足、顽强拼搏的结果。

我市是一个传统农业地区，工业基础薄弱，经济不够发达。尽管近年来全市经济发展态势良好，前景喜人，然而由于投资带动的“滞后效应”，骨干产业的支撑作用还不明显，市本级财政还比较薄弱，况且撤地设市仅四年，城市基础设施建设还比较落后。因此，筹办全国综合性大型运动会，对于我们来说，是一次巨大的挑战，是一次严峻的考验，其中的困难和问题可想而知。但面对巨大的压力，全市各级党政组织和广大干部群众以高度的使命感和强烈的责任心，以“小城办大事”的气魄，顽强拼搏，负重前行。当面临办大事需要人心齐，成大事需要大决心的大局时，我们四套班子号令如一、高度一致；当“苛求才有高质量”的工作原则指导我们精益求精向精品冲刺时，我们咬紧牙关、百改不厌，依靠苦其心志、劳其筋骨、凤凰涅槃精神，创演了惊世喜人、交口称赞的开幕式大型文体表演；当难事盖顶、繁事灌耳，工作量饱和到极限时，我们沟通衔接、抓时抢刻、宵衣旰食、通宵达旦，用智慧和意志，甚至透支健康，挑起千斤的重担勇往前行。我们红土地上的宜春人，秉承着先辈英烈的井冈精神，用智慧、汗水和心血谱写了宜春历史的恢宏篇章。

筹办农运会是市委、市政府的重点工作。市四套班子领导亲自上阵，挂点负责农运会25个重点建设项目。十个县（市、区）积极开展市场筹资工作，支持农运会。到了筹办后期，县（市、区）的公安民警、医务人员、服务员、炊事员纷纷走上筹备工作第一线。尤其是袁州区和市直各单位，在做好本职工作的同时，把大量的人力、物力、财力投入筹备工作，千军万马，气吞山河。“想农运所想，帮农运所帮，一切服从农运，一切为了农运”成为近两年来我市的主潮流。

开幕式是各种大型运动会最受关注的重头戏。在一年多的操排中，全体参演单位和参演人员不畏艰辛，负重前行。特别是临近开幕式正式演出不到一个月，在领导和专家要求演出时间大量压缩、内容不断修改的情况下，各参演单位和全体参演人员，激流勇进，迎难而上，表现了敢于放弃、敢于接受的决心和勇气，展示了一种顽强拼搏、争创一流的精神和力量。在第二次操排和比赛最后十多天的冲刺阶段，经常是几千人夜以继日操排、上万人重新排练合成，大量的修改工作和组织排练的困难迎面而来。梁山定同志作为大型活动部部长，肩上的负荷最重，工作的压力最大，但他没有半点退缩和胆怯，有的是决心和勇气，有的是奉献和拼搏，率先垂范，殚精竭虑。为了把开幕式排练成国家级水平，有的同志精疲力竭，有的学生抱病上场，有的教师嗓音嘶哑，有的家长深夜守候。大型活动部负责背景训练的张义而老师因劳累突发心脏病住院，在心脏植入了冠状动脉支架，一出院，就带病回到工作的第一线。大型文体表演副总编导甄晓军同志，两次累晕在排练的现场，经常吸氧坚持工作，一直顽强地坚持到开幕式演完后，因体力不支而住进医院，但不等痊愈，又投入到闭幕式组织工作中。特别是在今年5月30日晚，开幕式文体表演操排突遇大雨，1万多名师生屹立在急风骤雨之中，没有人避雨，没有人惊慌，在统一指挥下井然有序地离场，表现了一种高度的组织纪律观念，体现了一种迎战困难的决心和力量，谱写了一曲众志成城、不畏艰难的颂歌。

在各个比赛场地，在各个接待宾馆，1600名志愿者，以饱满的热情、灿烂的笑容、文明的礼仪、优质的服务，谱写了一曲曲“争做传播文明的使者，争做筹办农运的主人”的奉献之歌。宜春职业技术学院辛坤红和郑丽华同学被广东运动员称为“超五星级的服务员”，两名龙舟队员在离开宜春之前，将自己获得的两枚金牌赠给她们。志愿者孟鹏程得知云南运动员需要购买一双35码球鞋后，跑遍了市区商店，终于买到了运动员需要的球鞋，然而自己的手机却在奔跑中弄丢了。中国体育报盛赞志愿者“就是宜春的形象代言人，农运会的形象代言人”。

几年的筹备工作，锻炼和培育了一支敬业、懂行、吃苦、肯干的筹备工作队伍。从农运会开始筹备到圆满结束，他们加班加点，埋头苦干，兢兢业业，任劳任怨，在平凡的工作岗位上做出了不平凡的业绩。为了确保农运会赛会期间“零停电、零停水、通讯无故障”，供水、供电、通信部门的同志克服管线长、基础差、难度大的困难，战晴天，斗雨天，有时从凌晨干到深夜，有时在烈日下一干就是一天，有的同志因长时间奋战在工地而昏倒，有的同志在父母临终前也未能回家尽孝。筹资工作组的李苏荣同志以不达目的不罢休的精神，不怕碰壁，不怕坐冷板凳，20多次上门，数十次修改合同，确保了江铃集团500万资金到位。叶以明同志作为群先部的副部长担负群先部的组织与协调工作，小孩因车祸致伤住院丧失记忆，同时又逢高考的关键时期，他无时间顾及，全心投入筹备工作中。为确保农运会万无一失，全体公安民警日夜奋战在工作一线，轻伤不下火线。靖安县公安局胡宗焕同志，因睡眠严重不足引起心脏早搏，最高达每分钟200余下，仍然坚守岗位。上高交警大队李德才同志，因长时间站立指挥导致身体虚脱，仍然带病工作，坚持到农运会结束。在筹办农运会的过程中，全市广大干部群众经历了一场从未有过的严峻考验，在苦与累，在苛求与细节中锻炼了队伍，为宜春今后长足的发展打下了坚实的基础。

同志们，尽管本届农运会办得相当成功，但是我们也要清醒地看到，承办农运会这一规模庞大的工程，组织工作千头万绪，涉及方方面面，承办工作中仍有不少疏漏和不尽完善的地方。比如，承办大型运动会的经验还不足，有些工作事前没有预料到，对临时出现的一些大的变动，思想准备不足，应对能力还不强；抓落实还不够，有些工作虽然布置了，但没有真正落实到位，有时出现“临时抱佛脚”的现象；有关部门相互衔接、沟通还不够，存在信息联络不畅的问题。又比如，对农运会带来的商机把握还不够准确、及时、到位，如何把握体育赛事带来的商机，如何通过举办大型体育赛事拉动经济增长，这些问题都值得我们认真总结、认真研究。

近年来，我们一手抓筹办农运会这件头等大事，一手抓经济建设这个中心，全市上下围绕建设赣西中心城市的目标，以大开放为主战略，全力推进“三化”进程。经济社会持续、稳定、协调发展，人民安居乐业，社会安定祥和，实现了农运会和经济建设的双胜利。随着农运会的圆满结束，我们在做好农运会的经验总结、财务决算、资料收藏等后续工作的同时，要把工作重心迅速转移到经济社会发展上来，按照十六届四中全会和曾庆红副主席在我市视察时的重要指示精神，进一步提高执政能力，进一步鼓舞全市人民的斗志，进一步凝聚全市人民的合力，在巩固、维护好已取得成果的基础上，向更高的目标迈进，推动宜春经济社会持续、协调、快速发展。当前，要抓紧剩下的43天时间，紧紧抓住年初确定的各项目标，继续发扬筹办农运会的精神和作风，鼓足干劲，奋力冲刺，圆满完成今年的各项工作任务。同时，要认真谋划好明年的工作，充分利用宜春知名度扩大的机遇，乘势而上，大力推进开放型经济；要继续发扬全市人民的主人翁精神，共同维护好宜春已经被全国人民认可的良好形象，进一步提高市民素质和城市品位，完善管理机制，全力向国家生态园林城冲刺，齐心协力建设我们的美好家园。

“雄关漫道真如铁，而今迈步从头越”。同志们，昨日的辉煌令人鼓舞，未来的重任催人奋进。让我们大力弘扬“坚韧不拔、不畏艰难，事在人为、负重奋进，众志成城、敢创一流”的宜春精神，乘党的十六届四中全会的强劲东风，高举邓小平理论伟大旗帜，深入贯彻“三个代表”重要思想，在省委、省政府的正确领导下，再接再厉，开拓进取，勇攀高峰，把各项事业不断推向前进，再创宜春新的辉煌。

鸣　谢

（排名不分先后）

国家体育总局经济司、竞体司、宣传司、群体司

第六届全国城市运动会执委会

第六届全国农民运动会泉州市筹委会

第十六届亚洲运动会组委会、申办委员会

第二十九届奥运会组委会帆船委员会（青岛）

第五届全国农民运动会宜春市筹委会

第九届全国运动会组委会

广东省第十二届运动会佛山市筹委会

后　记

我从体育赛事运作实务的第一线转行到大学教授岗位已经三年了，在这三年中，我实现了两个转变，一是从总经理到大学教授的转变；二是从收益丰厚向生活“清贫”的转变。连续的年度考核优秀；本人的《体育赛事市场开发》课程被上海市教委评选为“上海市精品课程”；我带的首批五名硕士研究生已顺利毕业；又受聘担任上海体育学院“市场营销”专业责任教授，标志着我人生最大的一次“转型完成”。现在我已经适应了大学生活、工作环境。虽然从过去“四个轮子”（汽车）又回到了“两个轮子”（自行车），从酒店回到饭堂生活，也适得其所。脱离权利的纷争、金钱的争夺，回归自我管理、平淡生活也是一种享受。这就是有所为，有所不为吧。

上海体育学院治学十分严谨，教学、科研考核规范，现任院领导集体团结、创新、务实。学院各职能部门干部、职工兢兢业业，任劳任怨。上海体育学院经济管理学院领导以身作则，尽心尽力，为我树立了榜样。我所在体育经济教研室老、中、青教师同心同德，虽然各自专业不同，但大家都很团结，结对互动，正在为通过三年左右时间的努力，将“市场营销专业”打造成重点专业而努力奋斗着。

上海体育学院领导十分重视教学科研与实践相结合，鼓励我与市场保持密切联系，所以，除了教学工作外，我一直在我国体育赛事与大型体育活动的前线努力工作着。这三年中，我担任第十二届广东省运会佛山市筹委会总顾问，获“突出贡献奖”；担任首席策划，成功地运作了2008年北京奥运会重大宣传、文化活动“国际奥委会奥林匹克珍藏品中国巡展”和全民健身经典活动“我的奥运我参与”这两项经典活动（海内外各类媒体广泛报道：“奥林匹克珍藏品中国巡展”让北京奥运会进一步走向全国，全国人民广泛参与了北京奥运会，宣传了奥林匹克文化，国际奥委会主席罗格亲自致函并出席开幕式）；受聘担任第六届全国城运会市场开发顾问，开、闭幕式及城文化宣传活动专家，受到执委会“做出了突出贡献”的专函致谢。目前，我正在运作第六届全国农民运动会（2008年10月开幕）、第十一届全国运动会（2009年10月开幕）、第十三届广东省运动会（2010年6月开幕）。我参与或策划运作这些赛事和活动，更进一步丰富了我的实践经验。在不断提升自己的理论水平的同时，为上海体育学院教师、学生也增加了实践的机会。通过我一贯信奉的“别人有利，我才有利”和“资源在整合中增值，利益在互换中升值”的理念指导自己的实践，实现了体育赛事与活动的各个主体——政府、媒体、赞助商、观众、运动员（活动直接参与者）、专业公司合作，使大家各自有利，各得其所，我又结交了一批朋友。当然，为上海体院争光是我一直努力奋斗的目标。

因此，我十分感谢：

- 湖南省体委对我的培养。
- 国家体育总局对我的培养。
- 上海体育学院对我的培养。
- 我的研究生导师孙汉超、高雪峰教授对我的教导。
- 我现在的指导老师张林、鲍明晓教授对我无私、真诚的帮助和指导。
- 上海体育学院各级领导对我的信任、关心，为我搭建平台。
- 国家体育总局领导，办公厅、各职能司、各项目中心领导，许多省、市、自治区体育局，各地市体育局领导对我的信任与支持。感谢各新闻媒体、赞助商、中介组织的支持。

- 各大型运动会、大型活动举办地政府、组委会对我的信任与支持。
- 各位同行、各位同学、各们老师、专家对我的信任与支持。
- 珠海市体育运动学校、体育科学技术研究所领导和同事的关心、支持。
- 特别谢谢人民体育出版总编辑史勇老师、编辑吴永芳老师给予我的帮助、关心与支持。

大学工作三年，有所收获。一是领导支持，二是大家帮助，三是自己努力。我始终信奉被组织与朋友所信任是最高荣誉。静下心来，回首走过的道路，我感到十分愧对家人，全家人为我们这个多个大跨度工作调动而始终“不安定”的家，为我的事业，奉献了许多，我永远感激她们。

我无以回报！我只能继续努力，遵纪守法，行善积德，爱岗敬业，视学生为亲人，老老实实地为社会、为事业、为赛事组织者、为朋友、为学生、为家庭，努力作出自己的贡献！

我正在努力，我还会继续努力！

刘清早

二〇〇八年十月于上海

图书在版编目(CIP)数据

体育赛事运作管理手册 / 刘清早著. –北京：人民体育出版社，2008（2017.9.重印）
ISBN 978-7-5009-3547-6

Ⅰ.体… Ⅱ.刘… Ⅲ.运动竞赛–组织管理–手册
Ⅳ.G808.22-62

中国版本图书馆 CIP 数据核字(2008)第 173222 号

*

人 民 体 育 出 版 社 出 版 发 行
北京京华虎彩印刷有限公司印刷
新 华 书 店 经 销

*

850×1168 32 开本 12.5 印张 400 千字 插页 2
2009 年 1 月第 1 版 2017 年 9 月第 4 次印刷
印数：8,001— 9,000 册

*

ISBN 978-7-5009-3547-6
定价：50.00 元

社址：北京市东城区体育馆路 8 号（天坛公园东门）
电话：67151482（发行部） 邮编：100061
传真：67151483 邮购：67118491
网址：www.sportspublish.cn
（购买本社图书，如遇有缺损页可与邮购部联系）